A GLÓRIA DE JESUS E SUA CONTRIBUIÇÃO PARA A FORMAÇÃO DA CRISTOLOGIA LUCANA

Dados Internacionais de Catalogação na Publicação (CIP)
(Câmara Brasileira do Livro, SP, Brasil)

Silveira, Leonardo dos Santos
 A glória de Jesus e sua contribuição para a formação da cristologia lucana / Leonardo dos Santos Silveira; sob coordenação de Waldecir Gonzaga – Petrópolis, RJ : Vozes, 2021. – (Série Teologia PUC-Rio)

 Bibliografia.
 ISBN 978-65-5713-383-5 (Vozes)
 ISBN 978-65-888314-7-2 (PUC-Rio)

 1. Cristologia 2. Jesus Cristo – Biografia I. Título II. Série.

21-77657   CDD-232.901

Índices para catálogo sistemático:
1. Jesus Cristo : Biografia : Cristologia 232.901

Aline Graziele Benitez - Bibliotecária - CRB-1/3129

Leonardo dos Santos Silveira

A GLÓRIA DE JESUS E SUA CONTRIBUIÇÃO PARA A FORMAÇÃO DA CRISTOLOGIA LUCANA

SÉRIE **TEOLOGIA PUC-RIO**

© 2021, Editora Vozes Ltda.
Rua Frei Luís, 100
25689-900 Petrópolis, RJ
www.vozes.com.br
Brasil

Todos os direitos reservados. Nenhuma parte desta obra poderá ser reproduzida ou transmitida por qualquer forma e/ou quaisquer meios (eletrônico ou mecânico, incluindo fotocópia e gravação) ou arquivada em qualquer sistema ou banco de dados sem permissão escrita da editora.

CONSELHO EDITORIAL

Diretor
Gilberto Gonçalves Garcia

Editores
Aline dos Santos Carneiro
Edrian Josué Pasini
Marilac Loraine Oleniki
Welder Lancieri Marchini

Conselheiros
Francisco Morás
Ludovico Garmus
Teobaldo Heidemann
Volney J. Berkenbrock

Secretário executivo
Leonardo A.R.T. dos Santos

©**Editora PUC-Rio**
Rua Marquês de S. Vicente, 225
Casa da Editora PUC-Rio
Gávea – Rio de Janeiro – RJ
CEP 22451-900
T 55 21 3527-1760/1838
edpucrio@puc-rio.br
www.puc-rio.br/editorapucrio

Reitor
Prof. Pe. Josafá Carlos de Siqueira, SJ

Vice-Reitor
Prof. Pe. Anderson Antonio Pedroso

Vice-Reitor para Assuntos Acadêmicos
Prof. José Ricardo Bergmann

Vice-Reitor para Assuntos Administrativos
Prof. Ricardo Tanscheit

Vice-Reitor para Assuntos Comunitários
Prof. Augusto Luiz Duarte Lopes Sampaio

Vice-Reitor para Assuntos de Desenvolvimento
Prof. Sergio Bruni

Decanos
Prof. Júlio Cesar Valladão Diniz (CTCH)
Prof. Luiz Roberto A. Cunha (CCS)
Prof. Sidnei Paciornik (CTC)
Prof. Hilton Augusto Koch (CCBS)

Conselho Gestor da Editora PUC-Rio
Augusto Sampaio, Danilo Marcondes, Felipe Gomberg, Hilton Augusto Koch, José Ricardo Bergmann, Júlio Cesar Valladão Diniz, Sidnei Paciornik, Luiz Roberto Cunha e Sergio Bruni.

Coordenação da série: Waldecir Gonzaga
Editoração: Programa de pós-graduação em Teologia (PUC-Rio)
Diagramação: Raquel Nascimento
Cotejamento: Nilton Braz da Rocha
Capa: Editora Vozes

ISBN 978-65-5713-383-5 (Vozes)
ISBN 978-65-888314-7-2 (PUC-Rio)

Editado conforme o novo acordo ortográfico.

Este livro foi composto e impresso pela Editora Vozes Ltda.

Agradecimentos

Uma pesquisa como esta nunca é realizada de forma solitária. Muitas pessoas contribuíram, de diversas formas, para que esta obra fosse concluída. Entre as que merecem agradecimentos especiais, minha amada esposa Danielle, que teve um papel fundamental ao me apoiar e incentivar em meio aos contratempos da vida. Também reconheço a compreensão de ter que conviver com minha presença e, ao mesmo tempo, ausência em casa.

Agradeço aos meus pais, Gilson Silveira (*in memoriam*) e Nivalda dos Santos Silveira pela educação que me deram com seus exemplos de vida e pelo suporte em todo o período de formação escolar. Uma porção dessas coisas são expressas pela produção deste escrito.

Também agradeço ao meu orientador, Prof. Dr. Waldecir Gonzaga, diretor e professor do Departamento de Teologia da PUC-Rio, pelo tempo dedicado à leitura da obra e pelas importantes observações que fez. Sua dedicação aos alunos e constante encorajamento são demonstrações de que o dom do ensino é uma parte significativa de sua vocação pastoral.

Ao Prof. Dr. Isidoro Mazzarolo, professor do Departamento de Teologia da PUC-RS, e ao Prof. Dr. Leonardo Agostini Fernandes, professor do Departamento de Teologia da PUC-Rio, que também cooperaram na orientação desta obra.

Do mesmo modo, minha gratidão aos professores doutores que leram e examinaram essa obra quando a mesma foi apresentada para defesa como tese no Departamento de Teologia da PUC-Rio: Maria Teresa de Freitas Cardoso, Heitor Carlos Santos Utrini, Ednéa Martins Ornella e Jane Maria Furghestti Lima. Ao professor Heitor, também agradeço pela escrita do posfácio desta obra.

Agradeço, enfim, à Editora PUC-Rio e à Editora Vozes (através do selo Vozes Acadêmica) pela acolhida deste texto como parte das obras publicadas na *Série Teologia PUC-Rio*.

Dedico a publicação desta obra ao meu pai Gilson Silveira (*in memoriam*). Lembro-me, com carinho, do quanto gostava de mencionar para os amigos que o filho sabia falar das coisas da Bíblia.

Sumário

Lista de tabelas e gráfico, 10
Abreviaturas e siglas, 11
Prefácio, 15
Introdução, 19
   Apresentação, 19
   Hipótese, 20
   Relevância, 21
   Metodologia, 22
   Novidade, 24

Capítulo 1 | *Status Quaestionis*, 27
   1.1. A Transfiguração na Exegese Patrística e Medieval, 28
      1.1.1. Patrística Grega, 28
      1.1.2. Patrística Latina, 31
      1.1.3. O período Medieval, 34
   1.2. A Transfiguração na Reforma Protestante, 36
   1.3. A Transfiguração lucana nos séculos XVIII e XIX, 39
   1.4. A Transfiguração lucana no século XX e início do século XXI, 42
      1.4.1. A Transfiguração como um relato histórico, 42
      1.4.2. A Transfiguração e a aproximação mitológica, 47
      1.4.3. A Transfiguração e as aproximações por meio das analogias e tradições judaicas, 50

1.4.4. A Transfiguração por meio da Crítica das Fontes e da Crítica da Redação, 55

1.4.5. A Transfiguração por meio dos Novos Métodos de Análise Literária, 64

1.5. Cristologia e Transfiguração, 67

Capítulo 2 | Análise exegética de Lc 9,28-36, 72

2.1. Tradução e segmentação, 72

2.2. Crítica textual, 74

2.3. Delimitação do texto e unidade, 80

2.4. Estrutura da perícope, 82

2.5. Crítica da Forma e do Gênero Literário, 96

2.6. Crítica da redação e comparação sinótica, 102

    2.6.1. Lucas e Marcos, 103

    2.6.2. Lucas e Mateus, 111

    2.6.3. Desdobramentos redacionais, 117

Capítulo 3 | O entorno da Transfiguração lucana, 118

3.1. A Transfiguração em Marcos, 118

3.2. A Transfiguração em Mateus, 123

3.3. Tradição angelomórfica, 128

    3.3.1. Terminologias, 128

    3.3.2. Qumran, 135

    3.3.3. Textos apocalípticos, 138

3.4. Deuses e homens divinos no mundo greco-romano, 143

    3.4.1. Epifania direta e metamorfoses, 144

    3.4.2 Êxtase, inspiração e habitação, 148

    3.4.3 O culto ao imperador, 153

Capítulo 4 | Uma cristologia da Transfiguração lucana, 159

4.1. Oração no monte, 159

4.2. A mudança do rosto e das vestes, 164

4.3. A glória de Moisés e Elias, 170

4.4. A glória de Jesus, 180

4.5. Pedro, João e Tiago, 187

4.6. A nuvem, 193

4.7. Meu Filho e Eleito, 198

Capítulo 5 | A Transfiguração e a formação da cristologia no Evangelho de Lucas, 207

5.1. A cristologia do Evangelho de Lucas, 207

    5.1.1. O problema da ambiguidade, 208

    5.1.2. Cristologia lucana e a busca por um tema cristológico organizador, 214

    5.1.3. A cristologia de Lc 9 e a Transfiguração, 218

5.2. Os termos δόξα e δοξάζω no Evangelho de Lucas, 222

    5.2.1. Os termos δόξα e δοξάζω antes do relato da Transfiguração, 222

    5.2.2. Os termos δόξα e δοξάζω depois do relato da Transfiguração, 224

    5.2.3. Tradição angelomórfica, glória de Jesus e a formação da cristologia lucana, 227

5.3. Outras considerações sobre a Transfiguração lucana e seu entorno, 234

Conclusão, 239

Referências bibliográficas, 247

Fontes, 247

Obras, 247

Posfácio, 267

Lista de tabelas e gráfico

Tabela 1 – Tradução e segmentação, 74

Tabela 2 – Estrutura de Lc 9,28-36, 95

Tabela 3 – Lc 9,28 e Mc 9,2a, 103

Tabela 4 – Lc 9,29 e Mc 9,2b-3, 105

Tabela 5 – Lc 9,30 e Mc 9,4, 106

Tabela 6 – Lc 9,31-32, 107

Tabela 7 – Lc 9,33 e Mc 9,5-6, 108

Tabela 8 – Lc 9,34 e Mc 9,7a, 109

Tabela 9 – Lc 9,35 e Mc 9,7b, 110

Tabela 10 – Lc 9,36 e Mc 9,8, 111

Tabela 11 – Lc 9,28 e Mt 17,1, 112

Tabela 12 – Lc 9,29 e Mt 17,2, 113

Tabela 13 – Lc 9,30 e Mt 17,3, 113

Tabela 14 – Lc 9,33 e Mt 17,4, 114

Tabela 15 – Lc 9,34 e Mt 17,5ab, 115

Tabela 16 – Lc 9,35 e Mt 17,5cd, 115

Tabela 17 – Mt 16,6-7, 116

Tabela 18 – Lc 9,36 e Mt 17,8, 116

Tabela 19 – Perguntas e respostas em Lc 9, 219

Gráfico 1 – Lc 9,28-36 e seu contexto imediato, 221

Abreviaturas e siglas

a.C.	antes de Cristo
Ap	Apocalipse de João
Ap Abr	Apocalipse de Abraão
Ap El	Apocalipse de Elias
Ap Sf	Apocalipse de Sofonias
Asc Is	Ascensão de Isaías
AT	Antigo Testamento
At	Atos dos Apóstolos
Br	Livro de Baruc
2Br	Segundo Livro de Baruc
3Br	Terceiro Livro de Baruc
CBQ	The Catholical Biblical Quarterly
CICR	Communio: International Catholic Review
Coord.	Coordenador
Cl	Livro de Colossenses
1Cor	Primeira Epístola aos Coríntios
2Cor	Segunda Epístola aos Coríntios
1Cr	Primeiro Livro de Crônicas
2Cr	Segundo Livro de Crônicas

Dn	Livro de Daniel
Dt	Livro de Deuteronômio
d.C.	depois de Cristo
Eclo	Livro de Eclesiástico
Esd	Livro de Esdras
ed.	editor, editores, edição
1En	Primeiro Livro de Enoque
2En	Segundo Livro de Enoque
4Esd	Quarto Livro de Esdras
EHCC	Early High Christology Club
Ex	Livro de Êxodo
Ez	Livro de Ezequiel
Fl	Epístola aos Filipenses
Gn	Livro de Gênesis
Gl	Epístola aos Gálatas
Gr Erza	Apocalipse grego de Esdras
Hb	Epístola aos Hebreus
HTR	Harvard Theological Review
Is	Livro de Isaías
JBL	Journal of Biblical Literature
Jd	Epístola de Judas
JETS	Journal of the Evangelical Theological Society
Jo	Evangelho de João
Js	Livro de Josué
Jr	Livro de Jeremias
Jub	Livro dos Jubileus

Jz	Livro de Juízes
1Jo	Primeira Epístola de João
Lc	Evangelho de Lucas
Lv	Livro de Levítico
LXX	Septuaginta
Mart Is	Martírio de Isaías
Mc	Evangelho de Marcos
1Mc	Primeiro Livro de Macabeus
2Mc	Segundo Livro de Macabeus
MHC	Método Histórico-Crítico
Ml	Livro de Malaquias
Mt	Evangelho de Mateus
NA28	28ª edição do texto grego do NT de Nestle-Aland
Nm	Livro de Números
NT	Novo Testamento
NTS	New Testament Studies
org.	organizador, organizadores
Os	Livro de Oseias
OTP	The Old Testament Pseudepigrapha
p.	página(s)
Pr	Livro de Provérbios
1Pd	Primeira Epístola de Pedro
2Pd	Segunda Epístola de Pedro
1QS	Regra da Comunidade
4Q374	Discurso sobre a Tradição do Sinai
4Q558	Fragmento sobre Elias

4QShirShabb	Cântico do Sacrifício Sabático
11Q13	Fragmento de Melquisedeque
Rm	Epístola aos Romanos
1Rs	Primeiro Livro de Reis
2Rs	Segundo Livro de Reis
SBL	Society of Biblical Literature
séc.	século
sécs.	séculos
Sf	Livro de Sofonias
Sl	Salmos
Sl Sal	Salmos de Salomão
SLS	Special Lukan Source
1Sm	Primeiro Livro de Samuel
2Sm	Segundo Livro de Samuel
Test Abr	Testamento de Abraão
Test Levi	Testamento de Levi
TM	Texto Massorético
1Tm	Primeira Epístola a Timóteo
1Ts	Primeira Epístola aos Tessalonicenses
v.	versículo, verso
vv.	versículos
vol.	volume

Prefácio

Prefaciar e ver a publicação do texto, resultado das pesquisas em vista da tese doutoral de Leonardo dos Santos Silveira, "A glória de Jesus e sua contribuição para a formação da cristologia lucana" – aqui temos os objetos material e formal de sua pesquisa –, defendida junto ao Programa de Teologia da PUC-Rio (2020), agora premiada e publicada na Coleção *Série Teologia* PUC-Rio (2021), enche meu coração de alegria e esperanças em ver, sempre e cada vez mais, novas e boas produções bíblicas produzidas e publicadas no Brasil, sendo disponibilizadas ao público em geral.

Não me rejubilo apenas pelo trabalho realizado pelo autor, mas, muito mais, e posso atestar isso, eu me alegro pelo que sua pesquisa representa e vem agregar no campo dos estudos bíblicos. Pude acompanhá-lo neste trabalho como orientador e dou testemunho disso. O valor do trabalho do Leonardo já se percebe pelo índice e pelas palavras-chave que ele indicou, as quais podemos conferir no formato Tese (Transfiguração, Glória, Tradição Angelomórfica, Evangelho de Lucas e Cristianismo Primitivo). A isso soma-se o fato de que as concepções acerca de Jesus Cristo, desde o cristianismo primitivo, seja do Jesus histórico (Jesus de Nazaré), seja do Cristo da fé, sempre contaram com diferentes formas de entendimento, a ponto de exigir convocação de diversos concílios ou, até mesmo, de se chegar a rupturas na Igreja, inclusive com fortes e tensas discussões pautadas pelas duas correntes cristológicas (Baixa Cristologia e Alta Cristologia).

A transfiguração de Jesus (Lc 9,29c: τὸ εἶδος τοῦ προσώπου αὐτοῦ ἕτερον *a aparência do rosto dele mudou*) é um dos temas bíblicos mais conhecidos do Novo Testamento pelos cristãos, inclusive muito retratado na arte em geral. Ela está presente nos três Evangelhos Sinóticos (Mt 17,1-8; Mc 9,2-8; Lc 9,28-36). Com certeza, a perícope Lc 9,28-36, escolhida pelo autor desta obra, para sua pesquisa em vista do doutorado, já foi muito lida e comentada em livros e artigos. Mas é sempre prazeroso revisar o texto bíblico, sobretudo em pesquisas doutorais, como é o caso. É significativo, como recorda o autor, o fato de que o relato da transfiguração de Jesus, em todos os três Sinóticos, aparece localizado justamente no meio do ministério da vida pública de Jesus Cristo: "depois da confissão de Pedro em Cesareia de Felipe (Mc 8,27-30; Mt 16,13-20; Lc 9,18-21) e entre os dois primeiros anúncios da Paixão (Mc 8,31-33; 9,30-32; Mt 16,21-23; 17,22.23; Lc 9,22; 9,43b-45). Uma menção à Transfiguração também aparece em 2Pd 1,16-18 e uma semelhança temática pode ser vista em Jo 12,27-28". Em todos os três relatos Sinóticos temos os mesmos personagens: Jesus, os apóstolos Pedro, João e Tiago, e duas das grandes figuras de Israel: Moisés, representante da Lei, e Elias, representante do profetismo.

Diante de afirmações de que a cristologia da obra lucana teria sido construída sobre fragmentos de diferentes perspectivas e que, por isso mesmo, seria a mais diversificada do Novo Testamento, o autor conduz sua pesquisa avaliando algumas hipóteses acerca da cristologia de Lucas e Atos a partir da análise da perícope da Transfiguração (Lc 9,28-36), abrindo hipóteses de estudos para ulteriores pesquisas. Poderíamos expressar isso, usando um texto do Evangelho de Lucas mesmo, e dizer que, em sua pesquisa, Leonardo procurou "avançar para águas mais profundas" (Lc 5,4) e extrair alguns aspectos da cristologia lucana, que tem todo um pano de fundo muito especial e com características que não temos nos outros dois sinóticos, como se percebe pela leitura do texto bíblico e desta obra. Aliás, como sinaliza o autor, o relato da transfiguração é muito importante para entendermos a cristologia neotestamentária. Mais ainda, a própria forma como é apresentada pelos três sinóticos, com todos os personagens, cenografia e enredo, dão um toque especial à cristologia do Novo Testamento. Nesta lógica, segundo Leonardo: "teríamos uma apresentação incompleta da cristologia se retirássemos o relato da Transfiguração da forma como foi apresentado pelo autor".

Um dado importante que o autor trabalha em sua pesquisa, e nos oferece nesta obra, é a hipótese de que "a chamada tradição angelomórfica é o melhor caminho para a interpretação da cristologia presente no relato". É justamente por meio desta tradição que o termo δόξα (glória), que aparece duas vezes na perícope de Lc 9,28-36, falando de Moisés e Elias (Lc 9,31) e se referindo a Jesus (Lc 9,32), estaria ligado à tradição angelomórfica do Antigo Testamento, a qual, primeiramente, teria sido usada para a construção de uma cristologia primitiva, e, posteriormente, teria servido de base para a elaboração da obra lucana. Isso explicaria as diferenças no tocante aos relatos dos outros dois sinóticos (Marcos e Mateus). Nesta linha de percepção, o autor afirma que "a tradição angelomórfica é o elemento harmonizador da cristologia da obra lucana". Ademais, a partir do resultado da Análise Redacional, empregada para a leitura sincrônica da Transfiguração lucana, ele indica que "a cristologia da transfiguração em Lucas é uma cristologia angelomórfica que difere da cristologia da transfiguração dos outros dois Evangelhos Sinóticos [...] e que a função proléptica da glorificação angelomórfica de Jesus no relato aponta para outras partes do Evangelho, como a narrativa da ressurreição".

Sua obra conta com *introdução*, na qual ele faz a apresentação da temática e pesquisa, da hipótese e relevância, da metodologia empregada (Método Histórico--Crítico [diacrônico] e Análise Narrativa [Análise Redacional: sincrônico], sendo priorizado este segundo) e novidade da tese. Em seguida, temos *cinco capítulos*: no *primeiro*, o *Status Quaestionis*, aborda a noção de transfiguração na exegese Patrística (Grega e Latina) e no período Medieval, na Reforma Protestante, nos autores ao longo dos séculos XVIII, XIX, XX e início do século XXI (como um relato histórico, a aproximação mitológica, as aproximações por meio das analogias e tradições judaicas, da crítica das fontes e da crítica da redação, dos novos métodos de Análise Literária, e conclui este seu capítulo com uma reflexão sobre a cristologia e a transfiguração lucanas; no *segundo*, é trabalhada a análise exegética de Lc 9,28-36, com especial olhar para a tradução, segmentação, delimitação do texto, unidade, estrutura da perícope, crítica textual, da forma, do gênero literário, da redação, comparação sinótica (Lucas-Marcos-Mateus), e encerra indicando os desdobramentos redacionais; no *terceiro*, o autor aborda o entorno da Transfiguração lucana (Lc 9,28-36), marcana (Mc 9,2-8) e mateana (Mt 17,1-8); a tradição angelomórfica (bíblica e ex trabíblica), em Qumran, nos textos apocalípticos, o tema deuses e homens divinos no mundo greco-romano, a epifania direta e metamorfoses, êxtase, inspiração, habitação, e conclui com uma abordagem sobre o culto ao Imperador; no *quarto*, ele nos oferece uma cristologia da Transfiguração lucana, abordando temas como: oração no monte, mudança do rosto e das vestes, a glória de Μωϋσῆς (Moisés), de Ἠλίας (Elias) e de Ἰησοῦς (Jesus), presença de Πέτρος (Pedro), Ἰωάννης (João) e Ἰάκωβος (Tiago), e conclui este capítulo com uma reflexão sobre a νεφέλη (nuvem), noção de υἱός (Filho) e ἐκλελεγμένος (Eleito); no *quinto* e último capítulo, o autor trabalha a transfiguração e a formação da cristologia no Evangelho de Lucas, o problema da ambiguidade, a cristologia lucana e a busca por um tema cristológico que seja organizador, a cristologia de Lc 9 e a transfiguração; o substantivo δόξα (glória) e o verbo δοξάζω (glorificar), no Evangelho de Lucas, antes e depois do relato da transfiguração, a tradição angelomórfica, a glória de Jesus e a formação da cristologia lucana, e conclui indicando outras considerações sobre a Transfiguração lucana e seu entorno. Após seus cinco capítulos, o autor apresenta as *conclusões* de sua pesquisa e a *bibliografia* consultada (fontes e obras), a qual poderá ser muito útil aos interessados em aprofundar ainda mais o tema aqui abordado.

De fato, como o próprio autor indica em suas conclusões, essa pesquisa não teve, e nem poderia almejar tanto, a pretensão de abarcar todos os campos, mas ateve-se a seu escopo, conforme indicado em sua introdução. Por isso mesmo, ela "deixa um gostinho de quero mais". Futuras pesquisas poderão ser feitas em temas como a glorificação de Jesus nos evangelhos de Lucas e João, dada a proximidade que há entre ambos em alguns temas. No que se refere ao uso do substantivo δόξα (glória) e do verbo δοξάζω (glorificar), seria muito oportuna uma pesquisa sobre a temática em Lucas e em Paulo. Por fim, muitos outros campos podem ser investigados, tanto na dimensão bíblico-teológico-pastoral como das implicações místicas do relato da transfiguração na vida concreta da comunidade lucana, sobre a associação entre a glória de Jesus e a ideia da preexistência e da adoção etc. Como observa o autor, as pesquisas futuras poderão nos ajudar a responder a outras questões, visto que as respostas aqui dadas não pretenderam ser exaustivas, mas colaborar nas atuais indagações, tendo presente "que as perguntas são mais importantes do que as respostas, pois elas movem o mundo e, neste caso, o mundo da Teologia Bíblica. Por isso, espera-se que essa pesquisa abra novos caminhos de investigação".

Por tudo o que ela representa e oferece, esta é uma obra que vale a pena ter em nossas bibliotecas. Sua riqueza de dados e *insights* para novas pesquisas bíblicas, especialmente em Lucas, por si só, já justifica a aquisição e leitura da mesma. Não tenho dúvidas de que ela vem enriquecer a pesquisa e a produção na área da Teologia Bíblica no Brasil e no mundo, fortalecendo a colaboração aos estudos teológicos em nossos seminários, faculdades e universidades, preenchendo uma lacuna nas pesquisa no campo da Transfiguração lucana. Não poderia deixar de ainda frisar que esta é mais uma obra que o Programa de Pós-Graduação em Teologia da PUC-Rio oferece à Área 44 da CAPES: Ciências da Religião e Teologia. Parabéns e grato ao autor, pela produção.

Enfim, *alia iacta est!* Nossos votos são de que esta obra possa contribuir com o avanço das pesquisas bíblicas no Brasil, seja pela relevância do tema, seja porque ela não esgota os estudos nesta área. Pelo contrário, ela almeja despertar novas pesquisas. Nesta perspectiva, desejamos a todos os que tiverem a felicidade de entrar em contato com a mesma, que tenham uma boa leitura e bons estudos a partir de mais este texto oferecido em nossa Série Teologia PUC-Rio, que nasceu para compartilhar os resultados de anos de trabalho conjunto de nossos discentes e docentes, com a publicação de Dissertações e Teses. Parabéns ao leitor pela aquisição, e boa leitura a todos os que tiverem contato com esta obra!

Prof.-Dr. Pe. Waldecir Gonzaga[1]
Diretor e professor do Departamento de Teologia da PUC-Rio

---

1. Doutor em Teologia Bíblica pela Pontifícia Universidade Gregoriana, Roma, Itália. Pós-doutorado no Cânon Bíblico, pela FAJE, Belo Horizonte, Brasil. Diretor e Professor de Teologia Bíblica do Departamento de Teologia da PUC-Rio. Criador e líder do Grupo de Pesquisa Análise Retórica Bíblica Semítica, credenciado junto ao CNPq. E-mail: <waldecir@hotmail.com>, Currículo Lattes: http://lattes.cnpq.br/9171678019364477 e ORCID ID: https://orcid.org/0000-0001-5929-382X

Introdução

Apresentação

A obra, que é fruto de uma tese de doutorado, tem como temática a Transfiguração de Jesus no Evangelho de Lucas. Está inserida na linha de pesquisa sobre a Análise e Interpretação de Textos do Antigo Testamento (AT) e Novo Testamento (NT), na área de concentração: Teologia Bíblica. A pesquisa faz parte do projeto de análise dos livros bíblicos e extrabíblicos do NT. Lc 9,28-36 é o objeto material e o objeto formal é a Análise Redacional dessa mesma perícope, a partir do título, *A glória de Jesus e sua contribuição para a formação da cristologia lucana*.

A Transfiguração de Jesus é um dos textos mais conhecidos do NT pelos cristãos[2], tanto do Oriente como do Ocidente, e está testemunhado nos três Evangelhos Sinóticos (Mt 17,1-8; Mc 9,2-8; Lc 9,28-36). É um episódio que chama a atenção dos estudiosos do NT pelo fato de que nele Jesus adquire temporariamente "uma nova forma" diante de três de seus discípulos: Pedro, João e Tiago. Também chama a atenção a aparição de dois personagens importantes da história de Israel, Moisés e Elias, que conversam com Jesus. O relato, em todos os três evangelhos, aparece localizado no meio do ministério de Jesus: depois da confissão de Pedro em Cesareia de Felipe (Mc 8,27-30; Mt 16,13-20; Lc 9,18-21) e entre os dois primeiros anúncios da Paixão (Mc 8,31-33; 9,30-32; Mt 16,21-23; 17,22.23; Lc 9,22; 9,43b-45). Uma menção à

---

2. Esse conhecimento é oriundo, especialmente, porque o episódio exerceu uma significativa influência nas Igrejas Gregas e Russas mediante a Festa da Metamorfose. Essa festa é celebrada no Oriente desde o século VI e é uma das grandes solenidades da Igreja. Da mesma forma, a Igreja Católica Ocidental tem a Transfiguração como uma de suas festas particulares, relembrada no calendário litúrgico no dia 6 de agosto. A Transfiguração destaca-se especialmente por meio de representações artísticas, ou seja, ícones, pinturas, murais e esculturas. LUZ, U., *El Evangelio Según San Mateos II*, p. 670-671.

Transfiguração também aparece em 2Pd 1,16-18 e uma semelhança temática pode ser vista em Jo 12,27-28[3].

A justificativa para a escolha de Lc 9,28-36 deve-se, primeiramente, ao desejo de dar continuidade à pesquisa sobre o tema da Transfiguração iniciado no Mestrado em Teologia. Na ocasião, a perícope de Mt 17,1-8 foi analisada e a influência da apocalíptica judaica em seu processo redacional foi constatada. Por meio dessa pesquisa, verificou-se o quanto a perícope lucana possui particularidades significativas em relação a Marcos e Mateus. Um segundo motivo foi à observação, na comparação com Mateus e com Marcos, de poucos materiais que analisam o relato lucano e que os mesmos muitas vezes são formados por meio de análises feitas a partir do texto de Marcos, considerado o mais antigo dentre os Sinóticos[4].

Um terceiro motivo encontra-se nos novos estudos a respeito do início da cristologia e sua ligação com o mundo que o cerca, principalmente os estudos sobre a apocalíptica e a mística judaica, bem como novos apontamentos sobre homens divinos no mundo greco-romano. Esses estudos lançam novas luzes sobre a interpretação e a teologia dos textos, fazendo com que os mesmos necessitem ser revisitados à medida que a pesquisa avança. Nesse caminho, uma análise do texto da Transfiguração no Evangelho de Lucas se faz imprescindível, ocasionando um olhar diferenciado sobre o Evangelho como um todo[5].

Hipótese

Essa pesquisa tem como objetivo avaliar algumas hipóteses acerca da cristologia em Lucas-Atos a partir da análise da perícope da Transfiguração. Afirma-se, comumente, que a cristologia da obra lucana é um conjunto de fragmentos de diferentes perspectivas, unidas pelo autor através da investigação de diversas tradições. Assim, tem-se a conclusão de que é "a cristologia mais diversificada do Novo Testamento"[6]. Essas constatações são extraídas dos títulos que Jesus recebe no texto que apontariam para uma falta de desenvolvimento da cristologia[7].

---

3. BARBAGLIO, G.; FABRIS, R.; MAGGIONI, B. *Os evangelhos I*, p. 265.

4. O primado do Evangelho de Marcos é apresentado de forma consistente em 1835 por Karl Lachmann em artigo intitulado: *De Ordine Narrationum in Evangeliis Synopticis*. Ele se daria simplesmente por razões linguísticas. A partir daí os estudos dos relatos paralelos deram preferência ao texto de Marcos.

5. Ver o capítulo 1 desta obra, intitulado *Status Quaestionis* (Estado da Questão). No tópico 1.5 "Cristologia e Transfiguração" há desdobramentos acerca dessa justificativa.

6. EVANS, C. F., *Saint Luke*, p. 56.

7. TUCKETT, C. M., *The Christology of Luke-Acts*, p. 131-164.

A obra proposta investiga, primeiramente, que a posição do relato da Transfiguração (em Lc 9) é essencial para o entendimento da cristologia do Evangelho, pois os títulos cristológicos apresentados, bem como a presença de Moisés e Elias no relato[8], servem como chave de leitura para a imagem de Jesus que os leitores devem ter ao lerem a obra lucana. Teríamos uma apresentação incompleta da cristologia se retirássemos o relato da Transfiguração da forma como foi apresentado pelo autor.

Uma segunda hipótese de investigação baseia-se na afirmação de que a chamada tradição angelomórfica[9] é o melhor caminho para a interpretação da cristologia presente no relato. Por meio dessa tradição, o termo δόξα (*glória*), que aparece duas vezes na perícope lucana (em Lc 9,31 falando de Moisés e Elias e em Lc 9,32 se referindo a Jesus) estaria ligado a essa tradição veterotestamentária[10] que aponta para uma cristologia primitiva que serviu de base para a obra lucana. É a partir dessa hipótese que o relato da Transfiguração em Lucas será analisado. Dessa maneira, as diferenças em relação aos relatos de Marcos e Mateus serão uma vez mais apontadas.

Como consequência dessa hipótese, uma terceira se faz necessária, a de que a tradição angelomórfica é o elemento harmonizador da cristologia da obra lucana. Dessa forma, a verificação dessa hipótese está na relação entre Lc 9,28-36 com o restante do terceiro Evangelho. Nesse Evangelho, a incidência de anjos também se torna um elemento importante para a análise da imagem de Jesus no relato conforme a tradição angelomórfica.

Relevância

No cristianismo primitivo havia diferentes entendimentos acerca de Jesus de Nazaré. A fé em Jesus como Filho de Deus foi o resultado de um processo interpretativo que teve como referência histórica as expectativas salvífico-messiânicas do Antigo Israel. Mesmo com as reflexões teológicas posteriores, desenvolvidas nos primeiros quatro concílios, ainda possuímos concepções diferentes do Jesus crido, ou como comumente se designou chamar, o Jesus da Fé. Por isso, multipli-

---

8. Lucas-Atos têm como característica fazer uma comparação entre os personagens e Jesus com o objetivo de demonstrar a superioridade de Jesus. FLICHY, O., *La Obra de Lucas*, p. 47-53.

9. Tradição angelomórfica ou angelomorfismo significa um anjo em forma de homem ou um homem sendo elevado à condição angelical. GIESCHEN, C. A., *Angelomorphic Christology*, p. 57-69. Ver o capítulo 3 desta obra, o tópico 3.3: A Tradição angelomórfica.

10. SCHÜRMANN, H., *Das Lukasevangelium I*, p. 557. Para Fitzmyer o termo possui correlação com "padecer", pois assim afirma Lucas na perícope de Emaús "padecer/glória". FITZMYER, J. A., *El Evangelio Segun Lucas III*, p. 127.

cam-se as pesquisas acerca das concepções a respeito de Jesus entre os primeiros cristãos[11]. Em virtude disso, essa pesquisa visa contribuir no entendimento das discussões atuais em relação às ideias diferentes dos primeiros cristãos sobre Jesus a partir da Transfiguração lucana.

A pesquisa também colabora com a ratificação da importância da Análise Redacional, pois, atualmente, pesquisadores estão abandonando as análises diacrônicas e se voltando mais para as análises sincrônicas[12]. Tal mudança se deve à ideia de que o uso do Método Histórico-Crítico já teria esgotado os sentidos possíveis dos textos bíblicos e que novas descobertas a respeito do texto devem ser encontradas agora com o auxílio de outros métodos[13]. Logo, este livro faz o caminho contrário, ao priorizar a Análise Redacional em Lc 9,28-36 e, com isso, explorar novos resultados possíveis e mostrar a pertinência, ainda hoje, do uso do presente método (ou métodos) nos textos bíblicos, sem descartar a validade das análises diacrônicas.

Metodologia

O estudo fará uso do texto grego editado no *Novum Testamentum Graece*, de Nestle-Aland, 28ª edição. Pelo que foi acima dito, a principal abordagem metodológica exegética adotada será o Método Histórico-Crítico[14]. Dessa forma, por meio da aproximação diacrônica intenta-se reconstruir o processo histórico e vivo que está por detrás do texto.

Dentre os passos do Método Histórico-Crítico, atenção especial será dada à chamada Crítica (história) da Redação, pois através dela poder-se-á verificar a maneira como o autor trabalha o material recebido. Logo, no desenvolvimento da pesquisa será mostrado como ele usa a fonte Marcos, bem como outras fontes (como Q e L), percebendo assim as intenções teológicas do autor.

Quando necessário, não se deixará de lançar mão de outros métodos e abordagens, sobretudo o método da Análise Narrativa, enquanto for uma ajuda, para o acesso e compreensão do texto na sua forma final.

---

11. FOSTER, P., *Polymorphic Chistology*: Its Origin and Development in Early Chistianity, p. 66-99.

12. WARLAW, T. R., *The Priority of Synchronic Text-analysis*: Cognitive Text Comprehension and Interpreting Deuteronomy, p. 1-42.

13. CHILDS, B. S., *Biblical Theology in Crisis*, p. 97.

14. Uma vez mais é importante mencionar que o método é considerado histórico em razão de serem aplicados a textos antigos e buscar o seu alcance histórico. O método é chamado de crítico porque "opera com a ajuda de critérios científicos tão objetivos quanto possíveis em cada uma de suas etapas". PONTIFÍCIA COMISSÃO BÍBLICA, *A Interpretação da Bíblia na Igreja*, p. 32-33.

Como ponto de partida, são apresentadas as diferentes pesquisas e resultados mais relevantes aos quais chegaram os diversos exegetas em relação à Transfiguração de Jesus no relato lucano. O material utilizado para a elaboração do *Status Quaestionis* (Estado da Questão) foram os artigos científicos de revistas especializadas, os comentários exegético-teológicos, capítulos de livros e as obras que falam de maneira significativa do relato da Transfiguração, como Dissertações e Teses.

Por fim, pelo fato de a exegese buscar superar a distância de tempo e espaço, bem como as diferenças culturais entre o texto e o leitor contemporâneo, a presente pesquisa utilizará resultados importantes de outras áreas como a Filologia, a História, a Filosofia e as Letras Clássicas. Espera-se com isso que os resultados contribuam para a compreensão do texto em seu ambiente formativo. Assim, esse procedimento metodológico visa contribuir com a transdisciplinaridade, entendida como o lugar onde as disciplinas passam uma através das outras, interferindo mutuamente, acrescentando saberes e olhares plurais.

À luz da metodologia proposta, o capítulo 1 traz o *Status Quaestionis* (Estado da Questão) sobre o relato da Transfiguração. O caminho proposto retorna aos primórdios da interpretação começando pelo período Patrístico e Medieval. Depois, o período da Reforma Protestante no século XVI e as pesquisas do século XVIII e do século XIX. Somente após esse percurso, os estudos e abordagens de cunho exegético-científico situados a partir do início do século XX e até o início do século XXI serão vistos. Um último tópico, denominado de "Cristologia e Transfiguração", terá como objetivo apresentar como as novas discussões têm influenciado a interpretação do relato no Evangelho de Lucas.

No capítulo 2 será analisada exegeticamente a perícope de Lc 9,28-36, objeto de estudo deste livro. Além da tradução e da Crítica Textual, os passos do Método Histórico-Crítico estarão presentes como: Análise Literária (delimitação e unidade), Gênero Literário e Crítica da Redação. Nesta última, será realizada a comparação sinótica com a perícope da Transfiguração nos evangelhos de Marcos e de Mateus.

No capítulo 3, cujo título é "O entorno da Transfiguração lucana", buscar-se-á, primeiramente, apresentar os elementos distintivos da Transfiguração em Marcos e em Mateus, oriundos da comparação sinótica realizada no capítulo anterior. Depois, a tradição angelomórfica será explicitada, destacando as principais terminologias empregadas, bem como a relação dessa tradição com a comunidade de Qumran e com os textos apocalípticos. Por último, o estudo dos deuses e homens divinos no mundo greco-romano e a questão do culto ao imperador fazem parte desse contexto.

O capítulo 4 tem como proposta apresentar "Uma cristologia da Transfiguração lucana". Para tanto, os principais temas teológicos da perícope serão analisados. São eles: a oração no monte; a mudança no rosto e nas vestes; a glória de Moisés e Elias; a glória de Jesus; Pedro, João e Tiago; a nuvem e Meu Filho e Eleito. Neste capítulo será possível observar o quanto a tradição angelomórfica está presente na redação lucana.

O capítulo 5, denominado "A Transfiguração e a formação da cristologia no Evangelho de Lucas", visa estabelecer a relação de Lc 9,28-36 com o restante do Evangelho, mais precisamente com a cristologia lucana. Assim, o capítulo começa com uma visão geral da cristologia lucana, para depois retornar aos elementos do contexto imediato da perícope em Lc 9 e verificar como Lc 9,28-36 se encaixa nesse contexto imediato. O uso dos termos δόξα (*glória*) e δοξάζω (*glorificar*) serão analisados em todo o Evangelho a fim de apurar a aproximação com o sentido de δόξα da Transfiguração. Caminhando para o término do capítulo, o tópico "Tradição angelomórfica, glória de Jesus e a formação da cristologia lucana" visa apresentar resultados e propor reflexões para se entender as tradições subjacentes na cristologia de Lucas. Um último tópico, "Outras considerações sobre a Transfiguração lucana e seu entorno", reflete sobre o que foi descoberto neste livro e o contexto grego da obra.

O autor conclui esta pesquisa, recapitulando os principais pontos do percurso e respondendo às hipóteses apresentadas na Introdução e desenvolvidas em cada um dos capítulos desta obra.

Novidade

O *Status Quaestionis* apresentará as tendências interpretativas que se desenvolveram em torno do relato da Transfiguração. Estas apresentam uma certa cristalização das propostas ao longo do tempo e do que geralmente é analisado na perícope em sua análise exegética. Em todas elas verifica-se uma cristologia sendo apresentada a respeito de Jesus. Essas cristologias enfatizam o fato de Jesus ser o Filho de Deus e que sua manifestação no relato aponta de alguma maneira para a ressurreição do ἐκλελεγμένος (*eleito*). Os pesquisadores apresentados não usam apenas uma dessas tendências, mas comumente citam informações de outra linha interpretativa em sua exegese.

Esta obra reconhece as contribuições anteriores, mas também defende que as novas pesquisas devem ser consideradas na construção de novos olhares e resultados no estudo exegético. Sendo assim, a novidade desta obra está em trazer uma contribuição para a cristologia do relato lucano. O estudo da cristologia nos cristianismos primitivos tem demonstrado a pluralidade de ideias a respeito de Jesus entre os seus primeiros seguidores. Duas ideias se destacam, embora possam apresentar muitas subdivisões. A primeira delas seria a comumente chamada de Baixa Cristologia, que parte da ideia de que Jesus seria originalmente apenas um homem, mas que foi exaltado a um *status* divino. Muitas vezes essa posição é chamada de adocionista (era apenas um filho adotivo), embora alguns prefiram o termo Cristologia da Exaltação. A segunda seria a Alta Cristologia, onde Jesus já estaria lá em cima no reino celestial junto com Deus, ou seja, já era Filho de Deus. Esta teria como principal representação a cristologia do Evangelho de João.

Essas discussões cristológicas partem da análise dos títulos atribuídos a Jesus nos evangelhos, que possuem sua origem na tradição veterotestamentária e judaica e também em muitos paralelos na cultura greco-romana. Há igualmente alguns termos que designariam sua natureza peculiar e única[15]. Para alguns pesquisadores, é possível traçar uma espécie de desenvolvimento cronológico dessa visão nos evangelhos[16]. Conforme mencionado na hipótese, no início desse capítulo, o autor do Evangelho de Lucas utilizou diferentes tradições que aparecem espalhadas em sua obra, as quais também aparecem em sua cristologia. Na Transfiguração lucana, verificam-se diferentes termos cristológicos, de diferentes tradições pré-literárias e termos (como δόξα, *glória*) que nos ajudam a entender a formação da cristologia no Evangelho de Lucas.

Dessa forma, a novidade deste livro consiste em: primeiro, a partir do resultado da Análise Redacional, demonstrar que a Cristologia da Transfiguração em Lucas é uma cristologia angelomórfica que difere da Cristologia da Transfiguração dos outros dois Evangelhos Sinóticos, que a Transfiguração de Lucas já tem sido interpretada como tendo aspectos angelomórficos, isso será apresentado no final do *Status Quaestionis*, mas nenhum autor mostrou isso através da comparação sinótica com Marcos e Mateus.

A partir desse caminho é possível apresentar uma segunda novidade: a função proléptica da glorificação angelomórfica de Jesus no relato que aponta para outras partes do Evangelho, como a narrativa da ressurreição. Uma vez mais é im-

---

15. Muitas vezes os termos e os títulos cristológicos são analisados de forma anacrônica por serem influenciados pelas decisões conciliares posteriores, bem como pela confissão adotada pelo teólogo bíblico, que seria um "teólogo em missão", ou seja, intelectuais que tomam suas experiências de fé como determinantes nos estudos heurísticos que desenvolvem.

16. É o que apresenta Raymond Brown de forma sucinta na introdução de uma de suas obras, no ponto 2, chamado de: o desenvolvimento da cristologia. BROWN, R., *O nascimento do Messias*, p. 38-42.

portante ressaltar que prolepse já é um recurso utilizado pelo autor do Evangelho de Lucas[17], mas que ainda não foi vista a partir da interpretação angelomórfica.

Obviamente que a novidade acima tem relação de continuidade e descontinuidade principalmente com a pesquisa de Fletcher-Louis. Mas esta não tratou de uma análise redacional com Marcos e Mateus e, para ele, "o proléptico não faz justiça aos detalhes do relato"[18]. Também é importante mencionar que o livro do referido autor já possui mais de vinte anos e não contemplou uma gama de obras que desenvolveram novas aproximações da literatura cristã canônica com os textos e o cenário judaico, bem como com as discussões cristológicas oriundas da nova *Religionsgeschichtliche Schule*[19]. Espera-se, portanto, que a pesquisa traga novos caminhos de reflexão para a Transfiguração e para a cristologia do Evangelho de Lucas.

---

17. Sobre analepse e prolepse em Lucas-Atos, ver FLICHY, O., *La Obra de Lucas*, p. 38-53.

18. FLETCHER-LOUIS, C. H. T., *Luke-Acts: Angels, Christology, and Soteriology*, p. 267. Publicada em 1997.

19. Um dos exemplos é a obra de Larry Hurtado. HURTADO, L. W., *Senhor Jesus Cristo. Devoção a Jesus no cristianismo primitivo*. A obra em inglês é de 2003. Para Hurtado o Early High Christology Club (EHCC) representa estudiosos de diversas etnias, gêneros, formações religiosas e acadêmicas, p. 35-36.

Capítulo 1 | *Status Quaestionis*

O *Status Quaestionis* (Estado da Questão) desta obra apresenta uma exposição de como os autores interpretaram a perícope ao longo do tempo. Os autores serão ordenados de acordo com uma tendência interpretativa que será apresentada abaixo. Para tanto, neste livro será dada prioridade aos estudos e abordagens de cunho exegético-científico situados a partir do início do século XX e até o início deste século. Essa escolha está relacionada ao fato de que foi no século XX que os modernos métodos de estudo foram mais empregados nos Evangelhos Sinóticos de forma hegemônica e consistente. Mas antes, serão apresentados alguns apontamentos a respeito da interpretação Patrística, Medieval, da Reforma Protestante do século XVI e nas pesquisas dos séculos XVIII e XIX que deram base para as atuais. Tal apontamento faz-se necessário por considerar que esses textos ainda podem contribuir para a exegese moderna sobre a Transfiguração[20].

A maioria dos estudos modernos realizados sobre a Transfiguração estão baseados no Evangelho de Marcos, apresentando algumas considerações em relação às narrativas paralelas em Mateus e Lucas que são vistas como reelaborações de Marcos[21]. Dessa forma, foram selecionados os estudos que tratam da perícope

---

20. Conforme mencionado na Introdução, no tópico denominado de "Metodologia", o método prioritário utilizado neste livro é o Método Histórico-Crítico (MHC). A adoção deste método, muitas vezes, traz um desprezo às interpretações do passado. Adota-se nesta obra a proposta de que o MHC deve dialogar com outros métodos, bem como com as contribuições oriundas da história da Teologia. PONTIFÍCIA COMISSÃO BÍBLICA, *A Interpretação da Bíblia na Igreja*, III, D, 2. Assim, seguindo essa proposta, entende-se que a Patrística, o período Medieval e a Reforma do séc. XVI possuem observações que não devem ser desprezadas.

21. Uma forma de verificar essa informação se dá através da leitura da bibliografia selecionada por Thomas Best, em 1984, sobre a Transfiguração nos Sinóticos. BEST, T. F., *The Transfiguration*: A Select Bibliography, p. 157-161. O que vai se repetir posteriormente por meio de alguns trabalhos recentes como: OKTABA, P., *Transfiguration de Jésus* – Purification des disciples. Marc 8,27 – 9,13 à la lumière d'Ex 32-34 et de Ml 3 "Il purifiera les fils de Lévi..." (Ml 3,3). A partir da prioridade do texto de Marcos muitos estudos procuram dar uma interpretação da Transfiguração que leve em conta as três narrativas Sinóticas. Dentre os exemplos: LOISY, A., *La Transfiguration*, p. 464-482; GOGUEL, M., *Notes d'histoire évangélique II. Esquisse d'une interprétation du récit de la Transfiguration*, p. 145-157; e mais recentemente HEIL, J. P., *The Transfiguration of Jesus*, p. 46.

lucana, bem como aqueles que contribuem de alguma forma para a história da interpretação da temática em Lucas. Entende-se por contribuição o artigo ou obra que traz uma linha de investigação que terá desdobramentos posteriores para a compreensão da narrativa da Transfiguração no Evangelho de Lucas. Ademais, verifica-se que há poucas análises da Transfiguração que abordam exclusivamente a obra lucana e que elas apareceram mais na segunda parte do século passado.

Essa pesquisa foi dividida da seguinte forma: apontamentos do período Patrístico, Medieval, do período da Reforma Protestante e do século XVIII e do século XIX. Em relação aos períodos Patrístico, Medieval e o da Reforma Protestante, o olhar será sobre o relato da Transfiguração como visto nos três evangelhos, pois nesses períodos não havia um cuidado em diferenciar os relatos, algo que aparece na pesquisa dos séculos XVIII e XIX. Sendo assim, no século XX e início do século XXI, serão apresentadas as tendências interpretativas acerca do relato que fazem parte dos resultados dos séculos anteriores, bem como do surgimento de novos métodos de investigação. No final, há um último tópico no *Status Quaestionis*, denominado "Cristologia e Transfiguração". Seu objetivo é apresentar como as novas discussões cristológicas têm influenciado a interpretação do relato no Evangelho de Lucas.

1.1. A Transfiguração na Exegese Patrística e Medieval

Os Padres da Igreja[22] demonstraram pouco interesse no que diz respeito aos problemas literários que surgem da leitura de Lc 9,28-36 ou problemas relacionados com a origem e a natureza histórica da narrativa da Transfiguração. Eles apresentaram múltiplas maneiras de entender a Transfiguração, alguns valorizando a experiência humana e a participação na visão da Transfiguração e outros a graça de Deus, a deidade de Cristo e a vida interior de Deus[23].

1.1.1. Patrística Grega

A interpretação da Patrística Grega apresentou, em seus escritos, expressões anti-heréticas, apologéticas, devocionais e litúrgicas importantes para o

---

22. O período Patrístico vai do final do séc. I até o séc. VIII d.C. e está dividido em três etapas fundamentais. A primeira, da iniciação ou formação da teologia patrística, que se estende desde o final do séc. I até o séc. IV; depois, os sécs. IV e V, chamados de período áureo da Patrística e, por fim, uma etapa final, que se estende até o séc. VIII, o período de transição da Antiguidade Tardia para a Idade Média. ILLANES, J. S.; SARANYANA, J. I., *Historia de la Teologia. XVII-XIX*. Alguns autores datam o período Patrístico até o séc. V d.C. MCGRATH, A. E., *Teologia Histórica*, p. 14 e 31.

23. YOUN, J. H., *The Transfiguration of Christ*: A Study in Matthew 17:1-9 in relation to the Believers' Transformation and Senses in the Matthean Transfiguration Narrative, p. 41.

cristianismo primitivo[24]. Orígenes (185-253 d.C.) tratou da passagem inteira em seu comentário de Mateus e alguns fragmentos de sua exegese do texto de Lucas. Ele desenvolveu uma doutrina do sentido espiritual e dos olhos da contemplação, refletindo a esperança do crente ao contemplar Cristo em sua glória. Identificando a montanha como sendo o símbolo da vida contemplativa e a ascensão dos apóstolos como sendo a oração e a virtude que se prepara para a manifestação da glória de Deus no coração dos discípulos fiéis.

Por meio da interpretação acima, Orígenes destacou que somente os crentes maduros podem atingir uma epifania na montanha da experiência espiritual, ou seja, um certo grau de progresso espiritual e teológico é exigido do crente para ver Cristo e sua "forma de Deus" (θεού μορφήν)[25]. Orígenes também apresenta uma explicação em relação à natureza da nuvem que ofuscou Cristo, os profetas e os discípulos no monte da Transfiguração. Ele ressalta que a nuvem de luz é o Espírito Santo, uma interpretação que passou a ser seguida por comentaristas posteriores[26].

Eusébio de Cesareia (265-339 d.C.), por volta do ano de 311 d.C.[27], compôs um comentário sobre o Evangelho de Lucas[28]. Esse comentário não recebeu muita atenção por parte dos pesquisadores modernos, necessitando de uma edição crítica, de traduções, da análise dos termos e de estudos sobre as posições teológicas de Eusébio. Na parte em que trata da Transfiguração de Cristo (Lc 9,28-36), a descrição da mudança pela qual passa Jesus (alguns detalhes não foram tirados do relato de Lucas) é considerada uma apresentação parcial de uma glorificação futura: Jesus está acompanhado por testemunhas, seu rosto torna-se brilhante, encontra-se no topo de uma alta montanha e ouve uma voz do céu. Com base nessas características, Eusébio vê a Transfiguração como uma prefiguração claramente tipológica da glória final[29].

---

24. RAMSEY, A. M., *The Glory of God and the Transfiguration of Christ*, p. 128-129.

25. PATRICK, J., *Origen's Commentary on the Gospel of Matthew*, p. 412-512.

26. CHAMBERAS, P. A., *The Transfiguration of Christ*: A Study in the Patristic Exegesis of Scripture, p. 48-65, aqui p. 51.

27. Há discussões com relação à data em que o comentário foi escrito. WALLACE-HADRILL, D. S., *Eusebius of Caesarea*, p. 23; JOHNSON, A. P., *The Tenth Book of Eusebius. General Elementary Introduction: A Critique of the Wallace-Hadrill Thesis*, p. 144-160. Para Johnson, a única indicação interna clara da data é a referência à destruição por Maximino Daia de um conjunto de estátuas representando Cristo e a mulher com hemorragia em Cesareia de Filipe. Há também referências à perseguição e a elementos escatológicos, mas estas não precisam indicar uma data para um período precoce de perseguição.

28. SERIES GRAECA, *Eusebius Pampphili Caesariensis Episcopus*, p. 530-604.

29. JOHNSON, A. P.; SCHOTT, J., *Eusebius of Caesarea*: Tradition and Innovations, p. 15.

Eusébio apresentou uma ênfase escatológica em seu comentário, pois ele via na perícope da Transfiguração uma janela que aponta para uma transformação futura. O texto teria como objetivo confirmar e autorizar o *status* de Jesus como o Filho de Deus – mediante a voz do céu – bem como o seu cumprimento da Lei e dos Profetas (através das figuras de Moisés e Elias). No relato, a voz divina teria "selado" a verdade do *status* de Cristo como o Filho de Deus. No passado, apenas três discípulos foram considerados dignos de ver o Reino dos Céus vindo com poder. Mas, no final dos tempos, quando o Senhor voltar com a glória do Pai, não só Moisés e Elias sozinhos e nem somente os três discípulos, mas todos os profetas, patriarcas e pessoas justas. Na Transfiguração, Jesus e os três discípulos subiram um monte elevado; mas no final Ele lideraria seus seguidores para o céu. Na Transfiguração, seu rosto tinha brilhado como o sol; mas no final Ele brilharia "além de toda luz concebível, tanto em reinos perceptíveis quanto inteligíveis"[30].

Os Padres da Igreja gregos dos séculos IV, V e VI viram a Transfiguração de Cristo como uma revelação da natureza divina de Cristo e como um prenúncio de sua παρουσία (*vinda*) futura, atribuindo assim um significado escatológico para o relato. Dentre eles, João Crisóstomo (347-407 d.C.) escreve com o objetivo de informar aos seus discípulos e demonstrar-lhes o tipo de glória com que Cristo aparecerá no futuro. O suporte adicional dessa visão vem de uma passagem de Efrém, a *Homilia* Síria sobre a Transfiguração, que diz: "Os homens dos quais Ele disse que não saberiam da morte até terem visto a manifestação da sua vinda, estes são os que Ele tocou na montanha e mostrou como Ele virá no último dia na glória de sua divindade e no corpo de sua humanidade"[31]. João Crisóstomo estava interessado em refletir sobre a reação de vários personagens e os propósitos de Jesus na história da Transfiguração, relacionando a Transfiguração com o ensinamento de Jesus sobre a vinda final e a vida cotidiana dos cristãos[32].

Máximo o Confessor (580-662 d.C.) recapitula a exegese já realizada pelos Padres, bem como antecipa os desenvolvimentos significativos que se seguem na Teologia Bizantina[33]. Para ele, o relato da Transfiguração é um texto paradigmático que merece ter a primazia em relação à teofania do Sinai, pois é uma revelação fundamentada na teologia, ou seja, na relação do Pai e do Filho, e também de fazê-lo precisamente no contexto da encarnação do Filho. Logo, o centro do relato

---

30. JOHNSON, A. P.; SCHOTT, J., *Eusebius of Caesarea*: Tradition and Innovations, p. 16.

31. CHAMBERAS, P. A., *The Transfiguration of Christ*: A Study in the Patristic Exegesis of Scripture, p. 48-65, aqui p. 52.

32. DALEY, B. E., *Light on the Mountain*: Greek Patristic and Byzantine Homilies On The Transfiguration Of The Lord, p. 68.

33. BLOWERS, P. M., *Maximus the Confessor*: Jesus Christ and the Transfiguration of the World.

é a face transfigurada de Cristo. Sem pronunciar uma palavra, o rosto transfigurado instruiu os apóstolos na montanha, simbolizando sua divindade inefável e inacessível[34].

Outros Padres Orientais enfatizaram particularmente o seu significado soteriológico. Um exemplo seria Atanásio Sinaíta (700 d.C.)[35]. Ele faz uma relação entre a transfiguração da natureza humana de Cristo e a transfiguração de nossa própria natureza, pois em virtude da união hipostática das duas naturezas Cristo deu à humanidade uma participação na honra divina[36].

1.1.2. Patrística Latina

A Patrística Latina segue uma interpretação alegórica do relato em que a historicidade do mesmo não é negada, mas que aponta para o passado (como cumprimento da profecia veterotestamentária), o presente (nos tempos de Jesus de Nazaré, como motivo de esperança pouco antes da Paixão, e como indicação da divindade de Jesus como Filho amado pelo Pai) e o futuro (como uma prova da vinda do Filho do Homem em seu Reino)[37].

A Transfiguração é mencionada pela primeira vez na literatura cristã latina com Irineu de Lião (130-202 d.C.), em uma referência ao seu ensino da visão de Deus[38]. Ele considera a Transfiguração um evento escatológico e soteriológico em que uma visão da face de Deus se torna possível através do mistério da encarnação[39]. Para isso, interpreta o texto de forma tipológica. Sua interpretação antignóstica enfatiza que Cristo traz a salvação para a ordem temporal através da visão de acordo com a carne, o que difere da gnose que apresentava a salvação de acordo com o espírito[40].

A interpretação da Patrística Latina se preocupou também em ver na Transfiguração uma revelação da Santíssima Trindade e também se utilizou do

---

34. BLOWERS, P. M., *Maximus the Confessor*: Jesus Christ and the Transfiguration of the World, p. 80-81.

35. Os estudiosos concordam que o texto da homilia de Atanásio sobre a Transfiguração não encontra-se em bom estado e o texto de algumas passagens não está claro. Após a edição crítica de A. Guillou dos manuscritos em 1955, B. Daley publicou a tradução em inglês em 2013. DALEY, B. E., *Light on the Mountain*: Greek Patristic and Byzantine Homilies On The Transfiguration of the Lord.

36. STREZOVA, A., *Hesychasm and Art*, p. 85.

37. MARFORI Y CUELLO, E., *La Teología de la Transfiguración en los Padres Latinos*, p. 79.

38. IRINEU DE LIÃO, *Contra as Heresias*. Livro IV, p. 176-247.

39. CHAMBERAS, P. A., *The Transfiguration of Christ*: A Study in the Patristic Exegesis of Scripture, p. 48-65, aqui p. 49.

40. CANTY, A. M., *Light & Glory*: the Transfiguration of Christ in Early Franciscan and Dominican Theology, p. 12.

método alegórico para interpretar cada sequência do relato[41]. Ambrósio de Milão (340-397 d.C.), por meio da obra *Expositio Euangelii secundum Lucam* (377-389 d.C.), apresenta uma exegese do relato baseada em uma leitura histórico-literal, em uma leitura moral e em uma leitura alegórico-mística.

A Transfiguração de Jesus, segundo ele, mostra a condescendência divina para com a debilidade humana e serve para recordarmos os bens espirituais futuros. O fato de haver três apóstolos como testemunhas serve de inspiração para que o fiel siga a Jesus, como os três. Esse número pode até mesmo, na interpretação ambrosiana, fazer menção ao gênero humano, aos dois grupos de testemunhas diante do Jesus Transfigurado e da Santíssima Trindade. O sono e o levantamento dos três apóstolos prostrados prefiguram a morte de Jesus. O bispo de Milão insiste em que Jesus é o Filho de Deus que deve ser escutado, pois escutar o Filho leva à fé perfeita[42].

Para Jerônimo (347-420 d.C.), a história presente no relato da Transfiguração possui dois aspectos intimamente relacionados. Primeiro, ele considera a Transfiguração como um verdadeiro evento histórico do passado, que ocorreu como descrito no Evangelho. A este respeito, a "história" seria a de pessoas, eventos e realidades como eles realmente aconteceram. Em segundo lugar, essas realidades passadas são dadas nas Escrituras de acordo com um sentido muito básico e simples das palavras, e essa articulação verbal também é entendida por ele como "história"[43].

Dessa forma, Jerônimo apresenta o entendimento da palavra história no sentido espiritual, o qual se baseia no texto de Gl 4,24 de Sara e Agar, onde, para ele, Paulo teria realizado uma interpretação que visava decifrar os mistérios ocultos. Jerônimo interpreta as roupas de Jesus como as palavras da Escritura, que se tornam deslumbrantes na Transfiguração. Por isso, quando os discípulos veem as roupas de Jesus se tornando brancas, significa dizer que eles estão adquirindo entendimento espiritual. A presença de Moisés e Elias falando com Jesus mostra que eles agora estão vendo que a Lei e os Profetas estão conversando com o Evangelho. Ele então faz associação com a compreensão espiritual do leitor cristão da Lei e dos Profetas em relação a Cristo, ou seja, quando se está no pé da montanha é que se percebe de forma mais profunda as relações e realidades entre a Lei, os Profetas e Cristo[44].

---

41. CHAMBERAS, P. A., *The Transfiguration of Christ*: A Study in the Patristic Exegesis of Scripture, p. 48-65, aqui p. 52. Para uma análise teológica dos Padres Latinos, veja MARFORI Y CUELLO, E., *La Teología de la Transfiguración em los Padres Latinos*.

42. MARFORI Y CUELLO, E., *La Teología de la Transfiguración em los Padres Latinos*, p. 75-94.

43. WRIGHT IV, W. M., *The Literal Sense of Scripture According to Henri de Lubac*: Insights From Patristic Exegesis of the Transfiguration, p. 260.

44. WRIGHT IV, W. M., *The Literal Sense of Scripture According to Henri de Lubac*: Insights From Patristic Exegesis of the Transfiguration, p. 260-261.

Agostinho de Hipona (354-430 d.C.) em sua obra, *Contra Adimantum* (394 d.C.), apresenta três tipos diferentes do que seria uma visão típica de Deus. Essas visões estariam relacionadas, sendo a primeira delas a visão corporal, onde os objetos físicos são vistos com olhos corporais. Depois, teríamos a visão imaginária das sensações em que se vê imagens de coisas que podem ser percebidas através do corpo, como em um sonho. Por último, teríamos a visão intelectual em que as realidades invisíveis como verdade e sabedoria são vistas com o olhar da mente. Agostinho menciona a Transfiguração como exemplo do primeiro tipo de visão, a corporal[45].

Na obra *Sermões sobre Mateus* de Agostinho, verifica-se uma exegese alegórica do significado da Transfiguração que possui conotações explicitamente eclesiológicas[46]. Para o Doutor de Hipona, o rosto radiante de Cristo seria a iluminação do Evangelho; a mudança nas vestes significaria a Igreja em toda a sua pureza; a queda dos discípulos indicaria a condição de morte a que estão sujeitos, mas que teria a ressurreição de Cristo como garantia, uma vez que a Lei e os Profetas não seriam mais necessários[47]. Desta forma, ele tornou a Transfiguração de Cristo um episódio significativo para a vida da Igreja, que vive a tensão entre a era presente e a era futura.

Conforme visto acima, os Padres da Igreja demonstram pouco interesse e preocupação com os problemas literários que emergem quando os três relatos da Transfiguração são examinados de forma sinótica ou para o problema histórico relacionado com a gênese e a natureza da narrativa. Em virtude disso, pode-se pensar que os mesmos adotam uma postura fundamentalista na forma de ler os textos. Tal impressão é fruto das preocupações teológicas e espirituais desses autores que diferem em muito dos princípios e padrões da exegese moderna. Embora seja possível verificar autores da Patrística que apresentam preocupações com alguns aspectos literários, elas não se comparam à abordagem detalhada da exegese moderna[48].

No caso da narrativa da Transfiguração, os Padres da Igreja entendem que a narrativa é um relato autêntico de um evento especial na vida de Jesus e de seus discípulos e que teria servido de base para as narrativas evangélicas. Logo,

---

45. AUGUSTINUS HIPPONENSIS, *Contra Admantum*.

46. Outra obra do bispo de Hipona também menciona a Transfiguração: *Epistolae and Enarrationes in Psalmos* (403 d.C.). Nela, ele se concentra na Paixão de Cristo através da qual Cristo transfigurou a pecaminosidade humana e o medo através de sua humanidade.

47. AUGUSTINE, *Sermon on Matthew*: Sermon XXIX.

48. Tertuliano considera a presença de Moisés e Elias na Transfiguração de Cristo como inteiramente apropriada porque eles testemunham acerca da unidade entre o Antigo e o Novo Testamento. Em um esforço para responder ao problema histórico de como os três discípulos foram capazes de reconhecer os dois profetas falando para o Cristo glorificado, Tertuliano observa que isso foi possível através do Espírito Santo. TERTULLIEN, *Contre Marcion IV*, Libre IV.

os mesmos não se sentem presos à letra do texto à maneira fundamentalista, mas são livremente movidos e guiados pelo seu espírito para encontrar e interpretar os significados essenciais da mensagem. Além disso, eles pressupõem que as realidades divinas não podem ser expressas de forma absoluta, mas por meio de palavras e representações simbólicas.

1.1.3. O período Medieval

No período Medieval tem-se um número considerável de autores como Alberto o Grande; Hugo de Saint-Cher; Tomás de Aquino e Gregório Palamas, que trouxeram contribuições significativas a respeito da Transfiguração de Jesus. Alberto o Grande (1200-1280) em sua obra *De Resurrectione*, vê a Transfiguração como uma prova da ressurreição, pois esta seria um sinal que aponta para uma realidade que penetrará no corpo dos eleitos. Em outra obra, *Super Mattheaum*, o bispo dominicano desenvolveu a dimensão eclesial da Transfiguração, ligando a Transfiguração à hierarquia e o poder da Igreja. Segundo ele, a brancura das roupas de Cristo significaria a comunicação da glória de Cristo para os santos e o brilho da nuvem seria a luz da verdade que desceu sobre a Igreja[49].

Outro dominicano que apresenta considerações sobre a Transfiguração é Hugo de Saint-Cher (1200-1263). Em sua obra *Postilla super Lucam* ele apresenta um comentário sobre a Transfiguração lucana, onde fornece informações adicionais ao relato em virtude de já ter analisado a Transfiguração nas obras em que comenta Marcos e Mateus. Ele faz uso de interpretações tipológicas, bem como de um uso maior da interpretação mística. Um dos exemplos é a sua forma de entender os oito dias registrados por Lucas em relação aos seis dias de Mateus e Marcos, que mencionam seis dias por observarem o intervalo entre o anúncio de Jesus e a Transfiguração, enquanto que os oito dias de Lucas incluem o dia do anúncio, o dia da Transfiguração e os seis dias entre eles[50].

Tomás de Aquino (1225-1274), em meados da década de 1250, publica uma obra chamada *Scriptum Super Libros Sententiarum* oferecendo sua primeira abordagem teológica a respeito da Transfiguração de Cristo. Para Aquino, a clareza da Transfiguração vem da alma de Cristo, que foi glorificada pela visão de Deus, e essa alma glorificada, estando cheia de amor, irradia com clareza no seu corpo[51].

---

49. CANTY, A. M., *Light & Glory*: the Transfiguration of Christ in Early Franciscan and Dominican Theology, p. 154.

50. CANTY, A. M., *Light & Glory*: the Transfiguration of Christ in Early Franciscan and Dominican Theology, p. 42.

51. CANTY, A. M., *Light & Glory*: the Transfiguration of Christ in Early Franciscan and Dominican Theology, p. 217.

Este processo e a igualdade da glória corporal em Cristo e em nós é revisado de forma mais completa em sua *Suma Teológica*.

Na Suma III, na questão 45, Tomás de Aquino trata da Transfiguração de Cristo, destacando a natureza milagrosa dessa Transfiguração, sua conexão íntima com seu sofrimento e morte, e seu significado para a vida cristã. No artigo I ele discute porque Cristo teve que ser Transfigurado se o mesmo já possuía um corpo verdadeiro. Sua resposta parte da ideia da importância do ato para os discípulos, pois, segundo ele, "era conveniente que manifestasse aos seus discípulos a sua claridade luminosa; e tal é a Transfiguração, que também concederá aos seus, segundo diz o Apóstolo: reformará o nosso corpo abatido para fazer conforme o seu corpo glorioso"[52].

Já no artigo II, o teólogo medieval apresenta sua reflexão acerca da luminosidade de Cristo, assumindo que a luminosidade que Cristo se revestiu foi a da glória e que ela aponta para a futura claridade dos santos. No artigo III, ao discutir a respeito das testemunhas que acompanharam o evento, se eram testemunhas convenientes ou não, Tomás de Aquino apresenta algumas razões para a presença de Moisés e Elias. Dentre essas razões, a quarta apresentada é extraída de suas reflexões acerca do relato lucano, pois estes dois personagens falavam da sua saída deste mundo que havia de cumprir em Jerusalém, isto é, da sua paixão e da sua morte. Logo, a presença deles teria a função de fortalecer a alma dos discípulos porque eles arriscaram suas vidas por Deus; pois, Moisés, com perigo de morte, se apresentou perante o faraó, e Elias perante Acabe[53].

No artigo IV, Tomás de Aquino se propõe a falar do testemunho da voz paterna que seria uma continuação do relato do batismo, designado como primeira regeneração. Assim, a Transfiguração seria a segunda regeneração, onde se manifestaria toda a Trindade; o Pai, pela voz; o Filho, pela sua humanidade; e o Espírito Santo, pela nuvem luminosa. Tomás de Aquino então conclui dizendo que o batismo dá a inocência simbolizada pela imagem da pomba, enquanto que a ressurreição "dará aos eleitos o esplendor da sua glória e a libertação de todo o mal, simbolizados pela nuvem lúcida"[54]. Posteriormente, ele apresentou uma síntese sobre a Transfiguração de Cristo por meio da combinação das ideias de outros autores mais antigos, bem como de alguns de seus contemporâneos. Tal feito é realizado na obra *Catena aurea in quator Evangelia*[55] (1260).

---

52. AQUINO, T., *Suma Teológica*. Parte III – Questão 45: Sobre la Transfiguración de Cristo, p. 386-391.
53. AQUINO, T., *Suma Teológica*. Parte III – Questão 45: Sobre la Transfiguración de Cristo, p. 386-391.
54. AQUINO, T., *Suma Teológica*. Parte III – Questão 45: Sobre la Transfiguración de Cristo, p. 386-391.
55. AQUINO, T., *Catena aurea*. Evangelio según san Lucas, 9:28-31.

Depois de Tomás de Aquino, o frade franciscano francês Nicolau de Lira (1270-1349), implementou os princípios exegéticos de seus predecessores de forma mais efetiva e trouxe para a Igreja o conhecimento do aprendizado do hebraico e da leitura rabínica. Nicolau escreveu *Postillae Perpetuae in Universam S. Scripturam in Latim* (1331), na qual ele enfatizou o sentido literal da Transfiguração, em vez de uma interpretação alegórica ou mística, e discutiu a filosofia, a gramática e o contexto histórico do texto. Utilizou todas as fontes disponíveis e, utilizando-se do hebraico, tentou reconstruir os textos originais e extraiu informações de comentários de exegetas judeus[56]. Sua obra se tornou influente no final da Idade Média e nos tempos modernos iniciais, pois sua abordagem é considerada como um vislumbre inicial das técnicas de crítica textual dos tempos modernos.

Por último, Gregório Palamas (1296-1359) contribuiu para o desenvolvimento da implicação ascética da Transfiguração em relação às práticas cristãs visuais e místicas. Com base em 2Cor 3,18, o conceito de "transfiguração do crente" estabilizou-se com Gregório, que enfatizou o "verdadeiro conhecimento de Deus" como uma Transfiguração do homem pelo Espírito de Deus[57]. Assim, ele afirma que não é Cristo quem é transformado em algo novo na Transfiguração, mas os discípulos. Para ele, a Transfiguração revela a glória divina que Cristo possuía desde toda a eternidade, mas que estava oculta sob o véu da carne, ou seja, através da sua encarnação[58]. Por conseguinte, "os santos podem participar da Glória e do Reino de Deus, como fizeram os três discípulos na montanha da Transfiguração, mas sempre em algum grau atenuado quando comparado a Cristo"[59].

1.2. A Transfiguração na Reforma Protestante

No período da Reforma, as críticas históricas surgiram da ideologia da Reforma Protestante, que tinha como objetivo a libertação da Bíblia das interpretações tradicionais da época. Assim, "ver o rosto de Cristo" começou a ser interpretado como "ouvir o evangelho pregado". Essa interpretação não valorizava a importância da piedade visual para a transformação[60].

Martinho Lutero (1483-1546) segue essa linha de intepretação ao comentar sobre a Transfiguração. Segundo ele: "O reino de Cristo é um reino da audição,

---

56. YOUN, J. H., *The Transfiguration of Christ*: A Study in Matthew 17:1-9 in relation to the Believers' Transformation and Senses in the Matthean Transfiguration Narrative, p. 62.
57. MEYENDORFF, J., *Gregory Palamas*: The Triads, p. 14.
58. MEYENDORFF, J., *Gregory Palamas*: The Triads, p. 76.
59. GREGORY PALAMAS, *Homily 35*, P.G. 151:445.
60. HEATH, J. M. F., *Paul's Visual Piety*: The Metamorphosis of the Beholder, p. 174.

não um reino da visão; os olhos não guiam e não levam ao encontro e conhecimento de Cristo, mas os ouvidos fazem isso"[61]. A mudança de paradigma de Lutero envolveu encontros transformadores com as palavras das Escrituras e, sob sua influência, a primazia da palavra supera o significado das questões visuais na maioria das igrejas da Reforma[62].

O reformador comenta o relato da Transfiguração em Mateus, mais precisamente o trecho acerca da voz da nuvem. Para ele:

> Onde Deus fala diretamente em sua majestade, ali somente aterroriza e mata. Se queres, pois, dirigir-te a Deus, toma o seguinte caminho: ouve a voz de Cristo, ao qual o Pai constitui mestre do mundo inteiro, ao dizer: "Este é meu Filho amado, nele tenho prazer; a este ouvi" (Mt 17,5). "Somente Ele conhece o Pai, e Ele o revela a quem quer" (Mt 11,27). O mundo, porém, não ouve, abandona a Cristo com sua palavra, e segue e engrandece iluminações e revelações como se fossem magníficas e divinas, quando, na verdade, são satânicas. Como ouço dizer, há povos que têm sacerdotes e religiosos que, em determinados dias, sofrem êxtases, são arrebatados e ficam, por algum tempo, prostrados sem sentido. E, quando retornam a si, falam coisas grandes e admiráveis. A massa popular se deixa impressionar por suas práticas, visto que tem esses videntes em conta de grandes homens, e acha que sejam uma santidade especial. Deus, o Pai, porém, ordenou que não demos ouvidos a tais arrebatamentos, mas ao Filho, "no qual estão ocultos todos os tesouros da sabedoria" (Cl 2,3)[63].

Depois, em outro momento, comenta a presença de Moisés e Elias. Eles representariam a Lei e os Profetas como duas testemunhas. Estes seriam sinais que, junto com a voz, iniciariam o testemunho na terra da verdade cristã das Santas Escrituras[64]. A ideia da transfiguração também aparece na interpretação de Lutero do corpo da ressurreição, pois este seria "um corpo transfigurado e que agora está em um estado de alegria e bem-aventurança, não mais sujeito à mortalidade"[65]. Assim, também o corpo dos fiéis passará pela mesma mudança:

> De sorte que o Espírito Santo sempre tem de trabalhar em nós mediante a palavra e quotidianamente conceder perdão, até aquela vida em que já não

---

61. LUTHER, M., *Sermon delivered at Merseburg*, WA 51:11.
62. WERNER, E. A., *Martin Luther and Visual Culture*, p. 1.
63. LUTERO, M., *Martinho Lutero: Obras selecionadas*, vol. 4, p. 412.
64. LUTHER, M., *Sermons of Martin Luther*, vol. 1, p. 145.
65. LUTHER, M., *Sermons of Martin Luther*, vol. 2, p. 205.

haverá remissão, mas homens inteiramente puros e santos, plenos de retidão e justiça, libertados e isentos de pecado, da morte e toda desgraça, em novo corpo, imortal e transfigurado[66].

Zuínglio (1484-1531) também fala do corpo ressuscitado de Jesus como um corpo transfigurado, ou seja, Ele não está mais sujeito às limitações comuns de tempo e espaço. Sua discussão sobre o tema encontra-se no contexto da discussão sobre a presença de Cristo na Eucaristia[67].

João Calvino (1509-1564), na obra *Commentary on a Harmony of the Evangelists Matthew, Mark, and Luke*, analisa a transfiguração olhando para os três evangelhos. Ele começa perguntando pelo propósito de Cristo ter se vestido com glória celestial por um período tão curto de tempo e porque apenas três discípulos presenciaram. Para ele, Cristo quis mostrar que Ele não foi arrastado para a morte, mas que se apresentou por vontade própria, para oferecer ao Pai o sacrifício da obediência. Sua explicação para três discípulos está na legislação mosaica que diz que para se provar qualquer coisa é preciso de duas ou três testemunhas (Dt 17,6)[68].

Sua interpretação da Transfiguração é a de que os discípulos tivessem um vislumbre da glória ilimitada, de uma forma que eles pudessem compreender. Por isso, não entra em muitos detalhes sobre a roupa ou o brilho nas vestes, pois entende que não foi uma exibição completa da glória celestial de Cristo, isto é, "foram adaptados à capacidade da carne"[69].

O reformador francês também discute em seu texto a presença de Moisés e Elias, "Deus tem corpos e almas na mão e pode restaurar os mortos para a vida conforme sua vontade, sempre que achar necessário". Interpreta os dois como significando a Lei e os Profetas, sendo Elias o representante de todos os profetas. Ressalta que o assunto da conversa entre os três é registrado somente por Lucas e que Lucas diz que Pedro proferiu essas palavras enquanto Moisés e Elias estavam partindo[70].

Para ele o centro do relato – a voz do Pai – traz dois títulos importantes: Filho amado e Mestre. A palavra Filho é enfática e o eleva acima dos servos. E esse Filho não é somente amado pelo Pai, Ele é designado para ser Mestre e essa

---

66. LUTERO, M., *Martinho Lutero: Obras Selecionadas*, vol. 7, p. 398.
67. BROMILEY, G. V. (ed.), *Zwingli and Bullinger*, p. 178-179.
68. CALVIN, J., *Commentary on a Harmony of the Evangelists Matthew, Mark, and Luke*, p. 214 e 215.
69. CALVIN, J., *Commentary on a Harmony of the Evangelists Matthew, Mark, and Luke*, p. 216.
70. CALVIN, J., *Commentary on a Harmony of the Evangelists Matthew, Mark, and Luke*, p. 217.

designação é explicada quando se admoesta as testemunhas a ouvi-lo. Assim, nele habita a autoridade de um Mestre, nosso único mestre[71].

Ao concluir seu comentário do relato, que na maior parte segue a Transfiguração de Mateus, Calvino destaca que o texto era uma visão (como aparece em Mt 17,9) e que os discípulos se prostraram, como resultado da majestade de Deus. Jesus então os toca, encorajando-os. Como Jesus no final aparece sozinho, deve-se agora olhar somente para Ele. Logo, ele conclui: "Nos próprios discípulos podemos ver a origem do erro; contanto que estivessem aterrorizados pela majestade de Deus, suas mentes vagavam em busca de homens, mas quando Cristo os levantou gentilmente, eles o viram sozinho"[72].

A Transfiguração continuou sendo um assunto significativo, mantendo sua centralidade nos estudos bíblicos durante os tempos modernos. O beneditino francês Antoine Calmet (1672-1757) escreveu o *Commentaire de la Bible* (1707-1716) no qual ele interpretou a Transfiguração em conexão com Mt 16,24-28 e como uma previsão de sua vingança contra os judeus pelos braços dos romanos com base no contexto histórico. Ele leu que a Transfiguração foi feita durante a noite e Moisés e Elias retornaram aos lugares onde eles esperavam a segunda vinda do Messias e a ressurreição[73].

1.3. A Transfiguração lucana nos séculos XVIII e XIX

Como consequência da chamada era do Iluminismo (*Aufklärung*) a razão humana foi colocada como critério final e fonte principal do conhecimento, ou seja, o racionalismo se colocava como uma proposta de superação de qualquer forma de supernaturalismo. Outras duas consequências foram o desenvolvimento do Método Histórico-Crítico e a aplicação da Crítica Literária radical da Bíblia para o Antigo e Novo Testamentos[74].

Dessa forma, surgiram diversas propostas de racionalizar os relatos bíblicos. Elas se originaram com o surgimento do racionalismo no século XIX com o seu ceticismo sobre a confiabilidade histórica dos evangelhos. Paulus (1842), por exemplo, procura explicar a Transfiguração como um relato atmosférico e compreende a Transfiguração como experiência dos discípulos ainda

---

71. CALVIN, J., *Commentary on a Harmony of the Evangelists Matthew, Mark, and Luke*, p. 218 e 219.
72. CALVIN, J., *Commentary on a Harmony of the Evangelists Matthew, Mark, and Luke*, p. 220.
73. YOUN, J. H., *The Transfiguration of Christ*: A Study in Matthew 17:1-9 in relation to the Believers' Transformation and Senses in the Matthean Transfiguration Narrative, p. 64.
74. HASEL, G., *Teologia do Antigo e Novo Testamento*, p. 263-264.

um pouco adormecidos quando um nascer do sol na montanha iluminou a pessoa de Jesus[75].

Strauss (1860) mostra um exemplo desse tipo de interpretação quando apresenta uma crítica a autores mais antigos (Rau, Glaber, Kuinöl e Neander). Estes utilizaram como base Lc 9,32, que diz que Pedro e os outros discípulos estavam cheios de sono e depois que acordaram viram a sua glória. Esses autores trazem a seguinte explicação do relato: depois de uma oração, realizada por Jesus ou pelos próprios discípulos, em que foi feita a menção de Moisés e Elias, os três discípulos dormiram e, por causa da conversa anterior, sonharam com Moisés e Elias[76].

Outra abordagem importante para a narrativa da Transfiguração começa com a suposição de seu caráter mítico. Strauss define mito evangélico como

> Uma narrativa direta ou indiretamente relacionada com Jesus, o que pode ser considerado não como a expressão de um fato, mas como o produto de uma ideia de seus primeiros seguidores: a tal narrativa é mítica na proporção em que apresenta este personagem. O mito neste sentido do termo nos encontra, no evangelho como em outros lugares, às vezes em sua forma pura, sendo o conteúdo da narrativa, e, às vezes, como um complemento acidental à história real[77].

Strauss postula duas fontes de mitos no evangelho: (1) as ideias messiânicas e expectativas existentes de acordo com as suas várias formas na mente judaica antes de Jesus e independentemente dele; e (2) a impressão particular que foi deixada pelo caráter pessoal, ações, e o destino de Jesus, o que serviu para modificar a ideia messiânica no meio de seu povo. Estas duas fontes contribuíram simultaneamente, embora em proporções diferentes, de modo a formar cada uma um mito. O relato da Transfiguração, de acordo com Strauss, é um mito derivado quase que inteiramente a partir da primeira fonte. A única amplificação extraída da segunda fonte é a conversa entre Jesus, Moisés e Elias sobre a morte iminente de Jesus[78].

Strauss entende o propósito da narrativa como dupla: primeiro, expor na vida de Jesus uma repetição aprimorada da glorificação de Moisés, e, segundo, trazer Jesus como o Messias em contato com os seus dois antecessores, representando Jesus como o aperfeiçoador do Reino de Deus e o cumprimento da lei e dos profetas[79].

---

75. PAULUS, H. E. G., *Exegetisches Handbuch über die drei ersten Evangelien 2*, p. 437.

76. STRAUSS, D. F., *Life of Jesus*, vol. II, p. 605. Veja também DAVIES, W. D.; ALLISON, D. C., *The Gospel According to Saint Matthew*, p. 690.

77. STRAUSS, D. F., *The Life of Jesus Critically Examined*, p. 86.

78. STRAUSS, D. F., *The Life of Jesus Critically Examined*, p. 86-87.

79. STRAUSS, D. F., *The Life of Jesus Critically Examined*, p. 535-546.

Muitos comentários, posteriores, preocuparam-se em demonstrar a historicidade do relato. Em seu comentário sobre o Evangelho de Lucas, Brown (1871) analisa a perícope justamente com esse objetivo, combinando a narrativa com os outros textos neotestamentários, bem como com outros do Antigo Testamento. Ao comentar a expressão "viu a sua glória", ele diz que "a ênfase está no 'ver', qualificando-os a se tornarem 'testemunhas oculares de Sua majestade' (2Pd 1,16)"[80]. Pouco depois, Carr (1875) segue a mesma linha, embora com apontamentos mais curtos e menos precisos. Ele reflete sobre a localização do relato e aponta a possibilidade da Transfiguração ter ocorrido à noite. Como boa parte dos autores anteriores e posteriores, ressalta a presença de Moisés e Elias como representantes da Lei e dos Profetas[81].

O comentário de Godet (1881) procura refutar diretamente a proposta de Strauss sobre a possibilidade da Transfiguração ser um relato mítico e, por isso, desenvolve o comentário dos versículos com o objetivo de mostrar que o relato realmente aconteceu. Por isso, procura amenizar as diferenças entre os relatos e, ao comentar a primeira parte do texto lucano, ele chama o mesmo de "a glória de Jesus" e atribui essa expressão como parte dos três Sinóticos, quando na verdade a expressão "glória" só aparece em Lucas. Para ele, a aparição de Moisés e Elias seria de difícil entendimento por não conhecermos totalmente as leis do mundo superior. A expressão "dois homens" no relato lucano refletiria a impressão de relato ter sido experimentado por testemunhas oculares. Por fim, apresenta respostas às objeções acerca da realidade do relato da Transfiguração, enfatizando mais uma vez que o relato não pode ser uma invenção mítica[82].

No final do século XIX, Farrar (1891) apresenta sua leitura a respeito da Transfiguração de Lucas em que faz pequenas análises do texto, apontando para comentários dos Padres da Igreja, os significados dos principais termos e uma leitura vendo o relato como histórico e facilmente harmonizável com os outros Sinóticos[83]. Plummer (1896) publica seu comentário exegético de Lucas[84] e sua preocupação está em apresentar, versículo por versículo, a interpretação das principais expressões e termos gregos da perícope, apresentando as diferenças com relação a Marcos e Mateus, identificando alguns comentários dos Padres

---

80. JAMIESON, R.; FAUSSET, A. R.; BROWN, D., *Commentary Critical and Explanatory on the Whole Bible*, p. 2308-2310. O comentário de Lucas é de David Brown. Há outra edição em inglês mais recente da obra de 1990.
81. CARR, A., *The Gospel according to St. Luke*: Notes on the Greek Testament, p. 104-105.
82. GODET, F. L., *A commentary on the gospel of St. Luke*. Vol. 1, p. 423-433.
83. FARRAR, F. W., *The Gospel according to St Luke, with Maps, Notes and Introduction*, p. 188-190.
84. PLUMMER, A., *A critical and exegetical commentary on the Gospel according to S. Luke*, p. 250-253.

da Igreja sobre certas partes da perícope e procurando afirmar a historicidade do evento. Esse último ponto pode ser visto primeiramente na tentativa de localização geográfica do monte (Tabor ou Hermom) e da citação final de Weiss de que a mensagem é enviada diretamente de Deus e não fruto de causas naturais e que "nossa narrativa não apresenta obstáculos para aqueles que creem na revelação divina"[85].

Nesse período, a leitura do texto foi influenciada por dois caminhos epistemológicos. O primeiro, influenciado pelas ideias do Iluminismo, procurou ir atrás da comprovação da historicidade do relato e descobrir o caráter mítico por detrás da narrativa. Já o segundo caminho seria uma reação ao primeiro, onde se adotaria o Realismo do Senso Comum[86]. Nele, por intermédio dos sentidos, se conheceria a coisa em si mesma. Assim, as faculdades naturais, pelas quais distinguimos a verdade do erro, não seriam enganosas. Com esse olhar metodológico, a historicidade dos textos da Transfiguração é afirmada e as diferenças entre os textos são harmonizadas.

1.4. A Transfiguração lucana no século XX e início do século XXI

A partir do início do século XX, nota-se a continuidade e desdobramentos das propostas dos períodos anteriores, mas também o surgimento de novos olhares sobre o relato. Estes seriam fruto do desenvolvimento de novas metodologias (Crítica da Forma, Crítica da Redação etc.), bem como alguns novos métodos de investigação do texto. Por isso, apresentamos a seguinte classificação do relato, ou seja, suas principais tendências interpretativas acerca da Transfiguração: (1) a Transfiguração como um relato histórico; (2) a Transfiguração como um relato mítico; (3) a Transfiguração e as aproximações por meio das analogias e tradições judaicas; (4) a Transfiguração por meio da Crítica Literária e Crítica da Redação, e (5) a Transfiguração por meio dos Novos Métodos de Análise Literária.

1.4.1. A Transfiguração como um relato histórico

Os proponentes da interpretação histórica podem ser divididos em duas categorias. Primeiro, aqueles que entendem a Transfiguração como um relato

---

85. PLUMMER, A., *A critical and exegetical commentary on the Gospel according to S. Luke*, p. 251 e 253.

86. Thomas Reid é o fundador da filosofia escocesa do senso comum, que é uma corrente que se originou do Iluminismo e que acabou sendo adotada pela teologia evangélica conservadora. REID, T., *Essays on the Intellectual Powers of Man*.

objetivo de um acontecimento externo. Segundo, aqueles que entendem como uma experiência interna, subjetiva. Os que entendem a Transfiguração como um acontecimento externo podem ser divididos também em dois campos: os que explicam como uma incursão do sobrenatural no mundo natural[87] e os que utilizam fenômenos naturais para explicar a origem da descrição da Transfiguração[88].

Alguns estudiosos aproximaram a Transfiguração como uma narrativa que tem um propósito, um evento sobrenatural observável externamente, dirigido aos discípulos e que serviria para provar a dignidade divina de Jesus. A mudança na aparência de Jesus e a voz que surge no relato são entendidas como para o benefício dos discípulos, a fim de fortalecer sua fé em face da Paixão de Jesus que se aproxima.

A proposta de interpretação descrita acima é influenciada pela exegese Patrística, pois a mesma é de caráter doutrinário e, por isso, é determinada pela exposição da pessoa de Cristo e sua manifestação na encarnação[89]. Portanto, assim como na Patrística, não há tanto interesse em trabalhar os problemas literários entre as narrativas sinóticas[90]. Pelo contrário, busca-se harmonizá-las.

Essa proposta de harmonização é oriunda da chamada leitura fundamentalista que começa a se estabelecer a partir do final do século XIX e início do século XX em algumas igrejas protestantes dos Estados Unidos[91] e que depois se torna uma leitura transdenominacional em boa parte do protestantismo. Em sua leitura da Bíblia há uma dificuldade em lidar com a complexidade do texto, bem como com o pluralismo de ideias e teologias. Por isso, busca-se harmonizar os relatos ao descrever a Bíblia como inerrante[92]. Seu realismo ingênuo despreza as diferentes

---

87. Como exemplo temos: Blinzler, Höller, Dabrowski, Baltensweiler. BLINZLER, J., *Die Neutestamentlichen Berichte über die Verklärung Jesu*. HÖLLER, J., *Die Verklärung Jesu*: Eine Auslegung der neutestamentlichen Berichte. DABROWSKI, E., *La Transfiguration de Jesus*. BALTENSWEILER, H., *Die Verklärung Jesu*: Historisches Ereignis und synoptische Berichte.

88. Como exemplo temos: K. Hage, H. E. G. Paulus e F. Spitta. PAULUS, H. E. G., *Exegetisches Handbuch über die drei ersten Evangelien 2*. SPITTA, F., *Die evangelische Geschichte von der Verklärung Jesu*.

89. John Anthony McGuckin, por exemplo, diz que o texto é lido como um instante em que a verdadeira glória do homem-Deus foi mostrada aos discípulos em todo o seu esplendor, a fim de fortalecê-los para a paixão e morte de seu Senhor. MCGUCKIN, J. A., *The Transfiguration of Christ in Scripture and Tradition*. Ele se apoia em Clemente de Alexandria e Orígenes. Orígenes que interpreta a Transfiguração "como o símbolo da natureza divina do Logos, e o esplendor de suas vestes como uma alusão mística às Sagradas Escrituras, que eram as vestes da Palavra" (Contra Celso 6,68).

90. CHAMBERAS, P. A., *The Transfiguration of Christ*: A Study in the Patristic Exegesis of Scripture, p. 48-65, aqui p. 60.

91. Para um estudo da origem e do desenvolvimento do fundamentalismo sugerimos a leitura de: LIMA, M. L. C., *Fundamentalismo*: Escritura e Teologia entre fé e razão, p. 332-359.

92. A inerrância, segundo o fundamentalismo cristão, é o conceito utilizado para afirmar que a Bíblia não possui erros e nem incoerências próprias da palavra humana, pois foi escrita por Deus, que não erra e não

abordagens pelas quais o texto pode ser lido, pois para eles o sentido é direto e está expresso de forma clara nas palavras[93].

Robertson (1930), em seu comentário de Lucas, destaca que:

> O propósito da Transfiguração era fortalecer o coração de Jesus, quando Ele orava, por muito tempo, sobre a sua morte iminente, e dar àqueles três discípulos escolhidos um vislumbre da sua glória para a hora de trevas que se aproximava. Ninguém sobre a terra compreendia o coração de Jesus e, por isto, Moisés e Elias vieram[94].

Assim, para Robertson a exegese visa trazer o sentido claro das palavras gregas, a partir do *Textus Receptus*, e com isso ratificar a historicidade do relato. Para explicar o sono dos discípulos, ele sugere que eles tinham subido o monte na primeira parte da noite, e por isso foram dominados pelo sono. Da expressão "e, quando despertaram" (διαγρηγορήσαντες δὲ), o autor apresenta a possibilidade de que os discípulos tinham ficado tensos. Para ele, o acontecimento se deu no monte Hermon e chega a se basear em testemunho pessoal: "Sobre o monte Hermon, como sobre muitos montes altos, uma nuvem rapidamente irá cobrir o cume. Eu vi isto mesmo acontecendo em Blue Ridge, Carolina do Norte"[95].

Lenski (1961)[96] assume firmemente que o relato é a descrição do que realmente aconteceu no passado. Para harmonizar os oito dias de Lucas com os seis dias de Mateus e Marcos, ele afirma que Lucas se expressou por meio do uso de uma forma geral. Por isso se preocupa também em localizar geograficamente o monte em que aconteceu o evento e chega a fazer suposições sobre o acontecimento, pois menciona que é possível supor que Jesus teria se ajoelhado ou se prostrado enquanto orava, foi transfigurado naquela posição e depois surgiu quando Moisés e Elias vieram.

A mudança no rosto de Jesus é interpretada como algo sobrenatural e as explicações racionalistas são desprezadas, pois, segundo Lenski, a ideia de que os raios do sol iluminaram o rosto e as roupas de Jesus enquanto Ele estava em um lugar mais alto do que os discípulos são esforços para evitar a constatação de que o

---

mente. Os hagiógrafos foram passivos ao escreverem o texto. ROLDÁN, A. F., *Para que serve a Teologia?*, p. 93-95; ARENS, E., A Bíblia sem mitos, p. 381-387.

93. DA SILVA, C. M. D., *Metodologia de Exegese Bíblica*, p. 321. A Leitura Fundamentalista é vista por alguns autores como sinônimo de Método Histórico-gramatical, pois um sistema teológico se utiliza do texto bíblico para comprovar seus dogmas. WEGNER, U., *Exegese do Novo Testamento*, p. 26-27 e p. 44-45.

94. ROBERTSON, A. T., *Comentário de Lucas à luz do Novo Testamento grego*, p. 181. A edição em português é de 2013, mas a obra é de 1930.

95. ROBERTSON, A. T., *Comentário de Lucas à luz do Novo Testamento grego*, p. 182.

96. LENSKI, R. C. H., *The Interpretation of St. Luke's Gospel*, p. 526-537.

texto apresenta um milagre. No final, sua explicação da Transfiguração apresenta elementos da teologia dogmática em que há a união das duas naturezas de Jesus, onde como fruto dessa união a natureza humana compartilha dos atributos divinos, mas durante os dias da humilhação usava esses atributos apenas em ocasiões excepcionais, como no caso da realização de milagres[97].

Hendriksen (1978), em seu comentário sobre o Evangelho de Lucas e dentro desse mesmo tipo de leitura, apresenta a Transfiguração como tendo dois propósitos. O primeiro seria de preparar Jesus, o mediador, para enfrentar uma dura prova, mas ao mesmo tempo lembrar do amor do Pai e da glória posterior e, segundo, confirmar a fé dos três discípulos, o que significa dizer, confirmar a fé de toda a Igreja depois deles. Sua leitura do texto procura desprezar o que ele chama de teoria racionalista, ou seja, a proposta do relato da Transfiguração ser um relato da ressurreição deslocado[98]. Toda a sua compreensão e interpretação do relato está preocupada em harmonizar o texto com os demais Evangelhos Sinóticos e através dessa harmonização afirmar a historicidade de todo o relato. Por exemplo, na questão da expressão "cerca de oito dias depois" ele diz:

A expressão cerca de oito dias depois desses ditos não está em conflito com "seis dias depois" (Mt 17,1; Mc 9,2). Enquanto Lucas provavelmente estava usando o método inclusivo de computação do tempo, incluindo na conta tanto o dia da confissão de Pedro e o da transfiguração de Cristo, os outros Sinóticos provavelmente se referem aos seis dias intermédios. Além disso, Lucas nem sequer tenta ser preciso, porque diz "cerca de oito dias"[99].

Ao mesmo tempo em que mostra as diferenças na redação lucana da Transfiguração em relação aos outros Evangelhos Sinóticos, Craddock (1990) se preocupa em afirmar a historicidade do evento, primeiramente ressaltando que a experiência, aparentemente, aconteceu à noite e depois dizendo que "o relato de Lucas fornece ao leitor mais informações sobre o que aconteceu na montanha naquela noite do que os outros nove apóstolos ou qualquer outra pessoa 'naqueles dias', isto é, antes da ressurreição"[100].

Na segunda categoria da aproximação histórica estão os estudiosos que entendem a Transfiguração como um relato visionário, ou seja, a experiência interior subjetiva, seja de Jesus, ou de Pedro, ou de todos os três discípulos

---

97. LENSKI, R. C. H., *The Interpretation of St. Luke's Gospel*, p. 530.
98. HENDRIKSEN, W., *Lucas* – Volume 1, p. 663-675, aqui p. 663 e 664.
99. HENDRIKSEN, W., *Lucas* – Volume 1, p. 664.
100. CRADDOCK, F. B., *Luke*, p. 132-135, aqui p. 135.

escolhidos[101]. Como uma experiência de Jesus, P. W. Schmiedel (1903) interpreta como uma aprovação do céu que Jesus pode agora apresentar-se como o Messias[102]. C. Binet-Sangle (1909) entende a Transfiguração como "um ataque de êxtase de Jesus"[103]. Spitta (1911) postula o surgimento de uma tempestade à noite no topo da montanha, como manifestação de Deus, onde o relâmpago e o trovão explicam os elementos de luz intermitentes e a voz do céu[104]. Sua proposta segue a tendência interpretativa da Transfiguração como um relato atmosférico.

Outros a veem como uma experiência de Pedro que confirmaria sua confissão de fé[105]. Há ainda outros que veem o relato como uma experiência de todos os três discípulos que apresentava uma revelação momentânea do que havia além[106]. Christopher Rowland (1982) deixa implícito uma interpretação para a origem do relato na qual afirma que seria um erro excluir a possibilidade de a história ter sido uma experiência dos discípulos ou até mesmo uma experiência particular de Pedro, em que teriam visto Jesus na forma de um mensageiro angélico[107]. Alguns exegetas interpretam a narrativa como uma experiência combinada de ambos, Jesus e os discípulos, isto é, uma visão ou experiência mística de Jesus, planejada para os seus companheiros[108].

---

101. Muitos outros autores no passado procuraram definir o relato como uma experiência psicológica, seja como visão ou como sonho. Uma lista é encontrada em BROMILEY, G. W., *The Internacional Standard Bible Encyclopedia*, vol. 4, p. 887.

102. SCHMIEDEL, P. W., *Simon Peter*, p. 4570-4571.

103. BINET-SANGLE, C., *La folie de Jésus*, p. 189-194.

104. SPITTA, F., *Die evangelische Geschichte von der Verklärung Jesu*, p. 121-123.

105. Harnack e Meyer partem da ideia de que essa experiência foi uma visão experimentada apenas por Pedro durante a vida terrena de Jesus e que depois serviu de fundamento para a visão da Páscoa. VON HARNACK, A., *Die Verklärungsgeschichte Jesu, der Bericht des Paulus (1 Kor 15,3ff) und die beiden Christusvisionen des Petrus*, p. 62-80; Meyer afirma que eventos semelhantes haviam sido produzidos com infinita frequência durante todos os tempos. MEYER, E., *Ursprung und Anfänge des Christentums*, v. 1, p. 152-160. Bultmann cita os respectivos autores em nota a fim de explicar que não concorda com a posição deles. BULTMANN, R., *Historia de la Tradicion Sinoptica*, p. 318.

106. CRANFIELD, C. E. B., *The Gospel According to St. Mark*, p. 293-294. Segundo Cranfield, há detalhes na perícope que sugerem a possibilidade de uma base histórica. Dentre eles a datação precisa μετὰ ἡμέρας ἓξ serve como prova dessa base histórica; também o uso, por parte de Pedro, do título ῥαββί, título este nunca usado no Novo Testamento fora dos evangelhos, parece não ser característico de uma narrativa simbólica; e por fim, ele também argumenta que o autor do Evangelho de Marcos não dá nenhuma indicação de que tinha a intenção de mostrar um relato de algo que não aconteceu. Veja também PLUMMER, A., *The Gospel According to St. Luke*, p. 250-254 e MANSON, W., *The Gospel of Luke*, p. 112-115.

107. ROWLAND, C., *Open Heaven: A Study of Apocalyptic in Judaism and Early Christiany*, p. 368.

108. CAIRD, G. B., *The Transfiguration*, p. 291. Veja também HOOKE, S. H., *The Resurrection of Christ as History and Experience*, p. 117-127.

1.4.2. A Transfiguração e a aproximação mitológica

Outra abordagem importante para a narrativa da Transfiguração começa com a suposição de seu caráter mítico. Dibelius (1919) define mitos como "histórias que relatam de algum modo atuações especialmente significativas dos deuses"[109]. De acordo com sua definição, a história do próprio Jesus não é de origem mitológica, mas uma mitologia de Cristo distinta ganha lugar na descrição da vida de Jesus. Dibelius encontra nas cartas de Paulo indicações claras de um Cristo mitológico que:

> Contou a história do Filho de Deus, que renunciou à sua condição de mediador da criação; que, obedecendo ao desígnio de Deus, assumiu um destino humano até a morte de Cristo que foi elevado finalmente pelo poder de Deus da humilhação mais profunda à glória de "Senhor"; a Ele todo o mundo deve adoração cultual até que venha para dominar seus inimigos e realizar seu senhorio sobre seu reino[110].

De acordo com Dibelius, as únicas narrativas nos evangelhos que descrevem um evento mitológico são as do Batismo, Tentação e Transfiguração. Na estimativa de Dibelius é na narrativa da Transfiguração que Jesus é visto por um momento como Ele realmente é, o Filho de Deus. É nela que o Cristo-mito é melhor refletido.

Um pouco depois, Bultmann (1926) ressalta sua proposta de que os primeiros seguidores de Jesus tinham uma visão mitológica de mundo que aceitava a existência de violações sobrenaturais na ordem natural. Tal visão seria decorrente da constatação de que a mentalidade mitológica tão comum entre as outras religiões nos primeiros dois séculos teria afetado a mentalidade do cristianismo de tal forma que a mensagem bíblica é tributária de um pensamento mítico. Ele pressupõe então que "o mito fala de uma realidade, porém de uma maneira não adequada"[111].

Sua proposta aparece na forma de interpretar o relato da Transfiguração que, para o teólogo de Marburgo, é classificado como sendo parte do gênero denominado de Narrativas Históricas e Lendas[112]. Dessa forma, o relato, por ter ca-

---

109. DIBELIUS, M., *La Historia de Las Formas Evangelicas*, p. 257.

110. DIBELIUS, M. *La Historia de Las Formas Evangelicas*, p. 258.

111. BULTMANN, R., *Demitologização*, p. 95.

112. Para muitos pesquisadores de Bultmann, sua definição de mito inclui várias formas e tipos de linguagens e gêneros literários utilizados no Novo Testamento. PIRES, F. P., *Mito, modernidade e querigma no pensamento de Rudolf*, p. 51-74. O próprio Bultmann reconhece que sua compreensão de mito carece de melhor conceituação. Neste sentido, ele afirma que "o verdadeiro sentido do mito não é proporcionar

ráter mítico, seria originalmente uma história da ressurreição que foi deslocada de lugar, primeiramente por Marcos e, depois, por Mateus e Lucas, que seguiram a sequência marcana. Por isso, muitos dos termos encontrados no relato são melhor explicados se o mesmo originalmente pertencesse a um dos relatos da ressurreição[113]. Em relação especificamente à perícope lucana, Bultmann destaca que "Lucas sentiu a necessidade de dar alguma definição ao diálogo de Jesus com Moisés e Elias, e ao mesmo tempo chamar atenção particular para o caráter profético da história: Moisés e Elias falam com Jesus sobre sua morte em Jerusalém (Lc 9,31)"[114].

Lohmeyer (1938) detectou a combinação de ideias helenísticas e judaicas na elaboração da narrativa. Ele viu o relato de Marcos como o produto da combinação de duas fontes: o texto de Mc 9,2.4-10 reflete uma lenda baseada em especulações escatológicas judaicas e o v. 3 seria uma adição posterior, refletindo ideias de religiões de mistério helenísticas. Lohmeyer argumentou, a partir de critérios internos, que o v. 3 não fazia parte do resto da história[115]. Mesmo sua pesquisa sendo em Marcos, a mesma influenciou reflexões acerca do relato lucano.

No final da década de 1970, Marshall (1978) concorda com Dibelius em categorizar a Transfiguração como um mito, já que, como ele diz, os três principais itens que compõem o evento (a metamorfose misteriosa de Jesus, a aparição dos visitantes celestes e a voz da nuvem) são todos sobrenaturais e têm paralelos bíblicos[116]. Marshall coloca a questão sobre a possibilidade da Transfiguração ser um evento sobrenatural descrito na linguagem bíblica ou de simplesmente ser uma expressão da natureza de Jesus que emprega motivos míticos expressos na forma

---

uma concepção objetiva do universo. Ao contrário, nele se expressa como o ser humano se compreende em seu mundo. O mito não pretende ser interpretado cosmologicamente, mas antropologicamente – melhor: de modo existencialista. O mito fala do poder ou dos poderes que o ser humano experimenta como fundamento e limite de seu mundo, bem como de seu próprio agir e sofrer. No entanto, fala desses poderes de tal modo que conceptualmente os inclui no círculo do mundo conhecido, de suas coisas e forças, e no círculo da vida humana, de seus afetos, motivos e possibilidades. [...] Assim, por exemplo, pode explicar os estados e as ordens do mundo conhecido recorrendo a batalhas entre deuses. Do não mundano fala mundanamente, dos deuses humanamente" (BULTMANN, R., *Demitologização*, p. 14).

113. STEIN, R. H., *Is the Transfiguration (Mark 9,2-8) a Misplaced Ressurrection-Account?* p. 79-96, aqui p. 80.

114. BULTMANN, R., *Historia de la Tradicion Sinoptica*, p. 261.

115. Citado por Bultmann em uma extensa nota: BULTMANN, R., *Historia de la Tradicion Sinoptica*, p. 320. Depois, o próprio Lohmeyer, mais tarde, reviu sua posição em seu comentário de Marcos, dizendo que as ideias semelhantes às expressas em Mc 9,3 encontram-se na apocalíptica judaica. Sua postura então passou a ser de que toda a história deve ser considerada como uma unidade e de proveniência judaica. LOHMEYER, E., *Das Evangelium des Markus*, p. 173-181.

116. MARSHALL, I. H., *Commentary on Luke*, p. 380-389.

de uma narrativa. Ele opta pelo primeiro, propondo um evento real como motivo para a narrativa, mas não diz nada mais sobre a natureza do caso, uma vez que ele considera que desafia a investigação histórica.

Tomando a abordagem mitológica mais longe, para além da arena da tradição bíblica, alguns estudiosos têm se voltado para a mitologia estrangeira como chave interpretativa para a Transfiguração. Um pano de fundo das religiões helenísticas de mistério foi proposto[117]. O termo μετεμορφώθη (Mc 9,2; Mt 17,2) é tomado como uma indicação da influência das ideias populares do mundo helênico.

Há dois conceitos distintos envolvidos ao falar de metamorfose. Primeiro na ideia difundida no mundo greco-romano que divindades poderiam se transformar e aparecer em forma visível para os seres humanos. Depois, há o pensamento de que os seres humanos podem alcançar uma mudança de uma aparência terrena para uma aparência supraterrestre. Nas religiões helenísticas de mistério, metamorfose é um processo de divinização ou regeneração, que é o objetivo de cada iniciado em um culto[118]. Assim, por exemplo, o rito de iniciação de Ísis descreve uma série de etapas pelas quais um homem é física e espiritualmente transformado em um ser divino[119].

Para Smith (1980), a narrativa da Transfiguração também é oriunda do helenismo pagão, do mundo da magia. Para esse autor ela tem a estrutura típica das histórias mágicas, pois Jesus teria praticado magia. Logo, a subida de Jesus com os três discípulos seria uma cerimônia de iniciação da qual Jesus utilizou a hipnose para que os discípulos tivessem uma imagem dele em glória com outras duas figuras[120].

Outro conceito helenístico, o de *thĕiŏs anēr (homem divino)*, aquele que apresenta características sobre-humanas, é considerado por alguns como tendo sido utilizado na criação da história da Transfiguração. Combinado com a noção de epifania, a ideia de um ser divino se tornar visível a determinados seres humanos. Essa ideia veio a ser eventualmente usada em relação aos seres humanos para

---

117. BOUSSET, W., *Kyrios Christos*: A History of the Belief in Christ from the Beginnings of Christianity to Irenaeus.

118. KOESTER, H., *Introduccion al Nuevo Testamento*, p. 216-224. Ver o capítulo 3 desta obra (O entorno da Transfiguração lucana) o tópico "Deuses e homens divinos no mundo greco-romano".

119. KOESTER, H., *Introduccion al Nuevo Testamento*, p. 239-247. No caso específico do relato lucano, chama atenção à ausência desse termo para falar da relação da perícope com as ideias populares do mundo helênico. BALDACCI, O. R., *The Significance of the Transfiguration Narrative in the Gospel of Luke*: A Redactional Investigation, p. 28-29.

120. SMITH, M., *The Origin and History of the Transfiguration Story*, p. 42-43.

quem se alegou poderes divinos[121]. Conzelmann (1969)[122], Kümmel (1969)[123] e Schulz (1967)[124] conectam este conceito com a Transfiguração[125].

Seguindo então esse entendimento, Kümmel, ao comentar sobre a Transfiguração de Jesus, segue a proposta de que o relato apresenta uma concepção estranha ao judaísmo, que pertenceria às epifanias helenísticas pagãs onde as pessoas possuíam poderes e capacidades divinas, demonstrando-as através de feitos miraculosos. Para ele, essas ideias teriam sido adotadas por cristãos helenistas a fim de expressarem a fé na missão divina do homem Jesus[126].

1.4.3. A Transfiguração e as aproximações por meio das analogias e tradições judaicas

Tomando a origem judaica da história como ponto de partida, um número de estudiosos apela para conceitos do Antigo Testamento para explicar os detalhes do relato[127]. Strauss observou, em sua obra *A New Life of Jesus*, paralelos entre o relato da Transfiguração de Jesus com o relato de Moisés no monte Sinai. Para ele foi o relato do Êxodo que serviu de base para a criação do relato da Transfiguração para mostrar que Jesus não era inferior ao legislador Moisés[128].

A partir desta abordagem, as imagens mais óbvias evocadas são a da teofania do Sinai e os eventos Êxodo-deserto, como descritos em Ex 24 e 34. Quase todos os elementos na história da Transfiguração têm um paralelo com estes, principalmente a subida na montanha em Ex 24,12-18. A frase "depois de seis dias" reflete Ex 24,16, onde seis dias designa um tempo de preparação para a recepção

---

121. A tese da Transfiguração como uma história de ressurreição equivocada de Weeden também incorpora a noção de *thĕiŏs anēr*. Ele sustenta que o propósito de Marcos em mudar a história dentro do ministério público de Jesus era minar os defensores de uma cristologia do *thĕiŏs anēr*. WEEDEN, T. J., Mark-Traditions in Conflict, p. 185-215.

122. CONZELMANN, H., *An Outline of the Theology of the New Testament*, p. 128, 137-138.

123. KÜMMEL, W., *Síntese teológica do Novo Testamento*, p. 160-161.

124. SCHULZ, S., *Die Stunde der Botschaft*: Einführung in die Theologie der vier Evangelien, p. 58. Schulz também defende o modelo de uma epifania helenística.

125. Bultmann também reconhece o modelo, que ele chama de aretologia, sem contudo aplicar a expressão *thĕiŏs anēr* nas histórias de milagres. Ele faz uso da expressão *thĕiŏs ànthŏpōs* (ser humano divino) sem, contudo, afirmar que Jesus o é. BULTMANN, R., *Historia de la Tradicion Sinoptica*, p. 295.

126. KÜMMEL, W. G., *Síntese teológica do Novo Testamento*, p. 160-161. Edição original alemã em 1969.

127. Como exemplos temos: MAUSER, U., *Christ the Wilderness*. ZIESLER, J. A., *The Transfiguration and the Markan Soteriology*, p. 263-268.

128. STRAUSS, D. F., *A New Life of Jesus*, vol. II, p. 283. Ele foi o primeiro a estabelecer a relação entre a figura de Moisés com o Jesus transfigurado.

da revelação. O propósito da oração dada em Lc 9,28 ecoa o motivo dado em Ex 24,1 para subir a montanha para a adoração[129].

A investigação realizada por Riesenfeld (1947) baseia-se em uma reformulação ligeiramente elaborada da teoria de Mowinckel acerca da entronização anual de YHWH e do rei como o elemento principal do culto judaico primitivo[130]. A Transfiguração é, então, investigada como incorporando os motivos escatológicos judaicos da expectativa messiânica e a entronização de YHWH e do rei Messias como preservados no culto, especialmente na festa dos tabernáculos. Sua proposta tem como ponto central a fala de Pedro de construir três tendas, o que é interpretado por esse autor como se a Transfiguração retratasse a entronização escatológica de Jesus, como Messias, em um ambiente dos Tabernáculos[131].

Assim, os motivos do culto da glória, a veste sagrada, a nuvem divina, as tendas, o sono, a montanha – todos vistos em relação à entronização do Messias, um Messias que é rei, Filho de Deus, sacerdote e profeta, e que deve sofrer – são aplicados ao próprio relato da Transfiguração, visto como uma entronização de Cristo como o Messias-rei-sacerdote-profeta que também deve sofrer. Dessa maneira, a Transfiguração é interpretada como a realização dos motivos escatológicos clássicos[132].

Manek (1957) escreve um artigo com o objetivo de analisar o significado do termo ἔξοδος na Transfiguração lucana[133]. Antes, o mesmo se preocupa em esclarecer por que temos Moisés e Elias como companheiros especiais de Jesus nesse relato (e não Enoque), voltando-se para a tradição judaica para isso. Seu objetivo é mostrar que Lucas dá um destaque elevado a esses dois personagens quando comparados com os relatos de Marcos e Mateus, pois "Moisés e Elias aparecem em glória, de modo que os discípulos presentes não só veem a glória do Senhor, mas também a sua glória"[134].

Ele chega à interpretação de ἔξοδος como a saída do sepulcro, do reino da morte. Essa conclusão é oriunda de sua análise da teologia de Lucas, que, segundo

---

129. TARRECH, A. P., *The Glory on the Mountain*: The Episode of the Transfiguration of Jesus, p. 154-156.

130. MOWINCKEL, S., *The Psalms in Israel's Worship*.

131. RIESENFELD, H., *Jésus transfiguré. L'arriere-plan du récit évangélique de la transfiguration de Notre-Seigneur*.

132. RIESENFELD, H., *Jésus transfiguré. L'arriere-plan du récit évangélique de la transfiguration de Notre-Seigneur*, p. 302. A adoção da tese de Sigmund Mowinckel por parte de Harald Riesenfeld não apresenta novas evidências, é apenas uma aplicação completa da análise da função do culto no relato da Transfiguração.

133. MANÉK, J., *The New Exodus of the Books of Luke*, p. 8-23.

134. MANÉK, J., *The New Exodus of the Books of Luke*, p. 10.

ele, dá uma ênfase especial à ressurreição de Cristo e, por isso, esse êxodo não seria sua morte e crucificação. Teologicamente, é uma palavra-chave pela qual Lucas transmite a ideia de que ele compreende a conclusão da vida de Jesus: seu sofrimento, morte e ressurreição, como um "Êxodo", ou melhor, um novo "Êxodo", em comparação com o anterior.

Dessa forma a Igreja Primitiva teria interpretado, inspirada pelas vozes do Antigo Testamento, a vida de Jesus (sua morte e ressurreição) em termos de Êxodo. Assim, o novo Israel deve sair do "Egito" (que segundo ele seria Jerusalém), atravessar o mar e emergir em uma nova vida de pacto e obediência. Assim, tem-se uma identificação com Moisés, pois este conduziu seu povo à Terra Prometida e no caminho do Egito ele teve que atravessar o Mar Vermelho. Jesus levou o novo Israel da Jerusalém terrena para a Jerusalém celeste e teve que ir através do sofrimento e da cruz. Temos então que o Êxodo do Egito serviu como um paradigma literário para Lucas.

Müller (1960) afirma que a Transfiguração segue o mesmo padrão das visões e teofanias apocalípticas. Segundo ele isso pode ser visto através da descrição da epifania de um deus que também pode ser aplicada a outro que não seja uma divindade. Portanto, na Transfiguração Jesus é apresentado como estando no lugar da epifania de um deus e depois, a divindade aparece com os participantes, para, no fim, ter-se a reação típica de uma teofania: o medo[135].

Fabris (1978)[136] ressalta que a Transfiguração aparece como uma perícope que relata a experiência antecipada da glória e que apresenta um pano de fundo de imagens e símbolos das esperanças e expectativas bíblicas, como o Êxodo e o Templo. Para ele, a morte de Jesus significa o novo Êxodo que "não é apenas sua partida, sua glorificação, mas o início de uma nova caminhada de liberdade para o povo de Deus, sob a guia do novo Moisés"[137]. Não há nenhuma tentativa de explicar características redacionais do texto, apenas a menção de que o relato é de origem palestinense e que teria como base os testemunhos de Pedro, Tiago e João[138].

Moessner (1983) argumenta que a viagem de Jesus a Jerusalém (Lc 9,51–19,44) constitui uma história semelhante à de Moisés, o profeta, que conduz a um

---

135. MÜLLER, H. P., *Die Verklarung Jesu. Eine motivgeschichtliche Studie*, p. 56-64. Para Müller, a Transfiguração, em sua forma marcana, resultou da mistura de duas cristologias (Jesus como Messias humano e como Filho do Homem celestial). Dessa forma, é dada predominância à noção de Filho do Homem a de Filho de Deus. Esta última é interpretada como uma designação não apenas de ofício, mas de natureza divina.

136. FABRIS, R.; MAGGIONI, B., *Os evangelhos II*, p. 103-105. Rinaldo Fabris ficou responsável pela parte da tradução e dos comentários de Lucas. A primeira edição da obra em italiano foi em 1978.

137. FABRIS, R.; MAGGIONI, B., *Os evangelhos II*, p. 104.

138. FABRIS, R.; MAGGIONI, B., *Os evangelhos II*, p. 104.

novo Êxodo para a Terra Prometida[139]. De acordo com Moessner, este novo Êxodo recapitula com detalhes literários o Êxodo de Moisés, como retratado no livro de Deuteronômio (de modo secundário, ele usa o termo "Êxodo" no sentido da libertação dos hebreus do Egito e como sendo a passagem pelo Mar).

Moessner afirma que Moisés foi descrito como um mediador, enviado do monte Horebe para liderar a geração rebelde e infiel a fim de alcançar a salvação prometida. Somente depois da morte de Moisés, o pecado dos filhos de Israel foi expiado, e foi permitida a entrada na terra, pois, conforme diz At 3,22a: "O Senhor nosso Deus vos suscitará dentre os vossos irmãos um profeta semelhante a mim". Tem-se então uma influência da história deuteronomista no relato da viagem em Lucas, pois o Deuteronômio retrata a morte de Moisés como expiatória e Lucas repete tipologicamente essa ideia da morte expiatória através do uso do termo ἔξοδος[140].

Dessa maneira, no relato da Transfiguração, Moessner destaca que a glória da montanha em que Moisés foi chamado para mediar a voz vivificante ao povo no livro de Êxodo foi transferida para Jesus, um profeta semelhante a Moisés. Assim, ele chega às seguintes constatações: (a) Como Moisés, Jesus recebe um chamado para uma jornada em que foi enviado pela voz do Senhor em uma luz brilhante. Mas agora Jesus precisa cumprir o envio de Moisés com "oráculos vivos" como o "profeta semelhante a ele"; (b) a jornada de Jesus é um Êxodo para o Templo em Jerusalém para a consumação do Êxodo de Moisés no lugar central para todo o Israel a fim de realizar a adoração verdadeira de Deus; e (c) desde o início, toda a jornada é caracterizada como alguém que sofre a insistente rejeição do povo como um todo[141].

Ringe (1983) também usa o termo ἔξοδος como ponto de partida para investigar a versão de Lucas da história. Nele, ela vê uma abertura para uma proposta de libertação e um exemplo para a prática da hermenêutica feminista, pois argumenta que, para Lucas, o Êxodo do Egito serve como um paradigma teológico ao invés de um paradigma literário. Os termos refletem duas ênfases cristológicas em Lucas: (1) Jesus como uma jornada, uma busca, anunciada por Deus; e (2) Je-

---

139. Moessner desenvolve sua tese em dois artigos: "Jesus and the 'Wilderness Generation': The Death of the Prophet like Moses according to Luke", p. 319-340; "Luke 9:1-50: Luke's Preview of the Journey of the Prophet like Moses of Deuteronomy", p. 575-605. Os artigos se sobrepõem extensivamente. Posteriormente, suas ideias são consolidadas na obra: MOESSNER, D. P., *Luke the Historian of Israel's Legacy, Theologian of Israel's 'Christ'*.

140. MOESSNER, D. P., *Luke 9:1-50: Luke's Preview of the Journey of the Prophet like Moses of Deuteronomy*, p. 580 e 595.

141. MOESSNER, D. P., *'The Christ must suffer'*: New Light on the Jesus-Peter, Stephen, Paul Parallels in Luke-Acts, p. 132-135.

sus como alguém cuja proposta é marcada por preocupações de libertação, ligada à tradição do Êxodo-Sinai[142].

Dessa forma, no relato da Transfiguração de Lucas não só temos uma referência explícita ao "Êxodo", mas também alusões mais sutis à "experiência no do Sinai para Jesus em que assume um papel como de um Moisés viajante, ou seja, como aquele cuja agenda é marcada por interesses de libertação"[143]. Ringe aponta que a marca registrada do ministério de Jesus é a libertação da opressão: Jesus oferece uma "libertação de vários sistemas, regras e padrões de endividamento pelos quais a humanidade procura escapar do poder transformador do reinado escatológico de Deus"[144].

Garrett (1990) publicou um artigo que analisa o termo ἔξοδος em Lucas e sua relação com Atos[145]. Para ela, Lucas usou a ideia do "Êxodo de Jesus" na ressurreição/ascensão como o modelo tipológico para um relato de eventos subsequentes na vida da Igreja: libertação milagrosa de Pedro da prisão e a queda que se seguiu de Herodes (descrito em At 12,1-24). Em At 12 temos uma série de paralelos entre o relato da prisão e libertação de Pedro e uma apresentação da paixão e exaltação de Jesus em Lucas, alusões ao Êxodo do Egito, e motivos associados por outros escritores da época de Lucas, e pelo próprio Lucas em outros lugares em sua narrativa de dois volumes, como a figura de satanás[146].

O relato da libertação de Pedro teria relação com a ressurreição de Jesus, o que não seria algo surpreendente pelo fato de Lucas frequentemente traçar paralelos entre as experiências de Jesus e de seus seguidores, especialmente Pedro e Paulo. Nesta perícope em particular, a combinação de motivos da Paixão com alusões não só do Êxodo, mas também da queda de um monarca que se exaltou, sugere que o relato é mais que uma reminiscência casual. De fato, segundo ela, a análise indica que o relato recapitula toda a sequência terrena e eventos cósmicos relativos à morte, ressurreição e ascensão de Jesus[147].

---

142. RINGE, S., *Luke 9:28-36: The Beginning of an Exodus*, p. 83-99.

143. RINGE, S., *Luke 9:28-36: The Beginning of an Exodus*, p. 95.

144. RINGE, S., *Luke 9:28-36: The Beginning of an Exodus*, p. 96. O artigo de Sharon H. Ringe faz uma Exegese de Lc 9,28-36 (e os textos paralelos Mt 17,1-8 e Mc 9,2-8); as implicações para a cristologia de Lucas é uma resposta de acordo com a perspectiva teológica feminista.

145. GARRETT, S. R., *Exodus from Bondage: Luke 9:31 and Acts 12:1-24*, p. 656-680.

146. GARRETT, S. R., *Exodus from Bondage: Luke 9:31 and Acts 12:1-24*, p. 670.

147. GARRETT, S. R., *Exodus from Bondage: Luke 9:31 and Acts 12:1-24*, p. 671-672.

1.4.4. A Transfiguração por meio da Crítica das Fontes e da Crítica da Redação

Os estudos deste tópico podem ser divididos em dois grupos. O primeiro refere-se aos que advogam que o relato da Transfiguração em Lucas é fruto do seguinte processo redacional: o Evangelho de Marcos, mais modificações redacionais realizadas pelo autor. O segundo refere-se aos que advogam que o relato é fruto de duas fontes: o Evangelho de Marcos e uma outra fonte "desconhecida" que trouxe novas informações (e para alguns mais antiga) sobre a Transfiguração.

Os estudos de Blinzer (1937)[148], Dabrowski (1939)[149], Schramm (1971)[150] e Ellis (1975)[151] apontam para uma fonte especial "desconhecida" além de Marcos, pois as coincidências entre Mateus e Lucas fizeram com que esses autores apresentassem a ideia de uma fonte em que esses evangelhos teriam utilizado onde há quinze ou dezesseis pontos de afinidade.

Ramsey (1947) verifica que as divergências entre a narrativa de Marcos e a narrativa de Lucas tem como explicação mais provável que o evangelista está reescrevendo sua fonte marcana de forma livre e, ao fazê-lo, ele introduz dois motivos especiais: a conexão entre a Transfiguração e a oração de Jesus, o reconhecimento por Moisés e Elias da relação entre a Transfiguração e a Cruz. À luz dessa relação, ele propõe uma interpretação tripla da palavra ἔξοδος: Primeiramente a conversa de εἰσόδου em At 13,24; depois a "partida" de Cristo deste mundo, isto é, sua paixão, cruz, morte, ressurreição e ascensão que é, enfim, "o novo Êxodo de Israel do cativeiro para a liberdade"[152].

Conzelmann (1953) publica sua importante obra sobre o Evangelho de Lucas, que trata da contribuição literária e teológica lucana[153]. Sua proposta é de que há um plano redacional que serve como caminho teológico. Sua análise conclui que Lucas apresenta um relato na visão da tradição cristã primitiva de uma História da Salvação, pois ao comparar Lucas e Marcos ele ressalta que: "se em Marcos a narrativa como tal apresenta o 'querigma' amplamente desenvolvido, Lucas

---

148. BLINZLER, J., *Die neutestamentlichen Berichte über die Verklärung Jesu*, p. 57-62.

149. DABROWSKI, E., *La transfiguration de Jésus*, 1939.

150. SCHRAMM, T. *Der Markus-Stoff bei Lukas*: Eine literarkritische und redaktionsgeschichtliche Untersuchung, p. 136-139.

151. ELLIS, E. E., *La Composition de Luc 9 et les sources de sa christologie*, p. 193-200.

152. RAMSEY, A. M., *The Glory of God and the Transfiguration of Christ*. Publicada pela primeira vez em 1947.

153. CONZELMANN, H., *Die Mitte der Zeit, Studie zur Theologie des Lukas*. A versão em inglês traz o seguinte título: The Theology of St. Luke (1960). Já a versão em espanhol é traduzida por: *El Centro del Tiempo – La Teología de Lucas* (1974).

delimita sua narrativa como base histórica à qual se agrega secundariamente o 'querigma', cujo conhecimento ele de antemão supõe (Lc 1,4)"[154]. Assim, ele deixa claro que Lucas pretendia dar um caráter histórico à narrativa do Evangelho e também do início da Igreja.

No que tange à Transfiguração, o mesmo se pergunta pelo trabalho redacional de Lucas. Por isso, o relato proporciona uma confirmação celestial da profecia da paixão de Jesus em que as divergências redacionais entre os textos de Lucas e a versão de Marcos podem ser explicadas como retoques redacionais. A cena teria um duplo sentido e, consequentemente, uma estrutura bipartida: (a) uma confirmação do caminho da Paixão feita para o próprio Jesus, e (b) uma confirmação aos discípulos acerca da essência de Jesus, que seria uma forma de analepse que ratificaria a confissão feita por Pedro e que também seria uma prolepse por apontar para o caminho que Jesus deveria empreender a partir daquele momento[155].

Sabbe (1962) apresenta uma investigação detalhada do relato da Transfiguração lucana onde o mesmo vê o relato como "uma prefiguração e confirmação divina de seu sofrimento e glória na ressurreição"[156]. Logo, Lucas mantém a Transfiguração próxima à instrução precedente (Lc 9,23-27), que está ligada ao primeiro anúncio da Paixão (Lc 9,22) e à confissão de Pedro (Lc 9,18-21). A conexão com o Sinai é pouco enfatizada, em vez disso, a relação com o monte das Oliveiras (Lc 22,29-46) e a pregação apostólica (Lc 24,26-27.44-47; At 3,18.24; At 26,22-23) a respeito da morte e ressurreição de Cristo, que havia sido predita pela Lei e pelos Profetas (Moisés e Elias)[157].

Neyrinck (1973) trata da relação entre o relato da Transfiguração de Lucas com o de Mateus buscando explicar as concordâncias menores entre os relatos. Para ele, "o exame de todos esses fenômenos traz mais luz sobre as tendências particulares desses dois evangelhos do que sobre a hipótese de uma fonte comum para as duas narrações"[158].

Baldacci (1974) publica uma investigação, por meio da Crítica da Redação, acerca da Transfiguração em Lucas[159]. Sua pesquisa primeiramente apresenta a história da interpretação e o método adotado. Depois, realiza uma

---

154. CONZELMANN, H., *El Centro del Tiempo*, p. 24.

155. CONZELMANN, H., *El Centro del Tiempo*, p. 90-91.

156. SABBE, M., *La redaction du recit de la Transfiguration*, p. 92.

157. SABBE, M., *La redaction du recit de la Transfiguration*, p. 92.

158. NEIRYNCK, F. *Minor Agreements Matthew-Luke in the Transfiguration Story*, p. 253-266.

159. BALDACCI, O. R., *The Significance of the Transfiguration Narrative in the Gospel of Luke*: A Redactional Investigation.

análise detalhada do vocabulário, estilo e peculiaridades sinóticas da Transfiguração em Lucas, atentando para os elementos que parecem ser redacionais. Ele trata então dos seguintes pontos: (1) que os aspectos redacionais aparecem na identificação de Jesus, na ordem para ouvi-lo, e na referência ao Êxodo em Jerusalém como tema de conversa com Moisés e Elias; (2) que o relato da Transfiguração lucana dá sinal de ter sido escrito à luz de um contexto mais amplo; e (3) que esses sinais apontam para uma estreita relação com o seu contexto imediato.

No terceiro capítulo de sua obra, Baldacci analisa o contexto de Lc 9,1-50, identificando a unidade com as particularidades lucanas que tratam da questão da identidade de Jesus, em termos messiânicos, bem como o futuro destino do Filho do Homem sofredor, com normas de discipulado, e a necessidade final de uma resposta correta a Jesus e os seus. Contudo, a identidade de Jesus nessa unidade aparece de forma não especificada, ou seja, como uma apresentação; a mesma coisa acontece em relação às normas do discipulado, que permanece com a ausência de maiores informações.

No quarto capítulo de sua obra, Baldacci se move para o contexto mais amplo de Lucas-Atos. Nele, as identificações centram-se em torno da preocupação particularmente lucana em relação ao destino de Jesus (como o Cristo de Deus, o Filho do Homem) da morte-ressurreição como anunciado em Moisés e nos Profetas. As normas do discipulado são padronizadas depois do anúncio do destino de Jesus. Logo, o pesquisador constata que as duas preocupações centrais de Lucas (cristologia e normas para o discipulado) eram as preocupações frequentes no restante de Lucas-Atos.

Após esse estudo, verifica-se que a Transfiguração em Lucas pode consistentemente ser interpretada como sendo uma cena dramática com a qual Lucas apresenta Jesus como o Filho de Deus, o escolhido que deve ir para a morte em Jerusalém. Ela seria um anúncio realizado por meio de Moisés e os Profetas, de que é necessário ouvi-lo (em sua pregação sobre esse destino necessário e em relação às normas de vida para aqueles que o seguiriam).

Uma leitura através da Crítica Literária é feita por Feuillet (1977), ao examinar a palavra ἔξοδος pela primeira vez no contexto de Lucas-Atos, pois a palavra era lida a partir do Evangelho de João e do Apocalipse. Sua conclusão é que ἔξοδος compreende a paixão-ressurreição-ascensão de Jesus, recapitulado na vida dos cristãos através do mistério da Igreja[160].

---

160. FEUILLET, A., *L'exode' de Jésus et le déroulement du mystere rédempteur d'apres S. Luc et S. Jean*, p. 181-206.

Boismard (1965-1977)[161] aponta para a hipótese de Lucas ter conhecido um texto pré-marcano que diverge da forma atual de Marcos. Já Marshall (1978), em seu comentário de Lucas, diz que uma fonte adicional para o relato da Transfiguração lucano seria improvável, pois ele supõe, depois de apresentar as duas propostas redacionais, que as tradições orais contínuas estão por trás da redação de Lucas da narrativa de Marcos, especialmente porque algumas de suas mudanças são compartilhadas por Mateus[162].

Da mesma forma Fitzmyer (1981)[163] segue a linha de que a narração de Lucas possui suas próprias técnicas literárias e estilísticas que dão uma personalidade própria ao seu relato. Assim, ele ressalta que os autores, que partem da ideia de uma tradição diferente, não têm conseguido demonstrar essa tradição, embora tenham se esforçado para isso. Entende então que quase todas as divergências entre o texto de Lucas e o da narrativa de Marcos podem ser explicadas através da ideia de retoques redacionais ou como composição pessoal de Lucas.

Assumindo essa posição, Fitzmyer cita uma lista de palavras e expressões que apontam um processo redacional de Lucas. Seriam elas: τούτους ὡσεὶ ἡμέραι ὀκτὼ, καὶ ἐγένετο, ἐν τῷ + infinitivo, εἶπεν πρὸς, καὶ αὐτοὶ. Também menciona o que ele chama de fenômenos redacionais, que seriam: a razão pela qual Jesus sobe a montanha, isto é, "para orar"; as circunstâncias de sua experiência, ou seja, sua transfiguração foi realizada enquanto estava "orando"; a mudança no estilo do grego no v. 29, que apresenta mais detalhes quando comparado a Mc 9,3; a substituição de ῥαββί, de origem semita (Mc 9,5) para ἐπιστάτα (*Senhor* em Lc 9,33); a mudança de ordem na última frase da declaração celestial para αὐτοῦ ἀκούετε; a substituição do título ὁ ἀγαπητός (*o amado*) para ὁ ἐκλελεγμένος (*o escolhido/o eleito*)[164].

No ano de 1987, Allison Trites apresenta um ensaio sobre elos redacionais relacionados à Transfiguração em um livro organizado por Hurst e Wright[165]. Ele examina como Lucas relaciona a Transfiguração com outros destaques na vida de Jesus e compara elementos comuns encontrados nos livros de Mateus e Marcos. O relato de Lucas da Transfiguração, segundo ele, parece estar baseado principalmente em Marcos, embora ele tenha introduzido uma série de mudanças significativas, como o número de dias antes da Transfiguração.

---

161. BOISMARD, M.-E. In: BENOIT, P. E.; LAMOUILLE, A. (eds.), *Synopse des quatre Évangiles en français*, p. 251-252.
162. MARSHALL, I. H., *The Gospel of Luke: a commentary on the Greek text*, p. 380-389.
163. FITZMYER, J. A., *The Gospel According to Luke*, vol. 1, p. 791-792.
164. FITZMYER, J. A., *The Gospel According to Luke*, vol. 1, p. 123.
165. TRITES, A. A., *The Transfiguration in the Theology of Luke*: Some Redactional Links, p. 71-81.

Murphy-O'Connor (1987) procura despir os três relatos da Transfiguração de adições posteriores a fim de encontrar o núcleo histórico dos mesmos[166]. Para isso, ele faz duas perguntas: Entre os três relatos evangélicos, quem copiou quem? É uma história internamente consistente? Para responder à primeira pergunta, primeiramente ele compara Marcos com Mateus. Dessa maneira, ele se concentra sobre as diferenças substanciais entre os dois relatos, a fim de determinar qual evangelista é mais provável a ter adicionado ou omitido alguma coisa. Assim, chega-se à conclusão de que Mateus retocou o relato de Marcos e que o propósito das adições de Mateus é o de aprofundar a teologia da narrativa. Torna-se claro para ele que Mateus não é uma testemunha independente acerca da Transfiguração.

Depois Murphy-O'Connor se volta para o relato de Lucas em comparação com o de Marcos. Ele percebe primeiramente uma diferença de perspectiva. Lucas tem como foco Jesus, enquanto Marcos se concentra em como Ele apareceu aos discípulos. Essa primeira diferença seria, para ele, um sinal claro de que a primeira parte da história de Lucas é mais antiga do que a versão de Marcos. Isso porque os discípulos da primeira geração refletiram diretamente no que havia acontecido com Jesus. Mas os discípulos da geração posterior contaram com o testemunho de seus antecessores[167].

O resultado disso foi que tornou-se importante para as gerações posteriores enfatizar o que os discípulos tinham experimentado quando na companhia de Jesus. Assim, ele conclui: "se quisermos encontrar a versão mais primitiva da história da Transfiguração é mais provável que seja na primeira metade do relato de Lucas do que em qualquer outro lugar"[168], pois é perceptível interpelações redacionais em Lucas nas quais posteriormente a versão de Marcos teria sido anexada.

Dessa forma, Murphy-O'Connor reconstrói uma história original propondo a seguinte redação:

> E aconteceu depois destas palavras, cerca de oito dias, levando consigo a Pedro, João e Tiago, subiu ao monte para orar. E enquanto Ele estava orando, a aparência de seu rosto se alterou. E eis que dois homens conversavam com ele, que aparecem em glória e falavam de seu "êxodo", que "Ele estava para cumprir em Jerusalém. Mas Pedro e os que com Ele estavam viram a sua glória e os dois homens que estavam com Ele. E quando eles se separaram dele, Jesus foi achado sozinho[169].

---

166. MURPHY O'CONNOR, J., *What Really Happened at the Transfiguration?* p. 8-21.
167. MURPHY O'CONNOR, J., *What Really Happened at the Transfiguration?* p. 11-14.
168. MURPHY O'CONNOR, J., *What Really Happened at the Transfiguration?* p. 15.
169. MURPHY O'CONNOR, J., *What Really Happened at the Transfiguration?* p. 16.

Murphy-O'Connor desenvolve um comentário acerca dessa história, que seria em sua concepção a original, explicando primeiramente quem são os dois homens que falaram com Jesus, que segundo ele seriam anjos intérpretes. Depois, ele explica o sentido da palavra Êxodo a partir da ideia de que a história possui duas partes, fato e explicação. O sentido da explicação dada pelos dois anjos na narrativa original de Lucas é que a morte de Jesus (seu Êxodo) faz parte do plano de Deus para a humanidade, e que seria um evento de cumprimento[170].

O pesquisador dominicano ainda analisa a ligação entre a mensagem que os dois anjos estão transmitindo e o fato de que a aparência do rosto de Jesus teria sido alterada. Jesus teria tido um lampejo de discernimento, onde percebeu que sua morte seria o meio pelo qual seu ministério seria levado à realização. Sua execução não seria o fim de tudo, mas um evento de cumprimento, cujo papel no plano de Deus seria paralelo ao do Êxodo do Egito[171].

Murphy O´Connor faz uma proposta de como o relato da Transfiguração evoluiu. Para ele é muito pouco provável que Marcos conhecesse a versão primitiva utilizada por Lucas em seu relato, porque seria impossível explicar por que Marcos teria modificado tão radicalmente essa versão. Conclui então que Marcos tomou conhecimento da versão primitiva da Transfiguração de forma um pouco distorcida. Eis a forma em que ele recebeu: "Acompanhado por um pequeno grupo de discípulos, Jesus subiu a um monte; lá, Ele passou por uma mudança luminosa e se deparou com dois homens que falavam com Ele"[172]. O texto então sofreu adições posteriores.

Somente mais tarde a comunidade de Lucas, na qual o relato primitivo da Transfiguração circulou, de alguma forma tomou conhecimento da versão mais longa que a comunidade de Marcos apreciava. Era comum os primeiros seguidores de Jesus do primeiro século visitarem a comunidade de fé uns dos outros. Logo, a comunidade lucana deve ter se surpreendido com a possibilidade de não ter a história completa da Transfiguração e decidiu fazer com que sua versão se alinhasse com a de Marcos[173].

Seguindo a mesma linha de Murphy O´Connor, Reid (1988) analisa o texto da Transfiguração de Lucas seguindo a ideia de que o relato de Lucas não é uma simples redação da tradição de Marcos[174]. Portanto, Lucas dependia de uma fonte

---

170. MURPHY O'CONNOR, J., *What Really Happened at the Transfiguration?* p. 17.

171. MURPHY O'CONNOR, J., *What Really Happened at the Transfiguration?* p. 17.

172. MURPHY O'CONNOR, J., *What Really Happened at the Transfiguration?* p. 18.

173. MURPHY O'CONNOR, J., *What Really Happened at the Transfiguration?* p. 19.

174. Sua pesquisa é fruto de sua Tese de Doutorado. REID, B., *The Transfiguration*: An Study of Luke 9:28-36. Em um artigo, um ano depois, ela apresenta um resumo de sua tese: REID, B., *Voices and Angels: What Were They Talking About at the Transfiguration? A Redaction-critical Study of Luke 9:28-36*, p. 19-31.

contendo uma versão independente da Transfiguração. Ela chama essa fonte de SLS (Special Lukan Source). Para tanto, ela divide a sua teoria em três passos. Primeiro, ela faz uma análise literária de Lc 9,28-36 em que procura mostrar, através de uma comparação de Lc 9,28-36 com Mc 9,2-8, à luz das tendências redacionais de Lucas, a hipótese que o mesmo fez uso de duas tradições diferentes[175].

Essa primeira parte é oriunda da constatação de tensões e inconsistências na perícope. Por exemplo, na Transfiguração de Marcos, toda a história se concentra nos discípulos. Em Lucas, no entanto, a história se concentra em Jesus, mas depois desloca seu foco para os discípulos, em Lc 9,33b, e volta novamente para Jesus, em Lc 9,36b. Um outro exemplo seria a respeito de Moisés e Elias. Em Lc 9,30b e Lc 9,33, Moisés e Elias são referidos pelo nome, mas nos vv. 30a e 32, eles simplesmente são chamados de "dois homens". Reid aponta que em Lucas, uma vez que um personagem foi nomeado, ele não é novamente mencionado com uma designação indefinida na mesma perícope. Logo, essas inconsistências internas em toda a perícope podem ser melhor explicadas pelo uso de Lucas de uma fonte além de Marcos e, por conseguinte, não-marcana[176].

Num segundo passo, Reid faz uma investigação sobre quais palavras na perícope são melhor explicadas como pertencendo a essa fonte. Para isso, ela estabelece algumas regras: (a) todo o material em Lucas que faz parte da fonte L, um conjunto que ela chama de fontes especiais, e que deve ser atribuído à SLS (Special Lukan Source). Um exemplo disso seria o verbo ὤφθη, que é usado 3 vezes em Lucas e 9 vezes em Atos, todas as vezes seria no material L, de modo que, de acordo com Reid, teria a maior probabilidade de ter sido encontrada na fonte especial de Lucas. (b) Reid também atribui à SLS todas as palavras em Lc 9,28-36 que ocorrem apenas uma vez, as chamadas *Hápax Legomena*[177]. Assim temos o exemplo de Διαχωρίζω no v. 33a que vem da SLS sendo o único exemplo da palavra no Novo Testamento e porque "os verbos compostos mais frequentemente com δια provêm das fontes especiais de Lucas"[178].

Outra regra da autora é (c) que palavras usadas de maneira diferente da utilização de Lucas em outros lugares devem ser atribuídas à SLS. A palavra δόξα

---

175. Importante mencionar que antes de Jerome Murphy-O´Connor e Barbara Reid outros autores já haviam proposto uma fonte separada usada por Lucas em Lc 9,28-36. São eles: BARTLET, J., *The Sources of St. Luke's Gospel*, p. 322; BOISMARD, M.-E., *Synopse des quatre évangiles en français*, Vol. 2, p. 50-55; DIETRICH, W., *Das Petrusbild der lukanischen Schriften*, p. 104-109; EASTON, B. S., *The Gospel According to St. Luke*, p. 142-146; FULLER, R. H., *The Foundations of New Testament Christology*, p. 172; GRUNDMANN, W., *Das Evangelium nach Lukas*, p. 191-92; RENGSTORF, H., *Das Evangelium nach Lukas*, p. 123.

176. REID, B., *The Transfiguration: An Study of Luke 9:28-36*, p. 1-2 e p. 81-82.

177. REID, B., *The Transfiguration: An Study of Luke 9:28-36*, p. 96-98.

178. REID, B., *The Transfiguration: An Study of Luke 9:28-36*, p. 67.

ocorre 13 vezes em Lucas e 4 vezes em Atos. No entanto, no v. 32, "é a única instância nos Evangelhos Sinóticos em que δόξα é usado se referindo a Jesus, onde não é explicitamente falado de uma futura glória em que Ele entrará"[179]. Reid atribui a palavra à SLS por causa da "singularidade deste exemplo e a ocorrência frequente de δόξα no material especial L"[180]. Sua última regra seria que (d) o uso de palavras claramente lucanas deve ser atribuído à SLS, desde que não haja provas em contrário. Ela atribui ἤμελλεν em 9,31 à SLS. O verbo μέλλω ocorre 45 vezes em Lucas-Atos, em ambos os materiais (L e não L). "Às vezes vem da própria mão de Lucas, e frequentemente é encontrada em suas fontes". Ela atribui à SLS porque "não há evidências que sejam contrárias" a esta conclusão[181].

Por meio dessas regras de seu segundo passo Reid fornece sua versão da fonte SLS à qual ela desenvolve um terceiro passo, que é estabelecer a forma dessa fonte, que classifica como sendo angelofania preditiva. Dentre as conclusões de seu estudo está a de que, no nível redacional, a história da Transfiguração lucana se encaixa perfeitamente nas ênfases de Lucas na cristologia, na continuidade entre o Antigo e o Novo Testamento, na oração e no discipulado[182].

Segundo Miller (1994), não há provas suficientes no estudo de Reid de que exista uma fonte independente em Lucas e que é diferente da tradição marcana[183]. Seus argumentos aparecem novamente em uma segunda publicação em que ele faz um estudo de caso da Transfiguração lucana com base nas propostas de Reid[184]. Para ele, há determinados graus de certeza em relação à Crítica da Fonte. Há um nível alto de certeza de que existe dependência literária entre os Evangelhos Sinóticos, que leva a um grau diferente de certeza com relação à fonte Q, mas o nível mais baixo seria o de acompanhar uma teoria sobre uma fonte perdida que foi usada por um autor em uma perícope.

Segundo Miller, a proposta de Reid é oriunda da seguinte pergunta: Por que essa perícope contém elementos que são incomuns para este autor? Esta pergunta teria como resposta o fato de ser fruto de uma fonte especial. Miller entende que a conveniência de tais propostas é dupla: é impossível de serem refutadas. Como pode ser provado que um documento não existente existia? O conteúdo da fonte alegada pode ser adaptado às exigências explicativas da teoria. Como não há ou-

---

179. REID, B., *The Transfiguration: An Study of Luke 9:28-36*, p. 67.

180. REID, B., *The Transfiguration: An Study of Luke 9:28-36*, p. 68.

181. REID, B., *The Transfiguration: An Study of Luke 9:28-36*, p. 74.

182. REID, B., *The Transfiguration: An Study of Luke 9:28-36*, p. 232-237.

183. MILLER, R. J., *Historicizing the Trans-historical: the Transfiguration Narrative*, p. 219-248.

184. MILLER, R. J., *Source Criticism and the Limits of Certainty. The Lukan Transfiguration Story as a Test Case*, p. 127-144.

tros textos para configurar como forma de controle, tudo na perícope que parece não característico do autor pode ser atribuído à fonte perdida.

Em seus artigos Miller procura demonstrar que a teoria proposta por Reid tem pouco apoio e seus argumentos não conseguem demonstrar suas conclusões. Por exemplo, para ele o caso de Reid de atribuir ανδρες δύο no v. 30 para SLS é, portanto, muito fraco porque se baseia em uma explicação altamente especulativa e excessivamente complicada para a peculiaridade de como Lucas os nomeia. Segundo ele, praticamente qualquer problema em qualquer texto pode ser explicado postulando uma fonte e depois estipulando o que essa fonte continha.

Assim Miller chega à conclusão que SLS não existia e que a reconstrução da fonte SLS por parte de Reid é inútil por depender de suposições duvidosas e de falácias lógicas. Sua reconstrução parte da suposição de que Lucas reproduziu o relato da SLS exatamente como ele o encontrou. Mas pelo que se sabe sobre como Lucas redigiu Marcos e de como é possível imaginar a redação de Q, a hipótese, *a priori*, é duvidosa. Logo, se Lucas não copiou a fonte textualmente, não há como recuperar sua redação. E se sua redação exata não pode ser recuperada, é pouco útil na resolução dos problemas literários da Transfiguração lucana.

Uma outra questão é que a proposta de Reid faz com que não sobre praticamente nenhum espaço para o processo criativo do autor sobre essa fonte, ou seja, seu método parece excluir qualquer composição substancial por parte de Lucas. Dessa forma, Miller conclui reafirmando que o que Reid propõe não é plausível em si mesmo, mas é extremamente difícil demonstrar com pouca evidência. Por fim, ele assume que não sabe com certeza por que Lucas compôs e redigiu esta perícope como ele fez, mas que vê sua posição como a melhor questão proposta até agora, embora deixe algumas questões sem resposta. Ele termina seu segundo artigo ressaltando que às vezes a melhor resposta é admitir que não sabemos.

Para Bock (1994), o problema das fontes nesta perícope é complexo, mas a presença de um material oriundo de fonte adicional no todo é mais provável do que um recurso à reformulação do material por parte de Lucas[185].

No ano de 1999, Ellis publica um artigo acerca da composição de Lc 9 e sua cristologia. Segundo ele, a aplicação da Crítica da Composição do texto em Lc 9 contribui para entender o propósito de Lucas. Igualmente, a aplicação da Crítica da Fonte a Lc 9,1-50 leva-nos à origem das tradições e da cristologia que estão expressas nessa unidade. Herodes faz parte de um grupo de pessoas no Evangelho de Lucas que perguntam a Jesus: "Quem é esse?" Os episódios em Lc 9,10-50 dão a resposta de Lucas à pergunta de Herodes. Cada episódio tem um paralelo

---

185. BOCK, D. L., *Luke: 1:1–9:50*, p. 862–876.

marcano e, além da omissão de Mc 6,45-48 em Lc 9,17, cada episódio segue a ordem marcana. Portanto, para Ellis, se alguém aceita a hipótese tradicional de duas fontes, este deve atribuir as variações não marcanas tanto ao trabalho editorial lucano quanto ao uso das tradições orais[186].

Neirynck (1973) e Bovon (1989) concordam também que as peculiaridades próprias, tanto de Lucas como as semelhanças com Mateus, podem ser explicadas de forma mais convincente, com base em tendências redacionais[187]. Bovon e Koester (2002) entendem que as singularidades na Transfiguração lucana, bem como as conformidades com Mateus, podem ser mais convincentemente explicadas com base em mudanças redacionais. Se Lc 9,28-36 diverge mais do que Lc 9,23-27, isso ocorre porque Lucas trata as passagens narrativas com maior liberdade do que os ditos de Jesus. Marcos não seria uma Escritura Sagrada canônica para Lucas, mas sim uma tentativa respeitável de narrar os eventos, embora fosse completamente necessário revisa-lá (Lc 1,1-4). Lucas, portanto, não tem uma segunda fonte para esta perícope. O relato da Transfiguração também teria sido transmitido de forma oral[188].

1.4.5. A Transfiguração por meio dos Novos Métodos de Análise Literária

Davies (1955) analisa Lc 9,28-36 em comparação com At 1,1-12[189]. Ele descreve os paralelos ao longo de Lc 9,1-34 e At 1,1-12, e conclui que Lc 9,28-36 é uma prefiguração da ascensão. As alterações únicas em Lc 9,28-36 são mostradas para servir a esse fim. A alteração de Lucas de ἀναφέρει (Mc 9,2) para ἀνέβη (Lc 9,28) é evocativa da ascensão; a frase καὶ ἰδοὺ ἄνδρες δύο (Lc 9,30) é repetida em At 1,10; o tempo do Êxodo (Lc 9,31) abrange todo o conteúdo da paixão-morte--ressurreição-ascensão; e a δόξα mencionada em Lc 9,32 é considerada como o momento em que Jesus inicia sua ascensão.

Na década de 1980, os estudos da chamada Crítica do Relato (*narrative criticism*) impulsionaram os exegetas no estudo da arte do relato nos evangelhos. No caso do terceiro Evangelho, a obra *The Narrative Unity of Luke-Acts* (1986)[190] de Tannehill assumiu o desafio de considerar Lucas através de sua forma narrativa

---

186. ELLIS, E. E., *The Composition of Luke 9 and the Source of Its Christology*, p. 62-69.

187. BOVON, F., *Luke*, p. 370; NEIRYNCK, F., *Minor Agreements – Matthew-Luke at the Transfiguration Story*, p. 253-266.

188. BOVON, F.; KOESTER, H., *Luke 1: a commentary on the Gospel of Luke 1:1–9:50*, p. 369-381.

189. DAVIES, J. G., *The Prefiguration of the Ascension in the Third Gospel*, p. 229-233.

190. TANNEHILL, R. C., *The Narrative Unity of Luke-Acts*.

final, com o objetivo de pôr em relevo sua dinâmica narrativa interna, que havia sido esquecida pelos métodos tradicionais.

Em relação à perícope da Transfiguração, Tannehill destaca que a expressão "cerca de oito dias depois", presente apenas em Lucas, está relacionada diretamente com sua dinâmica narrativa interna, pois liga o relato de Lc 9,22-27. Por isso, a saída de Jesus se encaixa perfeitamente com o anúncio de sua morte, em Lc 9,22, que ainda possui no relato uma confirmação divina de sua fala anterior. Outras conexões internas são apresentadas de forma a mostrar que a Transfiguração é uma antecipação da visão da glória de Jesus em seu reino messiânico[191].

Partindo desse tipo de estudo, Agua Perez (1993) constatou que a narrativa do Evangelho deve ser analisada à luz das narrativas da tradição de Israel (e em alguns casos da retórica greco-romana). Assim, o relato da Transfiguração se encaixa na forma de pensamento e expressão do mundo do *midráš* ou *daráš*[192]. A perícope reflete, segundo ele, uma composição narrativa que segue motivos e tradições do Antigo Testamento que são combinadas para fornecer a confirmação das Escrituras em favor do messianismo de sofrimento de Jesus.

Como consequência disso, a Transfiguração não é um episódio histórico-biográfico da vida de Jesus, mas um padrão narrativo de carácter biográfico-tipológico (como temos em Ex 34), que evoca prolepticamente a glória da ressurreição futura de Jesus. A redação lucana concebe a passagem como um prelúdio do "Êxodo" do "profeta como Moisés" de Deuteronômio. Este conceito soteriológico de Lucas seria importante para a seção central de seu Evangelho (Lc 9,51-19,14)[193].

Martin (2006) analisa as vozes conflitantes na narrativa lucana da Transfiguração e argumenta que Lucas retira a glória de Jesus, pois segundo ele a narrativa evita o triunfalismo e, em vez disso, abraça a humildade como essência da glória. Logo, a epifania do Jesus Transfigurado é uma visão inadequada da glória do Messias Jesus. Segundo ele, a leitura histórico-crítica desse relato, que vê o mesmo como uma epifania (Lc 9,29), seguida de uma teofania (Lc 9,34a), ajudou, juntamente com outros textos do NT, a formar pressupostos culturais cristãos sobre o papel da Igreja de Cristo no mundo, tendo certo impacto histórico na Igreja e um ativo apoio nas práticas triunfais colonialistas. Assim, o texto da Transfigu-

---

191. TANNEHILL, R. C., *The Narrative Unity of Luke-Acts*, p. 223.

192. Segundo Agua Perez, a palavra midráš deriva da raiz ou daráš que significa buscar, investigar (Lv 10,16; Dt 13,15 e Is 55,6). O termo aparece em Eclesiástico no sintagma Bet há-midráš (casa de Estudo, lugar de investigação). AGUA PEREZ, A., *El método midrasico y la exegesis del Nuevo Testamento*.

193. AGUA PEREZ, A., *La Transfiguración como Preludio del 'Exodo' de Jésus em Lc 9,28-36*, p. 5-19. Com essa interpretação, Agua Perez poderia perfeitamente ser inserido no tópico 2.5.3: A Transfiguração e as aproximações por meio das Analogias e Tradições Judaicas. Mas sua interpretação parte dos métodos sincrônicos, ou seja, da análise retórica.

ração teria assumido vida própria e sido interpretado de forma triunfalista na vida da Igreja[194].

Martin então propõe uma leitura diferente, baseando-se na forma que Lucas teria feito sua redação de Marcos, analisando as vozes da narrativa e descobrindo que o autor de Lucas-Atos constrói sua narrativa por meio de uma pluralidade de vozes conflitantes e que é na observação desses conflitos que se encontra muitas vezes o significado do texto. Logo, é importante observar o trabalho do narrador em Lucas, que assume diferentes posições ao longo de seu texto[195].

Um trabalho mais recente acerca da Transfiguração é de Lee (2008) que examina a Transfiguração a partir da fonte de todos os outros textos, o Evangelho de Marcos. Traça então o desenvolvimento de suas múltiplas leituras (dentre elas Mateus e Lucas) nos dois primeiros séculos da era cristã. Examina a Transfiguração nos Evangelhos Sinóticos, em 2Pedro, no Apocalipse de Pedro e também analisa 2Cor 3. Para Lee, há alguns padrões comuns na relação de Paulo com o relato de Marcos, isto é, há ideias por trás desses relatos que são herdadas de certas tradições cristãs. Seu trabalho não discute as fontes ou dependências literárias da Transfiguração, mas o processo dinâmico do desenvolvimento desse relato em seu contexto histórico[196].

Um outro estudo é a tese de doutorado de Oktaba (2008). Ele estuda a seção de Mc 8,27–9,13 e elabora uma síntese teológica que busca extrair o sentido cristológico e eclesiológico da Transfiguração marcana. Para isso, primeiramente ele analisa duas seções do Antigo Testamento (Ex 32–34 e Ml 3) para demonstrar que essas duas seções dão a chave de interpretação da missão de Jesus de Nazaré. Seu método inicial é a intertextualidade. Mas depois, no quinto capítulo de sua obra, ele faz a análise da redação de Marcos buscando a camada pré-marcana para a perícope. Embora seu estudo não analise a perícope lucana, ele faz alguns apontamentos importantes sobre essa perícope[197].

Para Lucas, Jesus é o profeta, como Moisés, mas acima de tudo como Elias. Ele prepara o fim dos tempos pelo seu ministério e pelo seu sofrimento. A Trans-

---

194. MARTIN, T. W., *What Makes Glory Glorious? Reading Lukes Account of the Transfiguration Over Against Triumphalism*, p. 3-26. Em seu artigo ele usa o modelo de James Dawsey, que considera que o Evangelho de Lucas possui vozes conflitantes e que a voz de Deus é a que vence no final. DAWSEY, J. M., *The Lukan Voice*: Confusion and Irony in the Gospel of Luke.

195. MARTIN, T. W., *What Makes Glory Glorious? Reading Lukes Account of the Transfiguration Over Against Triumphalism*, p. 7-15.

196. LEE, S. S., *Jesus' Transfiguration and the Believers' Transformation*: A Study of the Transfiguration and Its Development in Early Christian Writings.

197. OKTABA, P., *Transfiguration de Jésus* – Purification des disciples. Marc 8,27–9,13 à la lumière d'Ex 32-34 et de Ml 3 "Il purifiera les fils de Lévi..." (Ml 3,3).

figuração é uma visão do caminho da salvação através das provações. Essa visão é dada aos discípulos despertos (Lc 9,31-32). A cena paralela está em At 12,6-11, onde o sono e o despertar de Pedro na prisão são o símbolo da intervenção divina que tira o homem do poder da morte. Lucas não conta o opróbrio que Jesus faz a Pedro, mas mantém a tradição concernente à intercessão de Jesus a seu favor (Lc 22,31-32)[198].

1.5. Cristologia e Transfiguração

A cristologia apresentada no Evangelho de Lucas tem sido objeto de muitos debates. Seu estudo, assim como dos outros Evangelhos Sinóticos, gira em torno dos títulos atribuídos a Jesus como Filho de Deus, Filho do Homem, Cristo, dentre outros. Dados os supostos padrões monoteístas dos judeus do Segundo Templo, pensou-se que os maiores saltos no pensamento cristológico ocorriam em contextos predominantemente não judaicos[199], como é o caso das análises feitas no Evangelho de Lucas[200].

Como consequência, quanto à relação entre crítica histórica e teologia, acusa-se que os estudos que apresentariam Jesus como tendo uma natureza dual seriam uma distorção do legado de Jesus Cristo[201], enquanto outros pesquisadores não viram conflito algum entre a crescente avaliação retrospectiva da identidade divina de Jesus e o dogma cristão tradicional[202].

Houve então uma mudança no cenário acadêmico a respeito das origens cristãs e da cristologia. Passa-se a adotar uma data para uma "alta cristologia" ou uma forma de "monoteísmo cristológico" para os anos de formação do incipiente movimento de Jesus. Assim, uma cristologia "alta" é distinta de uma cristologia "baixa", muitas vezes com base em se a divindade é ou não imputada a Jesus[203]. Na década de 1990, surge uma nova *Religionsgeschichtliche Schule*, encabeçada por Hurtado, e que reúne uma série de estudiosos[204].

---

198. OKTABA, P., *Transfiguration de Jésus* – Purification des disciples, p. 231-232.

199. HARVEY, A. E., *Jesus and the Constraints of History*, p. 154-173; CASEY, M., *From Jewish Prophet to Gentile God*, p. 11-20, p. 27-38; VERMES, G., Christian Beginnings, p. xiv-xv e p. 49.

200. A partir da década de 1880, uma equipe de estudiosos protestantes da Universidade de Göttingen formou a *Religionsgeschichtliche Schule* (Escola de História das Religiões) que tinha como objetivo contextualizar as cristologias na literatura cristã canônica e não canônica à luz das práticas cultuais mais amplas do antigo Mediterrâneo.

201. CASEY, M., *From Jewish Prophet to Gentile God*, p. 176; VERMES, G., *Christian Beginnings*, p. 242-244.

202. BROWN, R. E., *An Introduction to New Testament Christology*, p. 110-141.

203. BROWN, R. E., *An Introduction to New Testament Christology*, p. 4.

204. O grupo no início foi intitulado de Early High Christology Club (EHCC). Hurtado nomeia David Capes, Wendy Cotter, Jarl Fossum, Donald Juel, John R. Levison, Carey Newman, Pheme Perkins, Alan Segal,

Em relação ao Evangelho de Lucas, dentre os muitos debates mencionados acima, a narrativa da ressurreição é um exemplo da discussão sobre alta e baixa cristologia. Nela, no episódio dos discípulos no caminho para Emaús (Lc 24,13-35), o Jesus ressuscitado, não reconhecido por dois dos seus discípulos, junta-se a eles e questiona-os sobre a discussão a respeito do túmulo vazio (Lc 24,17). Os dois, surpresos com a falta de conhecimento dos acontecimentos (Lc 24,18), informam a Ele os últimos acontecimentos na cidade.

No final da fala dos dois discípulos, eles mencionam a descoberta da sepultura vazia e as notícias de que Jesus estava vivo (Lc 24,22-24). Jesus então os repreende por sua incredulidade e interpreta os eventos da ressurreição com as seguintes palavras em Lc 24,25-26: Οὐχὶ ταῦτα ἔδει παθεῖν τὸν χριστὸν καὶ εἰσελθεῖν εἰς τὴν δόξαν αὐτοῦ (*Não era preciso que o Cristo sofresse tudo isso e entrasse em sua glória?*). Esta observação de Jesus é parte da narrativa da ressurreição de Lucas que tem sido usada para argumentar que este evangelista tem uma alta cristologia, apesar de enfatizar fortemente a humanidade de Jesus[205].

Uma vez que essa teoria sobre uma alta cristologia é aceita na pesquisa acadêmica, argumenta-se ainda que a transformação do Jesus terreno para um Jesus que possui uma existência celestial é uma indicação de uma cristologia subordinacionista em Lucas. Desenvolvimentos recentes apontaram a necessidade de mais clareza sobre a cristologia por causa do crescente debate sobre a natureza da imagem exaltada de Cristo em Lucas. Apesar da convicção geral de que Lucas tem uma alta cristologia, "não é acordado que lugar o Jesus ressuscitado e exaltado ocupa em Lucas"[206].

Nos últimos tempos, Rowe (2006) segue a mesma linha e destaca que o estudo do Evangelho de Lucas terá que refletir mais adiante acerca de sua cristologia que, narrativamente falando, liga a identidade do Jesus terreno com a identidade do Deus de Israel. Tal reflexão traria implicações para uma cristologia subordinacionista e a admissão da natureza humana de Jesus[207].

Há ainda outra razão pela qual o entendimento de Lucas sobre o Jesus exaltado necessita de uma maior atenção. As principais mudanças no estudo dos tex-

---

Marianne Meye Thompson e ele próprio como participantes desse grupo inicial. Depois, Clinton Arnold, Loren Stuckenbruck, James Davila, Charles Gieschen, Richard Bauckham, Martin Hengel, April DeConick, Karl-Wilhelm Niebuhr e Jörg Frey tornaram-se associados ao EHCC. Jarl Fossum designou o EHCC como uma nova *Religionsgeschichtliche Schule*. HURTADO, L. W., *Senhor Jesus Cristo. Devoção a Jesus no cristianismo primitivo*, p. 35-45.

205. TUCKETT, C. M., *The Christology of Luke-Acts*, p. 133-165, aqui p. 149.
206. TUCKETT, C. M., *The Christology of Luke-Acts*, p. 148.
207. ROWE, C. K., *Early Narrative Christology*, p. 28.

tos apocalípticos judaicos e cristãos possuem consequências significativas para o entendimento dos textos do Evangelho de Lucas, bem como a sua referência à entrada de Jesus em sua glória em particular[208].

Os textos apocalípticos eram anteriormente considerados textos escatológicos sobre uma dispensação futura que substituiria a presente era maligna. Nas últimas décadas, porém, eles passaram a ser lidos como textos especulativos que têm a ver com segredos celestes de natureza cosmológica e com o conhecimento oculto sobre o trono celeste de Deus, o ser de Deus, o ser e a morada dos anjos, as operações dos elementos naturais e com as pesquisas históricas[209].

Esses estudos na pesquisa apocalíptica são chamados de misticismo. O misticismo, segundo DeConick (2006), está associado com formas extáticas e não racionais de religião e com "práticas organizadas e consideradas ilícitas de contato direto com o divino"[210]. No entanto, a literatura apocalíptica também é um discurso que se refere às experiências transformadoras de místicos judeus e cristãos que pensavam que eles poderiam ser investidos com conhecimento celestial, juntar-se ao coro de anjos em adoração diante do trono ou terem seus corpos glorificados[211]. Pode-se descrever isso como místico, no sentido de que o autor de um apocalipse pressupõe um encontro direto e experiencial com o Sagrado que o transformou a fim de testemunhar de uma maneira nova a sua fé em seu contexto atual.

Outrora, as pesquisas na obra lucana mostravam que Lucas-Atos seriam desprovidos de tais inclinações místicas. Mas nesse ponto há novos direcionamentos no estudo dos evangelhos que apontam para uma mudança de perspectiva. Isso pode ser constatado nas pesquisas de Rowland e Morray-Jones (2009), que afirmam que, embora haja pouco nos evangelhos que sugira preocupação com o céu e a revelação de seu mistério (como no Apocalipse), há indícios de que dimensões importantes de suas mensagens estão completamente imbuídas de uma visão apocalíptica que merece o epíteto de "mística"[212].

---

208. ESKOLA, T., *Messiah and the Throne. Jewish Merkabah Mysticism and Early Christian Exaltation Discourse*. Veja também FLETCHER-LOUIS, C. H. T., *Luke-Acts: Angels, Christology, and Soteriology*.

209. A influência e os traços destes textos místicos já são evidentes a partir de tradições em textos rabínicos que refletem um grande interesse em experiências místicas e material especulativo, muitas vezes conhecido e descrito como misticismo da *merkabah*. Perspectivas do misticismo da *merkabah*, no entanto, não são novidade para a Teologia Bíblica e tem sido usado de tempos em tempos na interpretação de textos bíblicos. Um exemplo pode ser encontrado em: SCHOLEM, G. *Major Trends in Jewish Mysticism*.

210. DECONICK, A. (ed.), *Paradise Now. Essays on Early Jewish and Christian Mysticism*, p. 1-2.

211. DECONICK, A. (ed.), *Paradise Now. Essays on Early Jewish and Christian Mysticism*, p. 2.

212. ROWLAND, C.; MORRAY-JONES, C. R. A., *The Mystery of God. Early Jewish Mysticism and the New Testament*, p. 99.

No caso do Evangelho de Lucas, a partir da contribuição de Jervell (1972) para a pesquisa lucana, uma maior atenção está sendo dada à interação entre os textos de Lucas e o seu cenário judaico[213]. Consequentemente, os textos apocalípticos judaicos e cristãos se tornaram um importante contexto para a pesquisa nos textos de Lucas[214]. Ademais, tem havido uma crescente consciência do misticismo no Evangelho de Lucas e Atos. DeConick enfaticamente observa que a evidência de experiências místicas nos relatos de segunda mão na literatura cristã primitiva é impressionante, variando da Transfiguração de Jesus para a aparência pós-ressurreição na visão de Estêvão. Se correto, isso confirma a exposição de Lucas ao misticismo e cria espaço para investigar seus textos a partir da perspectiva do misticismo dos primeiros judeus e cristãos[215].

Dentre as pesquisas orientadas por essas descobertas encontra-se a de Fletcher-Louis (1997), que foca nas categorias angélicas como pano de fundo da cristologia primitiva. Sua escolha para essa pesquisa é o texto de Lucas-Atos que ele justifica através dos seguintes motivos: (a) é completamente judaico em sua teologia e cultura; (b) tem uma alta cristologia; e (c) está inserido no mundo da especulação apocalíptica (e mística) judaica. Segundo ele, o título Filho do Homem é a expressão mais abrangente da identidade angelomórfica de Jesus, articulando sua plena humanidade e divindade, e unindo outras expressões dessa identidade, por exemplo, em textos como Lc 5,1-11 e 9,28-36.

Sua tese confirma que as categorias angélicas são relevantes para a formação do pensamento cristão primitivo e que o Evangelho de Lucas é um exemplo para demonstrar essa questão. Ele também fornece sugestões quanto às possíveis implicações para o debate atual dentro da nova escola de história das religiões e para a formação da teologia do Novo Testamento[216].

Por meio de outras pesquisas, constata-se o desenvolvimento do estudo de uma cristologia angelomórfica e, no que se refere à Transfiguração, uma nova interpretação começou a ser feita na perícope lucana de Lc 9,28-36. Gieschen (1998)[217],

---

213. Esse cenário judaico foi revisitado à luz das novas pesquisas na literatura não canônica e, considerada marginal, dos judaísmos do Segundo Templo. Diferente do que foi abordado no subtópico mais acima: "A Transfiguração e as aproximações por meio das Analogias e Tradições Judaicas". Neste tópico a ênfase são os textos e temas do Antigo Testamento.

214. JERVELL, J., *Luke and the People of God: a New Look at Luke-Acts*. Para uma avaliação de Jervell, consulte FLETCHER-LOUIS, C. H. T. *Luke-Acts: Angels, Christology, and Soteriology*, p. 18-20.

215. DECONICK, A. (ed.), *Paradise Now*, p. 6.

216. FLETCHER-LOUIS, C. H. T., *Luke-Acts: Angels, Christology, and Soteriology*.

217. GIESCHEN, C. A., *Angelomorphic Christology: Antecedents and Early Evidence*.

Sullivan (2004)[218] e Kaiser (2014)[219] apresentam a história e o desenvolvimento dessas pesquisas, suas implicações na cristologia dos evangelhos e sua influência no relato lucano da Transfiguração, embora em poucas páginas.

Por último, seguindo essa linha, Batluck (2018) afirma que experiências visionárias trazem uma nova vitalidade à tradição de Israel no Evangelho de Lucas. Segundo ele, na Transfiguração, Jesus é separado de Moisés e Elias tanto em seu *status* e em seu lugar no programa redentor de Deus, ambos os quais fazem qualquer comparação decisiva com Moisés e Elias ser errada, como Lucas assim reflete sobre a sugestão de Pedro[220].

---

218. SULLIVAN, K. P., *Wrestling with angels: a study of the relationship between angels and humans in ancient Jewish literature and the New Testament*.

219. KAISER, C. B., *Seeing The Lord's Glory. Kyriocentric Visions and the Dilemma of Early Christology*.

220. BATLUCK, M., *Visions of Jesus Animate Israel's Tradition in Luke*, p. 411.

Capítulo 2 | Análise exegética de Lc 9,28-36

2.1. Tradução e segmentação

Ἐγένετο δὲ μετὰ τοὺς λόγους τούτους ὡσεὶ ἡμέραι ὀκτὼ	28a	E aconteceu cerca de oito dias depois dessas palavras
⁰[καὶ] παραλαβὼν Πέτρον καὶ ᵃἸωάννην καὶ Ἰάκωβονᴬ	28b	e tendo tomado Pedro e João e Tiago
ᴾἀνέβη εἰς τὸ ὄρος προσεύξασθαι.	28c	subiu ao monte para orar.
καὶ ἐγένετο	29a	E aconteceu que
ἐν τῷ ᵀπροσεύχεσθαι αὐτὸν	29b	enquanto ele orava
ᵃτὸ εἶδοςᵃ τοῦ προσώπου αὐτοῦ ᵆἕτερον	29c	a aparência do rosto dele mudou
καὶᵲ ὁ ἱματισμὸς αὐτοῦ ᴾλευκὸς ἐξαστράπτων.	29d	e a sua roupa ficou branca, refulgente.
καὶ ἰδοὺ ἄνδρες δύο ᵀσυνελάλουν αὐτῷ,	30a	Eis que dois homens conversavam com Ele
οἵτινες ἦσαν Μωϋσῆς καὶ Ἠλίας,	30b	os quais eram Moisés e Elias,
οἳ ὀφθέντες ἐν δόξῃ	31a	que tendo aparecido em glória
ἔλεγον τὴν ἔξοδον αὐτοῦ,	31b	falavam do êxodo dele,
ἣν ᵀἤμελλεν πληροῦν ᶠἐν Ἰερουσαλήμ.	31c	que estava para cumprir em Jerusalém.

ὁ δὲ Πέτρος καὶ οἱ σὺν αὐτῷ ἦσαν βεβαρημένοι ὕπνῳ·	32a	Mas Pedro e os de junto dele estavam pesados de sono
διαγρηγορήσαντες δὲ	32b	mas quando despertaram
εἶδον τὴν δόξαν αὐτοῦ	32c	viram a glória dele
καὶ τοὺς δύο ἄνδρας τοὺς συνεστῶτας αὐτῷ.	32d	e os dois homens que estavam junto com Ele.
καὶ ἐγένετο ἐν τῷ διαχωρίζεσθαι αὐτοὺς ἀπ' αὐτοῦ	33a	E aconteceu no afastarem-se eles dele
εἶπεν ὁ ⸀Πέτρος πρὸς τὸν Ἰησοῦν·	33b	disse Pedro a Jesus:
⸂ἐπιστάτα, καλόν ἐστιν ἡμᾶς ὧδε εἶναι,	33c	Mestre, bom é nós estarmos aqui
⸀καὶ ποιήσωμεν⸀ σκηνὰς τρεῖς,	33d	e façamos três tendas
μίαν σοὶ	33e	uma para ti
καὶ μίαν Μωϋσεῖ	33f	e uma para Moisés
καὶ μίαν Ἠλίᾳ,	33g	e uma para Elias,
μὴ εἰδὼς ὃ λέγει.	33h	não sabendo o que dizia.
ταῦτα δὲ αὐτοῦ λέγοντος	34a	Estas coisas ele dizendo
ἐγένετο νεφέλη	34b	apareceu uma nuvem
καὶ ⸀ἐπεσκίαζεν αὐτούς·	34c	E os sombreava;
ἐφοβήθησαν δὲ	34d	e temeram
ἐν τῷ ⸀εἰσελθεῖν αὐτοὺς⸀ εἰς τὴν νεφέλην.	34e	depois que entraram eles na nuvem.
καὶ φωνὴ ⸀ἐγένετο ἐκ τῆς νεφέλης λέγουσα·	35a	(Uma) voz houve da nuvem dizendo:
οὗτός ἐστιν ὁ υἱός μου	35b	Este é o meu Filho,
ὁ ⸀ἐκλελεγμένος,	35c	o eleito;
αὐτοῦ ἀκούετε.	35d	a Ele ouvi.
καὶ ⸀ἐν τῷ γενέσθαι τὴν φωνὴν	36a	E depois que aconteceu a voz
εὑρέθη Ἰησοῦς μόνος.	36b	Jesus foi achado sozinho
⸂καὶ αὐτοὶ⸃ ἐσίγησαν	36c	e eles calaram.

73

καὶ οὐδενὶ ἀπήγγειλαν ἐν ἐκείναις ταῖς ἡμέραις °οὐδὲν	36d	*E a ninguém relataram nada naqueles dias*
ὧν ἑώρακαν.	36e	*das coisas que tinham visto.*

Tabela 1: Tradução e Segmentação

2.2. Crítica textual

Com relação à Crítica textual, o aparato da 28ª edição do Nestle-Aland (NA28) apresenta vinte notas para a perícope (Lc 9,28-36). Aborda-se aqui todas as variantes, mesmo as consideradas de pouca importância. O seguinte procedimento será adotado: descrição do aparato crítico, a tradução do seguimento com as leituras alternativas e, por fim, uma avaliação acerca da variante com base nos critérios da Crítica textual[221]. As análises são divididas através da segmentação do texto.

(1) v. 28b – °[καὶ] παραλαβὼν Πέτρον καὶ ᵃἸωάννην καὶ Ἰάκωβονᵃ

Aponta-se a omissão da conjunção καί no Papiro 45, embora sua identificação no manuscrito não seja totalmente segura (séc. III), no Uncial A em seu texto original no manuscrito (séc. IV), no Uncial B (séc. IV), em todas ou na maioria dos manuscritos latinos antigos, na versão siríaca filoxeniana e todos os manuscritos da versão copta. Os textos sobre os quais se apoiam Nestle-Aland são: o Uncial A conforme a leitura do segundo corretor do Manuscrito, e os Unciais A, C, D, K, L, P, W, Γ, Δ, Θ, Ξ, Ψ, os minúsculos $f^{1.13}$ (família 1 e família 13), 565, 700, 892, 1241, 1224, 2542, o lecionário 844, o Texto Majoritário (𝔐), os manuscritos latinos e a Vulgata, a versão siríaca sinaítica e curetoniana e vários manuscritos da versão boáirica. A presença do καί provavelmente faz parte do texto lucano e o mesmo se encaixa no estilo do autor[222].

A segunda nota no aparato crítico corresponde a uma inversão. Em vez de Ἰωάννην καὶ Ἰάκωβον (*João e Tiago*), vê-se Ἰάκωβον καὶ Ἰωάννην (*Tiago e João*). Essa inversão, segundo o aparato da NA28, seria influenciada pelas passagens paralelas de Marcos e Mateus. É testemunhada pelos Papiros 45 e 75, se bem que em ambos a sua identificação no manuscrito não seja totalmente segura, os Unciais C (conforme a leitura do terceiro corretor do manuscrito), D, L, Ξ, os minúsculos 33, 892, o lecionário 844, segundo o texto original do Manuscrito, o códice latino

---

221. Para um estudo acerca da importância da Crítica Textual para a correta interpretação das Sagradas Escrituras. Sugerimos GONZAGA, W., *A Sagrada Escritura, a Alma da Sagrada Teologia*, p. 214-232.

222. MARSHALL, I. H., *The Gospel of Luke: a commentary on the Greek text*, p. 381.

r¹ (séc. VII), a Vulgata (edição Clementina de 1592, de Roma), a versão siríaca sinaítica, curetoniana e Peshita, vários manuscritos da versão copta saídica e a versão copta boáirica. Com essa variante o segmento 28b ficaria "*e tomando consigo Pedro e Tiago e João*". Obviamente, segundo o critério interno, as passagens não paralelas, ou seja, que não foram harmonizadas, são preferíveis às que foram harmonizadas. Trata-se do caso da variante ser fruto do conhecimento do escriba dos outros dois Evangelhos Sinóticos.

(2) v. 28c – ⸂ἀνέβη εἰς τὸ ὄρος προσεύξασθαι.

A terceira nota no v. 28 é o acréscimo de καί em 28c, ficando o texto da seguinte forma: "*e subiu para o monte para orar*". Essa variante aparece no Papiro 75, na versão siríaca sinaítica, curetoniana e Peshita. Sua pouca atestação serve como argumento para não ser adotada como parte do texto confiável. Além do mais não alteraria nada na tradução e no sentido.

(3) v. 29b – καὶ ἐγένετο ἐν τῷ ⸀προσεύχεσθαι αὐτὸν

Também vê-se três notas no aparato crítico da NA28 em relação ao v. 29. A primeira é a substituição de προσεύχεσθαι (verbo infinitivo presente médio de προσεύχομαι), por προσεύξασθαι (verbo infinitivo aoristo médio de προσεύχομαι), que o próprio aparato já aponta ser o mesmo tempo do verbo do v. 28. As testemunhas dessa variante são o Papiro 45, o Uncial A e Ψ, bem como o códice latino l (séc. VIII). Como não há uma mudança no sentido, a substituição do verbo é claramente uma tentativa de harmonização com o versículo anterior. Sua pouca atestação serve como argumento para que não seja adotada.

(4) v. 29c – ⸂τὸ εἶδος⸃ τοῦ προσώπου αὐτοῦ ⸆ἕτερον

No mesmo v. 29 há uma segunda nota, onde há a substituição da expressão τὸ εἶδος por ἡ ἰδέα. Essa palavra tem os seguintes sentidos: aspecto, aparência, forma, forma distintiva, forma ideal e arquétipo ideal²²³. As testemunhas dessa variante são apenas o Uncial D (séc. V) e Orígenes. Sua pouca atestação já é um argumento de que essa variante não faça parte do texto original. Talvez as mudanças nesses manuscritos se devam a uma maior helenização do texto de Lucas.

(5) v. 29d – ⸂καὶ⸃ ὁ ἱματισμὸς αὐτοῦ ⸆λευκὸς ἐξαστράπτων.

Uma terceira nota no v. 29 é a substituição de ἕτερον καί (*outra [se tornou] e*) por ἠλλοιώθη καί (*foi mudada e*). Esse verbo está no indicativo aoristo passi-

---

223. DE URBINA, J. M. P. S., *Diccionario Manual Griego*, p. 304.

vo, 3ª pessoa do singular de ἀλλοιόω. O texto ficaria "*a aparência do rosto dele foi mudada e*". Essa variante tem poucos testemunhos (Uncial D, versão siríaca sinaítica, curetoniana e Peshita e a versão copta boáirica), o que se torna um argumento importante para a mesma não fazer parte do texto original ou do texto mais confiável. Ainda verifica-se outra possibilidade de substituição apresentada no aparato, que seria ἕτερον ἠλλοιώθη καὶ (*outra foi mudada e*). Essa variante é testemunhada pelo Uncial Θ (séc. IX), pelas leituras variantes da versão siríaca heracleana e por Orígenes (sendo que este utiliza ἕτερα ao invés de ἕτερον). Essas duas variantes não só são pouco atestadas, como indicam a tentativa dos copistas de melhorar o texto, que pede um verbo que explique o acontecimento. No final, tem-se nessa segmentação um acréscimo da expressão καὶ ἐγένετο ao texto, ficando o seguimento final da seguinte forma: καὶ ὁ ἱματισμὸς αὐτοῦ καὶ ἐγένετο λευκὸς ἐξαστράπτων (*e a roupa dele e se tornou branca resplandecente*). Um acréscimo testemunhado pelo Uncial Θ (séc. IX), pelas leituras variantes da versão siríaca heracleana e por Orígenes. Mais uma vez vê-se uma tentativa de melhorar o texto explicando detalhes que não seriam apresentados pelo escrito original e, para isso, usa-se expressões características de Lucas e da própria perícope.

(6) v. 30a – καὶ ἰδοὺ ἄνδρες δύο ⌜συνελάλουν αὐτῷ,

No v. 30a há apenas uma nota, a substituição de συνελάλουν (*conversavam*) por συλαλοῦντες (*conversando*). Assim o texto ficaria (*E eis que dois homens estavam conversando com Ele*) e testemunhado pelo Papiro 45 e pelo lecionário 844. Nessa variante, o verbo συλλαλέω no particípio presente ativo nominativo masculino plural, a mudança parece se relacionar com uma tentativa de harmonização com os outros evangelhos (Mt 17,3 e Mc 9,4). Também sua pouca atestação contribuiu para sua aceitação como parte do texto original.

(7) v. 31c – ἦν ⌜ἤμελλεν πληροῦν ꜰἐν Ἰερουσαλήμ.

No v. 31c há mais duas notas no aparato crítico. A primeira delas é uma substituição, de ἤμελλεν (*iria*) para εμελλον (*iriam, iam*), testemunhada pelo Papiro 45 e pelos manuscritos minúsculos 579 (séc. XIII) e 2542 (séc. XIII). Já o Uncial D (séc. V) traz a variante μελλει (*ir*) como substituição e que também aparece em Lc 9,44 e Lc 19,11. O trecho de Lc 9,31c ficaria: "*que iriam cumprir em Jerusalém*" ou "*que vai cumprir em Jerusalém*". As duas variantes propostas são pouco testemunhadas, mas em ambas há o desejo do copista de trazer uma nova interpretação para o texto. Na primeira, Jesus e seus discípulos iriam cumprir algo em Jerusalém, enquanto que na segunda há a substituição para um verbo mais ligado ao sentido profético. A outra nota dessa segmentação é também uma substituição testemunha pelo Papiro 45 e no Uncial D. Em vez da preposição dativa ἐν (*em*), vê-se a preposição acusativa εἰς (*para*), assim o texto ficaria "*que [ele] iria (iriam,* 𝔓⁴⁵) *cumprir para Jerusalém*". Mais uma vez tem-se uma variante pouco atestada e, por isso, não é confiável para servir de base para o texto original.

(8) v. 33b – εἶπεν °ὁ Πέτρος πρὸς τὸν Ἰησοῦν•

Não consta nenhuma alteração no v. 32, mas no v. 33 há três notas no aparato do NA28. A primeira, em 33b, trata-se de uma omissão do artigo ὁ em uma série de manuscritos: o Uncial A, P, W, Γ, Δ, Θ, Ψ, o minúsculo 565, o lecionário 844 e poucos manuscritos. Essa omissão pode ter sido acarretada por uma alteração involuntária, pois a mesma não altera o sentido do texto.

(9) v. 33c – ⌜ἐπιστάτα, καλόν ἐστιν ἡμᾶς ὧδε εἶναι,

A segunda nota no aparato relativa ao v. 33 é uma substituição, ao invés de ἐπιστάτα (*mestre*), tem-se διδάσκαλε (*mestre*), testemunhada no Papiro 45 e no Uncial X (séc. X). A palavra tem o mesmo sentido e pode ter sido substituída por ser muito empregada por Lucas[224]. Em contrapartida, o termo ἐπιστάτα aparece, no NT, somente em Lucas[225]. Assim, essa palavra faz parte do vocabulário do autor e a pouca atestação da variante corrobora a ideia que a mudança foi por motivos particulares e/ou estilísticos.

(10) v. 33d – ⸄καὶ ποιήσωμεν⸅ σκηνὰς τρεῖς,

A terceira nota refere-se a uma substituição maior, ao invés de καί ποιήσωμεν (*e façamos*), há a expressão θέλεις, ποιήσω ὧδε (*queres, farei aqui*), que segundo o aparato seria influenciada por uma passagem paralela, que no caso seria a mesma perícope no Evangelho de Mateus. Essa variante seria testemunhada pelo Uncial D, manuscritos latinos isolados como o ff² (séc. V) e pela versão copta boáirica, sendo pouco atestada pelos testemunhos apresentados.

(11) v. 34c – καὶ ⌜ἐπεσκίαζεν αὐτούς•

No v. 34 há duas notas no aparato crítico, a primeira delas é uma substituição, ao invés de ἐπεσκίαζεν (*sombreava*) verifica-se ἐπεσκίασεν (*sombreou*), que, de acordo com o próprio aparato, é uma tentativa de harmonização com Mt 17,5. Há uma quantidade satisfatória de manuscritos que testemunham essa variante: o Papiro 45, os Unciais A, C, D, K, N, P, W, Γ, Δ, Θ, Ψ, os minúsculos $f^{1.13}$ (família 1

---

224. Lc 3,12; 7,40; 9,38; 10,25; 11,45; 12,13; 18,18; 19,39; 20,21; 20,28; 20,39; 21,7.
225. Lc 5,5; 8,24 [2x]; 8,45; 9,33; 9,49; 17,13.

e 13), 33, 565, 579. 700, 892, 1424 e 2542. Ainda apresenta-se o Texto Majoritário (𝔐), isto é, o texto apoiado pelos manuscritos que pertencem ao tipo de texto Koiné ou Bizantino. Obviamente, segundo o critério interno, as passagens não paralelas, ou seja, que não foram harmonizadas, são preferíveis às que foram harmonizadas pelo fato do escriba conhecer os outros dois Evangelhos Sinóticos. Esse tipo de harmonização foi ocasionada por influência dos oponentes do movimento cristão que regularmente apontavam supostas discrepâncias entre os evangelhos como prova da falsidade desse movimento[226].

(12) v. 34e – ἐν τῷ ἄεἰσελθεῖν αὐτοὺςἂ εἰς τὴν νεφέλην.

A segunda nota seria também uma substituição maior, dessa vez a expressão em apreço é a εἰσελθεῖν αὐτοὺς (*entrarem eles*). Esta é substituída no Papiro 75 apenas pelo verbo εἰσελθεῖν, enquanto em um grupo de manuscritos (Papiro 45, Unciais A, D, K, N, P, W, Γ, Δ, Θ, Ψ, os minúsculos *f*[1.13] (família 1 e 13), 33, 565, 579. 700, 892, 1424, o lecionário 844, o Texto Majoritário (𝔐), a versão siríaca heracleana e a versão copta saídica) apresenta-se a expressão ἐκείνους εἰσελθεῖν (*aqueles entrarem*). Nos dois casos, existe uma tentativa de melhorar o texto, talvez por uma preocupação do escriba de esclarecer o sujeito do verbo εἰσέρχομαι. No primeiro caso, dá a ideia de todos os presentes entraram na nuvem e, embora testemunhada por um número significativo de manuscritos, é uma tentativa de harmonização com Mt 17,5. No segundo caso, quer deixar claro que os três discípulos entraram na nuvem. Sendo assim, dois critérios ajudam a não escolher essas duas variantes: as leituras que não estejam harmonizadas com textos paralelos e as leituras mais difíceis são preferidas às mais fáceis.

(13) v. 35a – καὶ φωνὴ ⌜ἐγένετο ἐκ τῆς νεφέλης λέγουσα·

A primeira nota presente no v. 35 é também uma substituição da palavra ἐγένετο pela palavra ἦλθεν (verbo indicativo aoristo ativo 3ª pessoa do singular de ἔρχομαι), testemunhada apenas pelo Uncial D (séc. V), em que o seguimento ficaria traduzido da seguinte forma: "*E (uma) voz chegou da nuvem dizendo:*". Vê-se, pois, que o sentido do trecho não se altera e que a variante não pode ser adotada como fazendo parte do texto por ter sido testemunhada por apenas um manuscrito.

---

226. Tal desconforto é visto na carta de Jerônimo ao papa Dâmaso no séc. IV d.C.: "Os numerosos erros em nossos manuscritos resultaram, em primeiro lugar, e fundamentalmente, do fato de que as passagens dos evangelhos relativas aos mesmos acontecimentos foram preenchidas com os relatos de outros. Para evitar as dificuldades nos quatro evangelhos, alguns homens tomaram por base o primeiro relato lido e, depois, corrigiram os outros para alinhá-los com ele". LÉON-DUFOUR, X., *The Gospels and the Jesus of History*, p. 46-47.

(14) v. 35c – ὁ ᶠἐκλελεγμένος,

Uma segunda nota apresenta outra substituição, desta vez da palavra ἐκλελεγμένος (*escolhido, eleito*) pela palavra ἀγαπητός (*amado*), testemunhada por um número significativo de manuscritos (A, C*, K, N, P, W, Γ, Δ, os minúsculos f^{13} (família 13), 33, 565, 700, 1424, 2542, o lecionário 844, o Texto Majoritário ($\mathfrak{M}$), os manuscritos latinos antigos, a edição Clementina e a edição de Wordsworth da Vulgata, a versão siríaca curetoniana, Peshita e heracleana e, ainda, Marcião). Outro grupo menor de manuscritos (os Unciais C^3, D, Ψ, os manuscritos da versão boáirica, com pequenas divergências) traz a variante ἀγαπητός ἐν ᾧ ηὐδόκησα. O Uncial C, de acordo com o terceiro corretor, traz no lugar dessa última palavra, a palavra εὐδόκησα, harmonizando assim o trecho ao texto de Mt 17,5. Ainda há uma outra variante que usa a palavra ἐκλεκτός, harmonizando a perícope da Transfiguração com Lc 23,35 que também usa esse termo. Mas essa tentativa de harmonização só possui uma atestação, o Uncial Θ. Todas essas tentativas provavelmente se devem ao fato da palavra ἐκλελεγμένος ser um *hápax* no NT e não ser usada sequer na LXX. Por isso, há a tentativa de harmonização com a declaração feita nos outros Evangelhos Sinóticos, esquecendo-se, todavia, que Lucas se caracteriza pelo uso de alguns *hápax*, bem como de substituição de termos próprios na narrativa da Transfiguração, como por exemplo a palavra ἐπιστάτα que é um termo próprio e é diferente de ῥαββί e κύριε em Marcos e Mateus, respectivamente. Assim, a leitura original de Lucas é, sem dúvida, ἐκλελεγειμένος, que ocorre em um sentido quase técnico apenas aqui no Novo Testamento. As outras leituras, envolvendo expressões mais usuais, são devidas à assimilação dos escribas (ἐκλεκτός, Lc 23,35; ἀγαπητός, Mc 9,7; Lc 3,22; ἀγαπητός, ἐν ᾧ εὐδόκησα, Mt 17,5)[227].

(15) v. 36a – καὶ Þἐν τῷ γενέσθαι τὴν φωνὴν

O último versículo possui três notas no aparato crítico. A primeira delas é a inclusão da palavra ἐγένετο fazendo com que essa oração seja traduzida da seguinte forma: *E aconteceu no aparecer a voz.* Essa variante é testemunhada pelo Papiro 45 e pelo minúsculo 1241. Sua pouca atestação já é um indício para que a mesma não faça parte de um possível texto grego original. Essa inserção provavelmente se deve a explicar melhor o relato, com base no fato de que Lucas usa extensivamente a palavra ἐγένετο como fórmula introdutória, conforme pode ser visto na própria perícope.

---

227. METZGER, B. M., *A Textual Commentary on the Greek New Testament*, p. 124.

(16) v. 36c – ᾶκαὶ αὐτοὶᾶ ἐσίγησαν

A expressão καὶ αὐτοὶ é substituída no Uncial D e versão copta saídica por αὐτοὶ δὲ ficando o trecho com o mesmo sentido com a mudança da conjunção. Embora essa conjunção tenha um uso significativo nessa perícope, a expressão αὐτοὶ δὲ não é uma expressão característica lucana, aparecendo apenas aqui e em Lc 6,11. Já a expressão καὶ αὐτοὶ é bem lucana por estar espalhada por todo o Evangelho[228]. Assim, mais uma vez sua pouca atestação serve como argumento para que a mesma não faça parte do texto original.

(17) Seg. 36d – καὶ οὐδενὶ ἀπήγγειλαν ἐν ἐκείναις ταῖς ἡμέραις °οὐδὲν

Uma última nota no aparato se deve à omissão de uma palavra, o pronome οὐδὲν é omitido no Papiro 45, no Uncial D e no códice latino r1 (do séc. VII). Essa omissão pode ter sido ocasionada por uma alteração involuntária ao se esquecer de copiar o pronome ou intencional, pois o escriba pode ter entendido que o pronome não faria falta na fala final do narrador, ou seja, seria uma redundância de informação. Além da pouca atestação e pelo fato de ser possível estabelecer explicações acerca da origem dessa variante, o uso do pronome οὐδὲν é significativo no Evangelho de Lucas e, por isso, devia fazer parte do texto original.

2.3. Delimitação do texto e unidade

O Evangelho de Lucas é dividido da seguinte maneira: o prefácio da obra lucana (Lc 1,1-4); a infância de Jesus (Lc 1,5–2,52); a preparação do ministério público (Lc 3,1–4,13); Jesus na Galileia (Lc 4,14–9,50); a viagem para Jerusalém (Lc 9,51–19,28); Jesus entra em Jerusalém (Lc 19,29–21,38) e a paixão e ressurreição (Lc 22–24)[229].

A perícope da Transfiguração em Lc 9,28-36 se encontra localizada no bloco denominado "Atividade de Jesus na Galileia" (Lc 4,14–9,50). Assim, essa seria a parte inicial de seu ministério, onde temos a indicação geográfica de nomes de lugares que se encontram na Galileia (Lc 4,16.31; 5,1.7.11). Verifica-se apoio também por meio da fórmula lucana sobre "os primórdios de Jesus na Galileia" (Lc 23,5 e At 10,37).

Esse bloco pode ser dividido em três seções. A primeira seção apresenta o início da atividade pública de Jesus (Lc 4,14–5,16) e equivale ao que se encontra em Mc 1,14-45. A segunda seção apresenta a gênese da luta com os adversários

---

228. Lc 2,50; 11,46; 14,1; 14,12; 16,28; 17,13; 18,34; 22,23; 24,14.35.52.

229. Adota-se uma estrutura padrão desse Evangelho proposta por Daniel Marguerat em MARGUERAT, D., *Novo Testamento*, p. 112-113.

(Lc 5,17-6,11), que tem correspondência com Mc 2,1-3,6. Já na terceira seção tem-se a continuação da atividade de Jesus na Galileia (Lc 6,12-9,50). Ela tem uma relação com Mc 3,7-6,6a, mas Lucas insere novos relatos.

O Sermão da Planície (Lc 6,17-49), que corresponde em parte com o Sermão da Montanha em Mateus, é precedido pela escolha dos Doze (Lc 6,12-16), que marca sua importância. Depois do discurso, Lucas coloca Jesus pela última vez em paralelo com João Batista (Lc 7,18-35). Em seguida, vem uma seção onde a Palavra é o tema central, com duas parábolas (Lc 8,4-18) e, na continuação, outra seção onde o tema da fé que salva se faz mais insistente (Lc 8,22-56). Por fim, Jesus convoca os Doze (Lc 9,1-6) e anuncia sua Paixão duas vezes (Lc 9,22; 9,43b-45). A perícope de Lc 9,28-36 se encontra na terceira seção (Lc 6,12-9,50). Pode-se dizer que temos uma subseção importante em Lc 9,1-50 em virtude de muitos textos que têm sido escritos sobre a mesma[230].

Como perícope anterior tem-se Lc 9,23-27, que apresenta um tema diferente. Lucas mostra, depois do primeiro anúncio da paixão, cinco máximas de Jesus que, em linhas gerais, tratam da fidelidade dos discípulos e das atitudes diante da vida e do Reino, características de quem decide segui-lo. Essas máximas são dirigidas a todos (Lc 9,23).

A perícope (Lc 9,28-36) apresenta marcas formais de início e de término de uma nova perícope, bem como serve de abertura da viagem interlucana (Lc 9,51-19,48) por meio da expressão ἔξοδος (*partida*, Lc 9,31). Dentre as marcas formais, temos uma mudança cronológica com a expressão ὡσεὶ ἡμέραι ὀκτώ (v. 28). Também a designação de um lugar específico em que vai se desenrolar a cena: τὸ ὄρος (Lc 9,28), que agora acontece não mais com todos, mas Jesus passa a estar na companhia de Pedro, João e Tiago, o que constitui a entrada de novos personagens. Constata-se, portanto, um tema específico – a revelação do Filho – que se dá por meio de uma narrativa, o que difere claramente da perícope anterior. O uso de pronomes para se referir a Jesus poderia ser um empecilho a sua delimitação, mas em Lc 9,33b e 36b tem-se a menção de Ἰησοῦς (*Jesus*), sendo este um fato importante para a argumentação de que essa perícope tem um sentido completo ao efetuarmos sua leitura.

Com relação ao término da perícope, tem-se que ela chega ao seu repouso natural com o restabelecimento da situação anterior, ou seja, Jesus aparece sozinho, sem a companhia de Moisés e Elias e há a decisão dos discípulos de manterem o silêncio acerca do ocorrido. Esse trecho final é confirmado também pelo

---

230. Ver abaixo o capítulo 5 desta obra, o tópico "a Cristologia de Lc 9 e a Transfiguração". O'TOOLE, R. F., *Luke's Message in Luke 9:1-50*, p. 74-89, e ELLIS, E. E., *Composition of Luke 9 and the Source of Its Christology*, p. 120-127.

v. 37, que apresenta uma mudança temporal com a expressão "no dia seguinte", indicando o início de um novo relato, a perícope posterior (Lc 9,37-43a). Juntamente com essa mudança há outro tema sendo introduzido, o da cura de uma criança epiléptica, o que ocasiona a mudança de personagens: entra a multidão e dela sai um homem gritando para que Jesus ajudasse seu filho. No final, a perícope termina com uma marca típica do término dos relatos de milagre: "E todos se maravilharam com a grandeza de Deus" (v. 43a).

Em relação à unidade da perícope, há alguns elementos que parecem indicar que a passagem tem um caráter compósito. Primeiramente, o fato da história se concentrar em Jesus e, logo depois, haver um deslocamento de seu foco para os discípulos em Lc 9,33b, e de volta a Jesus em Lc 9,36b. O outro elemento seria de que em Lc 9,30b e Lc 9,33, Moisés e Elias são referidos pelo nome, mas no v. 30a e v. 32, eles simplesmente são chamados de "dois homens". Nesse último caso, se trataria do caso de uma possível "costura redacional" em que o autor não conseguiu esconder completamente o remendo.

2.4. Estrutura da perícope

A perícope (Lc 9,28-36), em relação às classes gramaticais, possui 23 conjunções, 41 verbos, 33 substantivos, 11 adjetivos, 29 pronomes, 14 preposições, 1 interjeição, 2 advérbios, 23 artigos e 1 partícula.

O v. 28 está dividido em três segmentações. A primeira delas (v. 28a) inicia-se com o verbo γίνομαι – que aparece outras duas vezes na mesma perícope (v. 29a e v. 33a) também no aoristo indicativo médio, 3ª pessoa do singular – iniciando a primeira proposição verbal da perícope: Ἐγένετο δὲ μετὰ τοὺς λόγους τούτους ὡσεὶ ἡμέραι ὀκτὼ (*E aconteceu cerca de oito dias depois dessas palavras*). A expressão Ἐγένετο δὲ não aparece em Marcos e Mateus, mas apenas em Lucas (17 vezes)[231]. Ἐγένετο como fórmula introdutória é lucana, pois aparece 38 vezes em seu Evangelho. Dessas, 25 vezes a fórmula é acompanhada de uma citação de tempo ou uma cláusula verbal. A fórmula é semítica e tipicamente lucana[232].

A expressão τοὺς λόγους τούτους (*dessas palavras*) faz referência a algumas palavras anteriores e não a coisas (ou eventos). Ela aparece 5 vezes em Lucas[233]. Essa mesma expressão iniciando com μετὰ é um *hápax* no NT, mas que aparece

---

231. Lc 1,8; 2,1.6; 3,21; 5,1; 6,1.6.12; 8,22; 9,28.37.51; 11,14.27; 16,22; 18,35; 22,24.
232. MOULTON, J. H., *Grammar of New Testament Greek*, Vol. IV: Style, p. 46.
233. Lc 4,36; 7,17; 9,28; 9,44; 24,17.

na LXX em 6 ocasiões[234]. Vê-se em ὡσεὶ ἡμέραι ὀκτώ (*cerca de oito dias*) um uso de Lucas que se encaixa em um padrão de generalização no qual esta frase assume um sentido de "cerca de oito dias" ou "cerca de uma semana". Essa frase é um *hápax* no NT. Já a expressão ἡμέραι ὀκτώ (*oito dias*) aparece apenas aqui no NT, mas na LXX encontra-se em apenas 4 ocasiões[235].

Na segunda segmentação do v. 28, [καὶ] παραλαβὼν Πέτρον καὶ Ἰωάννην καὶ Ἰάκωβον (*e tendo tomado Pedro, João e Tiago*) tem-se uma oração em que o sujeito, na continuação do relato e subtendido, é Jesus. Este pratica a ação expressa pelo verbo παραλαμβάνω (*tomar consigo*) para com os termos que exercem a função sintática de objeto direto por estarem no caso acusativo: Πέτρον καὶ Ἰωάννην καὶ Ἰάκωβον (*Pedro e João e Tiago*). Esses três personagens aparecem na mesma ordem e juntos no caso acusativo em Lc 8,51 e igualmente aparecem juntos e na mesma ordem no nominativo em At 1,13 e são seguidos pelos nomes dos demais discípulos. Marcos e Mateus no texto da Transfiguração apresentam uma ordem diferente.

Nessa segunda segmentação, aparece a primeira das 3 menções do substantivo Πέτρος (*Pedro*) no relato (Lc 9,32a.33b). Esse substantivo mostra-se 19 vezes em Lucas[236]. Já o substantivo Ἰωάννης (*João*) aparece 31 vezes em Lucas, sendo 7 vezes se referindo ao discípulo[237] e as outras a João, o Batizador[238]. Por fim, o substantivo Ἰάκωβος (*Tiago*) aparece 8 vezes em Lucas, sendo 5 vezes se referindo ao Filho de Zebedeu[239] e as outras 3 referências falam de outros Ἰάκωβος (Lc 6,15.16; 24,10).

O verbo παραλαμβάνω (*tendo tomado*) está no particípio aoristo ativo nominativo masculino singular: παραλαβών. Da mesma forma ele também aparece em Lc 9,10 e Lc 18,31 onde o mesmo Jesus pratica a mesma ação, mas com relação aos discípulos. Esse verbo era usado no grego clássico para definir a relação do aluno com seu mestre. O verbo aparece nos evangelhos principalmente no sentido de objeto pessoal, ou seja, "tomar para si mesmo", "assumir", formando assim um grupo de seguidores[240].

---

234. 2Cr 22,1; 36,5; Est 1,9; 2,1; 1Mc 8,30; 9,37.

235. 2Cr 29,17; 1Mc 4,56,59; 2Mc 10,6.

236. Lc 5,8; 6,14; 8,45.51; 9,20.28.32.33; 12,41; 18,28; 22,8.34.54.55.58.60.61 (2x) e 24,12.

237. Lc 5,10; 6,14; 8,51; 9,28.49.54; 22,8.

238. As referências a João, o Batizador, estão em: Lc 1,13.60.63; 3,2.15.16.20; 5,10.33; 6,14; 7,18 (2x).20.22.24 (2x).28.29.33; 8,51; 9,7.9.19.28.49.54; 11,1; 16,16; 20,4.6; 22,8.

239. Lc 5,10; 6,14; 8,51; 9,28.54.

240. A. SEEBERG, παραλαμβάνω. In: KITTEL, G.; BROMILEY, G. W.; FRIEDRICH, G. (orgs.), *The Theological Dictionary of the New Testament*, vol. 4, p. 11-14.

A terceira segmentação do v. 28: ἀνέβη εἰς τὸ ὄρος προσεύξασθαι (*subiu ao monte para orar*) mais uma vez tem Jesus como sujeito, pois o verbo ἀναβαίνω (*subir*), no indicativo aoristo ativo, 3ª pessoa do singular, fica subtendido o sujeito Jesus ou o pronome "Ele". Esse verbo ἀναβαίνω tem um significado básico espacial e está vinculado, por exemplo, à ideia de escalar uma montanha. Nesse sentido, se assemelha ao uso na LXX, que é uma tradução do verbo hebraico הָלַךְ. Esse verbo aparece 9 vezes nesse Evangelho, sendo que em 4 ocasiões no indicativo aoristo ativo (Lc 2,4; 9,28; 18,10; 19,4)[241].

Na LXX, o verbo ἀναβαίνω (*subir*) mais a expressão "ao monte" (ἀναβαίνω + εἰς τὸ ὄρος) ocorre 24 vezes. Dessas, 18 encontram-se no Pentateuco, e a maior parte delas se refere a Moisés[242]. Essa expressão (ἀνέβη εἰς τὸ ὄρος) aparece somente nessa perícope em Lucas, mas possui outras 4 aparições no NT (Mt 5,1; 14,23; 15,29; Mc 3,13).

A expressão εἰς τὸ ὄρος[243] (*ao monte*) está no caso acusativo e exerce a função de objeto direto do verbo, acompanhada, em seguida, do infinitivo aoristo médio de προσεύχομαι (*para orar*), o verbo προσεύξασθαι. Este verbo expressa a finalidade pela qual Jesus subiu ao monte e é usado de forma preferencial quando o fato da oração deve ser denotado sem uma indicação mais restrita de seu conteúdo[244]. O verbo προσεύξασθαι aparece 19 vezes no Evangelho de Lucas, sendo 3 vezes no infinitivo aoristo médio (Lc 6,12; 9,28; 18,10)[245]. Há um outro uso desse verbo em Lc 9,29a dessa perícope. Também verificam-se outros registros de εἰς τὸ ὄρος no Evangelho de Lucas[246]. Assim, só há mais uma referência a ὄρος em Lucas, que se encontra em Lc 3,5.

O v. 29 também está dividido em 4 segmentações. A ênfase parece que o que foi narrado (v. 29-31) foi perdido por Pedro e os outros dois que estavam com ele, porque estavam adormecidos ou sonolentos. Na primeira segmentação tem-se καὶ ἐγένετο (*e aconteceu*), onde mais uma vez apresenta-se como fórmula introdutória lucana. A segunda segmentação traz ἐν τῷ προσεύχεσθαι αὐτὸν

---

241. As outras referências se encontram em: Lc 2,42; 5,19; 18,31; 19,28; 24,38.

242. ALLISON, D. C., *The New Moses*, p. 174.

243. Alguns exegetas sugeriram que τὸ ὄρος apresenta um exemplo de uso anafórico do artigo definido. Teríamos então a indicação de uma montanha específica, já conhecida pelo leitor de Lucas. BLASS, F.; DEBRUNNER, A., *A Greek Grammar of the New Testament*, p. 131-132.

244. Essa seria a principal diferença com relação aos verbos sinônimos δέομαι, δέησις. GREEVEN, H. "προσεύχομαι, προσευχή". In: KITTEL, G.; BROMILEY, G. W.; FRIEDRICH, G. (orgs.), *The Theological Dictionary of the New Testament*, vol. 2, p. 807.

245. As outras referências desse verbo no Evangelho de Lucas se encontram em: Lc 1,10; 3,21; 5,16; 6,28; 9,18.29; 11,1(2x).2; 18,1.11; 20,47; 22,40.41.44.46.

246. Lc 6,12; 8,32; 9,28; 19,29; 21,21.37; 22,39; 23,30.

(*enquanto ele orava*). Nessa expressão a construção ἐν τῷ + infinitivo é típica de Lucas (Mateus 3 vezes, Marcos 2 vezes, Lucas 32 vezes e Atos 7 vezes)[247], embora ἐν τῷ προσεύχεσθαι seja um *hápax* no NT, mas que aparece uma vez na LXX (1Sm 1,26)[248]. Pela segunda vez temos o uso do verbo προσεύχομαι no infinitivo, mas no presente médio (aparece mais outras duas vezes em Lc 11,1 e 18,1). Esse presente inacabado traz a ideia de um ato em desenvolvimento e simultaneidade com o verbo principal. O pronome αὐτὸν obviamente se refere a Jesus.

A oração τὸ εἶδος τοῦ προσώπου αὐτοῦ ἕτερον (*a aparência do rosto dele mudou*) é a terceira segmentação do v. 29. Nela, o substantivo εἶδος é peculiar a Lucas entre os Sinóticos (aparece em Lc 9,29 e em Lc 3,22) e refere-se à aparência externa e visível (em um homem ou objeto)[249]. Destaca-se o uso de εἶδος 58 vezes na LXX. Nessa oração, a expressão τὸ εἶδος τοῦ προσώπου αὐτοῦ é o sujeito e ἕτερον o predicativo. O substantivo πρόσωπον (*rosto*) aparece trezes vezes no Evangelho de Lucas com o sentido de rosto, face, pessoa e aparência[250]. O pronome αὐτοῦ se refere mais uma vez a Jesus. Tem-se o uso do predicativo do adjetivo, pois o adjetivo ἕτερον funciona como o predicado da sentença, com o verbo εἰμί subtendido[251]. Sobre esse adjetivo, o mesmo apresenta um uso extensivo em Lucas, 32 vezes, só nesse capítulo há quatro menções (Lc 9,29.56.59.61).

Um último segmento do v. 29 é formado pela oração καὶ ὁ ἱματισμὸς αὐτοῦ λευκὸς ἐξαστράπτων (*e a sua roupa ficou branca refulgente*). Verifica-se como sujeito da oração a expressão ὁ ἱματισμὸς αὐτοῦ (*e a sua roupa*). Já a expressão λευκὸς ἐξαστράπτων (*ficou branca*) seria o predicativo. Mais uma vez percebe-se subtendido o verbo εἰμί, pois temos a utilização do predicativo do adjetivo. O verbo ἐξαστράπτω tem o sentido de resplendor, brilho, fulgurar[252]. Ele é um *hápax* no NT, mas aparece 3 vezes na LXX[253].

---

247. MOULTON, J. H., *Grammar of New Testament Greek*, vol. IV, p. 47.

248. 1Sm 1,26: καὶ εἶπεν ἐν ἐμοί κύριε ζῇ ἡ ψυχή σου ἐγὼ ἡ γυνὴ ἡ καταστᾶσα ἐνώπιόν σου ἐν τῷ προσεύξασθαι πρὸς κύριον.

249. KITTEL, G.; BROMILEY, G. W.; FRIEDRICH, G. (orgs.), *The Theological Dictionary of the New Testament*, vol. 2, p. 373.

250. Lc 2,31; 5,12; 7,27; 9,29.51.52.53; 10,1; 12,56; 17,16; 20,21; 21,35; 24,5.

251. SWETNAM, J., *Gramática do Grego do Novo Testamento*, p. 20.

252. BAILLY, A., "ἐξαστράπτω". In: *Dictionaire Grec-Français*, p. 701.

253. Na LXX aparece em Ez 1,4 e 7 e em Dn 10,6. Ez 1,4: καὶ εἶδον καὶ ἰδοὺ πνεῦμα ἐξαῖρον ἤρχετο ἀπὸ βορρᾶ καὶ νεφέλη μεγάλη ἐν αὐτῷ καὶ φέγγος κύκλῳ αὐτοῦ καὶ πῦρ ἐξαστράπτον καὶ ἐν τῷ μέσῳ αὐτοῦ ὡς ὅρασις ἠλέκτρου ἐν μέσῳ τοῦ πυρὸς καὶ φέγγος ἐν αὐτῷ. Ez 1,7: καὶ τὰ σκέλη αὐτῶν ὀρθά καὶ πτερωτοὶ οἱ πόδες αὐτῶν καὶ σπινθῆρες ὡς ἐξαστράπτων χαλκός καὶ ἐλαφραὶ αἱ πτέρυγες αὐτῶν. Dn 10,6: καὶ τὸ σῶμα αὐτοῦ ὡσεὶ θαρσις καὶ τὸ πρόσωπον αὐτοῦ ὡσεὶ ὅρασις ἀστραπῆς καὶ οἱ ὀφθαλμοὶ αὐτοῦ ὡσεὶ λαμπάδες πυρός καὶ οἱ βραχίονες αὐτοῦ καὶ οἱ πόδες ὡσεὶ χαλκὸς ἐξαστράπτων καὶ φωνὴ λαλιᾶς αὐτοῦ ὡσεὶ φωνὴ θορύβου.

O substantivo ἱματισμὸς (*roupa*) é mencionado em Lc 9,29 e em Lc 7,25. Já o adjetivo λευκὸς (*branca*) aparece somente em Lc 9,29 no Evangelho de Lucas, mas possui um uso significativo no NT, principalmente no Apocalipse de João. Ele aparece 25 vezes no NT[254]. Já ἱματισμὸς acompanhando λευκὸς é um *hápax* no NT que também não aparece na LXX[255].

O v. 30 se divide em apenas duas segmentações. A segmentação 30a é a seguinte: καὶ ἰδοὺ ἄνδρες δύο συνελάλουν αὐτῷ (*E eis que dois homens conversavam com Ele*). Depois da conjunção e da interjeição καὶ ἰδοὺ (*e eis que*), constata-se o sujeito dessa oração, os termos ἄνδρες δύο (*dois homens*). O predicado é formado pelo verbo συλλαλέω (*conversar*) acompanhado do pronome αὐτῷ no caso dativo para expressar o objeto indireto do verbo, ou seja, a pessoa a quem ou algo é realizado, que nesse caso se refere a Jesus.

A interjeição καὶ ἰδοὺ aparece 26 vezes em Lucas[256]. Percebe-se, nesta segmentação, um uso estilístico próprio de Lucas. A expressão ἄνδρες δύο aparece 3 vezes no NT, todas elas em Lucas-Atos. Em 2 delas no Evangelho de Lucas, 1 se encontra em nossa perícope e a outra em Lc 24,4. A outra em At 1,13. Mais abaixo na perícope temos as duas palavras em uma ordem diferente: δύο ἄνδρες (Lc 9,32).

Uma segunda segmentação, v. 30b, οἵτινες ἦσαν Μωϋσῆς καὶ Ἠλίας (*os quais foram Moisés e Elias*), tem como sujeito o pronome relativo οἵτινες (*os quais*). O predicativo é formado pelo verbo εἰμί acompanhado de Μωϋσῆς καὶ Ἠλίας (*Moisés e Elias*). Somente nesta segmentação e em Mt 17,3 tem-se Μωϋσῆς καὶ Ἠλίας aparecendo juntos nessa ordem e separados por um καὶ. Μωϋσῆς aparece 10 vezes no Evangelho de Lucas[257], enquanto que Ἠλίας é um personagem que é mencionado 7 vezes neste Evangelho[258].

Na primeira, das três segmentações do v. 31, οἳ ὀφθέντες ἐν δόξῃ (*que tendo aparecido em glória*), o pronome relativo οἳ exerce a função de sujeito da oração subordinada, pois substitui os personagens Moisés e Elias. Na oração a expressão ἐν δόξῃ (*em glória*) exerce a função de objeto indireto do verbo ὁράω. O passivo desse verbo é o mais usado por Lucas, quatorze vezes[259], mas somente em Lc 9,31, no particípio passivo aoristo.

---

254. Mt 5,36; 17,2; 28,3; Mc 9,3; 16,5; Lc 9,29; Jo 4,35; 20,12; At 1,10; Ap 1,10.14 (2x); 2,17; 3,4.5.18; 4,4; 6,2.11; 7,9.13; 14,14; 19,11.14 (2x), 20,11.

255. Há um uso de λευκὸς no Pastor de Hermas 68,4.2.

256. Lc 1,20.31.36; 2,25; 5,12.18; 7,12.37; 8,41; 9,30.38.39; 10,25; 11,31.32.41; 13,11.30; 14,2; 19,2; 23,14.15.50; 24,4.13.48.

257. Lc 2,22; 5,14; 9,30.33; 16,29.31; 20,28.37; 24,27.44.

258. Lc 1,17; 4,25.26; 9,8.19.30.33.

259. Lc 1,11.22; 3,6; 9,31.36; 12,15; 13,28; 16,23; 17,22; 21,27; 22,43; 23,49; 24,23.34.

A expressão ἐν δόξῃ (*em glória*) apresenta a forma como Moisés e Elias aparecem. Ela só aparece em Lc 9,31 nos evangelhos, as outras vezes são nos escritos paulinos[260] e deuteropaulinos (Cl 3,4; 1Tm 3,16). Já a palavra δόξα (*glória*) no dativo, δόξῃ, aparece 13 vezes no Evangelho de Lucas[261].

Nessa segmentação apresenta-se a primeira das 2 vezes em que o termo δόξα aparece na perícope (v. 31a e v. 32c). Essa palavra é lucana e é usada na LXX para processar a palavra כָּבוֹד e se refere a um "modo divino de ser" ou um "estado celestial"[262]. Nesse relato, como mencionado acima, a palavra é usada na manifestação da aparência de Moisés e Elias e na mudança ocorrida em Jesus. Mas, no contexto de λευκὸς ἐξαστράπτων (*branca refulgente*, v. 29b) e na ênfase sobre a visibilidade (v. 32, εἶδον), esta glória não terrena é provavelmente melhor entendida como "brilho, radiante, esplendor"[263].

A oração ἔλεγον τὴν ἔξοδον αὐτοῦ (*falavam do êxodo dele*), é a segunda segmentação do v. 31. O verbo λέγω mais acusativo (τὴν ἔξοδον) exerce a função de objeto direto acompanhado de uma preposição e tem o sentido de falar de algo. O uso do verbo deixa implícito o sujeito composto da frase (Moisés e Elias). A palavra ἔξοδος aparece nos evangelhos somente em Lucas e é entendida como se referindo a morte ou simplesmente como Êxodo[264].

A terceira segmentação, o v. 31c, ἣν ἤμελλεν πληροῦν ἐν Ἰερουσαλήμ (*que iria cumprir em Jerusalém*) apresenta o verbo μέλλω (*ir*) acompanhado do infinito do verbo πληρόω (*cumprir*). A combinação desse verbo com infinitivo aparece apenas em Lucas entre os Sinóticos. No entanto, outras 6 ocorrências em Lucas e Atos[265] expressam a ideia de iminência ("estava prestes a..."). O verbo μέλλω é usado 12 vezes em Lucas, sendo 4 delas no imperfeito ativo do indicativo[266]. Já o verbo πληρόω é usado 9 vezes por Lucas[267], mas somente aqui, nesta segmentação,

---

260. 1Cor 15,41.43; 2Cor 3,7.8.11; Fl 4,11.

261. Lc 2,9.14.32; 4,6; 9,26.31.32; 12,27; 14,10; 17,18; 19,38; 21,27; 24,36.

262. AALEN, S., δόξα., KITTEL, G.; BROMILEY, G. W.; FRIEDRICH, G. (orgs.), *The Theological Dictionary of the New Testament*, vol. 1, p. 900.

263. BALDACCI, P. R., *The Significance of the Transfiguration Narrative in the Gospel Luke*, p. 58.

264. No NT temos mais 2 usos de ἔξοδος. Em Hb 11,2 e 2Pd 1,15. Na LXX, ἔξοδος é usado 70 vezes (Ex 19,1; 23,16; Nm 33,38; 35,26, Jz (B) 5,4; 5,31, Jz (A) 5,4; 1Sm 29,6; 2Sm 1,20; 3,25; 22,43; 1Rs 2,37; 3,7; 6,1; 10,28.29; 21,34; 2Rs 19,27, 1Cr 5,16; 20,1, 2Cr 1,16; 9,28; 16,1; 23,8, 32,30; Ne 14,15, Jó 38,27, Sl 18,7; 64,9; 74,7; 104,38; 113,1; 120,8; 143,13, Pv 1,20; 4,23; 8,35 (2x); 24,27; 25,13; 25,26; 30,12; Is 37,28; 51,20; Jr 11,13, Lm 2,19; 2,21; 4,1.5.8.14; Ez 42,11; 43,11; 44,5, 47,3, Dn 9,25, Mq 5,1; Jt 1,4; 13,3; 3Mc 5,26, 27; Od 1,1; Eclo 38,23; 40,1; 43,2; 50,5.8, SlSal 4,14, Sb 3,2; 7,6).

265. Lc 7,2; 10,1 e 19,4; Atos 12,6; 16,27; 27,33.

266. Lc 7,2; 9,31; 10,1; 19,4.

267. Lc 1,20; 2,40; 3,5; 4,12; 7,1; 9,31; 21,24; 22,16; 24,44.

no presente ativo infinitivo. Esse verbo acompanhando Ἰερουσαλήμ (*Jerusalém*) aparece 2 vezes no NT, a primeira aqui e a segunda em At 5,28[268].

Temos também a menção da cidade de Jerusalém que juntamente com a preposição ἐν exerce a função de objeto indireto do verbo principal. Há mais 2 menções de ἐν Ἰερουσαλήμ nas narrativas da infância (Lc 2,25.43). A forma Ἰερουσαλήμ é usada 27 vezes[269] por Lucas que prefere esta ao invés da forma helenizada Ἱεροσόλυμα.

A oração ὁ δὲ Πέτρος καὶ οἱ σὺν αὐτῷ ἦσαν βεβαρημένοι ὕπνῳ (*mas Pedro e os de junto dele estavam pesados de sono*) inicia a primeira segmentação do v. 32. Tem-se o único uso na perícope de uma preposição que Lucas faz uso frequentemente, a preposição σὺν[270]. A expressão οἱ σὺν αὐτῷ aparece 9 vezes no NT (Mc 2,26; Rm 16,14.15), sendo 6 delas em Lucas-Atos[271]. Ao nomear mais uma vez Pedro e distingui-lo dos outros, o texto ressalta o papel de protagonista ao lado de Jesus no relato. O verbo dessa oração, βαρέω (*sobrecarregar*), tem o sentido literal de "ser levado embora pelo sono", ou seja, estar no estado de um sono profundo[272]. Esse verbo aparece 6 vezes no NT[273]. A expressão βεβαρημένοι ὕπνῳ é um *hápax* no NT que não se encontra na LXX. Já o substantivo dativo ὕπνῳ só aparece em Lc 9,32[274].

A segunda segmentação no v. 32 é formada por duas palavras: διαγρηγορήσαντες δὲ (*mas quando despertaram*). Obviamente o verbo διαγρηγορέω se refere a Pedro, Tiago e João, podendo ser traduzido por "tendo ficado acordados" ou "permanecendo acordados" ou ainda "tendo despertado totalmente", dependendo da interpretação de ἦσαν βεβαρημένοι ὕπνῳ (*estavam pesados de sono*).

A oração εἶδον τὴν δόξαν αὐτοῦ (*viram a glória dele*) é a terceira segmentação do v. 32. Nela há um sujeito composto implícito: Pedro, João e Tiago. O

---

268. At 5,28: λέγων· [οὐ] παραγγελίᾳ παρηγγείλαμεν ὑμῖν μὴ διδάσκειν ἐπὶ τῷ ὀνόματι τούτῳ, καὶ ἰδοὺ πεπληρώκατε τὴν Ἰερουσαλὴμ τῆς διδαχῆς ὑμῶν καὶ βούλεσθε ἐπαγαγεῖν ἐφ' ἡμᾶς τὸ αἷμα τοῦ ἀνθρώπου τούτου.

269. Lc 2,25.38.41.43.45; 4,9; 5,17; 6,17; 9,31.51.53; 10,30; 13,4.33.34 (2x); 17,11; 18,31;19,11; 21,20.24; 23,38; 24,13.18.33.47.52.

270. PLUMMER, A., *A Critical and Exegetical Commentary on the Gospel according to Saint Luke*, p. 34.

271. Lc 5,9; 9,32; 24,33; At 5,17.21; 19,38.

272. LOUW, J.; NIDA, E., *Léxico grego-português do Novo Testamento*, p. 233.

273. Mt 26,43; Lc 9,32; 21,34; 2Cor 1,8; 5,4; 1Tm 5,16. Em textos como, por exemplo, 2Cor 1,8, tem o sentido de estar numa situação difícil, ou seja, rodeado por dificuldades. LOUW, J.; NIDA, E. *Léxico grego-português do Novo Testamento*, p. 220. Esse verbo também aparece uma vez na LXX em Ex 7,14: εἶπεν δὲ κύριος πρὸς Μωυσῆν βεβάρηται ἡ καρδία Φαραω τοῦ μὴ ἐξαποστεῖλαι τὸν λαόν.

274. Mt 1,24; Jo 11,13; At 20,9 (2x); Rm 13,11.

verbo dessa oração ὁράω (*ver*) é o mesmo verbo que apareceu antes (v. 31a) e que aparece no final da perícope (v. 36e). Aqui o mesmo aponta para um cenário teofânico, por causa da palavra δόξα (*glória*) no genitivo, se referindo a Jesus. Essa é a segunda e última menção desse termo e que destaca um momento-chave no relato. É possível encontrar τὴν δόξαν αὐτοῦ (*a glória dele*) no Evangelho de João (Jo 12.41)[275].

Uma última segmentação do v. 32 se encontra na oração subordinada final do mesmo: καὶ τοὺς δύο ἄνδρας τοὺς συνεστῶτας αὐτῷ (*e os dois homens que estavam junto com ele*) onde mais uma vez consta como sujeito composto implícito Pedro, João e Tiago e onde pela segunda vez a expressão δύο ἄνδρας (*dois homens*) se refere a Moisés e Elias que são objeto do que os três viram, pois o verbo ὁράω fica subtendido. O verbo συνίστημι aparece como intransitivo perfeito somente aqui e em 2Pd 3,5 e Cl 1,17 no NT. Na perícope em estudo o mesmo tem o sentido de "ficar juntos" com implicações teológicas que não se encontram em 2Pedro e Colossenses[276]. Essa oração aponta apenas para a função de acompanhantes de Jesus que Moisés e Elias apresentam na cena.

O v. 33 apresenta um número maior de segmentações e isso se deve a podermos separar detalhadamente as partes do discurso direto de Pedro introduzido pelo narrador. Sendo assim, a primeira segmentação prepara o caminho para esse discurso: καὶ ἐγένετο ἐν τῷ διαχωρίζεσθαι αὐτοὺς ἀπ' αὐτοῦ (*e aconteceu no afastaram-se eles dele*). Pela terceira vez vê-se a fórmula introdutória καὶ ἐγένετο, à qual já ressaltamos o seu uso mais acima. O verbo empregado nessa oração, διαχωρίζω, é um verbo formado da preposição δια mais o verbo χωρίζω e possui o sentido de "desunir, separar de fato, completamente"[277]. O uso desse verbo apontaria então para a saída definitiva de Moisés e Elias da cena, pois o pronome αὐτοὺς se refere aos dois.

A segunda segmentação do v. 33 é a introdução do discurso direto de Pedro: εἶπεν ὁ Πέτρος πρὸς τὸν Ἰησοῦν (*disse Pedro a Jesus*). O verbo λέγω, que aparece no indicativo aoristo ativo 3ª pessoa do singular, εἶπεν, é a palavra mais comum usada por Lucas para a introdução aos discursos ou para diálogos discursivos. A fórmula πρὸς mais acusativo é extensamente usada por Lucas em seu Evangelho[278]. A expressão πρὸς τὸν Ἰησοῦν é lucana no NT[279].

---

275. Jo 12,41: Estas coisas Isaías disse porque viu a glória dele, e falou a respeito dele (ταῦτα εἶπεν Ἡσαΐας ὅτι εἶδεν τὴν δόξαν αὐτοῦ, καὶ ἐλάλησεν περὶ αὐτοῦ).

276. WILHELM KASCH, K., συνίστημι. KITTEL, G.; BROMILEY, G. W.; FRIEDRICH, G. (orgs.), *The Theological Dictionary of the New Testament*, vol. VII, p. 898.

277. BAILLY, A., "διαχωρίζω". *Dictionaire Grec-Français*, p. 499.

278. Há 146 referências no Evangelho de Lucas.

279. Lc 7,4; 8,35; 9,33; 10,29; 19,35.

A oração ἐπιστάτα, καλόν ἐστιν ἡμᾶς ὧδε εἶναι (*Mestre, bom é nós estarmos aqui*), corresponde à terceira segmentação do v. 33 e inicia o discurso de Pedro. Nela há o uso do vocativo ἐπιστάτα que em Lucas sempre faz menção a Jesus e que substitui o termo ῥαββί presente em várias passagens nos outros evangelhos. Todas as vezes que essa palavra aparece no NT é em Lucas[280]. O sujeito da oração é o adjetivo nominativo καλόν que se refere a um atributo de ocasião. Com o uso do advérbio ὧδε, temos a última aparição de um advérbio no texto e que indica o lugar em que os personagens se encontram, ou seja, τὸ ὄρος (v. 28c). Na oração há 2 ocorrências do verbo εἰμί.

Com a oração καὶ ποιήσωμεν σκηνὰς τρεῖς (*e façamos três tendas*) temos a quarta segmentação do v. 33. O sujeito implícito da oração são Pedro, João e Tiago e isso é perceptível pelo verbo ποιέω (*fazer*) que tem o sentido genérico de fazer ou realizar em relação a todo tipo de atividade[281]. O verbo, no aoristo ativo subjuntivo, encontra-se 13 vezes em Lucas[282]. A expressão ποιέω τὸ ἱκανὸν, por exemplo, associa esse verbo com o sentido de "fazer o suficiente", ou seja, "agradar alguém fazendo aquilo que satisfaz"[283].

A palavra σκηνὰς significa "tendas, abrigos ou habitações". A palavra tradicionalmente traz o pano de fundo sinaítico para o relato, o qual o autor se apropriou desses elementos em seu retrato da Transfiguração[284]. Há mais uma menção dessa palavra no Evangelho de Lucas, em Lc 16,9. O adjetivo τρεῖς tem uma importância significativa na primeira parte do Evangelho de Lucas[285].

A oração μίαν σοὶ (*uma para ti*), por apresentar um sentido completo e deixar implícita a presença do verbo ποιέω, é a quinta segmentação do v. 33. O pronome pessoal σοὶ tem sua única aparição na perícope e é usado com referência a Jesus. Tem-se a primeira das 3 vezes que o adjetivo μίαν aparece. A sexta segmentação, καὶ μίαν Μωϋσεῖ (*e uma para Moisés*), inicia com a conjunção aditiva καί e mais uma vez o adjetivo μίαν, sendo que este agora se refere a Moisés. Logo, mais uma vez o verbo ποιέω fica implícito como sendo uma ação de Pedro, João e Tiago. O mesmo acontece na sétima segmentação com a oração καὶ μίαν Ἠλίᾳ (*e uma para Elias*) a qual se refere agora à construção de uma tenda para Elias. É

---

280. Lc 5,5; 8,24(2x).45; 9,33.49; 17,13.

281. LOUW, J.; NIDA, E., *Léxico grego-português do Novo Testamento*, p. 455.

282. Lc 3,10.12.14; 9,33; 12,17; 13,9; 16,3.4; 17,10; 18,7.41; 19,48; 20,13.

283. LOUW, J.; NIDA, E., *Léxico grego-português do Novo Testamento*, p. 269.

284. RINGE, S. H., *Luke 9:28-36: The beginning of an Exodus*, p. 83-99; MOESSNER, D. E., *Luke 9:1-50: Luke's preview of the journey of the prophet like Moses of Deuteronomy*, p. 575-605.

285. Lc 1,56; 2,46; 4,25; 9,33; 10,36; 11,5; 12,52 (2x); 13,7.21.

possível ver nessa sequência um tipo de paralelismo explicativo, pois Lc 9,33efg detalha a oração presente em Lc 9,33d.

A última segmentação do v. 33 inicia com o uso de uma partícula: μὴ εἰδὼς ὃ λέγει (*não sabendo o que dizia*). A partícula μὴ é usada com valor subjetivo e "como negação da vontade e do pensamento"[286]. Essa partícula tem uma relação direta com o verbo διαχωρίζω (*afastar*) em Lc 9,33a, pois o mesmo torna impossível a ação de ser realizada pois Moisés e Elias já tinham saído definitivamente de cena. As palavras presentes nessa segmentação na ordem em que se encontram é um *hápax* no NT, mas μὴ εἰδὼς se encontra 9 vezes no NT.

Mediante a oração ταῦτα δὲ αὐτοῦ λέγοντος (*e estas coisas ele dizendo*) tem-se a primeira das cinco segmentações do v. 34. O pronome demonstrativo ταῦτα refere-se ao discurso de Pedro e que com o uso do verbo λέγω, no particípio presente ativo, dá a ideia de que o discurso de Pedro vai ser interrompido. O que é sequencialmente visto ao ser lida a segunda segmentação do versículo, a oração ἐγένετο νεφέλη (*apareceu uma nuvem*). Nela a nuvem se torna o sujeito sendo o predicado o verbo intransitivo que aparece pela quarta vez na perícope.

Há 5 menções de νεφέλη no Evangelho, sendo 3 nessa perícope (no v. 34 (2x) e no v. 35) e mais 2 vezes em Lc 12,54 e Lc 21,27. No mundo grego e no helenismo, νεφέλη é um atributo da divindade. No orfismo geralmente as nuvens são colocadas a serviço do deus supremo. Deuses assistindo batalhas se escondem nas nuvens. Eles escondem seus assistentes ou eleitos nas nuvens. A nuvem é também a carruagem dos deuses que leva o herói até eles. No Antigo Testamento, a nuvem aparece em contextos de relatos de teofania. Por exemplo, na canção de Débora em Jz 5,4 a nuvem é uma representação da aparição do Senhor na tempestade[287].

A terceira segmentação consiste na oração καὶ ἐπεσκίαζεν αὐτούς (*e os sombreava*). A maioria concorda que esse αὐτούς é objeto do verbo ἐπισκιάζω e inclui todos os presentes no monte. O verbo ἐπισκιάζω é a tradução do verbo בָּקַף na LXX e é usado no Antigo Testamento associado à ideia da presença de Deus no relato, e isso pode ser visto nas "referências as asas de Deus são aquelas que falam da nuvem cuja sombra é uma demonstração da autoridade de Deus (Ex 40,34-35)"[288]. Esse sentido passa para o NT como nos três relatos da Transfiguração, pois esse verbo, que só aparece 5 vezes no NT[289], expressa a ideia do domínio

---

286. RUSCONI, C. "μὴ"., *Dicionário do Grego do Novo Testamento*, p. 307.

287. OEPKE, A., νεφέλη. KITTEL, G.; BROMILEY, G. W.; FRIEDRICH, G. (orgs.), *The Theological Dictionary of the New Testament*, vol. IV, p. 604-605.

288. HAHN, H.-C., σκιά., *Dicionário Internacional de Teologia do Novo Testamento*, vol. 2, p. 2428.

289. Lc Mt 17,5; Mc 9,7; Lc 1,35; 9,34; At 5,15.

de Deus "mediante o emprego da figura veterotestamentária da nuvem brilhante que envolve Jesus e seus discípulos no monte da Transfiguração"[290].

A quarta segmentação do v. 34 traz a oração ἐφοβήθησαν δὲ (*e temeram*). A conjunção coordenativa δὲ expressa à sequência de acontecimentos em que o sujeito composto implícito são Pedro, João e Tiago. O verbo φοβέω, na terceira pessoa do plural no aoristo passivo do indicativo, aparece outras três vezes no Evangelho (Lc 2,9; 8,35; 20,19). Esse verbo tem o sentido geral nos evangelhos e em Atos de ter medo de algo que, muitas vezes, está dentro da estrutura das ideias tradicionais. Um dos temas em que o verbo aparece é o da epifania do Reino, ou seja, de Deus. A ocasião concreta para a adoção do tema encontra-se na natureza incompreensível da poderosa obra de Jesus, que desperta o medo tanto nos espectadores como nos mais diretamente interessados. Assim, os discípulos sentem medo do que não conseguem entender, mas também se libertam da ansiedade pela fé, o que pode implicar outra referência ao medo num novo sentido[291].

A última segmentação traz a seguinte oração: ἐν τῷ εἰσελθεῖν αὐτοὺς εἰς τὴν νεφέλην (*ao entrarem eles na nuvem*). Para alguns, há uma dúvida se o pronome αὐτοὺς nessa segmentação seria o sujeito de ἐν τῷ εἰσελθεῖν e se inclui Pedro, João e Tiago[292]. Fica entendido que como o primeiro αὐτοὺς é inclusivo, o ἐν τῷ mais aoristo pode ser traduzido com a ideia os três foram cobertos e entraram na nuvem. A expressão ἐν τῷ εἰσελθεῖν é um *hápax* no NT, mas que aparece duas vezes na LXX (2Sm 1,2; 2Cr 12,11). Já o verbo εἰσέρχομαι, no aoristo ativo infinitivo, encontra-se 13 vezes em Lucas[293]. Por fim, temos um *hápax* na expressão εἰς τὴν νεφέλην, mas que se encontra uma vez na LXX (Ex 24,18).

O v. 35 apresenta mais 4 segmentações, sendo estas as que dividem a introdução e o discurso direto de uma voz, comumente identificada como de Deus no relato. Logo, em 35a temos: καὶ φωνὴ ἐγένετο ἐκ τῆς νεφέλης λέγουσα (*E [uma] voz veio da nuvem dizendo*). Obviamente φωνὴ (*voz*) é o sujeito da oração, tendo pela quinta vez o verbo γίνομαι aparecendo na perícope e a expressão ἐκ τῆς νεφέλης como complemento do sujeito. Essa última expressão é exclusiva dos relatos de Transfiguração no NT (Mt 17,5; Mc 9,7; Lc 9,35), mas aparece também uma vez

---

290. HAHN, H.-C., σκιά., *Dicionário Internacional de Teologia do Novo Testamento*, vol. 2, p. 2428. A frase de Hahn usa a palavra "discípulos", o que pode dar a entender que são os Doze que estão presentes na montanha, mas o termo deve ser entendido como apenas três deles: Pedro, João e Tiago.

291. BALZ, H., "φοβέω". KITTEL, G.; BROMILEY, G. W.; FRIEDRICH, G. (orgs.), *The Theological Dictionary of the New Testament*, vol. IX, p. 208-209.

292. PLUMMER, A., *A Critical and Exegetical Commentary on the Gospel according to Saint Luke*, p. 252.

293. Lc 6,6; 8,32.41.51; 9,34; 13,24 (2x); 14,23; 15,28; 18,25 (2x); 22,40; 24,26.

na LXX (Br 3,29)[294]. Desde Lc 9,34b a nuvem se torna uma palavra importante oriunda do campo semântico dos relatos de revelação.

O verbo λέγω introduz o discurso da voz onde se tem início à segunda segmentação do versículo: οὗτός ἐστιν ὁ υἱός μου (*este é o meu Filho*). Essa segunda segmentação se encontra 5 vezes no NT[295]. Tem-se o único uso de 2 pronomes, o pronome demonstrativo οὗτός e o pronome possessivo μου identificando que o ὁ υἱός possui uma relação filial com a voz. A expressão ὁ υἱός μου é extremamente repetida nos evangelhos[296].

Já a expressão ὁ ἐκλελεγμένος (*o eleito*), por ter um sentido completo, é a terceira segmentação do versículo e aparece somente em Lc 9,35 como fazendo referência a Jesus no NT (existe também a expressão ὁ ἐκλεκτός em Lc 23,35). Esse verbo, que está no particípio, tem o sentido de uma escolha especial com base em preferência, muitas vezes implicando uma atitude fortemente favorável em relação ao que é escolhido. Da forma como aparece na perícope, o verbo encontra-se mais 3 vezes em Lucas (Lc 6,13; 10,42 e 14,7).

Na segmentação do v. 35d temos: αὐτοῦ ἀκούετε (*a ele ouvi*), que é um *hápax* no NT. Nela, Lucas traz uma versão mais helenizada e próxima da LXX[297]. Esse é o único verbo que está no imperativo presente ativo, 2ª pessoa do plural, no relato e expressa uma ordem a Pedro, João e Tiago em que um pronome da 2ª pessoa do plural fica subtendido. Também há o uso desse verbo no imperativo aoristo ativo em Lc 8,8; 14,35. O verbo ἀκούω segue o seu uso no grego clássico e na LXX[298].

Por fim, o último versículo da perícope, dividido em 5 segmentações. Inicia-se o epílogo da perícope com a fala final do narrador. A primeira delas, no v. 36a, corresponde à seguinte oração: καὶ ἐν τῷ γενέσθαι τὴν φωνὴν (*e depois que aconteceu a voz*). Há o último uso do verbo γίνομαι e que, por estar no infinitivo aoristo médio, repete a fórmula ἐν τῷ mais infinitivo já presente no v. 29a, mas verifica-se um *hápax* pois ἐν τῷ γενέσθαι não se encontra em outro lugar no NT.

A oração εὑρέθη Ἰησοῦς μόνος (*Jesus foi achado sozinho*) corresponde à segunda segmentação. Nela, tem-se Jesus (Ἰησοῦς) como sujeito da frase. O verbo usado é o εὑρίσκω (*achar*). O mesmo se encontra no indicativo aoristo passivo, 3ª do singular e aparece mais 3 vezes dessa forma no Evangelho (Lc 15,24.32; 17,18).

---

294. Br 3,29: τίς ἀνέβη εἰς τὸν οὐρανὸν καὶ ἔλαβεν αὐτὴν καὶ κατεβίβασεν αὐτὴν ἐκ τῶν νεφελῶν.

295. Mt 3,17; 17,5; Mc 9,7; Lc 9,35; Jo 9,20.

296. Mt 2,15; 3,17; 17,5; 21,37; Mc 1,11; 9,7.17; 12,6; Lc 3,22; 9,35.38; 15,24; 20,13; Jo 9,20; 1Pd 5,13; 2Pd 1,17.

297. GUNDRY, R, H., *The Use of the Old Testament in St Matthew*, p. 36 e 37. Para Gundry, o Evangelho de Mateus segue Marcos ao utilizar a expressão da forma como aparece, ou seja, ἀκούετε αὐτοῦ.

298. MUNDLE, W., "ἀκούω". *Dicionário Internacional de Teologia do Novo Testamento*, vol. 2, p. 1480-1486.

A expressão εὑρέθη Ἰησοῦς só aparece em Lc 9,36 e em Jo 1,45. Enquanto μόνος se encontra mais 9 vezes em Lucas[299].

Já a terceira segmentação é formada pela oração καὶ αὐτοὶ ἐσίγησαν (*e eles calaram*). A expressão inicial καὶ αὐτοὶ é lucana, usada para evitar o indefinido "eles". O verbo σιγάω aparece pela primeira vez na perícope e no Evangelho de Lucas[300].

Com a oração καὶ οὐδενὶ ἀπήγγειλαν ἐν ἐκείναις ταῖς ἡμέραις οὐδὲν (*e a ninguém relataram nada naqueles dias*) tem-se a quarta segmentação do v. 36. A última segmentação da perícope é formada pela oração ὧν ἑώρακαν (*das coisas que tinham visto*). O uso do verbo ὁράω no perfeito do indicativo, na 3ª pessoa do plural, mas sendo usado como aoristo, designa um efeito duradouro sobre o assunto.

Na perícope, Lc 9,28-36, há um uso excessivo de pronomes. Em 13 ocasiões os pronomes fazem referência a Jesus (v. 29bcd, 30a, 31bc, 32cd, 33ae, 35b [2x], 35d), que só aparece nomeado em 2 momentos na narrativa (v. 33b, 36b). Apenas 1 vez temos o uso do pronome demonstrativo τούτους que está se referindo ao discurso da perícope anterior (v. 28a). Em 3 ocasiões o pronome se refere a Pedro (v. 32a, 33h, 34a) e 1 vez se refere à fala de Pedro (34a). As outras 5 vezes em que aparecem os pronomes estão se referindo a Pedro, João e Tiago (v. 33ac, 34ce, 36c). Há ainda o uso dos pronomes οἵτινες e οἳ fazendo referência a Moisés e Elias (v. 30 e 31, respectivamente). No v. 36 há mais 4 pronomes (οὐδενὶ, ἐκείναις, οὐδὲν, ὧν) na fala final do narrador e que são utilizados para reforçar o silêncio de Pedro, João e Tiago com relação ao que aconteceu.

No que se refere ao ambiente estilístico da perícope, em ligação com o contexto anterior, é possível ver o desdobramento de um quiasmo que segue um padrão comum[301]:

A   Identidade de Jesus é afirmada por Pedro (9,20)
B   A morte de Jesus é afirmada (9,22)
C   Sua vinda futura em glória é afirmada (9,26)
C1 Sua glória é visivelmente demonstrada (9,29)
B1 Sua partida (= morte) é discutida (9,31)
A1 Sua identidade é afirmada pela voz do céu (9,35)

Pode-se também ver o paralelismo a respeito da oração e da revelação:

---

299. Lc 4,4.8; 5,21; 6,4; 8,50; 9,18; 10,40; 24,12.18.
300. Há outras menções desse verbo no NT: Lc 18,39; 20,26; At 12,17; 15,12.13; Rm 16,25; 1Cor 14,28.30.34.
301. LIEFIELD, W. L., *Transfiguration*, p. 832.

A Oração com os discípulos em reclusão (9,18)
B Revelação do sofrimento, morte e glória de Jesus (9,22)
A1 Oração com alguns discípulos em reclusão (9,28-29)
B1 Revelação da glória e da morte de Jesus em Jerusalém (9,31-32)

Assim, a perícope da Transfiguração em Lc 9,28-36 apresenta características gramaticais e estilísticas que podem ser classificadas como lucanas. Primeiramente isso pode ser visto pelo uso de três *hápax legomena*: ἐξαστράπτων; διαγρηγορήσαντες; διαχωρίζεσθαι. Depois, pelo uso introdutório de ἐγένετο como indicação de tempo e pela fórmula ἐν τῷ mais infinitivo. Também há o uso de algumas palavras e formas preferidas de Lucas: (1) usadas apenas por esse Evangelho entre os Sinóticos: ἐγένετο δὲ; ἐν τῷ + aoristo infinitivo; εἶδος; ἱματισμὸς; καὶ ἰδοὺ; ἔξοδος; ἤμελλεν + infinitivo; ἐπιστάτης; ὁ ἐκλελεγμένος e (2) usado mais frequentemente por Lucas do que pelos outros sinóticos: ὡσεὶ; ἀνήρ; ὀφθέντες; δόξα; Ἰερουσαλήμ; σὺν; πρὸς + acusativo; εἶπεν.

Em vista dos dados apresentados acima, Lc 9,28 36 pode ser organizado da seguinte forma:

Estrutura de Lc 9,28-36
A. Abertura (9,28): Ἐγένετο δὲ. - Designação temporal: ὡσεὶ ἡμέραι ὀκτὼ - Os acompanhantes: Πέτρον καὶ Ἰωάννην καὶ Ἰάκωβον
B. A Transfiguração de Jesus e suas testemunhas (9,29-31) - O sinal divino: τὸ εἶδος ... ἕτερον - Testemunhas celestiais: Μωϋσῆς καὶ Ἠλίας.
C. O desejo de Pedro de construir tendas (9,32-33) - Sono e despertamento: βεβαρημένοι ὕπνῳ διαγρηγορήσαντες δὲ - Uma declaração: καλόν ἐστιν ἡμᾶς ὧδε εἶναι
D. Confirmação celestial acerca do Filho (9,34-35) - A nuvem: ἐγένετο νεφέλη. - Interpretação divina [ratificação da filiação]: οὗτός ἐστιν ὁ υἱός μου.
E. O silêncio dos discípulos (9,36) - Jesus sozinho: Ἰησοῦς μόνος - Reação humana final: καὶ οὐδενὶ ἀπήγγειλαν.

Tabela 2: Estrutura de Lc 9,28-36

Esses dados obviamente ajudam nas discussões a respeito do gênero literário da perícope, pois uma das funções da análise da estrutura da perícope é justamente a de "determinar o gênero literário ao qual pertence o texto"[302]. Os mesmos dados serão importantes, na Crítica da Redação, uma vez que entendemos que "trabalhar a crítica da forma (e, ligada a ela, a crítica do gênero literário) antes da crítica da redação levanta um grande número de elementos que depois poderão ser aproveitados nessa última"[303].

2.5. Crítica da Forma e do Gênero Literário

A ideia comumente estabelecida em relação aos gêneros literários é de que cada perícope possui um único gênero literário ou, no máximo, uma mistura de dois gêneros em uma mesma perícope. No caso da perícope da Transfiguração, esse gênero é objeto de muitas discussões, bem como de muitas possibilidades de misturas.

Pode-se verificar isso primeiramente em Bultmann. Para esse autor, a Transfiguração, a qual analisa a partir de Marcos, é identificada como Narrativa Histórica e Lenda. Em sua concepção, as lendas seriam fragmentos narrativos que possuem um caráter religioso e edificante. Ela diferiria das histórias de milagres, embora possuam uma relação próxima, pois está vinculada a um contexto. Esse contexto pode ser a vida do herói religioso, classificada comumente como uma lenda biográfica. Segundo ele, não seria possível separar as lendas da narrativa histórica, pois esta última, na tradição evangélica, está dominada pela lenda, por isso só podem ser tratadas juntas[304]. No caso específico da Transfiguração lucana, ele destaca que Lucas sentiu a necessidade de dar uma visão do diálogo mantido por Jesus com Moisés e Elias, destacando assim seu sentido de profecia, pois estes personagens falam do final de Jesus em Jerusalém (Lc 9,31). Já o sono que os discípulos têm em Lc 9,32 procederia talvez do motivo dos sonhos mágicos que aparecem nos contos[305].

Dibelius classifica o relato da Transfiguração como mito. Em seu entendimento, mito seriam as histórias que relatam de algum modo atuações especialmente significativas dos deuses. O autor apresenta uma explanação própria sobre mito, que culminaria no que ele chama no mito cristão. Tem-se então que:

---

302. SIMIAN-YOFRE, H., *Diacronia*: os métodos históricos-críticos, p. 100.

303. LIMA, M. L. C., *Exegese Bíblica*: Teoria e Prática, p. 133-134.

304. BULTMANN, R., *Historia de la Tradicción Sinóptica*, p. 303-304.

305. BULTMANN, R., *Historia de la Tradicción Sinóptica*, p. 321. Na interpretação dos sonhos, segue a proposta de Günkel.

> Mito no es cualquier relato sobre personajes míticos sino sólo aquellos marcados por um sentido peculiar, fundado en un determinado aspecto bien porque constituye en su forma narrativa el prototipo de un rito, descubre acontecimentos sobre la constitución del mundo, de los astros, del cielo, de la vegetación o acontecimientos que atañan al destino del hombre después de la muerte, o bien porque, en la forma de una narración, hace aparecer como algo típico la esencia de una divinidad. Cualquiera de tales aspectos otorga a la historia de los dioses un sentido y un valor para la comunidad cultual que narra dicha historia: en tal caso, dicha historia es un mito. Así pues, un mito cristiano presentaría la condición y actuación de un dios extraño que habría tomado el nombre de Jesús (en ese caso se trataría de un mito ajeno al cristianismo que habría sido cristianizado) o bien presentaría epifanías del Dios cristiano en una exposición típica, es decir, celebrada en el culto o enseñada en la predicación (en ese caso habría que hablar de mitos de origen cristiano)[306].

O texto da Transfiguração apresentaria, junto com outros textos como o batismo e a tentação, a necessidade sentida pelo narrador de criar um espaço para o mito de Cristo na vida terrena de Jesus.

Várias interpretações, que refletem desconforto por parte dos exegetas, tentaram determinar o gênero do relato: uma cena de entronização[307], uma visão profética[308] ou apocalíptica[309], um *midrash*[310], uma narrativa de culto[311] ou uma epifania divina[312].

Sobre a ideia da narrativa da Transfiguração ser uma epifania, ou seja, narrativas em que o milagre acontece diretamente com a pessoa do taumaturgo, temos que esse gênero aparece depois da Páscoa para os discípulos, envoltos em glória divina. Essas aparições envolvem a elaboração de experiências visionárias eficazes. Assim, a narrativa mostra como Jesus foi aceito no mundo celestial; sua autoridade transcende, a partir de agora, a Lei e os Profetas (isto é, a autoridade

---

306. DIBELIUS, M., La Historia de Las Formas Evangelicas, p. 257.

307. RIESENFELD, H., *Jésus transfiguré* – L'arriere-plan du récit évangélique de la transfiguration de Notre-Seigneur.

308. GILS, F., *Jesus prophete d'apres les evangiles synoptiques*, p. 83-85.

309. SABBE, M., *La Redaction du recit de la transfiguration*, p. 65-100.

310. RIVERA, L. F., *Interpretatio Transfigurations Jesu in redactione evangeli Marci*, p. 99-104.

311. GAUSE, R. H., *The Lukan Transfiguration Account*: Luke's Pre-Crucifixion Presentation of the Exalted Lord in the Glory of the Kingdom of God.

312. SILVA, R., *El relato de la transfiguracion* – Problemas de critica literaria y motivos teologicos en Mc 9.2-10; Mt 17.1-9; Lc 9.28-36, p. 5-26.

de Moisés e Elias); pois ela não está ligada a nenhum lugar de culto. No final, há o desaparecimento da figura divina, isto é, o retorno do Transfigurado a sua imagem anterior da terra[313].

Mas para outros pesquisadores[314], a Transfiguração não pode ser classificada como uma história de milagre, pois nas histórias de milagres da tradição evangélica é sempre Jesus quem realiza o milagre. Logo, a Transfiguração apresenta Jesus como aquele que sofre uma ação. Dessa maneira, o relato da Transfiguração não seria apropriado para qualquer uma das quatro categorias de histórias de milagres: curas, exorcismos, ressurreições ou milagres da natureza. Não tem nenhum dos elementos de um milagre de cura, nem tem a ver com um exorcismo ou ressurreição. Em um sentido amplo, pode-se pensar na Transfiguração como um milagre da natureza, porque as leis da natureza são transgredidas pela metamorfose de Jesus (em Marcos e Mateus) e pela mudança nas vestes. Contudo, a história carece de elementos que são encontrados em histórias de milagres da natureza tais como: a configuração em uma situação de angústia, a falta de preocupação inicial de Jesus, um pedido ou queixa dos discípulos, uma palavra de domínio de Jesus, a solução da situação[315].

Berger vê o gênero do texto dividido em dois, primeiramente menciona o relato da Transfiguração como pertencendo aos gêneros epidícticos. Dentro deles verifica-se a descrição de aspectos e figuras que seriam "sobretudo os gêneros visionários que se interessam por esse tipo de descrições (chamados *épkhrasis*)"[316]. Assim, segundo ele, Lc 9,29 apresentaria essa proposta de gênero.

Uma segunda proposta de gênero de Berger seria a de relatos de visões e audições. Estes acontecem em dois níveis que seriam dois gêneros literários que "são postos em contraste um com o outro; a narrativa inicial é abandonada num ponto de 'ligações', e a partir daquele momento narra-se algo que se passa dentro da visão. Terminada a visão, a narrativa inicial geralmente é retomada – mas mui-

---

313. Gerd Theissen e Annette Merz apresentam, dentre os tipos de milagres descritos no NT, a Transfiguração como sendo uma epifania. THEISSEN, G.; MERZ, A., *El Jesus Historico*, p. 333-334.

314. V. A., *Os milagres do Evangelho*, p. 32-33; REID, B., *The Transfiguration*: An Study of Luke 9:28-36, p. 164-165.

315. REID, B. *The Transfiguration*: An Study of Luke 9:28-36, p. 165. Para Barbara Reid, os únicos elementos encontrados nas histórias de milagres da natureza que também estão presentes no relato da Transfiguração são os do medo da parte dos discípulos e a reação de incompreensão ou questionamento, mas esses elementos, segundo ela, não serviriam para classificar a Transfiguração como um milagre da natureza.

316. BERGER, K., *Formas literárias do Novo Testamento*, p. 203. Berger usa categorias retóricas da Antiguidade. Sendo assim, os "epidêuticos" seriam oriundos do significado de mostrar ou demonstrar visando despertar nos leitores o repúdio ou a admiração. Para críticas ao uso dessa categoria, ver Theissen em THEISSEN, G., *La investigación de la Tradición sinóptica desde R. Bultmann. Visión de conjunto de la labor de la historia de las formas durante el siglo XX*, p. 450-487.

tas vezes não apenas naquele momento"[317]. Dessa forma, ele classifica a Transfiguração como um caso especial de interpretação do que era enigmático, ou seja, temos um evento revelador e que apresenta a seguinte estrutura: (1) um acontecimento revelador enigmático; (2) um mal-entendido e (3) a interpretação autêntica dos acontecimentos[318].

Brown desenvolve um modelo de aparições angelicais em sonhos. Segundo ele, essas narrativas possuem uma estrutura padronizada que ele identificou a partir da análise das aparições angelicais nos sonhos no Evangelho de Mateus (Mt 1,20-21.24.25; 2,13-15a; 2,19-21). A estrutura apresenta os seguintes elementos básicos: (a) um texto introdutório continuado que liga a aparição com o que precede; (b) a aparição de um anjo do Senhor no sonho; (c) uma ordem dada pelo anjo; (d) uma razão dada pelo anjo para a ordem; (e) o cumprimento da ordem por parte de José, que se levanta e faz exatamente o que o anjo ordenou[319].

Brown também identificou um padrão estereotipado para as aparências angélicas como as que ocorrem nos anúncios de nascimento. Em sua análise de Gn 16,7-12; 17,1-21; 18,1-12; Jz 13,3-23; Lc 1,11-20.26-37; Mt 1,20-21.33 ele discerne cinco elementos-padrão: (1) a aparição de um anjo do Senhor; (2) medo ou prostração do visionário diante da presença do sobrenatural; (3) a mensagem divina; (4) uma objeção ou solicitação de um sinal por parte do visionário; (5) a entrega de um sinal para tranquilizar o visionário[320]. Aparições angélicas que envolvem um chamado, como Ex 3,1-12 (Moisés) e Jz 6,11-17 (Gideão), têm uma estrutura que é uma fórmula de narrativas de vocação, embora muitos dos elementos sejam os mesmos que em outras histórias de aparições angelicais. O padrão de narrativas de vocação identificadas por Habel inclui estes seis passos: (1) confronto; (2) palavra introdutória; (3) comissão; (4) objeção; (5) reafirmação; (6) sinal[321].

Perkins identificou, em sua análise das tradições do túmulo vazio (Mt 28,1-8; Mc 16,1-8; Lc 24,1-12; Jo 20,1-13), uma estrutura que possui elementos comuns encontrados nas histórias angélicas de aparência[322]. Boismard faz uma análise semelhante dos relatos evangélicos das aparições do Jesus ressuscitado e encon-

---

317. BERGER, K., *Formas literárias do Novo Testamento*, p. 255.

318. BERGER, K., *Formas literárias do Novo Testamento*, p. 258.

319. BROWN, R., *O nascimento do Messias*, p. 129.

320. BROWN, R., *O nascimento do Messias*, p. 185.

321. HABEL, N., *The Form and Significance of the Call Narratives*, p. 297-323.

322. PERKINS, P. *Resurrection*: New Testament Witness and Contemporary Reflection, p. 91-93.

tra um esquema similar nos numerosos textos em que anjos aparecem no Antigo Testamento[323].

Esses esquemas possuem elementos comuns que fazem com que se observe que o relato da Transfiguração lucano tenha uma semelhança significativa com os relatos de aparição de anjos nos textos veterotestamentários. Nesses textos, os anjos são simplesmente mencionados em suas várias funções[324]. Também no NT, as aparições angélicas são encontradas: no anúncio do nascimento de João Batista (Lc 1,8-23); no anúncio do nascimento de Jesus (Mt 1,20-25; Lc 1,26-38; Lc 2,8-20); nos dois incidentes na narrativa da infância de Mateus (Mt 2,13-15.19-21); no túmulo vazio (Mc 16,1-8; Mt 28,1-10; Lc 24,1-12; Jo 20,11-13); na visão de Cornélio (At 10,1-8); e no resgate de Pedro da prisão (At 12,6-11)[325].

Nesses textos há certa similaridade básica na forma dessas histórias com uma aparição angelical. A estrutura básica teria os seguintes elementos: (1) uma introdução que abre o cenário, muitas vezes com uma indicação temporal; (2) o anjo aparece; (3) a aparição é frequentemente seguida por uma reação de medo ou prostração; (4) o medo é geralmente dissipado por uma mensagem de conforto ou segurança; (5) há no relato um mandamento ou mensagem de Deus; (6) a aparição geralmente termina com a partida do anjo ou daquele que recebe a aparência; (7) por fim, o cumprimento da ordem ou mensagem é registrado. Cada um desses tipos específicos de histórias de aparência angélica tem um padrão estereotipado dentro da forma geral das aparências angélicas.

É possível encontrar esses elementos na Transfiguração lucana. O v. 28 seria uma introdução com uma indicação temporal; depois, tem-se o aparecimento dos anjos mediante o aoristo ὁράω. Na continuação, a mensagem é transmitida no v. 31 e diz respeito a um evento futuro: o "Êxodo" de Jesus. Ele então deve cumprir seu Êxodo em Jerusalém. Finalmente, a aparição termina com a partida dos dois mensageiros no v. 33. O cumprimento fica implícito no v. 31, com o uso

---

323. BOISMARD, M.-E., *Le realisme des recits evangeliques*, p. 31-41.

324. Diz-se que os anjos vão diante dos fiéis de Deus (Gn 24,7.40; Ex 14,19; 23,20-23; 32,34; 33,2; Nm 20,16; Zc 12,8) para serem agentes de libertação (Is 63,9; Dn 3,25-28; 6,22), para provocar a destruição (2Sm 24,16-17; Is 37,36), e agir como porta-vozes de Deus. Em outras ocasiões, uma narração mais completa é dada de uma aparição angelical. Em cada caso, o anjo atua como mensageiro de Deus, transmitindo mandamentos divinos ou agindo como precursor de um evento especial. Tais histórias de aparições angelicais podem ser encontradas em Gn 16,7-16, no anúncio do nascimento de Ismael; Gn 19,1-29 na destruição de Sodoma; Ex 3,1–4,17 no chamado de Moisés; Nm 22,21-35 no encontro com Balaão e seu jumento; Js 5,13-15 no início do cerco de Jericó; Jz 6,11-24 ao chamado de Gideão; Jz 13,2-20 no anúncio do nascimento de Sansão; 1Cr 21,15-19 na prevenção da destruição de Jerusalém.

325. Nos textos chamados comumente de Apócrifos e Pseudoepígrafos, os anjos também aparecem desempenhando várias funções, embora existam poucas narrativas de aparições angelicais. Um exemplo é encontrado em 2En 1,1-10 no anúncio da ascensão de Enoque. Ver o capítulo 3 deste livro, o subtópico "Textos apocalípticos".

de πληρόω, e será mostrado posteriormente na narrativa da Paixão. Logo, as aparições angelicais sinalizam o advento de eventos importantes e interpretam acontecimentos como ocorrências ordenadas por Deus. No caso da Transfiguração lucana, o relato fala de uma aparição angelical e/ou celestial a Jesus que fala de seu "Êxodo" e que deve ser entendido como exigido por Deus e cumprido de acordo com o plano divino de salvação.

Das propostas dos estudiosos, constata-se uma dificuldade acerca de uma definição do que é o relato da Transfiguração, pois as posições acadêmicas relativas ao seu gênero literário e às tradições que poderiam ter dado origem a ele são diversas. Para alguns, os resultados da análise baseada na chamada *Formgeschichte* são decepcionantes. Tem-se então "aporias de interpretação"[326], ou seja, um relato que em certa medida escapa de uma classificação[327]. No entanto, uma abordagem baseada na *Redaktionsgeschichte*, que tenta distinguir várias camadas, na tentativa de esboçar uma forma anterior do relato, não tem levado a conclusões amplamente aceitas[328].

Em meio às muitas tentativas de identificar o gênero, a proposta de Bovon e Koester classifica a narrativa da Transfiguração como um polimorfismo. Esse polimorfismo seria oriundo da constatação de que a narrativa foi e tem sido interpretada através de várias tentativas de se encontrar um gênero específico. Constata-se então vários caminhos, ou seja, tradições que se cruzam no relato. Primeiramente, a tradição do Sinai (Ex 24 e 34), depois, a ideologia real e messiânica do Antigo Testamento aparece no pronunciamento divino. Todas essas tradições podem assumir uma conotação apocalíptica. Por isso, na proposta desses autores, a questão do gênero não pode estar divorciada do contexto da História das Religiões. O polimorfismo explicaria então a Transfiguração de Jesus (sua forma humana e divina), o trio Moisés, Elias e Jesus e a natureza epifânica da cena[329].

---

326. ZELLER, D., *Bedeutung und religionsgeschichtlicher Hintergrund der Verwandlung Jesu* (Markus 9:2-8), p. 303-321.

327. FOCANT, C., *L'évangile selon Marc*, p. 338.

328. Exemplos desse tipo de proposta, de estudar o texto por meio de camadas redacionais, podem ser vistos nos estudos do Evangelho de Marcos. HAHN, F., *Christologische Hoheitstitel*, p. 310-312, p. 334-340. Hahn apresenta uma distinção entre duas camadas, ou seja, um antigo relato palestino que teria sublinhado a condição de Jesus como servo e um ambiente helenístico que teria sido responsável pela cristologia do Filho de Deus. Sobre duas camadas redacionais no Evangelho de Mateus, ver DABROWSKI, E., *La Transfiguration de Jésus*, p. 21. Já em relação ao Evangelho de Lucas, ver MURPHY O'CONNOR, J., *What Really Happened at the Transfiguration?* p. 8-21 (ver também o capítulo 1 desta obra, *Status Quaestionis*).

329. BOVON, F.; KOESTER, H., *Luke 1: a commentary on the Gospel of Luke 1:1–9:50*, p. 371-372.

Por isso, para esses autores:

> Como líder humano, Jesus está na tradição judaica do Moisés transfigurado e das várias expectativas messiânicas, mas, como um mensageiro divino, Ele está no nível estrangeiro das divindades polimórficas. Na tradição judaica, o escolhido é levado para a esfera celestial, mas na tradição helenística a divindade compassiva aparece e diminui. Esses dois movimentos, exaltação e revelação, atestam narrativamente uma cristologia de dois níveis que ainda não está claramente afirmada e que também ocorre no gênero da homologia (Rm 1,3b-4). O relato do batismo de Jesus (3,21-22) traz as mesmas preocupações cristológicas, bem como um gênero semelhante (com sinal e interpretação). O complicado fundo cristológico mostra que tal relato não é um tipo gerado pela curiosidade popular, mas que pertence à reflexão aprendida[330].

Assim, em meio às muitas propostas, o polimorfismo apresenta uma compreensão da Transfiguração como uma teofania e, por outro, uma interpretação da multiplicidade das figuras como método pedagógico e como a expressão apropriada da indescritível divindade de Jesus[331]. Essa proposta é a adotada por este livro, pois se verifica no relato da Transfiguração lucano uma multiplicidade de tradições, principalmente: a tradição do Sinai, a epifania e as histórias de aparições angelicais. Estas tradições estão permeadas de conotações apocalípticas.

2.6. Crítica da redação e comparação sinótica

Uma vez identificada comumente que a principal fonte do relato, Mc 9,2-8, é necessário fazer uma comparação sinótica a fim de constatar se há o uso apenas dessa fonte ou se pode-se apontar para uma outra fonte por detrás da composição da perícope. Para tanto, busca-se identificar onde o Evangelho de Lucas copia fielmente a sua fonte marcana sem modificá-la, também é importante procurar por acréscimos que adaptam melhor o relato à situação da comunidade lucana. Outra questão é procurar as supressões, onde há a omissão de um elemento marcano e, por último, a troca, onde o Evangelho de Lucas muda um elemento que não parece se encaixar com seus propósitos.

Para a realização dessa comparação utiliza-se uma legenda que está inserida nas tabelas abaixo. As palavras e expressões em negrito indicam coincidências

---

330. BOVON, F.; KOESTER, H., *Luke 1*: a commentary on the Gospel of Luke 1:1–9:50, p. 372.

331. Essa afirmação leva em conta também os chamados livros apócrifos, como o Apocalipse de Pedro, que demonstram que a história da Transfiguração é bem conhecida no segundo século e que foi usada para falar das muitas maneiras de se entender o Jesus crido. FOSTER, P., *Polymorphic Chistology*: Its Origin and Development in Early Chistianity, p. 66-99.

literais entre Lucas e Marcos, as que estão em itálico referem-se ao uso de sinônimos ou modificações de tempos verbais, sem alteração de sentido, enquanto que o que está sublinhado são os acréscimos de Lucas em Marcos e os colchetes são as omissões de Lucas em relação a Marcos.

Existem muitas coincidências entre a narrativa lucana e a narrativa mateana da Transfiguração, em oposição à narrativa no Evangelho de Marcos[332], também será realizada uma comparação sinótica entre essas perícopes. Será utilizada a mesma legenda acima a partir da ideia de que Lucas dependeu de Mateus. Essa ideia serve de exercício exegético a fim de extrair as características de vocabulário, estilo e pensamento teológico de cada Evangelho.

2.6.1. Lucas e Marcos

A primeira constatação é a de que o texto do Evangelho de Lucas é maior do que o do Evangelho de Marcos: em Lucas há 178 palavras enquanto que em Marcos há 121 palavras. Esse aumento se deve ao fato de Lucas realizar um trabalho redacional mais intenso no material narrativo[333].

Texto Grego (Lc 9,28)	Texto Grego (Mc 9,2abc)
²⁸ Ἐγένετο δὲ **μετὰ** <u>τοὺς λόγους τούτους</u> ὡσεὶ *ἡμέραι ὀκτὼ* [**καὶ**] *παραλαβὼν* **Πέτρον καὶ Ἰωάννην καὶ Ἰάκωβον** *ἀνέβη* εἰς <u>τὸ</u> **ὄρος** <u>προσεύξασθαι</u>.	² Καὶ **μετὰ** *ἡμέρας ἓξ παραλαμβάνει* [ὁ Ἰησοῦς τὸν] **Πέτρον καὶ** [τὸν] **Ἰάκωβον καὶ** [τὸν] **Ἰωάννην** [καὶ] *ἀναφέρει* [αὐτοὺς] εἰς **ὄρος** [ὑψηλὸν κατ' ἰδίαν μόνους].
Tradução Literal (Lc 9,28)	**Tradução Literal (Mc 9,2abc)**
²⁸ *E aconteceu* **depois de** <u>as palavras estas</u> *como que dias oito* **e** *tomando consigo* **Pedro e João e Tiago** *subiu* **para** <u>o</u> **monte** <u>para orar</u>.	² *E* **depois de** *seis dias tomou consigo* [o Jesus a] **Pedro, a Tiago e** [a] **João e** *fez subir* [os mesmos] **para monte** [alto a sós, sozinhos].

Tabela 3: Lc 9,28 e Mc 9,2

---

332. FITZMYER, J. A., *El Evangelio Segun Lucas III (8 – 18)*, p. 124. O autor desta obra cita dois trabalhos que apontam a possibilidade de Mateus e Lucas terem tido acesso a uma tradição comum. DABROWSKI, E., *La transfiguraron de Jésus*, p. 21; ELLIS, E. E., *The Composition of Luke 9 and the Source of Its Christology*, p. 122-124.

333. WEGNER, U., *Exegese do Novo Testamento*, p. 163.

A preposição acusativa μετὰ é a primeira coincidência literal do v. 28 em relação ao v. 2 do Evangelho de Marcos. Depois, a repetição dos nomes Πέτρον καὶ Ἰωάννην καὶ Ἰάκωβον segue idêntica, sendo que temos a omissão dos artigos τὸν na frente dos nomes e a inversão da sequência dos nomes de Tiago e João. A expressão εἰς ὄρος também aparece de forma idêntica, sendo que Lucas acrescenta o artigo τὸ entre essas duas palavras.

Em relação às substituições, Lucas utiliza a expressão Ἐγένετο δὲ em lugar do Καί introdutório de Marcos. Por Ἐγένετο δὲ ser uma fórmula introdutória lucana, a substituição se dá por questões estilísticas. O verbo παραλαμβάνω, que em Marcos aparece no indicativo presente ativo e na 3ª pessoa do singular (παραλαμβάνει), é modificado e aparece no particípio aoristo ativo nominativo masculino singular (παραλαβὼν). O substantivo ἡμέρα também sofre uma modificação, de acusativo feminino plural em Marcos, para nominativo feminino plural em Lucas (ἡμέραι). O número ἕξ de Marcos é substituído pelo ὀκτὼ que aparece com o acréscimo do advérbio ὡσεί. O verbo ἀναβαίνω substitui o verbo ἀναφέρω marcano.

Em relação aos acréscimos lucanos, temos a expressão τοὺς λόγους τούτους ὡσεὶ que é redacional com o objetivo de ligar o relato da Transfiguração à perícope anterior. Depois, tem-se a finalidade da subida ao monte, com a inclusão do verbo προσεύχομαι no infinitivo aoristo médio (προσεύξασθαι).

Dentre as omissões em relação ao texto de Marcos, verifica-se a retirada do nome de Jesus (ὁ Ἰησοῦς) do início da narrativa, juntamente com a retirada de três artigos (τὸν) e uma conjunção (καί). Também se omite o pronome αὐτούς, que repete mais uma vez – no início da narrativa do texto de Marcos – Pedro, João e Tiago como objeto da ação de Jesus. O adjetivo no acusativo ὑψηλὸν que caracteriza o monte como alto é retirado, nem como a expressão κατ' ἰδίαν μόνους, que parece apresentar uma redundância de informações, não aparece no texto lucano.

Nesse primeiro momento verifica-se duas mudanças importantes, a primeira a mudança no número de dias, de seis para oito, e, a segunda, a inserção do propósito ou finalidade da subida ao monte: para orar. Tais informações não poderiam vir de uma fonte não marcana, uma vez que há outras perícopes que tratam do tema, algumas, inclusive, que na comparação com Marcos e Mateus não traziam a menção da oração (Lc 3,21; 6,12). Assim, essa última mudança encaixa-se perfeitamente na teologia proposta pelo autor.

Texto Grego (Lc 9,29)	Texto Grego (Mc 9,2d-3)
²⁹ καὶ ἐγένετο ἐν τῷ προσεύχεσθαι αὐτὸν τὸ εἶδος τοῦ προσώπου αὐτοῦ ἕτερον **καὶ** ὁ ἱματισμὸς **αὐτοῦ** λευκὸς ἐξαστράπτων.	²ᵈ [καὶ μετεμορφώθη ἔμπροσθεν αὐτῶν], 3 **καὶ** τὰ ἱμάτια **αὐτοῦ** [ἐγένετο στίλβοντα] λευκὰ [λίαν], [οἷα γναφεὺς ἐπὶ τῆς γῆς οὐ δύναται οὕτως λευκᾶναι].
Tradução Literal (Lc 9,29)	**Tradução Literal (Mc 9,2d-3)**
²⁹ E aconteceu em o orar ele a aparência do rosto dele outra (se tornou) **e** *a roupa* **dele** *branca resplandecente*.	²ᵈ [E foi transfigurado diante deles], 3 **E** *as vestes* **dele** [se tornaram brilhantes muito] *brancas* [tais como lavandeiro sobre a terra não pode assim branquear].

Tabela 4: Lc 9,29 e Mc 9,2-3

O v. 29 de Lucas se relaciona com o final do v. 2 e o v. 3 de Marcos. Em relação às coincidências literais tem-se somente a preservação de um καί e do pronome αὐτοῦ. Com isso, verifica-se um grande acréscimo introdutório: καὶ ἐγένετο ἐν τῷ προσεύχεσθαι αὐτόν, significando assim que sua mudança se dá por causa da oração que fazia naquele momento. Agora, ao descrever a mudança pela qual Jesus passa, temos outro trecho inserido: τὸ εἶδος τοῦ προσώπου αὐτοῦ ἕτερον. Esse acréscimo pode até ser entendido como uma substituição, pois o trecho final do v. 2 marcano (καὶ μετεμορφώθη ἔμπροσθεν αὐτῶν) não se encontra no relato lucano e, no lugar dele, temos essa informação. A omissão do verbo μεταμορφόω no passivo divino (μετεμορφώθη) causa dificuldade para os intérpretes de Lucas. A expressão εἶδος ἕτερον pode ser entendida como uma substituição.

Somente depois dessas inserções é que temos um trecho semelhante ao de Marcos que apresenta a mudança na roupa de Jesus. No lugar de καὶ τὰ ἱμάτια αὐτοῦ ἐγένετο στίλβοντα λευκὰ λίαν encontra-se em Lucas a seguinte descrição καὶ ὁ ἱματισμὸς αὐτοῦ λευκὸς ἐξαστράπτων. Marcos traz τὰ ἱμάτια no nominativo e no plural, enquanto Lucas o modifica para o singular ao trazer ὁ ἱματισμὸς. Da mesma maneira, o adjetivo λευκὰ que aparece no plural em Marcos é modificado para o singular em Lucas: λευκὸς. Temos a omissão do adjetivo λίαν ao falar da roupa.

Outra modificação que aparece é a seguinte: enquanto Marcos traz o verbo στίλβω para falar das vestes, Lucas o substitui pelo verbo ἐξαστράπτω. Por fim, o trecho marcano que traz uma imagem de comparação com relação às vestes – οἷα γναφεὺς ἐπὶ τῆς γῆς οὐ δύναται οὕτως λευκᾶναι – é omitido por Lucas.

As mudanças e omissões mais uma vez são significativas. A inclusão da expressão τὸ εἶδος faz com que a perícope ganhe um novo tema, isto é, o tema da nova aparência de Jesus e de sua roupa. O abandono do importante verbo μεταμορφόω tem uma relação direta com os destinatários do escrito. Conforme foi visto na crítica da forma, εἶδος é uma palavra que aparece apenas 5 vezes no NT, sendo duas em Lucas, e que tem também um número expressivo na LXX. Há então uma mudança proposital por parte do autor que faz com que a cena inaugure uma nova teologia, que traz um termo não presente nos sinóticos e aparece associado ao rosto e à roupa de Jesus.

Texto Grego (Lc 9,30)	Texto Grego (Mc 9,4)
³⁰ καὶ ἰδοὺ ἄνδρες δύο συνελάλουν αὐτῷ, οἵτινες ἦσαν Μωϋσῆς καὶ Ἠλίας,	⁴ καὶ [ὤφθη αὐτοῖς] Ἠλίας σὺν Μωϋσεῖ [καὶ] ἦσαν συλλαλοῦντες τῷ Ἰησοῦ.
Tradução Literal (Lc 9,30)	Tradução Literal (Mc 9,4)
³⁰ E eis que homens dois *conversavam com ele* os quais **eram** *Moisés e Elias*,	⁴ E [apareceu a eles] **Elias** e *Moisés*, [e] **estavam** *conversando com Jesus*.

Tabela 5: Lc 9,30 e Mc 9,4

O v. 30 da Transfiguração lucana equivale ao v. 4 de Marcos do mesmo relato. Entre as coincidências literais verifica-se: o καί inicial, o uso do mesmo verbo εἰμί, no indicativo imperfeito ativo, 3ª pessoa do plural, isto é, ἦσαν. E a palavra Ἠλίας no nominativo masculino singular. Do texto de Marcos é omitido as seguintes palavras: o verbo ὁράω no indicativo aoristo passivo, na 3ª pessoa do singular, isto é, ὤφθη; o pronome αὐτοῖς e a conjunção καί.

Os acréscimos realizados por Lucas vão se ligar diretamente às modificações. Assim, o acréscimo da expressão ἰδοὺ ἄνδρες δύο faz com que o verbo συλλαλέω – que em Marcos aparece no particípio presente ativo nominativo masculino plural, συλλαλοῦντες – seja modificado em Lucas para o indicativo imperfeito ativo 3ª pessoa do plural, συνελάλουν. Agora o verbo é usado para concordar com o sujeito ἄνδρες δύο. Como consequência há uma modificação com relação ao objeto indireto da frase, no lugar de τῷ Ἰησοῦ, temos uma substituição para o pronome αὐτῷ.

O acréscimo do pronome relativo masculino plural οἵτινες, que inicia a segunda segmentação, passa a ser o sujeito do verbo εἰμί que faz com que o σὺν

Μωϋσεῖ de Marcos seja modificado para Μωϋσῆς καὶ em Lucas. Temos então a inversão nos nomes que assemelha Lucas à ordem de Mateus.

Constata-se agora o tema das testemunhas, Moisés e Elias, que são apresentados como ἄνδρες. Um termo que, como vimos anteriormente, aparece 27 vezes no Evangelho. Inaugura-se um novo tema por meio de uma palavra lucana, pois perpassa todo o Evangelho: as testemunhas (Moisés e Elias) são homens. Obviamente o autor quer desenvolver um contraste com Jesus no relato.

Texto Grego (Lc 9,31-32)	Tradução Literal (Lc 9,31-32)
³¹ οἳ ὀφθέντες ἐν δόξῃ ἔλεγον τὴν ἔξοδον αὐτοῦ, ἣν ἤμελλεν πληροῦν ἐν Ἰερουσαλήμ. ³² ὁ δὲ Πέτρος καὶ οἱ σὺν αὐτῷ ἦσαν βεβαρημένοι ὕπνῳ· διαγρηγορήσαντες δὲ εἶδον τὴν δόξαν αὐτοῦ καὶ τοὺς δύο ἄνδρας τοὺς συνεστῶτας αὐτῷ.	³¹ que tendo aparecido em glória falavam da partida dele, que iria cumprir em Jerusalém. ³² Mas Pedro e os que com Ele estavam sobrecarregados de sono mas tendo ficado acordados viram a glória dele e os dois homens presentes com Ele.

Tabela 6: Lc 9,31-32

Os vv. 31 e 32 da Transfiguração lucana são acréscimos que trazem novas informações, diferentes tanto de Marcos como de Mateus. O v. 31 é redacional. Constata-se essa declaração, primeiramente pela inserção de uma palavra importante para Lucas: δόξα. Logo, as testemunhas, que são homens, possuem uma glória agora. A inserção apresenta também o conteúdo da conversa de Jesus com Moisés e Elias, que é ἔξοδον αὐτοῦ. A execução é iminente (ἤμελλεν), e acontecerá em Jerusalém (Ἰερουσαλήμ). O verbo πληροῦν designa no Evangelho de Lucas a realização da vontade de Deus. Assim, o v. 31 indica um futuro próximo.

No v. 32, a visão do narrador passa agora da cena extraordinária para os três discípulos escolhidos. Mas até mesmo a descrição deles ainda serve à majestade do evento. A reação deles comunica ao leitor algo do brilho insuportável da Transfiguração. Tem-se a tradição de Pedro expressando seu contentamento sobre o que aconteceu. Por essa razão, Lucas escolhe o tema do sono, que também é familiar (At 16,27; 20,9), e talvez tenha sido sugerido a ele pelo relato de Marcos do Getsêmani (Mc 14,37-42). A formulação lucana mostra a simetria entre as três figuras vindas de cima e os três discípulos de baixo e, com isso, destaca a participação humana na glória a ser revelada.

Texto Grego (Lc 9,33)	Texto Grego (Mc 9,5-6)
³³ καὶ ἐγένετο ἐν τῷ διαχωρίζεσθαι αὐτοὺς ἀπ' αὐτοῦ εἶπεν ὁ **Πέτρος** πρὸς τὸν Ἰησοῦν· ἐπιστάτα, **καλόν ἐστιν ἡμᾶς ὧδε εἶναι, καὶ ποιήσωμεν σκηνὰς τρεῖς, μίαν σοὶ καὶ μίαν Μωϋσεῖ καὶ μίαν Ἠλίᾳ**, μὴ εἰδὼς ὃ λέγει.	⁵ [καὶ ἀποκριθεὶς] ὁ **Πέτρος** λέγει τῷ Ἰησοῦ· ῥαββί, **καλόν ἐστιν ἡμᾶς ὧδε εἶναι, καὶ ποιήσωμεν τρεῖς σκηνάς, σοὶ μίαν καὶ Μωϋσεῖ μίαν καὶ Ἠλίᾳ μίαν.** ⁶ οὐ [γὰρ] ᾔδει τί ἀποκριθῇ, [ἔκφοβοι γὰρ ἐγένοντο].
Tradução Literal (Lc 9,33)	**Tradução Literal (Mc 9,5-6)**
³³ E aconteceu em o afastarem-se eles de ele disse o **Pedro** a o *Jesus*: *Mestre*, **bom é nós aqui estarmos e façamos tendas três uma para ti e uma para Moisés e uma para Elias**, *não sabendo o que diz.*	⁵ [E tomando a palavra] o **Pedro** diz a *Jesus*: *Mestre*, **bom é nós aqui estarmos, e façamos três tendas, para ti uma, para Moisés uma e para Elias uma.** ⁶ [Pois] *não sabia o que responder*, [porque apavorados tinham ficado].

Tabela 7: Lc 9,33 e Mc 9,5-6

O v. 33 possui relação com os vv. 5 e 6 de Marcos. Temos primeiramente um acréscimo inicial como fruto da grande inserção feita nos vv. 31 e 32 ao relato de sua fonte: καὶ ἐγένετο ἐν τῷ διαχωρίζεσθαι αὐτοὺς ἀπ' αὐτοῦ. Em relação ao uso do verbo λέγω (εἶπεν: como fórmula introdutória de discurso), é omitido o verbo ἀποκριθεὶς encontrado no texto de Marcos (Mc 9,5, ver Mt 17,4) pois o mesmo não é usado em resposta a uma pergunta ou pedido real, mas para o início de um novo discurso. Por isso, temos o acréscimo da preposição πρὸς e a substituição de τῷ Ἰησοῦ de Marcos por τὸν Ἰησοῦν no texto lucano. Assim, temos a primeira menção do nome de Jesus em nossa perícope.

Mas a maior parte desse versículo corresponde às mesmas palavras e casos do texto de Marcos, possuindo apenas algumas inversões. Assim, as coincidências literais seriam: ὁ Πέτρος e o trecho da fala de Pedro sem o vocativo καλόν ἐστιν ἡμᾶς ὧδε εἶναι, καὶ ποιήσωμεν σκηνὰς τρεῖς, μίαν σοὶ καὶ μίαν Μωϋσεῖ καὶ μίαν Ἠλίᾳ. Sobre o vocativo da fala petrina, há uma substituição, no lugar da palavra ῥαββί de Marcos, temos ἐπιστάτα em Lucas. Verifica-se um exemplo de que Lucas, muitas vezes, seculariza o estilo de Marcos[334]. A expressão σκηνὰς τρεῖς, nesse trecho, destaca que tanto Marcos como Lucas possuem uma concordância de nar-

---

334. Para outros exemplos dessa secularização no Evangelho de Lucas. MOULTON, J. H., *Grammar of New Testament Greek*, vol. IV: Style, p. 57.

ração e uma completa identidade de expressão. Em ambos os casos são usadas as mesmas palavras.

As outras modificações desse trecho da Transfiguração lucana em relação ao relato de Marcos aparecem na fala do narrador e equivale ao v. 6 de Marcos. O advérbio οὐ é substituído pela partícula μὴ. O verbo οἶδα, que em Marcos aparece no indicativo perfeito ativo, 3ª pessoa do singular, isto é, ᾔδει, aparece em Lucas no particípio perfeito ativo nominativo masculino singular, ou seja, εἰδὼς.

O pronome interrogativo τί e o verbo ἀποκρίνομαι que aparecem em Mc 9,6 no aoristo passivo do subjuntivo, na 3ª pessoa do singular (ἀποκριθῇ), são omitidos do texto lucano, bem como a conjunção γὰρ. A frase final marcana (ἔκφοβοι γὰρ ἐγένοντο.) é totalmente omitida.

À luz das novas informações a respeito dos discípulos e de Pedro, o porta-voz dos três, verifica-se a importância de se entender o sentido σκηνὰς τρεῖς diante dos acréscimos redacionais feitos pelo redator. Como, por exemplo, relacionar o sono dos discípulos com a declaração petrina que chama Jesus de ἐπιστάτα e que, como verificou-se acima, na Crítica da Forma, é um termo que só aparece em Lucas no NT.

Texto Grego (Lc 9,34)	Texto Grego (Mc 9,7a)
³⁴ ταῦτα δὲ αὐτοῦ λέγοντος ἐγένετο νεφέλη καὶ *ἐπεσκίαζεν αὐτούς*· ἐφοβήθησαν δὲ ἐν τῷ εἰσελθεῖν αὐτοὺς εἰς τὴν νεφέλην.	⁷ καὶ ἐγένετο νεφέλη *ἐπισκιάζουσα αὐτοῖς*,
Tradução Literal (Lc 9,34)	**Tradução Literal (Mc 9,7a)**
³⁴ E estas coisas ele dizendo **apareceu (uma) nuvem** e *sombreava a eles*; e temeram em entrarem eles na nuvem.	⁷ **E apareceu uma nuvem** *sombreando a eles*,

Tabela 8: Lc 9,34 e Mc 9,7

O v. 34 apresenta quase todo ele informações novas em relação ao texto marcano. Esse versículo corresponde a algumas palavras do v. 7 de Marcos, sendo a maioria com modificações nos casos em virtude da reformulação feita por Lucas. As coincidências literais seriam apenas a presença de uma conjunção καὶ; o verbo γίνομαι indicativo aoristo médio, 3ª pessoa do singular (ἐγένετο), e o substantivo feminino νεφέλη.

O verbo ἐπισκιάζω, que em Marcos aparece no particípio presente ativo nominativo feminino singular (ἐπισκιάζουσα), no texto lucano tem-se o mesmo verbo no indicativo imperfeito ativo, 3ª pessoa do singular (ἐπεσκίαζεν). Como consequência da mudança no tempo verbal, o pronome dativo αὐτοῖς de Marcos foi modificado também por Lucas para o acusativo αὐτούς.

Em relação aos acréscimos mencionados acima que o v. 34 apresenta, verifica-se o trecho inicial ταῦτα δὲ αὐτοῦ λέγοντος. Mais uma vez, apresenta-se um trecho redacional para introduzir a cena da nuvem, porém com mais um acréscimo que aprofunda a perícope em um relato de teofania ao apresentar a oração: ἐφοβήθησαν δὲ ἐν τῷ εἰσελθεῖν αὐτοὺς εἰς τὴν νεφέλην.

Texto Grego (Lc 9,35)	Texto Grego (Mc 9,7bcd)
³⁵ καὶ φωνὴ ἐγένετο ἐκ τῆς νεφέλης λέγουσα· οὗτός ἐστιν ὁ υἱός μου ὁ ἐκλελεγμένος, αὐτοῦ ἀκούετε.	⁷ καὶ ἐγένετο φωνὴ ἐκ τῆς νεφέλης· οὗτός ἐστιν ὁ υἱός μου ὁ *ἀγαπητός*, ἀκούετε αὐτοῦ.
Tradução Literal (Lc 9,35)	Tradução Literal (Mc 9,7bcd)
³⁵ E (uma) **voz veio de a nuvem** *dizendo*: Este é o Filho meu, o *eleito*; a Ele ouvi.	⁷ e houve uma voz da nuvem: Este é o meu Filho, o *amado*, ouvi a Ele.

Tabela 9: Lc 9,35 e Mc 9,7

Após a inserção dessas novas informações e modificações, o v. 35 apresenta uma grande correspondência com o v. 7 de Marcos. Primeiramente o trecho inicial καὶ φωνὴ ἐγένετο ἐκ τῆς νεφέλης possui as mesmas palavras do texto marcano, apenas com uma inversão, o ἐγένετο φωνὴ é invertido para φωνὴ ἐγένετο em Lucas. Após a inclusão do verbo λέγω no particípio presente ativo nominativo feminino singular (λέγουσα), segue mais um trecho semelhante ao relato marcano οὗτός ἐστιν ὁ υἱός μου ὁ.

Sendo que o artigo nominativo masculino singular ὁ concorda com uma nova palavra, ao invés de ἀγαπητός, temos um *hápax legomena*, o verbo ἐκλέγω no particípio perfeito passivo nominativo masculino singular, isto é, na forma ἐκλελεγμένος. Assim, temos uma outra coincidência literal, mas que aparece de forma invertida. Em Marcos temos ἀκούετε αὐτοῦ e em Lucas αὐτοῦ ἀκούετε.

Texto Grego (Lc 9,36)	Texto Grego (Mc 9,8)
³⁶ καὶ ἐν τῷ γενέσθαι τὴν φωνὴν εὑρέθη Ἰησοῦς μόνος. καὶ αὐτοὶ ἐσίγησαν καὶ οὐδενὶ ἀπήγγειλαν ἐν ἐκείναις ταῖς ἡμέραις οὐδὲν ὧν ἑώρακαν.	⁸ καὶ [ἐξάπινα περιβλεψάμενοι οὐκέτι οὐδένα εἶδον ἀλλὰ τὸν] Ἰησοῦν μόνον [μεθ' ἑαυτῶν].
Tradução Literal (Lc 9,36)	**Tradução Literal (Mc 9,8)**
³⁶ E <u>no aparecer a voz foi achado Jesus sozinho</u> e eles calaram. E ninguém relataram naqueles dias nada das coisas que tinham visto.	⁸ E [de repente tendo olhado em volta não mais a ninguém viram mas] *Jesus somente* [com eles].

Tabela 10: Lc 9,36 e Mc 9,8

O v. 36 de Lucas fecha a perícope da Transfiguração no terceiro Evangelho. Depois da conjunção inicial καί, temos um acréscimo ἐν τῷ γενέσθαι τὴν φωνὴν εὑρέθη seguido de duas palavras modificadas por causa da mudança de caso. Por isso, o substantivo e o adjetivo no acusativo de Marcos (Ἰησοῦν μόνον) foi modificado para o caso nominativo em Lucas (Ἰησοῦς μόνος).

Depois disso, todo o trecho final lucano καὶ αὐτοὶ ἐσίγησαν καὶ οὐδενὶ ἀπήγγειλαν ἐν ἐκείναις ταῖς ἡμέραις οὐδὲν ὧν ἑώρακαν é um acréscimo que consequentemente fez com que Lucas omitisse todo o trecho final marcano que se encontra no v. 8 que traz: ἐξάπινα περιβλεψάμενοι οὐκέτι οὐδένα εἶδον ἀλλὰ τὸν Ἰησοῦν μόνον (essas duas palavras foram modificadas conforme visto acima) μεθ' ἑαυτῶν.

2.6.2. Lucas e Mateus

Na comparação com Mateus, verifica-se que o texto do Evangelho de Lucas também é maior do que o do Evangelho de Mateus: em Lucas há 178 palavras enquanto que em Mateus há 143 palavras. Vê-se, com isso, que a atividade redacional de Lucas foi mais intensa do que a de Mateus em sua proposta de atualizar sua fonte para seus destinatários.

Texto Grego (Lc 9,28)	Texto Grego (Mt 17,1)
²⁸ Ἐγένετο δὲ **μετὰ** <u>τοὺς λόγους τούτους ὡσεὶ</u> ἡμέραι ὀκτὼ [<u>καὶ</u>] παραλαβὼν **Πέτρον καὶ Ἰωάννην καὶ Ἰάκωβον** ἀνέβη εἰς <u>τὸ</u> **ὄρος** <u>προσεύξασθαι</u>.	¹ Καὶ **μεθ'** ἡμέρας ἓξ παραλαμβάνει [ὁ Ἰησοῦς τὸν] **Πέτρον καὶ Ἰάκωβον καὶ Ἰωάννην** [τὸν ἀδελφὸν αὐτοῦ καὶ] ἀναφέρει [αὐτοὺς] εἰς **ὄρος** [ὑψηλὸν κατ' ἰδίαν].
Tradução Literal (Lc 9,28)	**Tradução Literal (Mt 17,1)**
²⁸ E aconteceu **depois** <u>de as palavras estas como que</u> dias oito <u>e</u> tomando consigo **Pedro e João e Tiago** subiu **para** <u>o</u> **monte** <u>para orar</u>.	¹ E **depois** de seis dias tomou consigo [Jesus], a **Pedro, Tiago e João**, [o irmão dele, e] fez subir [os mesmos] **para monte** [alto, a sós].

Tabela 11: Lc 9,28 e Mt 17,1

A preposição acusativa μετὰ também é a primeira coincidência literal do v. 28 em relação ao v. 1 do Evangelho de Mateus. Depois, a repetição dos nomes Πέτρον καὶ Ἰωάννην καὶ Ἰάκωβον segue com a inversão da sequência dos nomes de Tiago e João. A expressão εἰς ὄρος também aparece de forma idêntica, sendo que Lucas acrescenta o artigo τὸ entre essas duas palavras.

Em relação às substituições, Lucas utiliza a expressão Ἐγένετο δὲ em lugar do Καί introdutório de Mateus. Por Ἐγένετο δὲ ser uma fórmula introdutória lucana, a substituição se dá por questões estilísticas. O verbo παραλαμβάνω, que em Mateus aparece no indicativo presente ativo e na 3ª pessoa do singular (παραλαμβάνει), é modificado e aparece no particípio aoristo ativo nominativo masculino singular (παραλαβών). O substantivo ἡμέρα também sofre uma modificação, de acusativo feminino plural em Mateus, para nominativo feminino plural em Lucas (ἡμέραι). O número ἓξ de Mateus é substituído pelo ὀκτὼ que aparece com o acréscimo do advérbio ὡσεὶ. O verbo ἀναβαίνω substitui o verbo ἀναφέρω mateano.

Em relação aos acréscimos lucanos, temos a expressão τοὺς λόγους τούτους ὡσεὶ que é redacional com o objetivo de ligar o relato da Transfiguração à perícope anterior. Depois, tem-se a finalidade da subida ao monte, com a inclusão do verbo προσεύχομαι no infinitivo aoristo médio (προσεύξασθαι).

Dentre as omissões em relação ao texto de Mateus, verifica-se a retirada do nome de Jesus (ὁ Ἰησοῦς) do início da narrativa, juntamente com a retirada da expressão "o irmão dele" (τὸν ἀδελφὸν αὐτοῦ) que serve como uma glosa explicativa da ligação de Tiago com João. O pronome αὐτοὺς, traduzido como "os mesmos" também não aparece. O adjetivo no acusativo ὑψηλὸν que caracteriza o monte como alto é retirado, bem como a expressão κατ' ἰδίαν μόνους que enfatiza que somente estão no monte Jesus e esses três discípulos.

Texto Grego (Lc 9,29)	Texto Grego (Mt 17,2)
²⁹ καὶ ἐγένετο ἐν τῷ προσεύχεσθαι αὐτὸν τὸ εἶδος τοῦ προσώπου **αὐτοῦ** ἕτερον καὶ ὁ ἱματισμὸς **αὐτοῦ** λευκὸς ἐξαστράπτων.	² **καὶ** [μετεμορφώθη ἔμπροσθεν αὐτῶν, καὶ ἔλαμψεν] τὸ πρόσωπον **αὐτοῦ** [ὡς ὁ ἥλιος], τὰ δὲ ἱμάτια **αὐτοῦ** [ἐγένετο] λευκὰ [ὡς τὸ] φῶς.
Tradução Literal (Lc 9,29)	**Tradução Literal (Mt 17,2)**
²⁹ **E** aconteceu em o orar ele *a aparência do rosto* **dele** outra *e a roupa* **dele** *branca resplandecente.*	² **E** [foi transfigurado diante deles e brilhou] *o rosto* **dele** [como o sol] *e as vestes* **dele** [se tornaram] *brancas* [como a] *luz.*

Tabela 12: Lc 9,29 e Mt 17,2

O v. 29 de Lucas se relaciona com o v. 2 de Mateus. Há poucas coincidências literais, são elas o καί inicial, e 2 vezes o uso do pronome αὐτοῦ. Com isso, verifica-se um grande acréscimo introdutório: ἐγένετο ἐν τῷ προσεύχεσθαι αὐτὸν, significando assim que sua mudança se dá por causa da oração que Jesus fazia naquele momento. Agora, ao descrever a mudança pela qual Jesus passa, temos outro acréscimo, a palavra ἕτερον. Há, também, substituições significativas que modificam bastante o que acontece com Jesus: τὸ εἶδος τοῦ προσώπου, καὶ ὁ ἱματισμὸς e, ainda, λευκὸς ἐξαστράπτων. Assim, é omitido de Mateus o trecho inicial μετεμορφώθη ἔμπροσθεν αὐτῶν, καὶ ἔλαμψεν, bem como o elemento de comparação ao falar do rosto, "como o sol" (ὡς ὁ ἥλιος) e a retirada da expressão comparativa ao falar da roupa "como a" (ὡς τὸ). Ao invés de usar a palavra φῶς, fruto da comparação realizada no texto mateano, Lucas prefere o verbo ἐξαστράπτω no particípio (ἐξαστράπτων). Em Mateus, as roupas se tornam brancas (uso do verbo γίνομαι no indicativo aoristo médio), em Lucas, elas já são descritas como brancas reluzentes.

Texto Grego (Lc 9,30)	Texto Grego (Mt 17,3)
³⁰ καὶ ἰδοὺ ἄνδρες δύο συνελάλουν αὐτῷ, οἵτινες ἦσαν **Μωϋσῆς καὶ Ἠλίας**,	³ **καὶ ἰδοὺ** [ὤφθη αὐτοῖς] **Μωϋσῆς καὶ Ἠλίας** συλλαλοῦντες μετ' αὐτοῦ.
Tradução Literal (Lc 9,30)	**Tradução Literal (Mt 17,3)**
³⁰ **E eis que** dois homens *conversavam com Ele* os quais eram **Moisés e Elias**,	³ **E eis que** [apareceu a eles] **Moisés e Elias** *conversando com Ele.*

Tabela 13: Lc 9,30 e Mt 17,3

113

O v. 30 de Lucas apresenta as seguintes coincidências literais: a mesma fórmula de início, καὶ ἰδοὺ e a repetição dos nomes de Μωϋσῆς καὶ Ἠλίας na mesma ordem. Há a substituição do verbo συλλαλέω que em Lucas está no indicativo imperfeito ativo 3ª pessoa do plural, συνελάλουν, que é usado para concordar com o sujeito ἄνδρες δύο. Em Mateus esse verbo encontra-se no particípio presente ativo nominativo masculino plural, συλλαλοῦντες. Como consequência, há uma modificação com relação ao objeto indireto da frase, no lugar de μετ' αὐτοῦ, temos uma substituição para o pronome αὐτῷ. Tem-se então que ἄνδρες δύο é um acréscimo, assim como οἵτινες ἦσαν. A ὤφθη αὐτοῖς é omitido do texto de Lucas. Os vv. 31-32 de Lucas são oriundos do seu trabalho redacional, conforme visto acima na tabela 6 da comparação sinótica entre Lucas e Marcos.

Texto Grego (Lc 9,33)	Texto Grego (Mt 17,4)
³³ καὶ ἐγένετο ἐν τῷ διαχωρίζεσθαι αὐτοὺς ἀπ' αὐτοῦ εἶπεν ὁ Πέτρος πρὸς τὸν Ἰησοῦν· ἐπιστάτα, καλόν ἐστιν ἡμᾶς ὧδε εἶναι, καὶ ποιήσωμεν σκηνὰς τρεῖς, μίαν σοὶ καὶ μίαν Μωϋσεῖ καὶ μίαν Ἠλίᾳ, μὴ εἰδὼς ὃ λέγει.	⁴ [ἀποκριθεὶς δὲ] ὁ Πέτρος εἶπεν τῷ Ἰησοῦ· κύριε, καλόν ἐστιν ἡμᾶς ὧδε εἶναι· εἰ θέλεις, ποιήσω [ὧδε] τρεῖς σκηνάς, σοὶ μίαν καὶ Μωϋσεῖ μίαν καὶ Ἠλίᾳ μίαν.
Tradução Literal (Lc 9,33)	**Tradução Literal (Mt 17,4)**
³³ E aconteceu em o afastarem-se eles de Ele disse o Pedro a o Jesus: Mestre, bom é nós aqui estarmos e façamos tendas três uma para ti e uma para Moisés e uma para Elias, não sabendo o que dizia.	⁴ [Tomando a Palavra] **Pedro disse** *a Jesus*: *Senhor*, **bom é nós aqui estarmos**, [se queres], *farei* [aqui] **três tendas, para ti uma, para Moisés uma e Elias uma**.

Tabela 14: Lc 9,33 e Mt 17,4

O v. 33 de Lucas está para o v. 4 de Mateus. Há um número significativo de coincidências literais, embora com algumas inversões: καλόν ἐστιν ἡμᾶς ὧδε εἶναι, depois σκηνὰς τρεῖς, μίαν σοὶ καὶ μίαν Μωϋσεῖ καὶ μίαν Ἠλίᾳ. Depois desse trecho há um acréscimo lucano semelhante a Marcos, a opinião do narrador sobre a fala de Pedro: μὴ εἰδὼς ὃ λέγει. Fora esse acréscimo, ainda há outro significativo no início, que traz καὶ ἐγένετο ἐν τῷ διαχωρίζεσθαι αὐτοὺς ἀπ' αὐτοῦ, bem diferente do trecho mateano omitido que traz ἀποκριθεὶς δὲ. As outras omissões são "se queres" (εἰ θέλεις) e o advérbio de lugar "aqui" (ὧδε). Chama atenção a diferença na forma de se referir a Jesus: κύριε em Mateus e ἐπιστάτα em Lucas. Há mais uma modificação na construção da introdução da fala de Pedro: τῷ Ἰησοῦ em Mateus e em Lucas τὸν Ἰησοῦν.

Texto Grego (Lc 9,34)	Texto Grego (Mt 17,5ab)
³⁴ ταῦτα δὲ **αὐτοῦ** *λέγοντος* <u>ἐγένετο</u> **νεφέλη** <u>καὶ</u> *ἐπεσκίαζεν* **αὐτούς**· <u>ἐφοβήθησαν δὲ ἐν τῷ εἰσελθεῖν αὐτοὺς εἰς τὴν νεφέλην</u>.	⁵ *ἔτι* **αὐτοῦ** *λαλοῦντος* [ἰδοὺ] **νεφέλη** [φωτεινὴ] *ἐπεσκίασεν* **αὐτούς**,
Tradução Literal (Lc 9,34)	**Tradução Literal (Mt 17,5)**
³⁴ *E estas coisas* **Ele** *dizendo* <u>apareceu</u> **nuvem** <u>e</u> *sombreava* **a eles**; <u>e temeram em entrarem eles na nuvem</u>.	⁵ *Ainda* **Ele** *falando* [eis] **nuvem** [luminosa] *sombreou* **a eles**

Tabela 15: Lc 9,34 e Mt 17,5ab

O v. 34 corresponde a uma parte do v. 5 mateano. As coincidências literais são poucas: αὐτοῦ, νεφέλη e αὐτούς. Já as modificações são fruto da mudança na cena, "e estas coisas dizendo" (ταῦτα δὲ λέγοντος) serve para mostrar duas coisas acontecendo simultaneamente, como consequência temos o verbo ἐπισκιάζω que em Lucas aparece no imperfeito ativo do indicativo 3ª pessoa do singular, enquanto que em Mateus no aoristo indicativo 3ª pessoa do singular. Os acréscimos lucanos são: o verbo γίνομαι no aoristo médio, uma conjunção καὶ e o trecho final que traz: ἐφοβήθησαν δὲ ἐν τῷ εἰσελθεῖν αὐτοὺς εἰς τὴν νεφέλην. O texto de Lucas traz 2 omissões em relação ao texto de Mateus, primeiro da interjeição ἰδοὺ e depois do adjetivo que caracteriza a nuvem φωτεινός (no texto no feminino, φωτεινὴ).

Texto Grego (Lc 9,35)	Texto Grego (Mt 17,5c)
³⁵ **καὶ φωνὴ** *ἐγένετο* **ἐκ τῆς νεφέλης λέγουσα· οὗτός ἐστιν ὁ υἱός μου ὁ** *ἐκλελεγμένος*, **αὐτοῦ ἀκούετε**.	⁵ᶜᵈ **καὶ** [ἰδοὺ] **φωνὴ ἐκ τῆς νεφέλης λέγουσα· οὗτός ἐστιν ὁ υἱός μου ὁ** *ἀγαπητός*, [ἐν ᾧ εὐδόκησα]· **ἀκούετε αὐτοῦ**.
Tradução Literal (Lc 9,35)	**Tradução Literal (Mt 17,5c)**
³⁵ **E voz** *veio* **da nuvem dizendo: Este é o Filho meu, o** *escolhido*; **a Ele ouvi**.	⁵ᶜᵈ **e** [eis] **voz da nuvem dizendo: Este é o meu Filho, o** *amado*, [em quem me comprazo], **escutai-o**.

Tabela 16: Lc 9,35 e Mt 17,5cd

115

Impressiona o quanto Lc 9,35 tem concidências literais com a segunda parte de Mt 17,5: καὶ φωνὴ ἐγένετο ἐκ τῆς νεφέλης λέγουσα· οὗτός ἐστιν ὁ υἱός μου ὁ. Desse trecho só houve uma omissão, da interjeição ἰδού. Uma substituição significativa na voz da nuvem, em lugar de ἀγαπητός, tem-se ἐκλελεγμένος. Por isso, ἐν ᾧ εὐδόκησα é omitido de Lucas e o "a Ele ouvi" αὐτοῦ ἀκούετε embora presentes as mesmas palavras de Mateus, possui uma inversão nas palavras em relação a este.

Texto Grego (Mt 17,6.7)	Tradução Literal (Mt 17,6.7)
⁶ καὶ ἀκούσαντες οἱ μαθηταὶ ἔπεσαν ἐπὶ πρόσωπον αὐτῶν καὶ ἐφοβήθησαν σφόδρα. ⁷ καὶ προσῆλθεν ὁ Ἰησοῦς καὶ ἁψάμενος αὐτῶν εἶπεν· ἐγέρθητε καὶ μὴ φοβεῖσθε.	⁶ E os discípulos tendo ouvido caíram sobre o rosto deles e temeram grandemente. ⁷ E aproximou-se Jesus e tocando neles disse: levantai-vos e não temais.

Tabela 17: Mt 17,6.7

Os vv. 6 e 7 de Mateus são acréscimos que dão à narrativa um caráter mais voltado para literatura apocalíptica judaica. O v. 6 tem uma linguagem de relatos de visões, bem como o v. 7 introduz uma fala encorajadora de Jesus àqueles que tinham presenciado o ocorrido. O acréscimo mostra como Mateus adicionou novos ditos de Jesus às tradições marcanas, com o objetivo de elaborar sua própria tradição[335].

Texto Grego (Lc 9,36)	Texto Grego (Mt 17,8)
³⁶ *καὶ ἐν τῷ γενέσθαι τὴν φωνὴν εὑρέθη Ἰησοῦς μόνος.* καὶ αὐτοὶ ἐσίγησαν καὶ οὐδενὶ <u>ἀπήγγειλαν ἐν ἐκείναις ταῖς ἡμέραις οὐδὲν ὧν</u> *ἑώρακαν*.	⁸ [ἐπάραντες] δὲ [τοὺς ὀφθαλμοὺς αὐτῶν] οὐδένα εἶδον [εἰ μὴ αὐτὸν] *Ἰησοῦν μόνον*.
Tradução Literal (Lc 9,36)	**Tradução Literal (Mt 17,8)**
³⁶ E no aparecer a voz foi achado *Jesus sozinho* e eles calaram. E *ninguém* <u>relataram naqueles dias nada das coisas que tinham</u> *visto*.	⁸ [E tendo erguido os olhos deles] *ninguém viram* [senão a Ele], *Jesus, somente*.

Tabela 18: Lc 9,36 e Mt 17,8

---

335. STANTON, G., *A Gospel for a New People*, p. 333.

O v. 36 termina a perícope lucana com uma construção diferente da de Mateus. Não há coincidências literais, a maior parte do texto são acréscimos ἐν τῷ γενέσθαι τὴν φωνὴν εὑρέθη, depois καὶ αὐτοὶ ἐσίγησαν e, ainda, ἀπήγγειλαν ἐν ἐκείναις ταῖς ἡμέραις οὐδὲν ὧν. O restante são modificações, fruto dos acréscimos e deslocamentos feitos por Lucas, que são Ἰησοῦς μόνος. καὶ αὐτοί, οὐδενὶ e no final ἑώρακαν. Isso fez com que não aparecessem de Mateus a parte inicial, ἐπάραντες τοὺς ὀφθαλμοὺς αὐτῶν e a cláusula de exceção "senão a Ele" (εἰ μὴ αὐτόν).

2.6.3. Desdobramentos redacionais

Os dados acima revelam três características da redação lucana: (1) o uso de *hápax legomena* é singular para o autor; (2) modificações de palavras e expressões por outras que estão presentes no restante de sua obra e (3) inserção de trechos novos que fazem com que o relato ganhe um sentido novo, quando comparado a Marcos e Mateus. Diante desses dados, seria possível a ideia de uma nova fonte para o relato. Assim, os pontos 1 e 3 seriam argumentos para a possibilidade da existência dessa fonte. Mas essa atribuição não poderia ser feita diretamente, isto é, como se fosse uma cópia, pois a própria análise redacional a partir de Marcos já mostra que os redatores dos evangelhos adaptaram seus próprios interesses teológicos às necessidades das comunidades destinatárias.

Nesse sentido, o prólogo lucano (Lc 1,1-4) nos ajuda na ideia de que o autor conheceu inúmeros relatos antes de elaborar o seu e, por isso, poderia ter sido influenciado por eles no seu processo criativo. Por influência não está se falando do uso de uma obra ou fonte, mas das ideias que se tornam pano de fundo para a "exposição em ordem" feita pelo autor. Essas, o autor se utilizou sem muitas vezes ter um texto em mãos. Dessa forma, verifica-se que Lucas desenvolve uma grande criatividade que, entende a tradição como passível de modificações, semelhante àquela apresentada em autores de uma época próxima a sua.

Verifica-se no desenvolvimento redacional dessa perícope aspectos teológicos que necessitam de aprofundamento. Para tanto, os demais capítulos desta obra servir-se-ão do que foi investigado até aqui a fim de perscrutar que cristologia ou cristologias o texto visa apresentar e que contribuem para a formação da cristologia lucana.

Capítulo 3 | O entorno da Transfiguração lucana

O texto da Transfiguração, da narrativa do Evangelho de Lucas, foi escrito dentro de um contexto cultural mais amplo da antiga cultura mediterrânea oriental (helenística) à qual Lucas pertencia. Este capítulo ajudará a esclarecer as crenças e tradições que Lucas compartilhou e adotou em seu ambiente cultural-religioso com ênfase naquelas que se relacionam com Lc 9,28-36. Serão estudados tanto o helenismo quanto o judaísmo, pois o judaísmo desse período, especialmente nas cidades gregas e romanas, foi completamente afetado pela cultura dominante do helenismo e, em menor grau, pela cultura de Roma, que era uma subcultura étnica dentro da cultura hegemônica helenística do Mediterrâneo[336].

O caminho proposto será o de analisar especificidades do relato da Transfiguração também em Marcos e Mateus, depois a tradição angelomórfica, presente no judaísmo desse período e, por fim, os deuses e homens divinos no mundo greco-romano, destacando no final a questão do culto ao imperador.

3.1. A Transfiguração em Marcos

A redação de Marcos, sobre a Transfiguração, reflete uma narração profundamente marcada pelo estilo e vocabulário do autor. As características marcantes são vistas no uso de *parataxis* e da coordenação de orações com καί, bem como o uso do presente histórico e do particípio[337]; a inserção do segredo messiânico; o uso de semitismos; a construção frasal "ressuscitar dentre os mortos" e o ὅτι (*porque*) recitativo. Além disso, outras marcas literárias são: o uso dos verbos

---

336. HENGEL, M., *Judaism and Hellenism*: Studies in their Encounter in Palestine during the Early Hellenistic Period, v. 2, p. 58-102.

337. TAYLOR, V., *Evangelio según San Marcos*, p. 69-71.

περιβλεψάμενοι (*olhando ao redor*) e ἐκράτησαν (*retiveram*), do advérbio λίαν (*muito*) e κατ' ἰδίαν (*a parte*), bem como da expressão καλόν ἐστιν (*é bom*)[338].

O v. 1 apresenta uma introdução ao relato. Em seguida, acontece a transfiguração de Jesus sobre um monte (vv. 2-8). Esta parte se divide em: localização geográfica (v. 2a); evento epifânico (v. 2b-7); Jesus sendo transfigurado diante de "Elias e Moisés" (vv. 2b-4); reação de Pedro (vv. 5-6); proclamação teofânica (v. 7) e Jesus sozinho (v. 8). Assim, o v. 9 seria uma conclusão do relato com a expressão καταβαινόντων αὐτῶν ἐκ τοῦ ὄρους (*descendo eles da montanha*). Pode-se considerar o v. 10 um epílogo[339].

O início da perícope, com as palavras Καὶ μετὰ ἡμέρας ἓξ (*depois de seis dias*), une o texto ao contexto anterior. Por isso, o que está acontecendo no monte traduz, através de uma outra forma literária, o mesmo conteúdo da confissão messiânica de Pedro[340]. Assim, a resposta ao problema de Pedro não é encontrada na seção Mc 8,27-9,1, mas no relato da Transfiguração. O gênero literário do conjunto Mc 8,27-9,13 deve ser definido como sendo composto por diferentes elementos, como a controvérsia, em Mc 8,32-33, a instrução, em Mc 8,34-9,1, e a teofania, em Mc 9,2-8[341].

Em Marcos, a Transfiguração é essencialmente uma manifestação que ilumina a epifania do batismo e é dominada pela ideia de Cristo revelando sua glória, sendo a nuvem o símbolo da presença de Deus. Jesus manifesta sua qualidade como um Messias transcendente, o Filho do Homem de Daniel que vem nas nuvens com YHWH, o que torna a previsão da Paixão particularmente confusa após a confissão de Cesareia e repetida imediatamente após a Transfiguração em Mc 9,13, segundo a qual o Filho do Homem deve ser maltratado e morto. Ele também é designado pela voz celestial como o Messias real e Filho de Deus, referência ao Sl 2; como o Servo de YHWH, referência a Is 42,1; e finalmente, como o profeta semelhante a Moisés, anunciado por Deuteronômio (as palavras "ouvi a Ele"). Estas são as três principais formas de messianismo no Antigo Testamento: messianismo real, messianismo profético dos poemas do Servo Sofredor (implícito de certa maneira em Dt 18,15) e o messianismo apocalíptico de Daniel, que converge nessa revelação[342].

---

338. Para um estudo do estilo de Marcos: MOULTON, J. H., *A Grammar of New Testament Greek*, vol. IV, p. 11-30.

339. NARDONI, E., *La transfiguración de Jesús y el diálogo sobre Elias según el Evangelio de Marcos*, p. 136.

340. BACON, B. W., *The Transfiguration Story*, p. 237.

341. OKTABA, P., *Transfiguration de Jésus – Purification des disciples*, p. 91.

342. FEUILLET, P. S. S., *Les Perspectives Propres à Chaque Évangéliste dans les Récits de la Transfiguration*, p. 282-283.

No relato da Transfiguração, no Evangelho de Marcos, Jesus (cujo nome não foi mencionado desde Mc 8,27), toma consigo três dos seus discípulos e os leva a um alto monte. O monte elevado é comumente o lugar preferido para uma teofania e, neste relato, recorda o monte Sinai/Horebe, a montanha de Deus. Nesse monte, Jesus foi transfigurado diante de seus discípulos. O uso do verbo μεταμορφόω faz com que a explicação para o relato possa se encontrada nas analogias tomadas do âmbito helenístico, tradicionalmente apresentadas na mitologia grega. Porém a estrutura conceitual existente é completamente distinta. Enquanto que no mundo grego os deuses se transformam em homens para poder encontrar-se com os homens, em Mc 9,2-8 o homem Jesus se apresenta como um ser celeste do mundo transfigurado. Não há indicação, portanto, de que a transformação seja de tipo interno. Pelo contrário, refere-se especificamente à mudança de sua aparência externa[343].

Marcos é reticente ao descrever a transformação que Jesus sofre. Ele apenas se contenta em notar a extraordinária brancura das roupas de Jesus. É comum compararem a transformação de Jesus à irradiação dos justos no julgamento escatológico de Deus, mas as evidências relevantes não mencionam roupas brancas, com as quais Marcos é tão fascinado[344].

O sumo sacerdote também era conhecido por sua esplêndida túnica (Eclo 50,11), mas sua glória está relacionada às pedras brilhantes em seu peitoral[345], não à brancura de suas roupas. Paralelos mais próximos à cena da Transfiguração são encontrados na visão de Daniel, cujas roupas eram brancas como a neve (Dn 7,9; 1En 14,20), bem como nas imagens comuns de anjos vestindo roupas brancas[346].

O comentário de Marcos, sobre o fato de que nenhum lavandeiro na terra pode fazer roupas tão brancas, pode ser hipérbole retórica, mas no contexto de uma revelação celestial, pode ser também uma indicação de que Jesus é um ser celestial. Outra proposta de interpretação, baseada na teologia de Marcos, é a de que a mudança nas vestes de Jesus em Marcos pode ser uma alusão ao tema do martírio. Isso porque, segundo a intertextualidade apocalíptica, as vestes brancas simbolizam a roupa dos mártires. Dessa forma, a nova veste de Jesus seria simbólica porque representa a túnica branca do mártir[347].

---

343. GNILKA, J., *El Evangelio Según San Marcos II*, p. 33.

344. Dn 12,3; 1En 62,15-16; 4Esd 2,39; 2En 22,8; 2Bar 51,1-3; Martírio e Ascensão de Isaías 9,9; Apocalipse de Abraão 13,14. No livro de Apocalipse, os justos também recebem vestes brancas (Ap 7,9.13-14; Ap 3,4-5.18; 6,11), mas o tema das roupas lavadas no sangue do Cordeiro é claramente um desenvolvimento cristão posterior.

345. JOSEPHUS., *Jewish Antiquities IV*, 3.216-217, p. 578-585.

346. 2Mc 11,8; 1En 71,1; Mc 16,5; Mt 28,3; Jo 20,12; At 1,10.

347. MYERS, C. *O Evangelho de São Marcos*, p. 304.

Há muito que se notam os paralelos entre a Transfiguração e o evento do Sinai: a referência aos seis dias (Mc 9,2; Ex 24,16), os três companheiros (Mc 9,2; Ex 24,1.9), a subida à montanha (Mc 9,2; Ex 24,9.12-13.15.18), a transfiguração (Mc 9,2-3; Ex 34,29) e a voz de Deus das nuvens (Mc 9,7; Ex 24,16). Embora o paralelo não seja exato, é razoável, portanto, encontrar uma alusão a Dt 18,15 na segunda parte do oráculo celestial: "Ouvi a Ele!" (Mc 9,7)[348].

Ao mesmo tempo, porém, a Transfiguração vai além da relação com Moisés e com o Sinai. Marcos, no entanto, não estava particularmente interessado no motivo Moisés-Sinai, mas enfatizou o motivo Elias (de sofrimento e ressurreição), ao apresentar em seu relato a ordem Elias e Moisés[349]. Elias era o mensageiro escatológico esperado (Ml 4,5; Eclo 48,10-11; 4Q558), e nos versículos finais do livro de Malaquias ele aparece junto com Moisés (Ml 4,4-6), que é creditado com um papel escatológico ao lado de Elias em fontes judaicas posteriores (*Midrash Rabbah Deuteronomy* 3,17). A presença de Elias e de Moisés pode, portanto, servir para anunciar a presença da intervenção escatológica de Deus na Terra[350].

Também, quando Moisés aparece com Jesus, ele não o comissiona ou autoriza (como no caso de Elias e Eliseu, 1Rs 19,16-21; 2Rs 2,1-15). Como personagem do Evangelho de Marcos, Moisés está claramente subordinado a Jesus. Ele é o único cuja aparência é descrita e ele é o foco da teofania. Oferecendo a construção de três tendas (Mc 9,5), Pedro entende que Elias e Moisés estão no mesmo nível que Jesus. Esse mal-entendido pode ser pelo menos parte do motivo pelo qual Marcos desaprova sua proposta (Mc 9,6).

O uso de ῥαββί (*rabi*) por Marcos chama a atenção, pois nos outros dois momentos posteriores em que Jesus é chamado dessa forma os discípulos não parecem compreender a proposta de Jesus, estando associados à ideologia dominante judaica (Mc 11,21 e 14,45)[351]. Assim, na Transfiguração marcana, a fala de Pedro destaca que ele não compreendia o caminho da cruz, algo destacado pelo narrador no v. 6: "Pois não sabia o que responder, pois tinham ficado apavorados".

A nuvem ofuscante sinaliza uma teofania[352]. A referência a essa nuvem, portanto, leva o leitor a esperar um clímax em uma série de teofanias que incluem

---

348. Essa correspondência com o relato do Sinai pode perfeitamente se adequar ao relato da Transfiguração do Evangelho de Mateus, apresentada no próximo tópico, como pode ser visto em CARTER, W. *Mateo y los Margenes*, p. 505.

349. MOSES, A. D. A., *Matthew's Transfiguration Story and Jewish-Christian Controversy*, p. 128.

350. FEUILLET, P. S. S., *Les Perspectives Propres à Chaque Évangéliste dans les Recits de la Transfiguration*, p. 283.

351. MYERS, C. *O Evangelho de São Marcos*, p. 305.

352. Ex 16,10; 19,9.16; 24,15-18; 34,5; 40,34-35; Nm 9,18.22; Dt 31,15; Ez 1,4-28.

as que envolvem Elias e Moisés. Portanto, é algo surpreendente que Deus não apareça. Foi permitido a Moisés ver a glória de Deus quando toda a bondade de Deus passou diante dele e ele pôde ver as costas de Deus (Ex 33,17-23). Elias também testemunhou a passagem de Deus quando ouviu um silêncio absoluto (1Rs 19,11-18). No relato da Transfiguração segundo Marcos, no entanto, apenas a presença de Jesus substitui a aparência do Senhor (Mc 9,8)[353].

O último versículo da Transfiguração segundo Marcos implica que, imediatamente após o som da voz divina da nuvem, Elias e Moisés desaparecem, e Jesus volta ao seu estado normal. Esta repentina mudança sugere que a voz divina é o clímax do relato e expressa seu objetivo principal. Isso é também típico da forma literária da epifania.

Por meio dessa análise, é possível verificar a interpretação teológica do evento. Muitos intérpretes entendem o relato da Transfiguração como o cumprimento da promessa de Jesus em Mc 9,1, de que alguns dos espectadores verão o Reino de Deus chegando com poder. Nesse caso, as conotações da intervenção escatológica de Deus são ainda mais fortes. A palavra temática – "ver" – mostra que o relato é, conforme dito acima, interpretado fundamentalmente como uma epifania de Jesus. Dessa forma, quem "foi transformado" ou "transfigurado por Deus" diante dos três discípulos (Mc 9,2b) assumiu, então, a "forma" substancialmente nova ou o aspecto de Ressuscitado que, como tal, efetivamente "se manifestou em outra forma" ou aparência a dois discípulos[354], sendo também suas "roupas muito brancas" (Mc 9,3) semelhantes à "túnica branca" vestida pelo mensageiro pascal do Ressuscitado[355]. Ao "Jesus transformado" por Deus ou antecipadamente vestido pela glória "resplandecente" do Ressuscitado[356] "viram" os três discípulos (v. 8); a quem, por essa razão, o Mestre proibiu de espalhar "o que viram", antes de "ressuscitar dos mortos" (v. 9), e cuja visão do ressuscitado proleticamente cumpriu a profecia introdutória de "ver o Reino de Deus chegando com poder" (Mc 9,1) e experimentando assim seu poderoso domínio sobre a morte[357].

A Transfiguração seria uma experiência transitória, que somente seria consolidada pelo encontro subsequente com o Ressuscitado. Entende-se então

---

353. GNILKA, J., *El Evangelio Según San Marcos II*, p. 36.

354. Mc 16,12 é certamente pós-marcano. HUG, J., *La finale de l'Évangile de Marc* [Mc 16,9-20], p. 61-67. Por isso, só ao nível da redação final de Marcos vale o paralelismo mencionado, destacado também por FEUILLET, P. S. S., *Les Perspectives Propres à Chaque Évangéliste dans les Recits de la Transfiguration*, p. 285.

355. Mc 16,5. Todo o v. 3 reflete "a glória do Ressuscitado". Ver PESCH, R., *Markus II*, p. 73.

356. A transfiguração ou "metamorfose de Jesus é uma prolepse de sua ressurreição". FEUILLET, P. S. S., *Les Perspectives Propres à Chaque Évangéliste dans les Recits de la Transfiguration*, p. 285.

357. SABUGAL, S., *Abbá. La Oración del Señor*, p. 515.

o mal-entendido dos três discípulos ou testemunhas oculares da Transfiguração sobre "o que significa ressuscitar dentre os mortos" (Mc 9,10): somente à luz da Ressurreição eles poderiam entender o significado da prolepse apresentada na Transfiguração.

Marcos interpretou fundamentalmente a Transfiguração de Jesus como uma epifania da ressurreição antecipada do Mestre ou a manifestação da prolepse do Ressuscitado aos seus três discípulos, que antes "viram" sua potência salvífica e, personificados nesta, o avanço do poderoso "senhorio de Deus" sobre a morte.

A proclamação teofânica (*este é o meu Filho amado, ouvi a Ele*, Mc 9,7) é uma confissão cristológica da comunidade marcana que atinge seu ponto alto acerca do "evangelho sobre Jesus Cristo, Filho de Deus" (Mc 1,1) ou a gradual revelação da dignidade messiânica e filiação divina de Jesus. O contexto literário anterior do relato (Mc 8,34-38), intimamente ligado a ele, mostra que o imperativo divino se refere à instrução do Mestre sobre as condições para "segui-lo" ou tornar-se um dos seus discípulos: "renúncia própria", confessar Jesus como "o Messias" e, a propósito, tomar a própria cruz ou perder a própria vida por causa dele e do Evangelho, para salvá-la.

A interpretação teológica acima mencionada de Marcos é, portanto, dominada por uma clara intenção catequética sobre o seguimento de Jesus ou a exortação para ouvir os ensinamentos do mestre messiânico sobre as condições essenciais para seguir a quem, com sua transfiguração ou ressurreição antecipada, ressaltou a meta daqueles que seguem o caminho da renúncia e da cruz.

3.2. A Transfiguração em Mateus

O relato de Mateus sobre a Transfiguração segue de perto sua fonte: o Evangelho de Marcos[358]. Não sem abreviá-la ou ocasionalmente expandi-la e, de qualquer forma, interpretá-la teologicamente como o verdadeiro autor de sua narração. Com efeito, o relato mateano traz em toda parte as particularidades de sua escrita literária, com dados de seu vocabulário e estilo característicos[359]: o rosto de Jesus "brilhou como o sol", suas roupas embranqueceram "como a luz"[360]. Ele

---

358. GUNDRY, R. H., *Matthew*, p. 342-346.

359. Para um estudo do estilo de Mateus em relação ao texto de Marcos: MOULTON, J. H., *A Grammar of New Testament Greek*, vol. 4, p. 31-44.

360. Mt 17,2. Tanto o verbo "λάμπω" (brilhar: Mt: 3 vezes, Mc: nenhuma vez, Lc: 1 vez) como a expressão "τὸ φῶς" (luz: Mt: 7 vezes, Mc: 1 vez, Lc: 2 vezes) são característicos de Mt. LUZ, U., *El Evangelio Según San Mateo*, vol. II, p. 43 e 53.

não é mais o "Mestre" de Marcos, mas o "Senhor"[361], bem como o "Filho amado" de Deus e seu servo messiânico em quem Ele se compraz[362]; entende-se, então, que os discípulos temiam "muito", mas foram tranquilizados pelo "não temais" de Jesus (v. 6-7), cuja "visão" eles não devem divulgar "até que o Filho do Homem seja ressuscitado (ἐγερθῇ) dentre os mortos" (v. 9)[363].

Com esses e outros dados estilísticos, Mateus escreveu seu relato, cujo contexto é idêntico ao de Marcos[364]. Sua unidade literária é garantida pelo uso repetido do nome "Jesus" (Mt 17,1.4.7.8.9), bem como pela menção explícita ou latente dos três discípulos (Mt 17,1.2b.4.5.6.7.8.9) e, principalmente, pelas numerosas inclusões: a construção "até que" e a menção do "Filho do Homem". O uso do verbo ὅραω (*ver*) e do substantivo ὅραμα (*visão*) indicam a unidade temática da narrativa mateana e seu gênero literário específico: aqueles que "verão o Filho do Homem" logo contemplarão o Transfigurado como "Senhor" e, como tal, "viram Jesus", cuja a "visão" era, portanto, uma *kyriofania*.

Dessa forma, o relato central da Transfiguração de Jesus ou do "Senhor" em "uma alta montanha" (v. 1-7) está conectado e introduzido pela profecia sobre a visão futura do "Filho do Homem" (Mt 16,28), concluindo com a imposição do segredo de Jesus aos discípulos sobre "a visão" e, também, pelo "descendo do monte", de Mt 17,9. Essa é, portanto, a estrutura literária ou a composição interna[365] do relato mateano: (i) Mt 16,28 é uma introdução; (ii) a Transfiguração de Jesus em "uma montanha muito alta" (Mt 17,1-8) dividida em: (a) localização geográfica (v. 1); (b) a transfiguração em si (v. 2-3); (c) a reação de Pedro (v. 4); (d) a proclamação teofânica (v. 5-7): "Este é o meu Filho" (v. 5); (e) a reação dos discípulos (v. 6-7); (f) Jesus a sós (v. 8); (iii) Mt 17,9 seria uma conclusão com a expressão "Descendo a montanha..."

Essas análises mostram que Mateus não apenas reproduziu sua fonte literária, mas imprimiu o selo de sua escrita pessoal. Essa redação ratifica que Mateus tem uma interpretação teológica peculiar. De fato, tanto o gênero literário

---

361. Mt 17,3-4. A substituição de "Mestre" (Mc 9,5) por "Senhor" (Mt 17,4) é intencional, pois o uso tanto de "κύριος" (Mt: 48 vezes, Mc: 6 vezes, Lc: 36 vezes) como do vocativo "κύριε" (Mt: 29 vezes, Mc: 1 vez, Lc: 24 vezes) é característico de Mateus. LUZ, U., *El Evangelio Según San Mateo*, vol. II, p. 43.

362. Mt 17,5. Esta última adição de Mateus (*em quem me comprazo*, Mt 17,5) a sua fonte (Marcos) reproduz literalmente a proclamação mateana do batismo (Mt 3,17) e, sem dúvida, é redacional do autor.

363. Característico de Mateus é o uso do verbo "ἐγείρω" (Mt: 37 vezes, Mc: 18 vezes, Lc: 18 vezes) para designar a ressurreição de Jesus (Mt: 9 vezes, Mc: 2 vezes, Lc: 2 vezes). LUZ, U., *El Evangelio Según San Mateo*, vol. II, p. 39.

364. Depois da instrução de Jesus aos seus discípulos sobre as condições para segui-lo (Mt 16,24-27) e antes da resposta sobre o retorno de Elias na pessoa de João Batista (Mt 17,10-13).

365. FABRIS, R., *Matteo*, p. 367.

característico do relato quanto o uso intencional do título cristológico "Senhor" em sua parte central mostram que a narrativa de Mateus é fundamentalmente para a manifestação de Cristo como Senhor. Indícios literários apontam para isso, pois, se o brilho do "rosto como o sol" do Jesus transfigurado e "suas vestes brancas como luz" evocam irresistivelmente o aspecto do anjo ou mensageiro pascoal "como relâmpago" e a "veste dele branca como a neve" (Mt 17,2 e 28,3), a repetida mensagem de segurança dada às mulheres pelo referido mensageiro e, depois pelo Ressuscitado do túmulo – "não temas" – literalmente retoma a dos três discípulos – "não temais" – pelo Jesus transfigurado (Mt 28,5.10a; 17,7b); cujo preceito de não divulgar "a visão" foi dada "até que o Filho do Homem ressuscite (ἐγερθῇ) dos mortos", também antecipam o anúncio subsequente da Páscoa – "ressuscitado" (ἠγέρθη) – do anjo sobre o ressuscitado ou vencedor da morte (Mt 17,9; 28,7).

A cristologia do relato mateano da Transfiguração não poder ser dissociada do restante do Evangelho. Constata-se, desde o início, a preocupação de Mateus de associar Jesus a Moisés. Seus leitores perceberiam isso ao lerem o Evangelho da infância (Mt 1–2), onde o nascimento de Jesus é semelhante ao de Moisés em muitos pontos[366]. Da mesma forma, no primeiro discurso de Jesus em Mateus (5-7), Ele sobe a montanha de forma semelhante a Moisés, proferindo assim sua interpretação da Lei e ensinando aos discípulos.

Tem-se então a mesma preocupação de outras partes do texto mateano em apresentar Jesus como semelhante a Moisés. Tal fato é constatado na descrição acerca de como Jesus é transfigurado. Mateus, como visto acima, descreve a mudança na aparência do rosto de Jesus. Ele se afasta das comparações apresentadas por Marcos e usa uma linguagem cheia de metáforas: o rosto de Jesus "brilhou" (ἔλαμψεν) "como o sol" (ὡς ὁ ἥλιος), um aspecto bem conhecido das tradições de Moisés[367]. Comparar o rosto com o sol lembra Mt 13,43, onde Jesus explica o

---

366. É clara a alusão a Moisés nas narrativas do nascimento e da infância. Assim como o faraó, rei do Egito, procura matar todos os bebês do sexo masculino (Ex 2,16-18), Herodes também, como rei da Judeia, ordena o assassinato dos bebês em Belém (Mt 2,16-18). Moisés foi forçado a deixar o Egito, pois o faraó queria executá-lo (Ex 2,15), o mesmo acontece com Jesus, que teve que abandonar a Judeia porque Herodes queria matá-lo (Mt 2,13.14). Deus ordenou o retorno de Moisés do Egito em virtude de "já morrerem todos os que procuravam matá-lo" [τεθνήκασιν γὰρ πάντες οἱ ζητοῦντές σου τὴν ψυχήν LXX] (Ex 4,19) e, também o anjo de Deus ordenou a José que voltasse para Israel, pois "estão mortos os que procuram tirar a vida do menino" [τεθνήκασιν γὰρ οἱ ζητοῦντες τὴν ψυχὴν τοῦ παιδίου.] (Mt 2,19.20). E, por fim, uma última alusão pode ser vista no fato de Moisés levar a mulher e os filhos de volta para a terra natal (Ex 4,20), assim como José levou Maria e Jesus de volta para o local do nascimento de Jesus (Mt 2,21). THIELMANN, F., *Teologia do Novo Testamento*, p. 112.

367. Ex 34,29-30; 2Cor 3,7; PHILO, *About the life of Moses*, 2,70: Pois, tendo subido a montanha mais alta e sagrada daquela região, de acordo com os mandamentos divinos, uma montanha de difícil acesso e difícil de subir, diz-se que Ele permaneceu ali o tempo todo sem comer nada. Somente com aquele alimento que

significado da parábola da erva daninha: "serão como o sol (ἐκλάμψουσιν ὡς ὁ ἥλιος) no reino de seu Pai". Por isso, é possível que a frase "como o sol" tenha sido adicionada em Mt 17,2 para conectar claramente a perícope da Transfiguração com a parábola do joio e do trigo. Após o julgamento final, os justos serão revestidos de glória.

Dessa forma, Mateus está muito interessado nos motivos de Moisés e do Sinai; ele restabelece a ordem original de Moisés-Elias e enfatiza ainda mais a tipologia de Moisés. É provável, então, que ele veja o significado mosaico em Καὶ μεθ᾽ ἡμέρας ἓξ (*e seis dias depois*).

O relato é essencialmente centrado em Cristo. Certamente, Cristo é o personagem principal em tudo o que acontece no relato. Mateus não menciona a razão da ascensão de Cristo na montanha, mas dá aos leitores uma indicação de sua iniciativa e ação proposital, usando três expressões: "levar junto (παραλαμβάνει)", "liderar (ἀναφέρει)" e "sozinhos (κατ᾽ ἰδίαν)". No v. 5 tem-se: "Ainda ele falando eis que uma nuvem numinosa sombreou a eles, e eis uma voz da nuvem dizendo: Este é meu Filho amado, com quem me comprazo; ouvi a Ele" (ἔτι αὐτοῦ λαλοῦντος ἰδοὺ νεφέλη φωτεινὴ ἐπεσκίασεν αὐτούς, καὶ ἰδοὺ φωνὴ ἐκ τῆς νεφέλης λέγουσα· οὗτός ἐστιν ὁ υἱός μου ὁ ἀγαπητός, ἐν ᾧ εὐδόκησα· ἀκούετε αὐτοῦ).

A correlação entre audição, visão e conhecimento é evidente neste versículo. A voz de Deus de uma nuvem brilhante diz que Cristo é "o Filho amado" na presença de Moisés, Elias e dos três discípulos. O mandamento de Deus, "ouvi a Ele", identifica Jesus como alguém que agora deve ser ouvido no lugar de Moisés e Elias. A filiação de Cristo é, para Mateus, a afirmação cristológica consistente que guia toda a estrutura narrativa de seu Evangelho. Na narrativa da infância de Mateus e no batismo, Cristo já tinha sido designado como Filho de Deus (Mt 3,17).

Dos três que acompanham Jesus na subida também fica claro que Pedro se destaca (principalmente por causa de seu discurso direto introduzido no meio do relato), pois seu nome aparece 2 vezes, o que enfatiza o seu papel de porta-voz dos outros conforme o Evangelho de Mateus de uma forma geral parece deixar claro[368].

No v. 4 da perícope há uma introdução ao discurso de direto por parte de Pedro, composta de 7 palavras: ἀποκριθεὶς δὲ ὁ Πέτρος εἶπεν τῷ Ἰησοῦ· (*e Pedro respondendo disse a Jesus*). Esse tipo de introdução é uma característica estilística

---

é necessário para a vida; e, como eu disse antes, Ele desceu novamente quarenta dias depois, sendo muito mais formoso seu rosto do que quando subiu, de modo que aqueles que o viram se admiraram e ficaram maravilhados, e não conseguiram mais olhar para Ele com seus olhos, na medida em que seu semblante brilhava como a luz do sol (PHILO, *About the life of Moses*. In: YONGE, C. D., *The Works of Philo*, p. 656).

368. Há muitos autores que interrogam sobre o papel de Pedro no Evangelho de Mateus, pois veem que não há uma uniformidade na apresentação do mesmo, embora sua importância seja inegável. JEREMIAS, J., *Teologia do Novo Testamento*, p. 307. Jeremias fala de uma justaposição de tradições conflitantes.

do Evangelho segundo Mateus. Ele trabalha discursos diretos longuíssimos, contendo de 5 a 7 palavras. Há casos específicos ligados à pessoa de Pedro em que ele é o sujeito da resposta[369].

O motivo da filiação se repete em Mt 16,16, quando Pedro confessa com razão: "Tu és o Cristo, o Filho do Deus vivo". O motivo é finalmente consumado na autoridade real do Filho que entra em seu reino (Mt 16,28). A narrativa da Transfiguração mostra como Mateus entende Cristo Jesus descrevendo-o como "Senhor", de acordo com Pedro (Mt 17,4); "Meu Filho" de acordo com Deus (Mt 17,5); e "Filho do Homem" de acordo com o próprio Jesus (Mt 17,9.12).

Assim, Mateus também interpretou fundamentalmente a Transfiguração de Jesus como antecipação ou prolepse de sua ressurreição e, portanto, "o Senhor" transfigurado é o avanço do Senhor ressuscitado, sendo assim "a visão" dele é a de uma cristofania do ressuscitado. Entende-se que não é inteligível antes da Páscoa, isto é, "até que o Filho do Homem ressuscite dos mortos" ou reine sobre a morte. Isso porque na antecipação da visão do Ressuscitado ou Senhor da morte pelos três discípulos, Mateus, sem dúvida, cumpre a profecia de Jesus sobre a futura visão de alguns deles do Filho do Homem vindo em seu reinado ou senhorio sobre os mortos. O Jesus transfigurado mateano é o "Senhor", em cuja Transfiguração antecipa a vitória do Ressuscitado sobre a morte e inaugura o reinado do Filho do Homem sobre os mortos.

No contexto da controvérsia contra os judeus incrédulos, que percorre todo o Evangelho de Mateus, esse imperativo divino – "ouvi a Ele" – provavelmente traduz a intenção mateana de substituir Moisés por Cristo e, mais exatamente, o magistério judaico com o respectivo "Senhor" ressuscitado, prolongado e atualizado – "ensinando-os" – universalmente "a todas as pessoas" pela Igreja[370]. A interpretação teológica de Mateus acima mencionada leva a uma exortação catequética que os fiéis de sua comunidade substituam o ensino de Moisés no judaísmo ou no antigo Israel pelo do Senhor em sua Igreja ou no verdadeiro Israel: Ele não deve ter outro "Mestre" além de "Cristo" (Mt 23,10).

Em Mateus é ressaltado um acréscimo importante, do ponto de vista da apocalíptica judaica. Os discípulos, diante das palavras pronunciadas pela voz vinda da nuvem, caem sobre suas faces, o que demonstra que tiveram uma reação típica de uma teofania ou angelofania (Mt 17,6). A reação mostra o indício de que os discípulos participaram, envolveram-se com a visão.

---

369. Pedro inicia um discurso direto longuíssimo também em Mt 14,28; 15,15 e 26,33.

370. Mt 28,19-20. É, pois, exato afirmar que, em seu relato, Mateus apresenta Jesus transfigurado como o Mestre único e definitivo da humanidade, pois "a lei é tomada numa nova expressão da vontade da Deus, conforme ensinado por Jesus". MARSHALL, I. H., *Teologia do Novo Testamento*, p. 109.

O estado dos discípulos leva ao término da narrativa-visionária, pois Moisés e Elias partiram e, com isso, Mateus expõe de maneira cuidadosa a volta às condições ordinárias[371]. O fato de o versículo da perícope posterior, Mt 17,9-13, classificar o que aconteceu nos vv. 1-8 como ὅραμα (*visão*), reflete uma previsão de Mateus da possível confusão que a versão de Marcos provocaria. Dessa forma, Mateus sugere que os discípulos tiveram uma visão, quando Jesus, Moisés e Elias surgiram diante deles, e Jesus se apresentou claramente como o maior dos três[372]. Com o término da visão, algo precisa ser feito por aqueles que receberam a revelação. No Evangelho de Mateus, a Transfiguração tem uma função profética que leva os discípulos e, por conseguinte, os leitores do Evangelho à ação (Mt 28,18-20).

3.3. Tradição angelomórfica

A angelificação de um indivíduo está ligada ao conceito de ressurreição, onde, no ἔσχατος, o corpo físico dos justos é transformado em um novo corpo glorioso, adequado para a vida eterna no céu, recuperando sua semelhança divina e se tornando andrógino como um anjo. O Antigo Testamento e as tradições da *Merkabah* suportam a possibilidade da transformação excepcional de um ser humano em uma entidade angelical. Textos litúrgicos de Qumran também sugerem a formação de uma identidade angelomórfica entre os sacerdotes.

3.3.1. Terminologias

O conceito de anjos no Antigo Testamento e a adaptação das ideias angelológicas na Literatura do Novo Testamento aparentemente têm suas raízes no motivo de um mensageiro enviado por Deus para comunicar suas mensagens ao povo. Portanto, a proposta de Gieschen de um anjo como um "ser celestial que é o mediador entre os reinos humanos e divinos"[373] parece uma boa proposta para uma definição. No entanto, uma vez que nem todas as funções dos anjos são sempre claras em termos de simples mediação entre esses reinos, é preciso ter certa cautela, visto que os anjos geralmente são subordinados a Deus. Pode-se considerá-los como servos celestiais de Deus que cumprem suas ordens no próprio céu ou assumem a responsabilidade de fazer a sua vontade conhecida na terra, funcionando como mensageiros e servos de Deus[374].

---

371. CAMACHO, F.; MATEOS, F., *O Evangelho de Mateus*, p. 198.

372. OVERMAN, J. A., *Igreja e comunidade em crise*, p. 276.

373. GIESCHEN, C. A., *Angelomorphic Christology*, p. 27.

374. Segundo Stuckenbruck, Hurtado e Bousset há diferentes reconstruções históricas sobre a relação de continuidade e descontinuidade das cristologias primitivas com o judaísmo contemporâneo. Eles ilustram

Na descrição, eles podem até refletir a glória de Deus, mas seu poder é certamente limitado e sujeito à vontade de Deus. Uma definição geral para um anjo nos escritos bíblicos pode ser a de que um anjo é um ser celestial intermediário, que está a serviço de Deus e funciona como mensageiro ou servo[375].

O adjetivo "angelical", de forma conclusiva, se relaciona com figuras que compartilham esses atributos de um anjo, mas não implicando necessariamente que a figura assim descrita represente um anjo. Já o termo "divindade" é melhor definido como um termo que descreve o *status* de Deus. As expressões "divindade" e "divino" são comumente entendidas em contraste com "anjos" e "angelicais". Gieschen propõe um catálogo para os critérios de divindade que consistem em (1) uma posição divina, (2) uma aparência divina, (3) funções divinas, (4) o nome divino e (5) veneração divina[376].

No entanto, esses critérios podem ser questionados, pois muitos recursos com descrições de Deus estão sujeitos a alterações e também podem ser aplicados a anjos ou similares servos de Deus. Uma postura sentada de Deus como expressão de sua divindade, como assumida por Gieschen, pode de fato ser encontrada em certas tradições. Mas, como o autor também admite, podem ser encontrados retratos de Deus ou daqueles que o rodeiam como de pé[377]. Além disso, a possibilidade de derivar o *status* divino a partir de uma descrição da aparência igualmente pode ser questionada.

Embora Gieschen forneça evidências para descrições da aparência das figuras divinas, certamente não se pode presumir que elementos de tal representação possam ser encontrados em qualquer lugar[378]. Por exemplo, as descrições de Cristo no Novo Testamento não seguem um padrão geral ao retratar Deus. Pelo contrário, pode-se perguntar onde as descrições de Deus são encontradas e onde essas descrições desempenham um papel fundamental nas cristofanias[379].

Da mesma forma, um nome como característica divina pode estar presente em certas descrições, mas pode-se duvidar se um conceito de nomes divinos é um recurso comum padronizado em uma ampla variedade de textos. Também, a

---

um problema ainda não resolvido na história das religiões. Em discussões recentes, o debate centrou-se sobre a natureza e função das figuras angelicais e outras figuras intermediárias no pensamento dos judeus. STUCKENBRUCK, L. T., *Angel Veneration & Christology*, p. 9.

375. SCHIAVO, L. *Anjos e Messias*, p. 39-43.

376. GIESCHEN, C. A., *Angelomorphic Christology*, p. 30-33.

377. GIESCHEN, C. A., *Angelomorphic Christology*, p. 31.

378. GIESCHEN, C. A., *Angelomorphic Christology*, p. 32.

379. Para um estudo da historicidade e teologia das cristofanias no NT: MAINVILLE, O., *As cristofanias no Novo Testamento*.

expressão "nome divino" pode induzir ao erro, pois a maioria dos nomes de anjos nos primeiros textos judaicos termina com "-el" (por exemplo, Miguel, Rafael, Yaoel, Uriel) que faz alusão a Deus. É preciso então perguntar se todos esses nomes podem ser identificados como divinos. Os anjos também seriam figuras divinas. É possível também argumentar que esses nomes são simplesmente derivados do nome de Deus para expressar a singularidade do *status* de Deus. A partir dessa possibilidade, a maioria dos títulos dados a Cristo, relacionando-o com Deus (por exemplo, Filho de Deus), teria que ser interpretado da mesma forma[380].

Um problema semelhante ocorre se a veneração for interpretada como um meio exclusivo de atribuir divindade a certas figuras. No passado recente, alguns estudiosos, como Hurtado[381], Bauckham[382], Gieschen[383] e Fletcher-Louis[384] assumiram que a adoração e a veneração (especialmente veneração "cúltica") seriam um meio de atribuir divindade a Cristo, em contraste com os anjos onde essa referência geralmente está ausente. Essa interpretação é – como parcialmente admitida por esses estudiosos – não sem desafio, pois as referências à veneração ou mesmo ao culto a anjos podem ser encontradas. Exemplos de veneração aos anjos foram fornecidos, por exemplo, por Stuckenbruck[385].

O argumento de Hurtado de uma veneração "cúltica" como meio para distinguir Cristo dos anjos ou de outros seres celestiais e, assim, manter um monoteísmo direto (traçando uma linha entre angelical e divino) também tem suas falhas. Pontos fracos no argumento de Hurtado incluem uma definição muito estreita de "adoração" e a negligência de possíveis desenvolvimentos nas antigas tradições judaicas sobre anjos e sua veneração[386]. Apesar de a teoria da adoração ser o fator decisivo para diferenciar Cristo dos seres celestiais subordinados parece importante para a atual definição de divindade que os critérios de adoração careçam em geral de precisão. Além do mais, as evidências de anjos sendo adorados parecem contradizer a suposição de que o culto é o fator decisivo para manter a linha entre divino e não divino. Portanto, é difícil considerar o culto como um meio exclusivo de estabelecer a distinção entre divino e não divino[387].

---

380. FLETCHER-LOUIS, C. H. T., *Jesus Monotheism*, vol. 1, p. 88-100.
381. HURTADO, L. W., *Senhor Jesus Cristo*, p. 191-214.
382. BAUCKHAM, R., *The Theology of the Book of Revelation*, p. 58-63.
383. GIESCHEN, C. A., *Angelomorphic Christology*, p. 33.
384. FLETCHER-LOUIS, C. H. T., *Luke-Acts*, p. 15.
385. STUCKENBRUCK, L. T., *Angel Veneration and Christology*, p. 51-204.
386. STUCKENBRUCK, L. T., *Angel Veneration and Christology*, p. 49-50.
387. WILLIAMS, A. L., *The Cult of Angels at Colossae*, p. 426.

No entanto, o culto é rejeitado por anjos, e em certas tradições pode valer a pena ter em mente a "adoração" com o significado de distinguir os anjos de Deus daqueles que estão em uma proximidade maior (como Cristo). Em outras palavras, escritores judeus e cristãos primitivos geralmente abordam o tema da adoração, a fim de manter uma linha entre anjos (ou similar seres celestiais) e Deus. Talvez essa divisão tenha sido expandida para Cristo sem implicar necessariamente uma compreensão totalmente desenvolvida de um *status* divino de Cristo[388].

Um meio ainda mais útil de expressar um *status* divino nos primeiros escritos judaicos e nos escritos cristãos pode ter sido estabelecido atribuindo certas funções a Deus e talvez outras figuras que alguém desejasse apresentar como iguais a Ele. No entanto, os critérios da função podem não ser inteiramente sem sobreposições: os anjos podem em várias ocasiões ser retratados com funções geralmente reservadas a Deus, como cuidar do cosmos criado, a proteção dos justos, a punição do mal ou como respondendo às orações[389].

Outras características, porém, são atribuídas de maneira exclusiva a Deus, como por exemplo (i) a criação do mundo (uma característica que raramente é compartilhada, como por exemplo Pr 3,19; 8,22-31; Sb 9,9; Eclo 24,3-7), (ii) ações salvíficas ou redentivas, como a absolvição de pecados, causando salvação geral para Israel ou pronunciando julgamento escatológico e, finalmente, (iii) a sustentação do domínio sobre a terra e toda a criação[390].

Tais características, na maioria das vezes, estão ausentes quando são feitas referências a anjos: uma criação de anjos ou mesmo apenas a participação de anjos na criação está excluída. A salvação também é causada exclusivamente por Deus, embora possa ser realizada por anjos (por exemplo, em Nm 20,16; Ex 23,20-23); os anjos refletem apenas Deus e obedecem a sua ordem. Da mesma forma, o poder de reinar sobre a terra é privilégio do próprio Deus. Anjos podem compartilhar alguns poderes, mas somente se concedidos por Deus. Anjos só têm controle sobre uma determinada área restrita da criação, nunca o mundo inteiro[391].

Além disso, os anjos podem até lutar para ganhar esse poder (por exemplo, os anjos caídos em 1Enoque), mas em nenhum cenário da literatura judaica ou do Novo Testamento eles ganham o controle da terra. O domínio de Deus e sua posição claramente superiores aos anjos é em geral refletida nas posturas pelas quais Deus é descrito em contraste com os anjos. Enquanto Deus é frequentemen-

---

388. STUCKENBRUCK, L. T., *Angel Veneration and Christology*, p. 270-271.
389. GIESCHEN, C. A., *Angelomorphic Christology*, p. 32.
390. FLETCHER-LOUIS, C. H. T., *Jesus Monotheism*, vol. 1, p. 296-299.
391. FLETCHER-LOUIS, C. H. T., *Jesus Monotheism*, vol. 1, p. 296-299.

te retratado como sentado no trono, os anjos são frequentemente descritos como estando de pé[392].

Na discussão atual, o conceito de "divindade" está sujeito ao contraste com categorias angelicais. Se um conceito em geral aceito de divindade com uma visão comum pode-se presumir, então pode-se questionar se esse conceito seria ou não necessariamente um contraste criado deliberadamente como uma das categorias angélicas. Caso contrário, poderia ser possível fornecer evidências para seres divinos possuindo atributos angelicais sem reduzir seu *status* ao de um anjo. No entanto, como a "divindade" dentro do quadro de uma visão monoteísta procura enfatizar a singularidade de Deus, o contraste com outros seres celestes ou exaltados, que podem estar desafiando o *status* único de Deus, parece uma consequência lógica. No entanto, uma definição para divindade pode não ser simplesmente baseada em uma definição mediante negações, isto é, dizer que a divindade é o que não é angelical. Por sua vez, é preciso investigar onde Deus é explicitamente separado de outras categorias e o que realmente forma o caráter único de Deus[393].

Podemos constatar a divindade como uma expressão um tanto artificial por descrever as características de Deus com um foco especial em enfatizar sua singularidade. Esse *status* único pode ser expresso atribuindo determinadas funções a uma figura que pode então ser identificada como divina. Uma importante proposta para identificar uma figura divina por funções reside em (1) uma participação na criação, (2) uma salvação significativa e (3) domínio sobre a terra. Outros recursos, como (a) a posição (ou postura) de uma figura, (b) a aparência, (c) o nome, (d) a adoração ou veneração são menos significativos, pois podem estar relacionadas a figuras que claramente não têm significado divino. Ainda assim, esses outros recursos podem ser úteis, pois fornecem um meio para identificar um *status* como sendo igual ao de Deus.

Outra característica que pode ajudar a identificar a divindade de uma determinada figura pode ser expressa por certos aspectos temporais atribuídos. Uma das características de Deus frequentemente aludida é a sua eternidade. Uma figura compartilhando esse aspecto pode também ser considerada divina. Noções concernentes ao caráter eterno das figuras divinas podem possivelmente ser aludidas por um caráter preexistente ou por uma aplicação de fórmulas como em Is 41,4. Da mesma forma, um *status* divino também pode ser expresso atribuindo a figuras a prerrogativa de operar no passado, presente e no futuro[394].

---

392. FLETCHER-LOUIS, C. H. T., *Jesus Monotheism*, vol. 1, p. 296-299.
393. STUCKENBRUCK, L. T., *Angel Veneration and Christology*, p. 5-14.
394. DAVIS, P. G., *Divine Agents, Mediators and New Testament Christology*, p. 479-503.

Contudo, a definição feita acima levanta a questão de saber se ela coincide com um conceito subjacente de monoteísmo. No judaísmo, o *status* de Deus quase pode ser tomado como garantido. Uma definição de divindade para outras figuras, portanto, pode ser rara, se é que existe. No início do cristianismo, no entanto, o monoteísmo possivelmente poderia ter sido comprometido por um significado próximo de Cristo e do Espírito Santo. Portanto, deve-se ter em mente que uma "singularidade" (como assumida por uma indicação de divindade) teria que ser aceita para mais uma ou duas figuras dentro do processo de um desenvolvimento trinitário (ou binitário)[395].

Em geral, a tentativa de definir "divindade" ilustra parte do problema de como os anjos, seres angelomórficos e seres divinos podem ser claramente separados uns dos outros. A discussão sobre definições de divino, angélico e angelomórfico, pode contribuir para os estudos sobre a Transfiguração no Evangelho de Lucas, bem como no Evangelho como um todo. Portanto, é necessário apresentar uma análise mais atenta dos critérios que ajudariam a relacionar Deus, Cristo e os anjos entre si, e à questão de quais critérios são usados para, eventualmente, separá-los.

Com base nas definições fornecidas para "anjos" e "divindade" podemos agora continuar a lançar mais luz sobre vários conceitos das cristologias angélicas. Seguindo a sugestão de Hannah, podemos definir todas essas formas de cristologias como angelicais que são em parte devido a ideias angelológicas. Assim, a expressão "cristologia angélica"[396] serve como um termo geral para essas formas de falar sobre Cristo, que aplica referências a Cristo normalmente atribuídas aos anjos. Estas cristologias podem ser subdivididas em dois outros grupos, a saber: (i) uma cristologia do anjo ou angelical e (ii) uma cristologia angelomórfica.

O significado de uma cristologia angelical é relativamente fácil de definir como um conceito cristológico que considera Cristo como um anjo ou, mais amplamente, como um ser angelical (esse conceito inclui um retrato de Cristo como encarnação de um anjo ou uma exaltação de seu *status* ao de um anjo)[397]. Comparado com a definição que pode ser fornecida para uma cristologia dos anjos, a definição de uma cristologia angelomórfica parece ser mais difícil de fornecer. Quanto a uma primeira abordagem, ou seja, uma explicação da cristologia an-

---

395. Sobre a discussão acerca da adoração binitária no cristianismo primitivo: HURTADO, L. W., *Senhor Jesus Cristo*, p. 191-214. Sobre a ideia de um vice-regente angélico que frequentemente funcionava como juiz e governador do mundo, guardião da habitação divina e sacerdote do tabernáculo celestial: DEUTSCH, N., *Guardians of the Gate*.

396. HANNAH, D. D., *Michael and Christ*, p. 12.

397. HANNAH, D. D., *Michael and Christ*, p. 12-13.

gelomórfica como uma descrição de Cristo como forma de um anjo, como um dado adquirido, ainda se questiona se essa maneira de retratar Cristo implica uma atualização ou redução de seu *status*. Em outras palavras, uma vez que um *status* angelomórfico de Cristo é estabelecido, é preciso elaborar se o *status* dele é divino (ou seja, igual a Deus, apesar do uso de imagens comumente aplicadas a servidores subordinados) ou subordinado (fazendo-o parecer subordinado)[398].

Pode-se até assumir que ambas as opções são geralmente possíveis, uma vez que alguns textos cristãos primitivos (como a Ascensão de Isaías) descrevem Cristo em um contexto angelomórfico e subordinado, enquanto outros textos referem-se a Cristo como um ser divino que também é retratado em contextos angelomórficos. Mesmo em descrições de Deus, Ele próprio pode ocasionalmente ser levemente angelomórfico (como possivelmente em Gn 16,7-14; 21,17-18; Ex 3,2-4,17 ou Jz 6,11-27)[399]. Portanto, pode-se dizer que no estágio atual da discussão de que uma descrição angelomórfica não necessariamente priva a Cristo (ou talvez uma figura igualmente importante) de sua divindade ou reduz seu *status* ao de um anjo[400].

Outro ponto para uma definição de uma cristologia angelomórfica precisa esclarecer de que maneira uma descrição angelomórfica de Cristo pode ser estabelecida. Como citado acima, Hannah propõe um angelomorfismo de Cristo como sendo representado por meios visuais[401]. Embora uma descrição angelomórfica por uma referência à aparência de Cristo seja certamente uma explicação lógica, a proposta exclui mais possibilidades pelas quais Cristo pode ser retratado usando o modo como as imagens angélicas são empregadas. Podemos, portanto, propor outros meios para que Cristo apareça de uma maneira que pode ser considerada angelomórfica. Como enfatizado por Fletcher-Louis, o aspecto angelical de uma descrição pode estar enraizado em características e motivos, isto é, nas tradições[402].

Portanto, deve-se considerar que uma descrição angelomórfica pode constituir outros meios de referência ao mundo angélico que possam ter raízes no material tradicional. Por exemplo, um retrato angelomórfico pode ser estabelecido por atribuir funções angélicas (isto é, funções comumente atribuídas aos anjos) a uma figura que não é descrita como um anjo em si. Um exemplo de um desses angelo-

---

398. SEGAL, A., *Two Powers in Heaven*, p. 205-219.
399. FLETCHER-LOUIS, C. H. T., *Luke-Acts*, p. 15.
400. HANNAH, D. D., *Michael and Christ*, p. 13.
401. HANNAH, D. D., *Michael and Christ*, p. 13.
402. FLETCHER-LOUIS, C. H. T., *Luke-Acts*, p. 15.

mórficos é a descrição preservada em Sb 18,15-19, onde a própria Sabedoria leva sobre si as funções do Anjo da Morte da narrativa do Êxodo. Um outro exemplo é fornecido por João (Jo 13,16), onde Cristo é descrito como aquele que foi enviado por seu Pai, uma descrição que é derivada do retrato de Rafael no Livro de Tobias.

Além de relacionar uma descrição angelomórfica ao material tradicional (como na alusão a aspectos visuais ou funcionais), uma outra maneira de atribuir um *status* angelomórfico a uma figura parece ser possível: mesmo que essa figura não esteja relacionada a anjos por aspectos visuais ou funcionais, um *status* angelomórfico pode ainda ser alcançado por um autor, relacionando-o aos anjos por contexto. Isso significa que, mesmo sem alusões claras à maneira tradicional de descrever anjos, que a figura pode ser representada angelomorficamente, relacionando-o aos anjos no contexto dado de uma passagem. Por exemplo, pode-se interpretar Ap 14,14 como uma referência a um objeto angelomórfico. Cristo, já que Ele é mencionado junto com outros seis anjos, e um anjo seguindo sua descrição é introduzido com um "outro anjo". A noção de Paulo em Gl 4,14 de que foi bem-vindo "o anjo de Deus, como Jesus Cristo" também pode ser interpretado como um entendimento angelomórfico de Cristo[403].

Podemos resumir o significado de uma descrição angelomórfica como meio de retratar uma figura relacionando-a com o mundo angélico sem implicar que ela realmente represente um anjo. Uma referência à divindade ou não da figura descrita não é feita em uma declaração geral, uma vez que os seres humanos, Cristo e até o próprio Deus podem ser descritos dessa maneira. Portanto, uma cristologia angelomórfica pode ser definida como o ramo da cristologia que descreve Cristo relacionando-o aos anjos sem implicar um *status* angelical ou explicitamente divino. O *status* de Cristo, quer seja subordinado a Deus ou a par com Deus, deve derivar do contexto de todo o escrito que contém uma descrição angelomórfica de Cristo. Os meios de relacionar Cristo aos anjos pode variar e pode se basear em material tradicional, como (a) uma referência à aparência de Cristo empregando atributos comumente atestados aos anjos ou (b) uma referência a funções tradicionalmente angelicais ou (c) uma descrição também pode relacionar Cristo às ideias angélicas por meio do contexto.

3.3.2. Qumran

As fontes judaicas podem fornecer um modelo de misticismo baseado na "angelificação" do ser humano que atravessa a fronteira do espaço e do tempo e

---

403. GIESCHEN, C. A., *Angelomorphic Christology*, p. 315-325.

torna-se parte do reino celestial[404]. A experiência mística envolve duas etapas da lacuna que separa o humano do divino pela ascensão aos céus: (a) participação na liturgia em uma postura ereta; e (b) a entronização no reino celestial, que representa a expressão mais completa da experiência mística, um ideal escatológico de deificação[405]. O último segredo da experiência profética é a representação imaginativa do divino como um ἄνθρωπος (*homem*). Apenas quem transforma o corpo físico em algo espiritual – uma transformação que é apresentada como angelificação – é capaz de imaginar a forma divina nas imagens corporais[406].

Qumran, lar de uma comunidade sacerdotal[407] que se considerava uma alternativa temporária ao Templo de Jerusalém, teve intensa preocupação com a pureza ritual e moral. Em termos rituais, a pureza da comunidade de Qumran era um pré-requisito necessário para sua comunhão litúrgica com os anjos. A pureza moral, por outro lado, era entendida como capaz de expiar pecados, ou seja, para garantir a presença divina entre a comunidade à luz da sua ausência no Templo contaminado[408]. Em desconexão com o Templo, a seita de Qumran organizou sua vida comunitária de acordo com um ritmo litúrgico alternativo de oração diária, adoração comunitária no sábado, refeições sacrais, jejuns e festas. Qumran, por sua vez, possuía uma cosmologia sacerdotal e intensa especulação sobre o mundo celestial[409].

Qumran pode ser chamado de comunidade apocalíptica no nível da visão de mundo, e não da produção literária. Os Manuscritos do Mar Morto mostram a crença em uma vasta hierarquia celeste, na qual "o exército celestial" é entendido como "principalmente... uma assembleia cúltica ou litúrgica", um "sacerdócio angélico" composto de "santos que também são chamados de deuses (*elim*),

---

404. WOLFSON, E. R., *Mysticism and the Poetic-Liturgical Compositions from Qumran*: A Response to Bilhah Nitzan, p. 186.

405. WOLFSON, E. R., *Yeridah la-Merkavah*: Typology of Ecstasy and Enthronement in Ancient Jewish Mysticism, p. 13-44.

406. WOLFSON, E. R., *Language, Eros, Being-Kabbalistic Hermeneutics and Poetic Imagination*, p. 120-121.

407. Uma série de hipóteses revisionistas que contestam a identificação de Khirbet Qumran como as ruínas de um centro comunitário sectário falharam em convencer a maioria dos estudiosos. Estes continuam a contestar a origem e a composição da comunidade de Qumran. BOCCACCINI, G., *Além da Hipótese Essênia*, p. 26. Embora existam vários problemas com a identificação da Comunidade de Qumran com os essênios, as "razões para identificar os essênios com a comunidade permanecem substanciais". COLLINS, J. J., *Beyond the Qumran Community*: The Sectarian Movement of the Dead Sea Scrolls, p. 156. Os estudiosos ainda parecem concordar amplamente que "a análise dos dados historiográficos leva à conclusão geral de que a comunidade do Mar Morto, descrita por Plínio e Dio, era um grupo radical e minoritário dentro do movimento essênio maior, descrito por Filo e Josefo" (BOCCACCINI, G., *Além da Hipótese Essênia*, p. 49).

408. FLORENTINO, G. M.; BARRERA, J. T., *Os homens de Qumran*, p. 174-197.

409. FLORENTINO, G. M.; BARRERA, J. T., *Os homens de Qumran*, p. 70-78.

anjos, espíritos e príncipes" que servem em um templo celestial[410]. Os sectários de Qumran cultivavam claramente a crença de que os membros da comunidade eram *ipso facto* companheiros das hostes do céu e, assim, viviam uma vida angélica mesmo na terra e tinham a ideia de que algum ser humano pode ser considerado pelos deuses e entronizado no céu[411].

Os textos litúrgicos de Qumran fornecem percepções sobre o judaísmo pré-rabínico e o contexto cultural do cristianismo primitivo, incluindo os primeiros manuscritos da maioria dos livros do Antigo Testamento que datam do século I a.C. ou I d.C.[412] Os *Songs of the Sabbath Sacrifice* [Cânticos do Sacrifício Sabático] (4QShirShab), conhecidos como *Angelic Liturgy* [Liturgia Angélica], descrevem a adoração no sábado do sacerdócio angélico no templo celestial[413]. Cada um dos sete firmamentos tem seu próprio santuário interno, administrado por seu próprio príncipe supremo e sacerdote. A câmara interna final, a sala do trono, é habitada pelo próprio Deus[414]. A comunidade acreditava que os justos seriam recompensados por "bênçãos e alegrias eternas na vida eterna, e uma coroa de glória e uma túnica de honra, em meio à luz perpétua" (1QS 4,7-8). O *status* angelomórfico também pode ter implicado a possibilidade de transporte para o reino eterno[415].

Os Cânticos do Sacrifício Sabático (4QShirShabb) é "um texto litúrgico da Caverna 4 de Qumran, composto por treze seções separadas, uma para cada um dos primeiros treze sábados do ano"[416], é talvez a interação mais poderosa e poética de Qumran na crença da seita em sua participação na comunidade celestial e na liturgia[417]. Os manuscritos datam do período hasmoniano tardio (c. 75-50 a.C.; 4Q400) até o final do período herodiano (c. 50 d.C.; Mas1k [ShirShabb^j] e 11QShirShabb), embora o trabalho possa ser muito anterior[418].

Os Cânticos seguem uma progressão particular, com cada cântico tendo um tema ou preocupação específica. Muito se debate sobre eles. Primeiro, não está claro se o trabalho é pertencente à seita ou não. Um único fragmento, em

---

410. COLLINS, J. J., *Powers in Heaven*: God, Gods, and Angels in the Dead Sea Scrolls, p. 11-12.
411. COLLINS, J. J., *Powers in Heaven*: God, Gods, and Angels in the Dead Sea Scrolls, p. 22-26.
412. DAVILA, J. R., *Liturgical Works*: Eerdman's Commentaries on the Dead Sea Scrolls, p. 1.
413. DAVILA, J. R., *Liturgical Works*: Eerdman's Commentaries on the Dead Sea Scrolls, p. 83-167.
414. DAVILA, J. R., *Liturgical Works*: Eerdman's Commentaries on the Dead Sea Scrolls, p. 84.
415. DAVILA, J. R., *Heavenly Ascents in the Dead Sea Scrolls*, p. 461-485.
416. NEWSON, C., *Songs of the Sabbath Sacrifice*: A Critical Edition, p. 1.
417. ANGEL, J. L., *Otherworldly and Eschatological Priesthood*, p. 84.
418. ANGEL, J. L., *Otherworldly and Eschatological Priesthood*, p. 85.

escrita herodiana, foi descoberto nas escavações de Massada[419], levando alguns a especularem que os Cânticos são pré-sectários[420], e em Qumran há sempre a possibilidade de um texto ser uma preservação de uma obra originalmente não sectária e, portanto, representa uma ampla gama de vida e pensamentos religiosos do judaísmo antigo[421].

Segundo, o dualismo do texto é questionável: especificamente se o texto prevê um Templo celestial no qual os anjos adoram ou se a comunidade terrena em sua adoração fala em linguagem celestial. Logo, por um lado se entende a "recitação" litúrgica dos Cânticos como uma experiência que "evoca sensação de estar presente no Templo do céu"[422]. Por outro, a posição de que o judaísmo antigo tomava a humanidade divina como garantida e pensava que ela acontecia no culto litúrgico[423]. Assim, a ideia de que os Cânticos refletem um Templo celestial é rejeitada, mas se argumenta que eles adotam uma cosmologia do Templo[424], e que os sacerdotes, chefes, príncipes e santos mencionados nos Cânticos são humanos exaltados e não seres celestiais[425].

3.3.3. Textos apocalípticos

Há um conjunto significativo de textos apocalípticos que fornecem os relatos mais explícitos da transformação de figuras humanas terrenas em seres divinos ou angélicos. Selecionamos três como exemplo: As Similitudes de Enoque, 2Enoque e o Apocalipse de Sofonias.

Similitudes de Enoque (1En 37-71)[426] é melhor entendida como uma releitura do Livro dos Vigilantes. A obra "integra elementos da história dos anjos caídos, a ascensão ao Templo celestial e a jornada até os confins da Terra, em três discursos, chamados parábolas ou similitudes, sobre a reivindicação final dos justos e castigo dos ímpios"[427].

---

419. NEWSON, C., *Songs of the Sabbath Sacrifice*: A Critical Edition, p. 1.
420. NEWSON, C., *Songs of the Sabbath Sacrifice*: A Critical Edition, p. 2-4.
421. NEWSON, C., *Songs of the Sabbath Sacrifice*: A Critical Edition, p. 1.
422. NEWSON, C., *Songs of the Sabbath Sacrifice*: A Critical Edition, p. 65.
423. FLETCHER-LOUIS, C. H. T., *All the Glory of Adam*, p. xii.
424. FLETCHER-LOUIS, C. H. T., *All the Glory of Adam*, p. 252-277.
425. FLETCHER-LOUIS, C. H. T., *All the Glory of Adam*, p. 277-279.
426. As citações do texto de 1Enoque são da obra de Alejandro Diez Macho. DIEZ MACHO, A. *Apocrifos del Antiguo Testamento*, Tomo IV, p. 295-328.
427. HIMMELFARB, M., *Ascent to Heaven in Jewish and Christian Apocalypses*, p. 59.

Um tema importante nas Similitudes, apenas brevemente mencionado no Livro dos Vigilantes, é o castigo escatológico pós-morte dos pecadores e a recompensa dos justos, os quais são consistentemente expressos tanto no sacerdócio quanto em termos angelomórficos. Em contraste com os pecadores que "não serão capazes de olhar para o rosto do santo", uma vez que "a luz do Senhor dos Espíritos terá aparecido na face do santo, justo e escolhido" (1En 38,4), a primeira coisa que Enoque vê nos "limites dos céus" (1En 39,3) são "as habitações dos santos e os lugares de descanso dos justos" (1En 39,4). Os justos desfrutam de "habitações com os anjos justos de Deus, e seus lugares de descanso com os santos" e "nessas habitações eles são vistos pedindo e intercedendo e [...] orando pelos filhos dos homens" (1En 39,5). Enoque também vê o escolhido (1En 39,6-7), e ele expressa seu desejo de permanecer (1En 39,8). Enoque então participa do culto celestial dos anjos "que não dormem" (1En 39.9-14), momento em que o "rosto de Enoque muda", pois a visão é "aparentemente gloriosa demais para Enoque[428].

As Similitudes descrevem os arcanjos que desempenham funções sacerdotais no Templo celestial, como fazem no Livro dos Vigilantes: "louvam", "abençoam o Escolhido", "pedindo e orando por aqueles que habitam na terra, e intercedendo" e "afastando satanás" (1En 40,3-7)[429]. Enoque vê novamente "a habitação dos escolhidos e a morada dos santos", em contraste com o destino do ímpio (1En 41,2). Na segunda parábola de sua obra, Enoque relata que "havia surgido a oração dos justos e o sangue do justo" (1En 47,1), para quem "os santos que habitam nas alturas do céu estavam se unindo como uma só voz, e estavam glorificando, louvando e abençoando o nome do Senhor dos Espíritos", intercedendo pela vingança do sangue derramado dos justos (1En 47,2-2bd). O leitor aprende que "ocorrerá uma mudança para o santo e escolhido, e a luz dos dias habitará sobre eles, e a glória e a honra voltará ao Santo" (1En 50,1).

A terceira parábola é focada nos "justos" e nos "escolhidos" (1En 58,1), cuja "sorte" será "gloriosa" (1En 58,2): eles estarão "à luz do sol", "à luz da vida na eternidade" (1En 58,3). No dia em que o Escolhido julgar os reis e os poderosos, "a congregação dos escolhidos e dos santos será semeada; e todos os escolhidos estarão em sua presença" (1En 62,8). Nesse dia, "os justos e os escolhidos serão salvos" (1En 62,13), eles comerão com o Filho do Homem (1En 62,14), e eles "vestirão as vestes da glória" (1En 62,15). Essas "vestes não se desgastarão" e a luminosa

---

428. HIMMELFARB, M., *Ascent to Heaven in Jewish and Christian Apocalypses*, p. 60.

429. Essa quarta categoria poderia ser amplamente concebida como paralela ao papel de Miguel (e de Rafael) em punir o mal, tanto angélico quanto humano, por meio da violência, embora neste texto, satanás pareça ser uma classe de espírito que vem diante de Deus "para acusar aqueles que habitam a terra" (1En 40,7).

"glória" dos escolhidos e dos justos "não desaparecerá na presença do Senhor dos Espíritos" (1En 62,16). Há ainda outros textos enóquicos que encorajam explicitamente os justos com a esperança de "brilhar e aparecer como as luzes do céu" e de "tornar-se companheiros dos anjos do céu" (1En 104,2-6).

Possivelmente, as Similitudes concebem o céu como um Templo celestial em que os anjos adoram a Deus. Certamente, os anjos das Similitudes agem de maneira sacerdotal. Isso pode ser visto de duas maneiras: (i) eles abençoam a Deus e permanecem "na presença da glória de Deus" (1En 39,12.13; 40,1) e (ii) desempenham vários papéis intercessórios em favor da humanidade (1En 40,1-10). É por essa razão que os justos, que são glorificados como os anjos, também alcançam a "participação na liturgia celestial"[430] após a morte e no *eschaton*, em parte por sua oração conjunta de intercessão (por exemplo, 1En 39,5) e parcialmente através da aquisição das "vestes de glória" (1En 62,15), que também denotam a conquista de "um estado angelical depois da morte"[431].

Diz-se que o próprio Enoque se transformou duas vezes nas Similitudes para expressar o propósito de participar do louvor celestial. Em uma primeira instância, Enoque participa do louvor celestial (1En 39,9-11) apenas para ser dominado pela glória da adoração dos anjos a Deus (1En 39,12-13), necessitando que sua transformação continue (1En 39,14).

Em uma segunda instância, que ocorre no segundo apêndice das Similitudes, a jornada de Enoque é recontada: ele "viu os filhos dos santos anjos, e eles estavam pisando nas chamas de fogo; e suas vestes eram brancas, assim como suas túnicas e a luz de seus rostos eram como neve" (1En 71,1). No clímax dessa recapitulação, Enoque vê uma procissão de "muitos santos anjos sem número" com "o Cabeça dos Dias", cuja cabeça e cabelos são "brancos e puros como lã" e cuja veste é "indescritível" (1En 71,9-10). Em resposta, Enoque se prostra diante do chão, sua carne "derrete" e seu espírito é "transformado", no ponto em que ele é capaz de participar da adoração celestial a Deus (1En 71,11-12).

O apêndice conclui com um anjo sem nome ou com Deus identificando Enoque como o Filho de Homem (1En 71,13-17). Pelo menos no segundo apêndice das Similitudes Enoque tem recebido o que aos justos em vários lugares ao longo das Similitudes são prometidos: transformação em *status* divino/angélico, que também envolve a assimilação de algum tipo de *status* sacerdotal, na medida em que envolve a participação na liturgia angélica.

---

430. HIMMELFARB, M., *Ascent to Heaven in Jewish and Christian Apocalypses*, p. 60.
431. HIMMELFARB, M., *Ascent to Heaven in Jewish and Christian Apocalypses*, p. 60.

O segundo apêndice das Similitudes é aparentemente uma adição posterior ao texto[432]. No entanto, ambos os apêndices assumem uma ascensão ao céu, e a tendência definida no segundo apêndice concebe o significado da transformação de Enoque como o de se tornar "não apenas um anjo, mas o mais exaltado dos anjos"[433]. Isso define o resto do corpo enóquico.

No livro de 2Enoque[434], a jornada celestial de Enoque é contada outra vez. Enoque é visitado durante a noite por "dois homens enormes", descritos como tendo "rostos [...] brilhando como o sol, olhos [...] como lâmpadas acesas, fogo saindo de suas bocas, roupas impressionantes", asas mais brilhantes que o ouro" e "mãos mais brancas que neve" (2En 1,5). Depois escoltam Enoque através dos vários céus, abandonando-o no sétimo (2En 3,1–21,2). Enoque vê o exército celestial, diante do qual ele tem medo (2En 20,1). A distância ele pode ver YHWH e observa como os exércitos celestiais adoram a Deus dez passos antes de seu trono (2En 20,3-4). Gabriel então convoca Enoque para vir e ficar diante de YHWH com Ele "para sempre" (2En 21,4-6).

No décimo céu, finalmente, Enoque vê "a face do Senhor, como ferro queimado no fogo e trazendo à luz, e emite faíscas incandescentes" (En 22,1-2), cuja beleza é "indescritível" (2En 22,4). Enoque se prostra (2En 22,4). Deus mesmo reafirma o convite de Gabriel para Enoque ficar diante dele para sempre (2En 22,5), e Miguel levanta Enoque e o traz diante de Deus (2En 22,6-7). Deus ordena a Miguel para "despojar Enoque de suas roupas terrenas e ungi-lo com óleo delicioso, e colocá-lo com as roupas da glória divina" (2En 22,8). Miguel unge Enoque com "óleo" que parece ser "maior que a luz", "como os raios do sol brilhante" (2En 22,9), no ponto em que Enoque se vê e percebe que ele "se tornou como um dos gloriosos [de Deus], e não houve diferença observável" (2En 22,10).

Como resultado desse encontro, fica claro que "Enoque se tornou um anjo"[435]. Como na literatura Enóquica anterior, a capacidade de Enoque de permanecer nos reinos celestiais e participar do louvor celestial dos anjos exige sua transformação em uma glória angelical. Mas em 2Enoque, como seus precedentes literários, também concebe Enoque como sacerdote. Embora "o texto eslavo relute em retratar diretamente Enoque como sumo sacerdote celestial", não obstante, "contém vários outros testemunhos que demonstram que os autores deste apo-

---

432. HIMMELFARB, M., *Ascent to Heaven in Jewish and Christian Apocalypses*, p. 60.

433. HIMMELFARB, M., *Ascent to Heaven in Jewish and Christian Apocalypses*, p. 61.

434. As citações do texto de 2Enoque são traduções da obra de James H. Charlesworth. CHARLESWORTH, J. H., *The Old Testament Pseudepigrafha*, vol. 1, p. 91-222.

435. HIMMELFARB, M., *Ascent to Heaven in Jewish and Christian Apocalypses*, p. 40.

calipse parecem ter conhecimento das funções sacerdotais do patriarca"[436]. Primeiro, "a unção do vidente com óleo brilhante e a transformação de suas roupas em roupas luminosas durante sua metamorfose angélica parecem assemelhar-se à investidura sacerdotal"[437].

Segundo, depois de ouvir a revelação completa sobre os mistérios da criação e redenção de Deus, Enoque é comissionado a retornar à terra e instruir seus filhos "para que eles obedeçam ao que disse-lhes Enoque" (2En 36,1). É possível que o endereço de despedida de Enoque (2En 39,1–67,3), que de certa forma parece imitar o de Levi após sua própria investidura angelical (Test. de Levi 10,1–19,5)[438], também o designe como sacerdote, dada a repetida insistência na literatura que é um dever sacerdotal transmitir instruções em questões culturais e morais para a comunidade. Terceiro, 2En 67-69 mostra preocupação com a sucessão sacerdotal de Enoque através de seu descendente Matusalém, e depois por Nir, Melquisedeque e Noé, através da transmissão do procedimento cúltico adequado (2En 70-73).

As narrativas das instruções de Enoque a seus descendentes e da linhagem sacerdotal que eles constituem, que concluem 2Enoque, mostram que o livro compartilha preocupações semelhantes com outras literaturas do período, a saber: o fundamento divino do sacerdócio humano, neste caso mediado por uma figura humana que alcançou *status* divino. Resumindo, "os autores de 2Enoque estavam familiarizados com as tradições sobre as afiliações sacerdotais da sétima pessoa antediluviana atestada também no início da tradição Enóquica[439]. Além disso, 2Enoque fornece a primeira instância da exaltação posterior de Enoque ao *status* de mestre do coro celestial[440], pois ele é quem "encoraja os vigilantes celestes

---

436. ORLOV, A. A., *The Enoch-Metatron Tradition*, p. 201.

437. ORLOV, A. A., *The Enoch-Metatron Tradition*, p. 201. Orlov está se inspirando em Himmelfarb: "A combinação de roupas e unção sugere que o processo pelo qual Enoque se torna um anjo é uma versão celestial da investidura sacerdotal" (HIMMELFARB, M., *Ascent to Heaven in Jewish and Christian Apocalypses*, p. 40). Himmelfarb também observa que a tendência em 2Enoque e na tradição Levi-Sacerdotal (unção seguida por investidura) permanece "em oposição às instruções para a consagração de Arão como sumo sacerdote em Ex 29" (HIMMELFARB, M., *Ascent to Heaven in Jewish and Christian Apocalypses*, p. 40).

438. CHARLESWORTH, J. H., *The Old Testament Pseudepigrapha*, vol. 1, p. 788-795.

439. ORLOV, A. A., *The Enoch-Metatron Tradition*, p. 202.

440. ORLOV, A. A., *Celestial Choirmaster*: The Liturgical Role of Enoch-Metatron in 2 Enoch and the Merkabah Tradition, p. 3-29. Com base nesta representação de Enoque em 2Enoque, "Os materiais sobre a *Merkabah* enfatizam outra dimensão importante de suas atividades no culto divino, a saber, o aspecto litúrgico de seus deveres celestes" (2En 19), deveres que "como mestre de coro ou a direção litúrgica celestial parecem ser aplicados, não apenas à sua liderança sobre os anfitriões angelicais, mas também sobre os seres humanos, especificamente os visionários que têm a sorte de superar a oposição angélica e serem admitidos no reino celestial" na literatura de *Hekhalot* (2En 20). Isso também é sugerido pelo papel de Enoque como aquele que "Está diante do rosto de Deus" (2En 24–25) e de sua juventude (2En 25–28).

a conduzir a liturgia diante da face de Deus" e "eis que, enquanto eu estava com aqueles homens, as trombetas soavam em uníssono com um grande som, e eles começaram a cantar em uníssono" (2En 18,8-9).

O Apocalipse de Sofonias é um texto judaico, escrito entre o primeiro século a.C. e o primeiro século d.C.[441] O texto descreve o destino das almas após a morte de maneira "extraordinária". Um vidente desce ao Hades, lê dois manuscritos (um com seus pecados e outro, perdido na forma atual do texto, presumivelmente com seus atos justos) e é absolvido. Depois, emerge do Hades e chega a uma grande multidão angélica (Ap Sf 6,1–7,11). "Milhares de milhares e miríades de miríades de anjos louvavam diante de mim", escreve o vidente, "e eu mesmo vesti uma roupa angelical" (Ap Sf 8,1-3). Após essa investidura, o vidente relata: "Eu próprio orei junto com os anjos, eu conhecia a língua deles, que eles falavam comigo" (Ap Sf 8,5).

As roupas gloriosas que os justos podem desfrutar após a morte são claramente descritas como "angelicais" e sua função é introduzir o vidente na "liturgia angélica como um sinal de comunhão com os anjos", que "também é uma indicação de que a imagem do céu como templo fica no Apocalipse de Sofonias"[442]. No entanto, a comunhão angelical não é uma sociedade igualitária. É possível destacar que: "embora Sofonias agora possa se juntar aos anjos em oração, ele aparentemente não é totalmente igual a eles", já que Sofonias tenta, mas é incapaz de "abraçar" o anjo com a trombeta de ouro que elogia sua vitória sobre o Hades (Ap Sf 9,1-3), que, no entanto, se comunica facilmente com "Abraão, Isac e Jacó e Enoque, Elias e Davi [...] como um amigo ao amigo" (Ap Sf 9,4-5).

3.4. Deuses e homens divinos no mundo greco-romano

Na literatura greco-romana frequentemente um ser divino aparece na terra e interage com os seres humanos. Os seres divinos também mudam de aparência, na qual a ênfase pode estar na própria forma ou em sua substância ou falta dela.

Quando um ser celestial aparece diante dos humanos sem alteração em sua aparência, isso é chamado de epifania. Essa aparência é possível na literatura greco-romana porque os deuses são retratados como humanos em "uma escala exagerada"[443]. A epifania, muitas vezes, está acompanhada por fenômenos natu-

---

441. As citações do texto do Apocalipse de Sofonias são traduções da obra de James H. Charlesworth. CHARLESWORTH, J. H., *The Old Testament Pseudepigrapha*, vol. 1, p. 497-516.
442. HIMMELFARB, M., *Ascent to Heaven in Jewish and Christian Apocalypses*, p. 54.
443. DIETRICH, B., *From Knossos to Homer*, p. 4.

rais espetaculares e, frequentemente, ela ocorre em um momento de crise e pode representar perigo para os destinatários.

Importante para os estudos cristológicos é quando os seres celestiais interagem com os humanos após alterar sua aparência. Isso é chamado de *metamorphosis*. Metamorfose normalmente envolve uma mudança de forma, na aparência, não uma mudança de substância. Enquanto o vocabulário varia, nenhum dos termos conota uma mudança na essência – há uma continuidade de mente e de identidade[444]. A principal diferença é que a mudança para um ser humano é geralmente permanente, enquanto a de um deus é temporária.

3.4.1. Epifania direta e metamorfoses

As chamadas epifanias diretas acontecem quando há a aparição de um ser divino no meio de uma batalha no momento em que o herói passa por uma crise. Atena, por exemplo, veio descendo do céu até Cadmo[445] e, em *Hesíodo*, chega perto de Héracles para ajudá-lo em sua batalha com Cycnus[446]. Em outro momento, Atena desce rapidamente do Olimpo e chega ao lado dos navios dos Acaios[447]. Ela encontra Odisseu, levanta-se ao lado dele e fala com ele[448]. Em um ponto da batalha, Zeus envia a deusa Discórdia, que fica no meio de um navio para agitar os dois lados[449].

Às vezes a epifania é limitada à pessoa abordada. Vênus revelou-se a ninguém, exceto Hipomenes[450], enquanto Apolo veio para a batalha em Troia "envolto em uma nuvem" e revelou sua identidade apenas para Paris[451]. Apolo ficou ao lado de Heitor e conversou com ele; Heitor imediatamente reconheceu Apolo, e este prometeu ficar ao lado dele e defendê-lo[452]. Os deuses nem sempre são tão reconhecíveis para os heróis. No entanto, quando Diomedes orou a Atena, ela ficou ao lado dele e lhe disse que ia "desfazer a caligem que os olhos brilhantes o cobre,

---

444. BEHM, μεταμορφόω. In: KITTEL, G.; BROMILEY, G. W.; FRIEDRICH, G. (orgs.), *The Theological Dictionary of the New Testament*, vol. 4, p. 755-759.

445. OVID, *Metamorphoses*, 3.101-102.

446. HESIOD, *The Homeric Hymns and Homerica*, 325-326, p. 273.

447. HOMER, *The Iliad*, 2.167.

448. HOMER, *The Iliad*, 2.172.

449. HOMER, *The Iliad*, 11,2-14; 11.199-210.

450. OVID, *Metamorphoses*, 10.650.

451. OVID, *Metamorphoses*, 12.598-601.

452. HOMER, *The Iliad*, 15.236-238.

que distinguir, facilmente, consigas os deuses e os homens"[453]. Dessa forma, ele seria impedido de batalhar com imortais diretamente.

A literatura também descreve a epifania em termos mais dramáticos. Novamente, tempos de crise fornecem as ocasiões mais típicas para a epifania na literatura, e as ocorrências são muito mais variadas do que simplesmente a aparência de um deus como um recurso literário para iniciar um drama ou como uma resolução de *deus ex machina*[454]. Às vezes, o drama elevado é retratado através da descrição física do ser divino e a reação da pessoa endereçada. Atena, enviada por Hera a Aquiles para impedi-lo de agir de forma brusca de raiva, "veio do céu". Ela ficou atrás de Aquiles e o pegou pelos cabelos, aparecendo apenas para ele. "Cheio de espanto, o Pelida virou-se; porém pelo brilho que se lhe expande dos olhos, conhece que é Palas Atena"[455]. Atena então retorna ao Olimpo.

Fenômenos naturais espetaculares também podem ocorrer com as epifanias. Dietrich observa que luz e fogo eram sinais importantes do nascimento divino no mito grego. O nascimento de Zeus era "sinalizado anualmente por um raio de fogo" e o uso de chamas marcava o nascimento de uma criança por Potnia nos mistérios eleusinianos[456]. Na *Odisseia*, Zeus enviou um raio para acompanhar uma epifania de Atena em um ponto climático[457]. Ovídio é um dos escritores que registra uma tragédia mitológica por meio da ação dos relâmpagos. Por proposta de Juno, Sêmele pede que Jove revele para ele como ele é. Angustiado, Jove desenhou as névoas e misturou-se nas nuvens, raios, rajadas de vento e trovão. Embora ele tenha tentado diminuir seu poder com um "raio mais leve", Sêmele foi destruído pelo raio[458]. O perigo para o ser humano é óbvio, e o tema da crise permanece dominante[459].

Um público mediterrâneo antigo, então, poderia esperar na literatura a descrição de epifanias diretas, geralmente em situações de crise. Enquanto o acompanhamento de fenômenos naturais espetaculares, como raios, não surpreenderia, tal representação não seria necessariamente esperada. Além disso, uma epifania direta pode causar perigo ao ser humano, daí o apelo para uma mudança na aparência.

---

453. HOMER, *The Iliad*, 5.121-132. Ver também HOMER, *The Odyssey*, 16.161.

454. Como, por exemplo, a aparição de Atena no início de Ajax ou de Héracles no final de Filoctetes.

455. HOMER, *The Iliad*, 1.193-200.

456. DIETRICH, B., *Divine Epiphanies in Homer*, p. 68.

457. HOMER, *The Odyssey*, 24.520-548.

458. OVID, *Metamorphoses*, 3.255-315.

459. BRENK, F., *Greek Epiphanies and Paul on the Road to Damascus*, p. 415-424.

Os seres humanos podem ser transformados em objetos ou animais inanimados, e deuses podem mudar sua aparência não apenas para a de um humano, mas também para a de outros deuses ou animais. A transformação dos humanos, na maioria das vezes, é uma mudança permanente, enquanto a dos deuses é temporária, para fins de auxílio ou engano.

Um tipo de metamorfose é chamado de polimorfismo. Os deuses associados ao mar, em particular, têm essa capacidade. O deus do mar Proteu, por exemplo, poderia rapidamente assumir formas em rápida sucessão, capaz de "todo tipo de transfiguração"[460]. Na *Ilíada*, Poseidon aparece para Ajax como Calcas, ao rei Idomeneu como Toante e a Agamenon como um velho homem[461]. Quando os deuses não são reconhecíveis, não é apenas porque os humanos têm uma "névoa" sobre os olhos[462] e os deuses são rápidos[463], mas também porque os deuses podem assumir qualquer forma[464].

Ovídio descreve deuses, heróis e ninfas como *metamorfos*. Netuno deu a Periclimeno o "dom de tomar todas as formas que quisesse, e deixá-las, depois de haver tomado"[465]. O deus Vertuno, para cortejar a ninfa Pomona, podia mudar para várias formas[466], pois, "valendo-se de seus muitos disfarces, conseguiu aproximar-se muitas vezes daquela cuja beleza queria ter a alegria de admirar"[467]. Como o deus do rio Aquelou diz a Teseu que alguns dos maiores heróis tiveram sua forma mudada uma vez e permaneceram em seu novo estado, enquanto a outros foi dado o poder de assumir muitas formas[468].

Em alguns exemplos da aparência metamorfoseada dos deuses, a ênfase está na mera aparência e não na forma física, no sentido de uma visão ou fantasma. A linha entre as duas ênfases pode ser fluida, mas o vocabulário às vezes ajuda a distinguir entre eles. O termo *specie*, por exemplo, pode ser usado para portentos relatados de navios fantasmas (*navium speciem*) no céu[469], de uma vi-

---

460. HOMER, *The Odyssey*, 4.454-456.

461. HOMER, *The Iliad*, 13.45; 13.216-218; 14.136.

462. HOMER, *The Iliad*, 5.121-132.

463. HOMER, *The Odyssey*, 10.573.

464. HOMER, *The Odyssey*, 13.313.

465. OVID, *Metamorphoses*, 12.556-558.

466. OVID, *Metamorphoses*, 14.652.

467. OVID, *Metamorphoses*, 14.685.

468. OVID, *Metamorphoses*, 8.727-730.

469. LIVY, T., *History of Rome*, 21.62.4.

são noturna[470] (*nocturnae spicea*) e da aparência de fantasma e sombra (*species et umbrae*) de uma vítima inocente de assassinato, embora seja real o suficiente para dirigir o culpado assombrado até a morte[471]. Ovídio descreve o deus Asclépio curando uma pessoa doente durante o sono: "o Deus que dá saúde em seus sonhos parece estar (*consistere visus*) diante do seu leito [...] da mesma maneira que ele está acostumado a fazer em um templo"[472].

Nas *Metamorfoses*, Ovídio registra a história de Íris pedindo que Sono "crie umas formas que pareçam reais" (*quae veras aequant imitamine formas*) e tenha a aparência do rei para Alcione. O sono então desperta Morfeu, assim chamado porque ele é o mais realizado "imitador da forma humana" (*artificem simulatoremque figurae*). Morfeu chega ao seu destino e toma a forma de Ceice, pálido como os mortos (*in faciem Ceycis abit sumptaque figura luridus*). Quando ele diz à esposa do rei que ele é a sombra do marido dela, ela estende a mão para agarrá-lo, mas só encontra o ar. Ela foi subitamente despertada pelo próprio clamor e "pela imagem (*specie*) do marido"[473]. Morfeu, então, pode se transformar em uma forma humana, e ele pode fazer essa forma como uma "sombra" (*umbra*) sem presença física sólida.

Outra questão que envolve o tema da metamorfose é a continuidade, ou seja, características da essência do ser continuam em sua forma alterada. Novamente, o aspecto crucial compreende a metamorfose, pois ela diz respeito à cristologia em que a mudança não é na essência. Para esse fim, exemplos que mostram a mesma mente, não importa que tipo de metamorfose, são instrutivos. No domínio da metamorfose humana, temos exemplos de humanos retendo características físicas, emoções, mente e/ou funções corporais[474]. Embora existam exceções importantes, a transformação da forma é geralmente permanente.

Ovídio, em particular, tem um profundo interesse nessa continuidade e, portanto, é especialmente explícito[475]. Mesmo com características físicas, algumas continuidades podem permanecer. Embora transformado, em uma árvore, Dríope

---

470. TACITUS, *The Histories and the Annals*, 11.4.

471. LIVY, T., *History of Rome*, 40.56.9.

472. OVID, *Metamorphoses*, 15.653-665.

473. OVID, *Metamorphoses*, 11.626, 634, 652-675, 677.

474. Ocasionalmente, Ovídio dá evidência de que a mudança é substancial; por exemplo, Picus é alterado para pássaro e "nada de seu antigo eu permaneceu para Picus, exceto seu nome" (*ne quicquam antiquum Pico nisi nomina restat*). OVID., *Metamorphoses*, 14.389-96.

475. As dimensões psicológicas dessa continuidade, o "limite da crueldade na comédia de transformação", são exploradas de maneira interessante por Harold Skulsky em *Metamorphosis: The Mind in Exile*.

é descrita "escondida" no tronco da árvore, e nos dizem que os ramos da árvore ainda guardavam o calor do seu "corpo transformado" (*corpore mutato*)[476].

A categoria de ninfas é interessante. Um hino homérico nos diz que elas "não se classificam nem com mortais nem com imortais", pois elas interagem principalmente com os deuses e comem alimentos divinos, mas ainda assim morrem como os mortais, embora depois de uma longa vida útil[477]. A ninfa Lótis continua a sangrar mesmo depois de se refugiar na forma de uma flor, "muda suas características, mas mantém sua identidade" (*contulerat versos, servato nomine, vultus*)[478].

Assim, no material greco-romano, a metamorfose quase sempre implica uma mudança de forma e, portanto, na aparência, na substância; consequentemente, enquanto o vocabulário varia, nenhum dos termos conota uma mudança de essência e nenhum requer uma alteração permanente. Podemos discernir distinções, no entanto, entre uma transformação que resulta em uma presença física e que resulta na presença de um fantasma, e podemos ver a capacidade que alguns têm de assumir uma multiplicidade de formas.

3.4.2. Êxtase, inspiração e habitação

O fenômeno da possessão é outra maneira pela qual um deus pode fazer sua presença conhecida e eficaz na terra. A palavra "possessão" está na linguagem acadêmica e comum muitas vezes limitada à ideia de uma subjugação completa da mente e do corpo de um humano por um deus ou espírito, visivelmente identificável pelo comportamento físico selvagem e frenético e falta de controle das faculdades mentais de alguém. O fenômeno da possessão é multifacetado e pode ser dividido em pelo menos 3 tipos: êxtase, inspiração e habitação. Assim, no mundo greco-romano, o deslocamento da mente racional tem uma forte tendência a ser acompanhado pelo comportamento frenético e também tende a ser um fenômeno ocasional.

O êxtase era muitas vezes imediatamente reconhecível pelo comportamento "frenético" da pessoa possuída, descrita pelo vocabulário como *furor* e no vocabulário grego como μανία, que são palavras relacionadas com ἔνθεος. Talvez os exemplos mais famosos surjam dos ritos misteriosos de Cibele e Dionísio. Diodoro da Sicília descreve os Corybantes possuídos ao celebrar os ritos de Cibele[479]. Lívio

---

476. OVID, *Metamorphoses*, 9,392-393; ver também 9,319-324.

477. LIMA, C. J. S., *Hino Homérico a Afrodite*, 259-275, p. 108.

478. OVID, *Metamorphoses*, 9,344-348.

479. DIODORUS, S., *Bibliotheca histórica*, 5.49.3.

descreve os homens do rito bacanal profetizando enquanto jogavam fanaticamente seus corpos, como se fossem loucos (*viros, velut mente capta, cum iactatione fanatica corporis vaticinari*)[480]. Os ritos em geral eram aparentemente caracterizados por dança frenética, gritos e, às vezes, pratos e tambores[481].

O frenesi também caracteriza o comportamento nos santuários oraculares. Há discordância sobre o que exatamente causa o frenesi. Por volta do primeiro século surgem duas explicações: (i) o frenesi é causado pela possessão, (ii) o frenesi faz parte da resistência do ser humano ao ser possuído pelo espírito[482].

Lucano relata a história de uma sacerdotisa délfica que temia tanto a possessão como sua loucura dolorosa que tentou fingir, mas sua postura era óbvia porque não havia nenhum grito inarticulado para mostrar que sua mente estava possuída pelo frenesi. Quando Lucano relata que a sacerdotisa não gritou e seus cabelos não se arrepiaram, fica claro que esses efeitos da possessão eram os esperados[483].

Outros textos atribuem o frenesi a uma loucura e, embora o vocabulário mude, a loucura é frequentemente indicada em latim por *furor* ou por expressões que indicam o recuo da mente racional. Em Ovídio, a profetisa filha do centauro "começou a sentir a loucura profética e foi aquecida pelo deus que estava dentro de seu peito" (*vaticinos concepit mente furors incaluitque deo, quem clausum pectore habebat*) antes de profetizar[484]. Embora nenhuma descrição específica do comportamento seja fornecida no *De Divinatione* de Cícero, a adivinhação é apresentada dividida em dois tipos, um por "arte", praticada por quem discerne os signos através da observação, razão e dedução, e outro por "natureza", que ocorre sob a influência de um distúrbio mental (*concitatione*) ou de emoção desenfreada e livre (*soluto liberoque motu*)[485].

O termo μανία e os demais termos que sinalizam a remoção da faculdade racional aparecem nos textos gregos. No Fedro 244A-245A, Sócrates ressalta que as maiores bênçãos que chegam aos seres humanos "vêm do delírio, que é, sem a menor dúvida, uma dádiva dos deuses"; ele cita os exemplos de grandes benefí-

---

480. LIVY, T., *History of Rome*, 39.13.12.

481. LIVY, T., *History of Rome*, 39.10.7; 39.15.9-10. FORBES, C., *Prophecy and Inspired Speech in Early Christianity and its Hellenistic Environment*, p. 134-135. Lívio explica os fenômenos extáticos com base no vinho consumido e nos produtos químicos usados nas tochas.

482. FORBES, C., *Prophecy and Inspired Speech in Early Christianity and its Hellenistic Environment*, p. 137-138.

483. LUCAN., *The Civil War*, 5.115-160.

484. OVID., *Metamorphoses*, 2.640-641.

485. CICERUS., *De Divinatione*, 1.34.

cios do oráculo de Delfos e da Sibila, do alívio de doenças causadas por culpa e da poesia das musas. Ele ressalta que o próprio nome da adivinhação, *mantikê*, é derivado da palavra frenesi/loucura, μανία[486].

Dio Crisóstomo ressalta que, se alguém pensa que é louco (μαίνεσθαι), por esse motivo, deve-se ouvi-lo ainda mais, implicando uma associação entre orientação divina e loucura[487]. Plutarco cita Heráclito descrevendo a Sibila como falando com "lábios loucos", e também cita Eurípides, afirmando que "a derrota e a loucura báquica contêm muita profecia"[488].

Às vezes é dada uma descrição mais específica que equivale ao deslocamento da mente humana racional, demonstrada pela falta de conhecimento do sujeito sobre o que estava ocorrendo durante o episódio e a incapacidade de lembrar o evento depois que ele voltou ao normal. Aristides observa que as sacerdotisas dos oráculos em Delfos e Dodona sabem apenas o que o deus quer que elas saibam: elas não sabem nada da comunicação antes que o deus relate, nem nada do que eles mesmos disseram depois[489].

É preciso perguntar em que tipo de pessoa ocorre uma possessão. Em *De Divinatione*, Cícero argumenta que a alma tem um poder inerente de pré--conhecimento dado por Deus que, quando vigorosamente desenvolvido, é chamado frenesi (*furor*) e acontece quando a alma se retira do corpo físico e é "violentamente estimulada por um impulso divino" (*divino instinctu concitatur*)[490]. Mais tarde, ele enfatiza a necessidade da separação da alma do corpo, como em frenesi e sonhos; sejam sonhos, vapores subterrâneos ou canções frígias que levam a alma a deixar o corpo com sua influência dos sentidos físicos e ansiedades mundanas, "a mente frenética" (*furibunda mens*) pode então ver o futuro com antecedência[491]. Observe que a mente não é substituída tanto quanto deixa o corpo para ver mais longe do que poderia enquanto estava preso no corpo. No tratado de Plutarco *Obsolescence of Oracles*, na obra *Moralia*, no entanto, é feita a sugestão de que a alma use uma habilidade natural que geralmente é ineficaz quando misturada com a mortal, mas pode funcionar plenamente quando sai do corpo[492].

---

486. PLATÃO, *Fedro*, 244a-245a, p. 53-55.
487. DIO CHRYSOSTOM, *The Complete Works of Dio Chrysostom*, 34.4.
488. PLUTARCH, *Moralia*, 397a; 432e.
489. ARISTIDES, A., *Defense of Oratory*, 42-43.
490. CICERUS, *De Divinatione*, 1.66.
491. CICERUS, *De Divinatione*, 1.113-115; 2.100-101.
492. PLUTARCH, *Moralia*, 432a.

Também é preciso perguntar quem possui ou quem é o possuidor. Normalmente, o possuidor é um deus. A linha entre deuses e demônios, no entanto, não era geralmente rígida, e há alguma evidência de que qualquer uma delas poderia ser usada para a entidade possuidora. Em *The Bacchae*, Dionísio é chamado de demônio 12 vezes, e, como observa Versnel, esse uso na peça combina "os elementos negativos de deuses falsos contemporâneos, geralmente chamados de demônios, e os aspectos inspiradores de seu significado autêntico em Homero e em outros lugares" enfatizando a "ação específica e única de um deus com referência especial ao orador"[493].

Na "inspiração", o comportamento frenético é improvável, e aparentemente o deslocamento da mente não ocorre, pois a consciência e a memória do evento estão intactas. Esse tipo de possessão é de natureza ocasional. No mundo greco-romano há exemplos de influência direta de deuses sobre-humanos que dão pouca descrição do processo real; os efeitos, no entanto, parecem ser exemplos de inspiração. Os textos greco-romanos às vezes descrevem um deus simplesmente falando para pressionar um humano à ação. Apolo ficou ao lado de Heitor e falou com ele, e então, "soprou poder no pastor de guerreiros"[494]. Outras vezes, a maneira como deus inspira a pessoa não é descrita no texto. Atena pode ficar ao lado e incentivar Odisseu a coletar pedaços de pão das pretendentes[495].

Durante uma batalha com os troianos, Homero diz que Atena "acelerou através da hoste dos aqueus, exortando-os a continuar. Em cada coração, ela acendeu a força para fazer guerra e lutar incessantemente"[496]. Marte pode dar força e bravura aos corações dos latinos[497], e a mente de Zeus, mais forte que a dos humanos, pode inflamar o peito de Pátroclo[498].

Platão pode usar o termo ἔνθυς para inspiração filosófica. Na obra *Crátilo*, Crátilo sugere que Sócrates está falando como se estivesse inspirado. Sócrates concorda e descreve a própria inspiração temporária, alegando que seria uma inspiração oriunda de Êutifron de Prospalta, com quem ele passou algum tempo no início do dia e que havia tomado sua alma[499]. Apesar de Sócrates presumivelmente estar falando metaforicamente, a passagem descreve a expectativa potencial de

---

493. VERSNEL, H. S., *Ter Unus. Isis, Dionysus, Hermes: Three Studies in Henotheism*, p. 158-59.
494. HOMER, *The Iliad*, 15.236-238; 262.
495. HOMER, *The Odyssey*, 17.360-361.
496. HOMER, *The Iliad*, 2.450-452.
497. VIRGÍLIO, *Eneida*, 9.717-718.
498. HOMER, *The Iliad*, 16.688-691.
499. PLATÃO, *Crátilo*, 396D, p. 98.

possessão temporária que poderia ser vista em alguém sem aparente comportamento de êxtase.

Em um exemplo da natureza do fenômeno como um *continuum*, no entanto, nos Oráculos de Delfos de Plutarco, Téon apresenta uma perspectiva um pouco diferente sobre o mecanismo de possessão. Ele primeiro sugere que o deus incita e fornece uma visão para a sacerdotisa, criando uma luz em sua alma para ver o futuro[500]. Mais tarde, ele acrescenta que o corpo e a alma do possuído são incapazes de ficar quietos enquanto possuídos, mas são jogados e tornam-se cada vez mais perturbados[501]. O deus, no entanto, torna suas palavras conhecidas através do mortal, não por deslocar completamente, mas particularmente em combinação com as aptidões da mente desse humano, de modo que não se deva falar eloquentemente ao iletrado sob possessão, nem o poeta em prosa[502]. Existe, então, alguma evidência de comportamento extático, mas nenhuma de deslocamento.

A habitação seria o terceiro tipo de possessão. Pessoas excepcionalmente sábias tiveram um impulso adicional do divino em sua alma. Sêneca, por exemplo, pergunta a Lucílio se ele vê alguém feliz, sem medo e pacífico no meio da adversidade, intocado pelas paixões. Sêneca então pergunta: "um poder divino desceu sobre essa pessoa?" Esse tipo de alma, diz ele, "é provocado por uma força do céu [...] sustentada pelo divino"[503], e ainda, em parte, apega-se às regiões de onde desceu. Mesmo levando em consideração a noção estoica da divindade da alma, essa descrição é pelo menos análoga a uma experiência de inspiração que é mais aplicável a algumas pessoas do que a outras.

Um fenômeno relacionado na literatura greco-romana, que pelo menos se assemelha a uma possessão permanente, está na ascensão do filósofo por meio da mente. Enquanto Filo se retira da possessão permanente, Platão parece descrever exatamente essa esperança. No *Fedro*[504], Platão relata o que ele considera uma forma de possessão mais alta que a do oráculo de Delfos. O filósofo é descrito como possuído, com a mente em comunhão com Deus e elevada acima das preocupações humanas. Em vez de ser deslocada, a mente pode, nesse tipo de possessão, habitar no reino do absoluto através da lembrança das formas que a alma uma vez contemplou. Platão argumenta que é justo que a mente do filósofo só tenha asas para fazer essa ascensão, "porque este se aplica com todo o empenho, por meio da

---

500. PLUTARCH, *Moralia*, 397bc.
501. PLUTARCH, *Moralia*, 404e.
502. PLUTARCH, *Moralia*, 404f-405a.
503. SENECA, *Epistle XLI*.4-5, p. 274-275.
504. PLATÃO, *Fedro*, 249cd, p. 59-60.

reminiscência, às coisas que asseguram ao próprio deus a sua divindade"[505]. Este tipo de homem é o único que se torna perfeito, mas como sua atenção está sempre voltada para o divino, "geralmente passa por louco, já que o vulgo não percebe que ele é inspirado"[506].

3.4.3. O culto ao imperador

A realeza divina em Roma é comumente vista como um fenômeno limitado ao início do Império, denominado tradicionalmente de Principado, mas novas pesquisas trouxeram um novo olhar sobre o tema. Há três razões para se constatar que a ideia de realeza divina faz parte dos primórdios dos romanos[507].

Uma primeira razão era que os romanos acreditavam que foram governados por reis por dois séculos e meio antes da fundação da república oligárquica. A criação de grande parte do sistema religioso romano foi atribuída ao segundo rei, Numa Pompílio (715-673 a.C), que teve a ninfa Egéria como amante. Acreditava-se que seu antecessor Rômulo fosse filho de Marte, e teria sido levado ao céu no final de seu reinado. Ele foi posteriormente adorado como Quirino[508].

Uma segunda razão, relaciona-se com a questão da autoridade religiosa. Esta estava concentrada nas mãos da oligarquia aristocrática que substituiu os reis. A ascendência divina foi reivindicada por muitas das mais antigas famílias aristocráticas. Os Iulii, por exemplo, reivindicaram a descida de Vênus através de Eneias e seu filho Iulus[509]. A autoridade religiosa na Roma republicana parece repousar no Senado, um conselho formado por ex-magistrados eleitos para a vida toda. Foi um decreto do Senado emitido em 186 a.C., em vez de uma lei aprovada nas assembleias, que impôs restrições ao culto de Baco por toda a Itália. Novos cultos foram autorizados pelo Senado e foram muitas vezes introduzidos sob a recomendação de um Colégio Sacerdotal enviado periodicamente em tempos de

---

505. PLATÃO, *Fedro*, 249c, p. 60.

506. PLATÃO, *Fedro*, 249d, p. 60.

507. WOOLF, G., *Divinity and Power in Ancient Rome*, p. 235.

508. WOOLF, G., *Divinity and Power in Ancient Rome*, p. 235.

509. Para um estudo da divinização de Júlio César por Cícero, ver ROSA, C. B., *Diuus Iulius*: Cícero e a divinização de Júlio César (*Philippica* 2), p. 31-46. Segundo Rosa, no ano 42 a. C., Júlio César recebeu um novo nome, bem como uma estátua de culto, o templo, o sacerdócio e, inclusive, relatos de epifanias. Como exemplo de epifania a autora cita um relato em que o deus Júlio aparece na Batalha de Filipos para garantir a vitória dos verdadeiros romanos. No momento em que "César se tornou oficialmente um deus, o deus Júlio, Cícero já estava morto, e as transformações do período – nas quais a divinização de César é um fator central – transformaram a religião romana, mas também o caráter e as formas de poder na *urbs* e em seu *imperium*" (p. 46).

crise para consultar os Oráculos Sibilinos. Os senadores monopolizaram a participação desta e outras grandes funções sacerdotais[510].

Alguns sacerdotes – como o do *flamen Dialis*, sacerdote de Júpiter, por exemplo – estavam restritos a um círculo interno de famílias que reivindicaram descendência daqueles que haviam sido senadores no período real. Um grupo de rituais envolviam membros da elite mais íntima "encenando" o papel das divindades reais[511]. O mais famoso é o triunfo em que um general vitorioso foi carregado imóvel pela cidade, com o rosto coberto de ocre (uma argila colorida, alaranjada) para se assemelhar a uma estátua de culto em terracota, vestindo roupas emprestadas da estátua de culto de Júpiter no Capitólio.

Uma terceira razão estaria relacionada ao fato de que a hegemonia romana se expandiu para um mundo em que o culto ao governante, entendido amplamente, já estava presente de várias formas. A leste do Adriático, os romanos encontraram variedades de cultos de governantes descendentes em primeiro lugar, a partir das fusões religiosas criadas por Alexandre o Grande e pelos generais que o sucederam. Essas fusões foram criadas a partir de uma combinação do reinado da Macedônia, com um sistema de honras desenvolvido nas cidades gregas, com iconografia e rituais gregos e com o ritual aquemênida que, por sua vez, incorporava elementos egípcios, babilônicos e outras tradições religiosas[512].

Os imperadores romanos no Egito eram, como seus antecessores reais da Macedônia, tratados como faraós. O culto à personalidade em Roma é atestado na área do Mediterrâneo oriental desde o início do segundo século a.C. O culto foi oferecido até mesmo no Senado romano. Parece bastante provável que alguns processos semelhantes estavam ocorrendo no oeste, apesar da relativa escassez de registro epigráfico e iconográfico. A popularidade imediata do culto aos governantes em algumas províncias ocidentais sugeriram uma receptividade baseada na tradição local. Assim, a forma como o culto aos imperadores tomou nessas regiões pode ser fruto de práticas antes das conquistas romanas[513].

As pesquisas sobre divindade no mundo romano são comumente divididas em velha perspectiva e nova perspectiva. A velha perspectiva é aquela em que os dados acerca da divindade romana eram o que os intelectuais e filósofos antigos

---

510. WOOLF, G., *Divinity and Power in Ancient Rome*, p. 236.

511. O calendário ritual romano identificava dois festivais de vinho nos quais o colégio pontifical preparava o vinho para o sacrifício. Em agosto, o *flamen Dialis* colhia as primeiras uvas, ainda verdes, inaugurando a colheita. Em abril, o novo vinho era ritualmente aberto. STEWART, R. *The jug and lituus on Roman Republican coin types*: ritual symbols and political power, p. 173-174

512. WOOLF, G., *Divinity and Power in Ancient Rome*, p. 236-237.

513. WOOLF, G., *Divinity and Power in Ancient Rome*, p. 237.

pensavam sobre os deuses[514]. A partir desses dados, uma pergunta foi feita pelos estudiosos modernos: os romanos realmente acreditavam que os imperadores eram deuses?

Uma primeira mudança significativa acontece com a incorporação de pesquisas no âmbito da arqueologia. Constata-se a necessidade de ir além dos textos ao se propor o estudo de artefatos materiais e registro de práticas rituais, evidência do que os romanos fizeram em relação aos deuses. Os dados extraídos dos templos, inscrições, papiros, amuletos e outros artefatos, mudaram a interpretação sobre a religião romana, pois esta passa a ser fundamentada em evidências materiais e práticas rituais do que naquilo que estava escrito nas obras de Cícero e Varro[515].

Uma segunda mudança vem através do uso de novos métodos para examinar e interpretar os dados. Dois pressupostos foram abandonados: (i) os pressupostos cristãos e (ii) os pressupostos oriundos do dualismo platônico. Em relação aos pressupostos cristãos tem-se que: a religião envolve necessariamente participação emocional; crenças internas são mais reais do que práticas externas; relações individuais/privadas para com a divindade são mais importantes do que expressões comunitárias/públicas. Essas premissas foram rejeitadas ao se incorporar dados oriundos das muitas evidências arqueológicas para o culto ao imperador[516]. Assim, as práticas públicas são consideradas dados adequados e legítimos para o estudo da religião, as evidências para o culto ao imperador são tão amplas quanto para qualquer outra religião antiga.

No que tange ao dualismo platônico, este também foi apontado como um pressuposto problemático para o entendimento da religião antiga. A epistemologia e ontologia platônica nos impediram de entender a posição romana em relação às estátuas dos deuses. Este exemplo principal diz respeito à questão do que os romanos pensavam que estavam fazendo quando, após uma conquista militar, eles transportavam um deus estrangeiro de volta para Roma. A cosmovisão platônica nos faria decidir: (1) eles acreditavam que a estátua realmente era o deus; nesse caso, o deus não existiria mais se a estátua fosse perdida no mar ou destruída; (2) a estátua representava o deus, caso em que uma estátua particular não seria diferente de outras estátuas do mesmo deus. Mas nenhum dos polos desta dicotomia explica adequadamente a evidência antiga[517]. O "problema" da evidência

---

514. PEPPARD, M., *The Son of God in the Roman World*, p. 32-33.

515. PEPPARD, M., *The Son of God in the Roman World*, p. 33.

516. Para um estudo da importância da arqueologia no estudo do culto ao imperador, PORTO, V. C., *O culto Imperial e as moedas do Império Romano*, p. 138-154.

517. RIVES, J. B., *Religion in the Roman Empire*, p. 32-37.

antiga é criado pelo dualismo platônico da realidade/aparência, forma/matéria, objeto/nome, ser/tornar-se.

Dessa forma, a lente platônico-cristã falha na interpretação das práticas centrais da religião antiga, como aquelas que envolvem estátuas de deuses ou governantes e na análise das práticas de culto ao imperador. Portanto, outras lentes, com mais poder explicativo, foram desenvolvidas. Na visão antiga da divindade romana, os dados dos intelectuais romanos (muitos deles, platonistas) foram lidos através de uma estrutura platônico-cristã, uma combinação que sustentava o pressuposto de que houve uma divisão absoluta na linha entre o reino divino e o reino humano[518].

Correlacionada a esse pressuposto, havia uma visão anacrônica do monoteísmo entre os estudiosos do mundo antigo[519]. Estudiosos anteriores muitas vezes aceitaram o argumento dos primeiros apologistas cristãos – que cristãos, como judeus eram monoteístas e pagãos eram politeístas – como um retrato basicamente preciso da religião no Império Romano. Mas essa divisão organizada é problematizada por todos os tipos de evidências. Cristãos antigos (ou judeus) não podem ser categorizados uniformemente como monoteístas. Para o cristianismo, como para o judaísmo antes, o desafio de construir a crença e a prática na unidade divina estava em desenvolvimento[520].

Com base em novos dados e novos pressupostos, a pesquisa sobre o culto ao imperador levou muitos estudiosos a uma nova compreensão da divindade no mundo romano: não era uma essência, mas um *status* – honrado por causa de benefícios poderosos que eram oferecidos. Poucos ouvintes do primeiro século teriam entendido uma reivindicação de divindade à parte de alguma promulgação de poder. Quando benefícios contínuos levaram a contínuas honras, esse processo poderia levar a um tipo de ontologia – um *status* solidificado por causa dos benefícios perpétuos de um deus. Mas esse foi um processo, no entanto: a divindade era dinâmica[521].

A divindade também era relativa, pois "para os antigos a linha de demarcação entre deus e homem não era tão constante e aguda, ou o intervalo era tão amplo quanto pensamos naturalmente"[522]. Hans-Josef Klauck vê o suposto abismo como

---

518. RIVES, J. B., *Religion in the Roman Empire*, p. 36-37.

519. FREDRIKSEN, P. *Mandatory Retirement*: Ideas in the Study of Christian Origins Whose Time Has Come to Go, p. 241-243. Ver o conceito de "Totalmente Outro" de Rudolf Otto em que a divindade era absoluta. OTTO, R., *O Sagrado*, p. 56-63.

520. ATHANASSIDI, P.; FREDE, M. *Pagan Monotheism in Late Antiquity*, p. 1-20.

521. PEPPARD, M., *The Son of God in the Roman World*, p. 35.

522. NOCK, A. D., *Notes on Ruler Cult I-IV*, p. 31.

"não completamente intransponível" – o imperador era o *pontifex maximus*, depois de tudo – e ele emprega a categoria do "mito" para lidar com as evidências da divindade do imperador; é "o trabalho do mito" mediar entre conceitos contrastantes[523]. Fishwick abandonou completamente a metáfora do abismo e optou, em vez disso, pela utilização de imagens de mudança contínua. Os termos gradiente, espectro, escala móvel são usados por ele[524]. Assim, o "problema" do culto ao imperador, usando essas novas interpretações de divindade, deixa de ser um problema.

Os compromissos metodológicos de Gradel com evidências materiais, práticas rituais e a interpretação da religião romana com uma escala de relativa divindade, permite-lhe situar a adoração do imperador dentro do funcionamento normal das práticas religiosas romanas[525]. O culto ao imperador, tanto homem como deus, torna-se menos desconcertante para os intérpretes modernos.

Com a nova perspectiva da divindade romana, o que é mais importante para os historiadores romanos é que evidências antigas cruciais podem ser lidas novamente. Anomalias antigas não mais parecem ser tão estranhas. Como conclusão, uma inscrição menciona que: em 27 d.C. a cidade de Mitilene, em Lesbos, estabeleceu muitas honras para Augusto, enviou embaixadores a Roma com a notícia e teve seu decreto inscrito em outras grandes cidades para todos verem. Depois de explicar no decreto as novas honras pelas quais eles iriam adorar Augusto como um deus, eles também prometeram que "se algo mais esplêndido deve ser inserido depois, a ânsia da cidade [de Mitilene] e a piedade não negligenciará o que pode ser feito para deificá-lo ainda mais"[526]. Assim, não haveria um significado plausível se a divindade fosse absoluta.

Outros pesquisadores chegam a conclusões semelhantes sobre como finalmente entender o *status* divino do imperador. Sua divindade fazia sentido como parte da estrutura de honras por benefícios da sociedade greco-romana. Na velha perspectiva sobre a divindade no mundo romano, a estrutura de honras por benefícios levou especialistas a desconsiderar a divindade do imperador – ele não era realmente um deus porque ele tinha que ganhar essa divindade. Bowersock, seguindo o satirista Luciano, usa exatamente este critério para depreciar a adoração ao imperador[527]. Mas interpretações da divindade como um *status*, não uma essência, permite-nos ver as coisas de maneira diferente.

---

523. Citado por Peppard em PEPPARD, M., *The Son of God in the Roman World*, p. 35.

524. FISHWICK, D., *The Imperial Cult in the Latin West*, vol. 1, p. 33.

525. GRADEL, I., *Emperor worship and Roman religion*, p. 25-26.

526. ZANKER, P., *The Power of Images in the Age of Augustus*, p. 304.

527. "Nenhum ser pensante jamais acreditou na divindade de um imperador vivo e, por mais que se pudesse compreender a divinização de um imperador depois de falecido, seria, ainda assim, impossível con-

Antes da cosmovisão platônica tornar-se dominante, todos os deuses eram deuses por causa de seus benefícios. De que outra forma um deus viria a ser considerado como tal? Até a adoração judaica do Deus de Israel se desenvolveu assim: o Êxodo foi o grande benefício que gerou adoração[528]. Em resumo, os deuses não dizem que são deuses; eles aparecem e então você diz a eles – essa é uma das razões pelas quais os supostos autoengrandecimentos de Gaius Calígula e Domiciano podem ter sido vistos como assustadores e inacreditáveis.

As benfeitorias foram o que levaram ao culto, e as benfeitorias contínuas levaram ao culto incessante. Os benefícios considerados sobre-humanos acabaram levando a sobre-humanos *status*. Em relação ao imperador, especificamente, as honras divinas iniciais para Júlio César e Augusto estavam enraizadas em seus benefícios. Mas ao longo do tempo, e "sem nunca se afastar de sua principal estrutura de adoração ao imperador, foi cristalizada em uma ideologia dinástica". Ao longo de cerca de três gerações (da batalha de Actium ao principado de Cláudio), pode-se dizer que o culto ao imperador se expandiu de uma "soteriologia" do imperador a uma "teologia" da família imperial[529].

---

fundir um deus imperial com deuses propriamente ditos". Citação de Bowersock em: VEYNE, P. *O Império Greco-Romano*, p. 28. Veyne, na mesma página, traz as palavras de Agostinho de que o culto imperial "era de adulação, não de crença".

528. No Sinai, as primeiras palavras de Deus a Moisés se referem à destruição dos egípcios e à libertação dos israelitas (Ex 19,4).

529. PEPPARD, M., *The Son of God in the Roman World*, p. 40.

Capítulo 4 | Uma cristologia da Transfiguração lucana

4.1. Oração no monte

Eventos importantes para Jesus estão ligados ao tema da oração. Em momentos cruciais, Ele ora. Verifica-se isso primeiramente no relato do batismo (Lc 3,21), depois, antes da convocação dos Doze (Lc 6,12), antes da confissão de Pedro (Lc 9,18), no relato da Transfiguração, objeto desse estudo (Lc 9,28), em favor de Pedro (Lc 22,32), no jardim do Getsêmani (Lc 22,40) e na sua morte (Lc 23,46).

Em muitos momentos importantes da narrativa os personagens principais aparecem sendo retratados em oração. Chama a atenção que, na parte da perícope do Getsêmani, nenhum dos paralelos sinóticos menciona a oração, mas em outra parte a oração faz parte da instrução de Jesus (Lc 11,1) onde Ele ensina aos discípulos que ela é necessária como força para sobreviver à tribulação futura (Lc 21,36; 22,40.46). Essa ênfase na oração continua em Atos dos Apóstolos, onde a oração é uma parte fundamental da vida da Igreja Primitiva[530].

A ênfase na oração geralmente é interpretada como sendo fruto da demora da παρουσία (*vinda*), embora muitas vezes não se perceba o foco em uma escatologia presente em textos como Lc 18,1-8. De qualquer forma, há uma função paradigmática da oração nesse Evangelho onde Jesus é apresentado como modelo para os discípulos, ao mesmo tempo, que a prática, ao ser realizada por Jesus, serve a um propósito cristológico de destacar o relacionamento de Jesus, como Filho, com Deus. A oração aparece em pontos cruciais da narrativa para descrever Jesus como portador da salvação e para enfatizar a direção de Deus, bem como a capacitação para a missão dos seus servos[531].

---

530. FORBES, G., *The God of Old*, p. 242, 243.
531. FORBES, G., *The God of Old*, p. 242, 243.

Também é possível alegar que Lucas quer fornecer uma espécie de material biográfico cujo interesse seria o de apresentar Jesus como sendo um intercessor celestial (Rm 8,34; Hb 7,25; 1Jo 2,1). Esse pensamento viria da tradição judaica, onde o intercessor foi aquele que viveu uma vida caracterizada pela oração. Jesus, então, no Evangelho de Lucas, cumpriria os requisitos necessários. Assim, destaca-se não só a ação de Deus em realizar a salvação, mas também o modo pelo qual os indivíduos estão em sintonia com o plano da salvação[532].

Tem-se então um foco cristológico na prática da oração no Evangelho de Lucas, embora, no que tange às parábolas, haja uma preocupação parenética ao apresentar uma imagem de Deus que é projetada para encorajar seus leitores a orar. A perícope denominada de amigo inoportuno (Lc 11,5-8) enfatiza que Deus é acessível, não importa quão extremo seja o pedido. Portanto, o seguidor de Jesus pode orar com ousadia, confiança e segurança. Já na perícope do juiz injusto (Lc 18,1-8) novamente se ensina a disposição de Deus em responder aos pedidos de seu povo, embora a ênfase esteja na persistência. Para Lucas, a persistência na oração é uma marca de fidelidade (Lc 18,8b)[533].

No que diz respeito especificamente à oração no relato da Transfiguração lucano, foi verificado que essa informação é uma adição lucana ao relato, que é fruto de uma característica de Lucas em que o narrador possui uma visão panorâmica ou simultânea para relatar e avaliar quaisquer eventos e personagens no mundo da narrativa. Assim, ele relata muitas vezes duas coisas simultaneamente, como acontece em Lc 9,29[534] mediante o uso da expressão característica de Lucas: καὶ ἐγένετο (*e aconteceu*).

Assim, com essa construção inicial, o autor liga o relato mais de perto com o que precede através de um trecho redacional específico μετὰ τοὺς λόγους τούτους (*depois destas palavras*). Com seu ὡσεὶ ἡμέραι ὀκτώ (*cerca de oito dias*), abandona-se os seis dias de Marcos, seguidos também por Mateus, apontando que esse número não tem um significado particular para ele e nenhuma ligação com o período de preparação de Ex 24,16, onde Deus se prepara para falar com Moisés do meio da nuvem[535]. Dentre as possibilidades interpretativas da mudança, que traz um período de tempo de cerca de uma semana, entende-se que Lucas pode estar usando uma forma helenística de cálculo com base em uma semana de oito dias, em contraste com a semana

---

532. CRUMP, D., *Jesus the Intercessor*, p. 70.
533. FORBES, G. *The God of Old*, p. 243, 244.
534. HUR, J. *Dynamic Reading of the Holy Spirit in Luke-Acts*, p. 97.
535. MARSHALL, I. H., *The Gospel of Luke*, p. 497-498.

judaica de sete dias[536] ou também é possível que os dias de Lucas venham de uma tradição separada[537].

De todas as orações apresentadas na narrativa de Lucas-Atos, somente em Lc 9,28 e em Lc 6,12 há uma ligação explícita da ida de Jesus a um monte e à prática da oração. No caso anterior, Jesus passou a noite em oração no monte antes de escolher os Doze. Há também outras referências à ida de Jesus ao monte que podem estar associadas à prática da oração aparecendo de forma implícita (Lc 21,37; 22,39). Assim, Lucas considera o monte como um lugar de oração e encontro com o divino, e é o lugar onde Jesus está em contato íntimo com o Pai. Percebe-se então que sua constatação é similar a muitas religiões antigas do entorno, que entendiam o monte como lugar de revelação[538]. Tal evidência é constatada em Atos dos Apóstolos, onde, no discurso de Estêvão, menciona-se Moisés no monte Sinai como sendo o lugar da revelação da aliança (At 7,30.38).

Em Lucas, o monte das Oliveiras passa a ser muito mais mencionado a partir da chegada de Jesus a Jerusalém, mas antes, não há designação de um monte específico. Como a perícope da Transfiguração está inserida no bloco da atividade de Jesus na Galileia (Lc 4,14–9,50), a busca pela identificação desse monte é objeto de bastante especulação[539], embora a tradição tenha adotado uma posição[540].

Entende-se hoje que o interesse dos autores dos evangelhos são primariamente teológicos em vez de geográficos[541]. Sendo assim, é perfeitamente plausível que a montanha seja uma montanha simbólica (teológica), ou seja, um novo Horebe (Sinai), onde é realizada uma nova revelação escatológica[542]. Sião é sempre vista no saltério como o lugar do trono de Deus e do rei ungido[543]. Também a

---

536. GRUNDMANN, W., *Das Evangelium nach Lukas*, p. 192.

537. WEISS, B., *Die Evangelien des Markus und Lukas*, p. 616.

538. ELIADE, M., *Tratado de História das Religiões*, p. 295-311.

539. O monte Hermon é o local mais sugestivo por alguns pela sua extensão de aproximadamente 2.800m de altura, o que o encaixaria melhor no entendimento da expressão "monte alto" e é bem mais próximo de Cesareia de Filipe que o Tabor. STEWART, R. G., *Commentario Esegetico Pratico del Nuovo Testamento*, p. 335.

540. A tradição cristã da identificação do local como o monte Tabor é muito antiga e deriva de duas razões: a primeira pela proximidade com os eventos anteriores, em Cesáreia de Filipe e, posteriores, na Galileia e a segunda que a montanha se destaca por sua beleza no quadro geográfico da planície de Esdrelom. MAZZAROLO, I., *Evangelho de São Mateus*, p. 260. Essa tradição antiga aparece desde o tempo de Cirilo de Jerusalém e Jerônimo.

541. FREYNE, J., *A Galileia, Jesus e os evangelhos*, p. 68. Ver também BARBAGLIO, G., FABRIS, R., MAGGIONI, B. *Os evangelhos I*, p. 519. Os Evangelhos Sinóticos parecem não ter se interessado em localizar com precisão qual a fonte do monte da Transfiguração e nem querer associar o relato a algum nome específico.

542. Bíblia de Jerusalém, p. 1735. Nota b. Ver também a Bíblia do Peregrino, p. 2419. Nota 9,2.

543. Sl 2,4.6; Sl 48,2; Sl 146,10.

plenitude futura do Reino de Deus será colocada em Sião, onde estará o ungido de Deus[544].

Conforme visto na análise exegética, o verbo ἀναβαίνω tem um significado básico espacial e está vinculado à ideia de escalar uma montanha. Nesse sentido, assemelha-se ao uso na Septuaginta (LXX), que é uma tradução do verbo hebraico עָלָה. Na LXX, o verbo "subir", mais a expressão "ao monte" (ἀναβαίνω + εἰς τὸ ὄρος), ocorre 24 vezes. Dessas, 18 encontram-se no Pentateuco, e a maior parte delas se refere a Moisés[545].

Dessa análise, constata-se que o monte da Transfiguração é um novo Horebe (Sinai) que forma o ápice da escolha de Deus de um povo especial através de sua "voz" que traz uma revelação de Deus ao seu povo, representado aqui por Pedro, João e Tiago. Como no Deuteronômio, a montanha manifesta mais poderosamente a autoridade magistral da voz do profeta do Senhor, mas também o terreno trágico do sofrimento e da morte que virá mais à frente[546].

Se no relato da Transfiguração a montanha é um novo Horebe (Sinai), a presença de Elias é justificada. Esse profeta é retratado no Antigo Testamento indo para o Horebe (Sinai) depois de ter sido rejeitado por Israel (1Rs 19), para nutrir-se com as palavras de YHWH, que lhe trouxeram conforto.

Para Lucas, é impossível entender o significado deste evento se não for a partir da oração. A Transfiguração lucana não foi uma nova revelação para Jesus, mas sim encorajamento para perseverar no caminho de sofrimento que já lhe foi mostrado. A oração de Jesus foi um meio de comunhão de Jesus com o Pai através do qual Ele recebeu incentivo divino e confirmação de sua missão[547].

Mesmo o relato não apresentando o conteúdo desta oração, a mudança que Jesus sofre é resultado de sua oração, o que aponta para o fato de que Deus respondeu de uma maneira que não havia sido especificamente solicitada, mas que era considerada apropriada para aquele momento. Coloca-se em prática um elemento inesperado da vontade divina. Além disso, no entanto, é a possibilidade de que a oração de Jesus na Transfiguração também foi o meio de fornecer uma revelação aos discípulos como na confissão de Pedro, em que Jesus ora, e aqueles que estão com Ele recebem novas percepções sobre quem Ele realmente é[548].

---

544. DONALDSON, T. L., *Jesus on the Mountain*, p. 146-148. O autor mostra a importância teológica da montanha baseada na tradição escatológica de Sião.

545. ALLISON, D. C., *The New Moses*, p. 174.

546. MOESSNER, D., *Luke the Historian of Israel*, p. 230.

547. CRUMP, D., *Jesus the Intercessor*, p. 48.

548. CRUMP, D., *Jesus the Intercessor*, p. 48.

Assim, a oração está conectada com a autorrevelação de Jesus, com sua experiência, com o processo de iluminação espiritual, com a natureza da missão messiânica de Jesus e dele como o intercessor celestial que já aparece na terra orando. No caso da relação entre a oração e a autorrevelação de Jesus, é preciso atentar para Lc 9,18. Neste texto, que pertence ao contexto imediato anterior da perícope da Transfiguração, a oração de Jesus não está associada ao seu ensinamento sobre o sofrimento, mas sim com a confissão cristológica de Pedro. É essa confissão que provoca o ensino sobre a necessidade de sofrimento, ao invés da oração em si. Não há, portanto, nenhuma questão de oração nesta passagem estar associada com um ponto de viragem decisivo na História da Salvação (*Heilsgeschichte*). Pelo contrário, as preocupações da oração giram em torno do entendimento dos discípulos sobre o messianismo de Jesus, não o autoentendimento de Jesus[549].

O exame da perícope posterior de Lc 10,21-24 apresenta Jesus agradecendo a Deus por ouvir as orações que Ele ofereceu em nome de seus discípulos, em Lc 9,18 e talvez também em Lc 9,28ss. Nesta oração Jesus expressa gratidão pela percepção espiritual que foi concedida aos discípulos em resposta às suas orações. Ele também aparece como o único mediador do conhecimento do Pai. Com isso, é preciso primeiro conhecer Jesus para se conhecer a Deus. Mas o verdadeiro conhecimento de Jesus como o Filho está sob o controle do Pai e é revelado apenas para aqueles que são escolhidos. A tarefa de Jesus como mediador da revelação de Deus é confiada por meio de sua eficácia como alguém que ora. A conclusão tirada é que o *status* de Jesus como um mediador e intercessor já estava em operação durante o seu ministério terreno e não era um novo *status* conferido a Ele após a ascensão[550].

A base da obra de Jesus como intercessora não está em sua exaltação, mas em sua relação filial antecedente com o Pai. Para Lucas, Jesus não é meramente um "intercessor-designado", cujo ministério subsequente no céu dependerá da conclusão de uma tarefa prévia na terra. A marca do seu ministério de intercessão, seja na terra ou no céu, é o seu *status* de Filho[551].

Assim, essas informações servem de pano de fundo para uma ambientação do relato semelhante ao que ocorre no Apocalipse de João (Ap 1), ou seja, em um contexto de expectativa escatológica e da oferta da oração. Em Ap 1,7a diz: "Eis

---

549. CRUMP, D., *Jesus the Intercessor*, p. 24.
550. CRUMP, D., *Jesus the Intercessor*, p. 74.
551. CRUMP, D., *Jesus the Intercessor*, p. 74.

que ele vem com as nuvens...", e em Ap 1,10a "no Dia do Senhor fui movido pelo Espírito...")[552].

Na Transfiguração lucana, a oração é o motivo para a mudança pela qual Jesus passa, o aparecimento dos dois homens e a voz da nuvem que serve como confirmação de uma nova perspectiva no plano de Deus. Assim, ela serve de modelo para os leitores e discípulos do Evangelho, juntamente com outras narrativas. Eles também, posteriormente, parecem ter observado as horas tradicionais de oração (At 3,1; 5,21; 10,9) no Templo ou na Sinagoga (At 6,9). O tema da oração na obra lucana "serve como propósito adicional para o avanço dos propósitos salvíficos de Deus na história pela capacitação dos seguidores de Jesus de permanecerem fiéis em meio aos contratempos"[553].

4.2. A mudança do rosto e das vestes

Lucas observa que o rosto de Jesus se alterou: τὸ εἶδος τοῦ προσώπου αὐτοῦ ἕτερον (*a aparência do rosto dele mudou*, Lc 9,29b). A expressão τὸ εἶδος, conforme visto, aparece apenas cinco vezes no NT. Lucas evita o uso de μετεμορφώθη, que ocorre em Mt 17,2 e Mc 9,2, devido as suas nuanças referentes à metamorfose das divindades pagãs[554]. Essa sensibilidade faz sentido, dada a preocupação de Lucas com os gentios em sua apresentação da mensagem do Evangelho.

Assim, juntamente com Mateus, Lucas enfatiza a transformação física da face de Jesus. Mateus diz que brilhava como o sol (Mt 17,2)[555], enquanto Lucas destaca que a aparência externa tornou-se diferente – uma descrição que será

---

552. Ver também Lc 3,20; 22,20. KAISER, C. B., *Seeing the Lord's Glory*, p. 135.

553. THIELMAN, F., *Teologia do Novo Testamento*, p. 172.

554. Conforme mencionado no capítulo 3 deste livro, no tópico "Deuses e homens divinos no mundo greco-romano", tanto na literatura grega como na romana a ideia da metamorfose ou transformação de uma aparência ou forma é comum. No contexto latino, duas obras importantes, ambas chamadas de *Metamorphoses*, trabalham essa questão. A primeira é de Ovídio e apresenta uma série de contos em que seres sobrenaturais e humanos apresentam transformações diferentes. A segunda obra é de Apuleio, que é uma autobiografia, e mostra como Apuleio se transformou em um asno e depois foi restaurado pela deusa Ísis. A obra *Metamorfoses*, de Ovídio, é datada entre os anos 2 d.C. a 8 d.C. e representa a fase madura da produção ovidiana. SOARES, M. L. L., *Ovídio e o Poema Calendário*: Os Fastos, Livro II, o mês das expiações, p. 7. Para a leitura da obra, consulte GREGORY, H., *Ovid: The Metamorphoses*. Embora a obra *Metamorfoses* de Apuleio seja datada no séc. II d.C., ela ajuda a entender o conceito de transformação e libertação conforme era visto na religião helenística. SILVA, S. G. V., Um exemplo de Polêmica Religiosa no século II d.C.: a oposição Ísis x Atargatis nas *Metamorfoses* de Apuleio, p. 27.

555. O texto de 4Ed 7,97 traz a mesma expressão mateana "como o sol": "A sexta ordem, quando lhes é mostrado como seu rosto deve brilhar como o sol, e como eles devem ser feitos como a luz das estrelas, sendo incorruptível a partir de então". CHARLESWORTH, J. H., *The Old Testament Pseudepigrapha*, vol. 1, p. 540.

completada mais adiante na narrativa, no v. 32[556]. O uso de εἶδος (*forma*) lembra outro uso desse substantivo no relato do batismo em Lc 3,22 que pode ter sido influenciado pelo Evangelho de Marcos. O texto de Marcos pode ser tomado como se ele se referisse ao Espírito "encarnado" como uma pomba (Mc 1,10). Lucas se opõe a essa possibilidade: tanto σωματικός, "corporalmente", e εἶδος, "forma", são indicadores da linguagem das aparências; e vindo depois de εἴδει, ὡς pode ser entendido como linguagem de aproximação, não de identificação[557].

A face brilhante de Jesus é uma referência inconfundível ao rosto resplandecente de Moisés registrado em Ex 34,29-30.35. No Antigo Testamento e na tradição judaica o rosto de alguém é interpretado como "um espelho do coração" e como uma expressão do relacionamento de alguém com YHWH[558]. Tais descrições alinham-se a certas vertentes da literatura apocalíptica em que a característica marcante da figura messiânica vindoura será sua face radiante.

Para descrever a mudança no rosto de Jesus, Lucas emprega o termo ἕτερος (*outra*). Esse termo é usado como um número indefinido para denotar o novo membro de uma série distinta daqueles que precederam. Já como número definido é usado quando duas coisas ou grupos específicos são comparados ou contrastados. Quando distingue adjetivo ou advérbio denota algo que não é idêntico ao que foi referido anteriormente[559]. Também faz referência a "um ser distinto de algum outro item implícito ou mencionado". É "outro de dois, contrastando uma pessoa ou coisa definida com outro". Também é mencionado como pertencente a "mais de dois" ou "sendo diferente em espécie ou classe de todas as outras entidades, outro, diferente do que precede, externamente ou internamente"[560].

É possível interpretar o uso de ἕτερος nesta perícope como uma diferença na aparência de Jesus, que é expressa por εἶδος (*forma*) e é algo previsto pelo uso de προσώπου, ao invés de uma diferença na identidade. Dessa maneira, a palavra ἕτερος ("*outro*" de dois) expressaria uma mudança não na essência, mas na relação de Jesus para com os outros e dos outros para com Ele. De acordo com Lucas, Jesus não se torna diferente do que Ele era antes, mas por um momento a

---

556. MARSHALL, I. H., *The Gospel of Luke*, p. 383.

557. NOLLAND, J., *Luke 1:1–9:20*, p. 161.

558. Ex 34,29-30; 1Sm 1,9-18; Sl 34,5-6; Dn 10,6; Eclo 13,25; 2Esd 7,97; 1En 18,4. GREEN, J. B., *The Gospel of Luke*, p. 380.

559. H. W. BEYER, "ἕτερος", KITTEL, G.; BROMILEY, G. W.; FRIEDRICH, G. (orgs.), *The Theological Dictionary of the New Testament*, vol. 2, p. 702.

560. BAUER, W.; ARNDT, W.; DANKER, F. W. *A Greek-English Lexicon of the New Testament and Other Early Christian Literature*, p. 399.

sua aparência se torna um sinal divino para a humanidade, o sinal de sua verdadeira identidade[561].

Mas tal interpretação não percebe que essa mudança acontece quando Jesus está em oração. Enquanto em Mateus ocorre uma "metamorfose", em Lucas a "diferença" está na aparência do rosto. Assim, não parece pertinente uma interpretação que minimize essa diferença fundamental. Embora Lucas não expresse exatamente quão diferente a face de Jesus tornou-se, a natureza distinta, no entanto, é enfatizada através do uso de ἕτερος.

O adjetivo ἕτερος é usado também em Mc 16,12 para descrever o fenômeno da transformação corporal. O autor do final mais longo não explica o significado dessa transformação ou o propósito do aparecimento, além de mostrar que o relato do evento não evocava a crença na ressurreição. É possível notar que a linguagem aqui é distintamente não marcana[562].

A expressão ὁ ἱματισμὸς (*roupa*) só aparece seis vezes no NT. O αὐτοῦ é um genitivo possessivo. Assim, no trecho λευκὸς ἐξαστράπτων (*branca resplandecente*), é mais provável que λευκὸς esteja aqui agindo como um adjetivo substantivado com um particípio atributivo. Tal constatação é oriunda da comparação com a LXX. Em Ez 1,4 tem-se o uso de ἐξαστράπτω assim com em Ez 1,7. A glória de YHWH chega a Ezequiel, o sacerdote, numa grande tempestade[563].

Também em Dn 10,6 há o uso da forma participial de ἐξαστράπτω atributivamente: "seu corpo tinha a aparência de crisólito e seu rosto tinha o aspecto de relâmpago, seus olhos como lâmpada de fogo, seus braços e suas pernas como o fulgor do bronze polido, e o som de suas palavras como o clamor de uma multidão"[564]. Ocorre também em Dn 12,6 com referência à esplêndida figura celestial encontrada por Daniel em uma visão.

A referência a roupas brilhantes também se encontra em outras partes do Evangelho de Lucas. Em Lc 24,4 vê-se dois homens de roupas brilhantes que anunciam a ressurreição de Jesus. Na descrição das roupas dos anjos se utiliza o termo grego ἀστράπτω, que é um cognato do termo ἐξαστράπτων. Em Lc 17,24, ao falar do retorno do Filho do Homem também se utiliza ἀστράπτω e que é traduzida como relâmpago. Dessa forma, o fato de ἐξαστράπτων ser um *hápax*

---

561. BOVON, F., *Luke I: A Commentary on the Gospel of Luke 1:1–9:50*, p. 375.

562. ELLIOTT, J. K., *The Use of Ἕτερος in the NT*, p. 140-141.

563. Assim como em Na 3,3, no meio de uma passagem que descreve o inevitável julgamento e destruição divina sobre Nínive.

564. Dn 10,6 na LXX: καὶ τὸ σῶμα αὐτοῦ ὡσεὶ θαρσις καὶ τὸ πρόσωπον αὐτοῦ ὡσεὶ ὅρασις ἀστραπῆς καὶ οἱ ὀφθαλμοὶ αὐτοῦ ὡσεὶ λαμπάδες πυρός καὶ οἱ βραχίονες αὐτοῦ καὶ οἱ πόδες ὡσεὶ χαλκὸς **ἐξαστράπτων** καὶ φωνὴ λαλιᾶς αὐτοῦ ὡσεὶ φωνὴ θορύβου.

legomenon no NT pode indicar um aspecto distintivo de Jesus na narrativa da Transfiguração lucana[565].

A expressão ἱματισμὸς λευκὸς (*vestes brancas*) sempre representa o reino celestial nas Escrituras, e associa a justiça ou a pureza de um manto na tradição judaica[566]. As mudanças nas vestes também possuem uma relação com a literatura apocalíptica. Tal transformação de uma figura humana em conexão com a entrada na esfera celeste é encontrada em textos apocalípticos e místicos judaicos. A tradição enóquica apresenta muitos paralelos. Há, inclusive, textos místicos e um *midrash* hebraico tardios, que falam de Moisés sendo transformado para prepará-lo para entrar na sala do trono divino com seus habitantes angélicos[567].

Um exemplo dessas mudanças pode ser visto no livro dos Vigilantes (1-36)[568], escrito no século II a.C., onde temos uma revelação celestial de Enoque, quando ele sobe aos céus (1En 14,8). Ele atravessa uma casa que era quente como fogo e fria como a neve e depois chega a uma outra casa, feita com língua de fogo. Nessa casa, Enoque contempla uma visão de um alto trono, uma teofania, onde ele vê a Glória Suprema. O céu é compreendido como um templo, mediante o qual Enoque vai ao santuário interno[569]. A descrição da Glória Suprema possui semelhança com a descrição do Jesus Transfigurado. Em 1En 14,20.21 diz:

> A Glória Suprema estava sentada nele. Seu manto era mais brilhante do que o sol e mais branco do que a neve. Nenhum anjo a podia aproximar, nem olhar o rosto daquele que é honrado e louvado. Nenhuma carne podia suportar sua vista[570].

Há dois aspectos da divindade que são mencionados em 1En 14,20: as vestes ("mais brilhante do que o sol, e mais branco do que a neve") e o rosto. No texto grego de 1Enoque podemos perceber uma certa semelhança de vocabulário com a Transfiguração lucana como o uso das palavras rosto (πρόσωπον) e branco

---

565. JONES, J. S., *The Transfiguration in Luke 9.28-36*, p. 9.

566. Dn 7,9; Eclo 7,8; Mt 28,3; At 1,10; Ap 3,4-5; 3,18, 4,4; 6,11; 7,9.13-14; 19,14. Veja também Ex 19,11 e Lc 9,29.

567. HIMMELBARB, M., *Ascent to Heaven in Jewish and Christian Apocalypses*, p. 68. O autor cita as conclusões de David Halperin na obra *The Faces of the Chariot: Early Jewish Responses to Ezekiel's Vision*.

568. O livro completo (1-36) é representado de maneira fragmentada em manuscritos do primeiro séc. d.C., mas já no segundo séc. a.C. aparece pressuposto no Livro dos Jubileus. COLLINS, J. J., *A Imaginação Apocalíptica*, p. 80.

569. HIMMELBARB, M., *From Prophecy to Apocalypse: The Book of the Watchers and Tours of Heaven*, p. 149-151.

570. SWETE, H. B., *The Psalms of Solomon with the Greek Fragments of the Book of Enoch* (a tradução é própria).

(λευκότερον)⁵⁷¹. Enfim, embora seja empregado um termo grego diferente para a palavra traduzida como vestes ou manto em 1Enoque (περιβόλαιον) e em Lucas (ἱματισμός), os termos não deixam de pertencer ao mesmo campo semântico. Essas semelhanças sugerem que é na direção das teofanias e angelofanias apocalípticas que deve ser buscada uma explicação teológica para a análise da Transfiguração, principalmente porque há mais exemplos que podem ser utilizados.

Já em um outro trecho da tradição enóquica, no denominado Livro das Parábolas de Enoque (37-71), encontra-se um outro exemplo em 1En 62. Este capítulo, junto com o capítulo 63, descreve o grande julgamento, bem como suas consequências sobre os antigos perseguidores do homem justo. Em 1En 62,13-16 o autor muda o foco para os justos e escolhidos e diz:

> Os justos e os escolhidos serão salvos naquele dia e não verão mais o rosto dos pecadores e perversos. O Senhor dos espíritos habitará neles; com aquele Filho do Homem eles habitarão e comerão, eles se deitarão e se levantarão pelos séculos dos séculos. Os justos e escolhidos se levantarão da terra, abaixando o rosto e usando roupas de glória. Esse que será vestido da vida com o Senhor dos espíritos: suas roupas não serão raspadas, nem sua glória passará diante do Senhor dos espíritos⁵⁷².

As vestimentas ou roupas de glória seriam o corpo novo dos ressuscitados. Esta concepção também aparece no livro o Martírio de Is 9,9, que diz: "E lá eu vi Enoque e todos os que estavam com ele, despojados da vestimenta da carne, e eu os vi em suas vestes mais altas e, por isso, eram como os anjos que estavam ali em grande glória"⁵⁷³.

Outro exemplo, ainda na tradição enóquica, encontra-se no capítulo 71 do Livro Similitudes de Enoque. No texto, considerado uma segunda conclusão do livro, Enoque é exaltado a uma nova condição por meio de sua ascensão ao céu⁵⁷⁴. Ao invés de se prostrar diante dos anjos que vê, ele louva em voz alta dizendo: "Caí de bruços e toda a minha carne se dissolveu e meu espírito se transtornou. Gritei em voz alta com grande força, e bendisse, louvei e exaltei" (1En 71,11)⁵⁷⁵.

---

571. Obviamente que há uma proximidade maior com a Transfiguração mateana com o uso da palavra sol (ἥλιος), embora em Mateus a palavra se refira ao rosto e em Enoque se refira ao manto. ROWLAND, C., *The Open Heaven*: A study of Apocalyptic in Judaism and Early Christianity, p. 367.

572. DIEZ MACHO, A., *Apocrifos del Antiguo Testamento IV*, p. 85-86.

573. CHARLESWORTH, J. H., *The Old Testament Pseudepigrapha*, vol. 1, p. 170.

574. DIEZ MACHO, A., *Apocrifos del Antiguo Testamento IV*, p. 94. NICKELSBURG, G. W. E., *Literatura judaica, entre a Bíblia e a Mixná*, p. 473.

575. DIEZ MACHO, A., *Apocrifos del Antiguo Testamento IV*, p. 94-95.

Assim, ao se colocar diante do trono de sua glória, Enoque não precisa mais de ajuda angelical[576].

Outro texto relevante acerca da temática aparece no livro de 2Baruc, também datado no final do primeiro século d.C.[577]. Nos capítulos 49 a 52 há uma discussão a respeito da ressurreição do corpo. Baruc questiona a Deus acerca de como será o corpo dos justos na ressurreição, se será o mesmo corpo que partilha da fraqueza e do mal do mundo. A resposta de Deus é que depois que os justos forem reconhecidos, os justos e os ímpios serão separados[578]. E no que tange ao corpo dos justos o texto diz:

> Simultaneamente, a glória dos que tiverem sido justificados pela lei, dos que tiveram inteligência na sua vida e que plantaram no seu coração as raízes da sabedoria, irradiará cada vez mais e suas feições manifestarão uma beleza irradiante, para que possam atingir e penetrar no mundo que não morre e que lhes foi prometido. [...] Morarão nas alturas desse mundo, e ficarão como os anjos e parecidos com as estrelas. Transformar-se-ão em qualquer forma que quiserem, desde a beleza até a graça, e desde a luz até o esplendor da glória (2Baruc 51,3.10)[579].

Logo, aqueles que foram fiéis à Torá e confiaram na sua Sabedoria ascenderão para as alturas do céu, serão transformados à semelhança das estrelas e dos anjos e desfrutarão das bênçãos do paraíso e do mundo que não morre. Dessa forma, o problema da mortalidade e da corruptibilidade, como ele se relacionava à natureza dos seres humanos, é resolvido por meio de seu esquema dos dois mundos[580].

Do que foi exposto acima é possível extrair algumas considerações. A primeira é de que há uma relação desse relato com o relato da ressurreição através da menção de dois homens com vestes fulgurantes e que podem ser interpretados como anjos. Em segundo lugar, na literatura apocalíptica essas descrições de mudança de rosto e de vestes estão ligadas a anjos ou a homens ilustres que assumiram uma condição celestial por terem sido transformados. Dessas considerações, pode-se constatar que há uma forma incipiente de polimorfismo nesta perícope, embora na mudança que acontece em Jesus não haja uma descrição do

---

576. HIMMELFARB, M., *Ascent to Heaven in Jewish and Christian Apocalypses*, p. 110.

577. CHARLESWORTH, J. H., *The Old Testament Pseudepigrapha*, vol. 1, p. 616.

578. CHARLESWORTH, J. H., *The Old Testament Pseudepigrapha*, vol. 1, p. 637-639. NICKELSBURG, G. W. E., *Literatura judaica, entre a Bíblia e a Mixná*, p. 522.

579. CHARLESWORTH, J. H., *The Old Testament Pseudepigrapha*, vol. 1, p. 638.

580. NICKELSBURG, G. W. E., *Literatura judaica, entre a Bíblia e a Mixná*, p. 522.

corpo. Aponta-se para a possibilidade do relato lucano da Transfiguração apresentar uma cristologia polimórfica que designa a maneira pela qual Jesus é capaz de aparecer de formas diferentes e múltiplas[581].

4.3. A glória de Moisés e Elias

Moisés e Elias, dois importantes personagens da tradição judaico-cristã, aparecem nessa narrativa em uma conversa com Jesus. Conforme visto, esse é o único relato da Transfiguração em que há a adição da expressão ἐν δόξῃ (*em glória*) se referindo a esses dois personagens. O acréscimo dessa expressão traz implicações sobre o significado da mesma. Para tanto, é preciso uma investigação do significado desses personagens e sua associação com esse termo na tradição e nesse evangelho. Comumente se entende a presença desses personagens no relato como sendo a representação da Lei (Moisés) e dos Profetas (Elias), as duas primeiras partes do Antigo Testamento[582].

As menções de Moisés no Evangelho de Lucas apontam para a Lei. Oito referências envolvem a Lei e têm um impulso cristológico. Mas somente no relato da Transfiguração, onde há duas referências, ele é apresentado como uma figura (Lc 9,30.33)[583].

Essa apresentação intencional de Jesus em relação a Moisés faz pensar que estamos diante de uma tradição marginal do período, que apresenta Moisés como alguém a quem Deus dá a revelação não somente da Torá, mas também a revelação dos mistérios divinos: uma espécie de viajante celestial[584]. Na tradição judaica, Moisés e Elias aparecem juntos no *Midrash Deut. rabba* 3.10,1 que é atribuído a Johanan ben Zakkai no primeiro século d.C.[585]: "Deus disse a Moisés: 'Quando eu enviar o profeta Elias, vireis os dois juntos'"[586].

O nome de Moisés está relacionado ao fenômeno da pseudonímia[587] em livros da literatura apocalíptica judaica. No livro Assunção de Moisés[588], Moisés

---

581. FOSTER, P., *Polymorphic Christology*: Its Origins and Development in Early Christianity, p. 66.

582. LUZ, U., *El Evangelio Según San Mateo*, p. 666. Ulrich Luz menciona exemplos (em duas notas de rodapé) da Patrística e de estudiosos mais recentes que adotam essa interpretação.

583. BOCK, D.; KOSTENBERGER, A. J., *A Theology of Luke and Acts*, p. 363.

584. NOGUEIRA, P. A. S., *Experiência religiosa e crítica social no cristianismo primitivo*, p. 81.

585. LIERMAN, J., *The New Testament Moses*, p. 195.

586. CULLMANN, O., *Cristologia do Novo Testamento*, p. 37.

587. Segundo Russell, a pseudonímia não era algo exclusivo dos judeus, pois há, por exemplo, entre os egípcios uma técnica similar presente já na XII dinastia. RUSSELL, D. S., *The Method and Message of Jewish Apocalyptic*, p. 128.

588. Esse é o nome em que a obra é comumente conhecida, porque se acredita que a lenda da Assunção de Moisés foi acrescentada como segunda parte, que não chegou até nós. A Epístola de Judas pressupõe

entrega livros secretos a Josué para serem preservados e escondidos até o fim dos dias. No Livro dos Jubileus há uma narrativa em que é outorgada uma tradição secreta revelada a Moisés no Sinai, a qual revela a ele todos os elementos da história, tanto do passado como do futuro. Já no livro de 4Esdras[589], escrito no final do primeiro século d.C., Esdras é apresentado como um segundo Moisés que recebe os 24 livros da Escritura para divulgar e 70 livros da tradição apocalíptica para serem mantidos em segredo (4Esd 14,1-48).

Já nos círculos apocalípticos cristãos primitivos Moisés e Elias aparecem juntos em textos do século II d.C.[590]. A perícope da Transfiguração, ao mencionar Moisés e Elias, reflete o passado religioso judaico existente na comunidade cristã primitiva[591].

O relato da Transfiguração pode ser uma evidência de que os judeu-cristãos estavam preparados para ver Moisés como uma figura sobrenatural ativa no céu[592], noção esta que deve estar na base da narrativa. Isso nos ajuda a entender o porquê dele aparecer no relato sem nenhuma explicação, ou seja, ele era entendido perfeitamente pelos seus leitores. Por isso, a crença de que Moisés poderia ter escapado da morte pode ter desempenhado um papel no relato da Transfiguração[593].

No livro de 4Esdras, escrito no final do primeiro século d.C., verifica-se a seguinte informação acerca de Moisés:

---

uma lenda deste gênero (Jd 9). Talvez as três primeiras linhas contenham o título, mas elas se apagaram por completo. Outras sugestões de título: Vaticínio de Moisés (C. Clemen) ou Testamento de Moisés (R. H. Charles). ROST, L., *Introdução aos livros apócrifos e pseudepígrafos do Antigo Testamento e aos manuscritos de Qumran*, p. 150.

589. É preciso atentar para a confusão que há na nomeclatura dos livros de Esdras. 1Esdras é entendido como o livro canônico contido na Bíblia Hebraica, assim como 2Esdras representa o livro de Neemias. O Livro 3Esdras equivale ao 1Esdras apócrifo judaico. Mas a confusão maior é a seguinte: 4Esdras = 2Esdras 3–14; 5Esdras = 2Esdras 1-2 (de procedência cristã); 6 Esdras = 2Esdras 15-16 (também de procedência cristã). Ainda há um Apocalipse de Esdras cristão escrito em grego.

590. Há uma referência interessante a Moisés e Elias no Evangelho de Nicodemos (caps. 15 e 16). Eles são reconhecidos como os únicos que subiram aos céus e são também apresentados como os modelos para a ascensão de Jesus. Também o Apocalipse de Pedro (caps. 15 ao 17) apresenta uma versão apócrifa da Transfiguração que tem como ênfase a descrição de Moisés e Elias.

591. LIERMAN, J., *The New Testament Moses*, p. 195.

592. Uma evidência importante acerca dessa ideia vem de Josefo, que diz que, quando Moisés falava com Eleazar e Josué, "uma nuvem o rodeou e ele foi levado a um vale". O texto a seguir continua dizendo: "Os livros santos, que ele nos deixou, dizem que Moisés morreu porque se temia que o povo não acreditasse que Ele ainda estava vivo, arrebatado ao céu por causa de sua eminente santidade". JOSEFO, F., *História dos Hebreus*, p. 192. Ver também JOSEFO, F., *Antigüedades Judías – Libros I-XI*, p. 235.

593. LIERMAN, J., *The New Testament Moses*, p. 195.

> [...] Eu levei ele ao monte Sinai, onde o tomei para estar comigo por muitos dias e lhe disse coisas maravilhosas e lhe mostrei os segredos dos tempos e lhe declarei o fim dos tempos. Então lhe ordenei dizendo: "Estas palavras deves tornar públicas, e estas deves manter secretas" (4Esd 14,4-6)[594].

Nesse texto, Moisés aparece como o paradigma da vocação profética de Esdras, o profeta desse Apocalipse. Moisés surge como alguém que no Sinai não só recebeu a Lei, mas também os segredos do tempo do fim[595]. Já o texto de 2Baruc apresenta uma proposta semelhante com relação à figura de Moisés:

> Esta construção que está agora no meio de vós não é aquela que deve ser revelada, aquela que estava preparada desde o tempo em que decidi criar o Paraíso e que mostrei a Adão antes que tivesse pecado. Depois que desobedeceu ao meu mandamento, essa visão lhe foi retirada, como também o Paraíso. Mostrei-a novamente a Moisés no monte Sinai, quando lhe fiz ver o modelo do tabernáculo e de seus utensílios (2Bar 4,3.5)[596].

Em 2Bar 4,2-7 a cidade atual é mera sombra da Jerusalém celestial, a qual Deus revelou aos patriarcas e mantém em reserva para o futuro[597]. Dentre aqueles que receberam essa revelação encontra-se Moisés, que não só recebeu a imagem do tabernáculo e seus utensílios, mas também a imagem da cidade e do paraíso.

Olhando a partir desse prisma, vê-se que já não se torna tão estranho a presença de Moisés no relato, porque é possível que o texto da Transfiguração possa ter reconstruído esse cenário ao falar do encontro entre Jesus e Moisés em uma montanha alta, ou seja, um novo Sinai, uma vez que em ambos os textos acima o Sinai aparece como um cenário comum[598].

Portanto, um caráter glorioso é reservado apenas para Moisés, por algum tempo. Moisés, em estreito contato com YHWH, funda a nação, transmite a Torá e conquista a mediação entre YHWH e seu povo. Em um segundo momento, sua palavra adquire um valor próximo ao de YHWH, torna-se o pai de todos os profetas, um legislador de *status* real e sacerdotal por excelência, muitos preceitos são adicionados a Moisés que vão crescendo em número à medida que a tradição avança[599].

---

594. CHARLESWORTH, J. H., *The Old Testament Pseudepigrapha*, vol. 1, p. 553.

595. Alguns autores sustentam que esse capítulo faz parte de uma adição posterior. Veja um exemplo em SANDERS, E. P., *Paul and Palestinian Judaism*, p. 409-418. Para Nickelsburg, essa sétima visão resolve o ceticismo anterior de Esdras. NICKELSBURG, G. W. E., *Literatura judaica, entre a Bíblia e a Mixná*, p. 512.

596. CHARLESWORTH, J. H., *The Old Testament Pseudepigrapha*, vol. 1, p. 622.

597. NICKELSBURG, G. W. E., *Literatura judaica, entre a Bíblia e a Mixná*, p. 517.

598. NOGUEIRA, P. A. S., *Experiência religiosa e crítica social no cristianismo primitivo*, p. 82.

599. CARREZ, M., *La segunda carta a los corintios*, p. 23.

Juntamente com isso, a Torá vai adquirindo uma importância que aumenta continuamente. Dessa forma, Moisés é transformado, pouco a pouco, em um ser sobrenatural. Um mistério paira sobre sua morte e seu túmulo (Dt 34), pois seu corpo nunca será encontrado, e por isso sua preexistência passa a ser afirmada. Então, os Jubileus admitem a metáfora histórica da Lei escrita por anjos (Jub 1). O herói nacional adquire as características de um ser divino que vem sobre a terra de uma forma sobrenatural[600]. Sobre a glória de Moisés, Eclo 45,1-2 diz: "amado por Deus e pelos homens, Moisés, cuja memória é bênção. Equiparou-o em glória aos santos e tornou-o poderoso para o terror dos inimigos". O texto ainda diz em Eclo 45,3 que ele foi glorificado na presença dos reis.

Constata-se uma exaltação de Moisés entre pessoas comuns e que revelam uma visão de Moisés ainda maior. Essa exaltação é oriunda da literatura popular proveniente não só da Palestina, mas também da Diáspora judaica onde se verifica:

> Seu nome ocorre repetidamente em receitas e fórmulas mágicas, onde garante a eficácia de encantos e a prevenção do mal. Aparece também em amuletos mágicos, por razões semelhantes. A popularidade de Moisés parece derivar de seu conhecimento único do nome divino que ele recebeu no Sinai, um conhecimento que muitos acreditavam ser a causa de ele realizar seus atos extraordinários... Nenhum outro nome na antiguidade foi mais reverenciado por seus poderes maravilhosos[601].

A repetição sinótica do relato da Transfiguração atesta a importância de Moisés entre os judeus e cristãos judeus do século I d.C. Lucas, de acordo com seu interesse geral em Moisés, prioriza claramente Moisés, como mostrado por seu deslocamento do nome de Elias para o segundo lugar (Lc 9,30), e a nota que Moisés (e Elias) conversavam com Jesus sobre o seu "Êxodo" (ἔξοδος, Lc 9,31) que ele logo realizaria em Jerusalém[602].

Junto com Moisés nessa visão também aparece um dos mais importantes personagens apocalípticos da história de Israel: Elias. Ele aparece no Antigo Testamento como um profeta que exerce seu ministério no reino do Norte na época dos omridas Acabe e Jorão (870-845 a.C.)[603].

---

600. CARREZ, M., *La segunda carta a los coríntios*, p. 23.

601. LIERMAN, J., *The New Testament Moses*, p. 212. Citado por SAVAGE, T. B., *Power Through Weakness*, p. 107.

602. LIERMAN, J., *The New Testament Moses*, p. 212.

603. Segundo Gunneweg a tradição acerca de Elias foi muitas vezes retrabalhada e atualizada, de modo que é difícil detectar um texto original que contenha uma caracterização confiável de Elias. GUNNEWEG, A. H . J., *Teologia Bíblica do Antigo Testamento*, p. 253.

Ele surge como um profeta itinerante, que não estava vinculado a nenhum santuário, e que aparece e desaparece de forma imprevisível. Sua missão principal é defender o javismo em toda a sua pureza, anunciando uma veneração exclusiva a YHWH, o Deus de Israel. Nega assim o culto a Baal e ensina que não Baal, mas YHWH concede a fertilidade à terra[604].

Parte da vida de Elias repete a de Moisés, de tal forma que é possível dizer que, de certo modo, ele é um novo Moisés. Assim como Moisés, ele foge para o deserto, se refugia em um país estrangeiro, realiza sinais e prodígios e, por fim, vai a Horebe (Sinai) onde também ocorre uma manifestação de Deus. Se Moisés é considerado o fundador da religião de YHWH, o profeta Elias é visto como seu maior defensor em face do perigo imposto pelo baalismo[605].

A narrativa do profeta Elias, no livro dos Reis, é encerrada com um relato transcendental, o seu arrebatamento aos céus (2Rs 2,11-12). A formulação da ideia de que Deus leva um homem pertence em sua concessão a um grupo de concepções de origem mitológica, presentes tanto em Israel como na Babilônia, ou seja, a ideia de um rapto. O relato do arrebatamento de Elias (e de Enoque) mostra que Israel já entendia que YHWH dispunha de outros espaços vitais, bem como de poder e liberdade para transladar os homens[606]. O texto vai alimentar a expectativa de um Elias redivivo. No livro de Malaquias encontra-se o texto que alimentava a expectativa judaica de que o advento de Elias seria antes do "dia de YHWH", ou seja, do Messias (Ml 3,23 na LXX ou 4,5 no TM)[607].

No livro de Eclesiástico, a figura de Elias é composta com dados do livro dos Reis e do profeta Malaquias. O autor descreve Elias de forma grandiosa: ele teve o poder de dominar a chuva e a tempestade no céu, de enfrentar reis e dinastias na terra e ainda ressuscitou um morto (uma alusão a 1Rs 17,17-24, à ressurreição do filho da viúva). Em Eclo 48,10, Elias é descrito como aquele que está pronto a voltar para aplacar a ira de Deus e restaurar as tribos de Israel: "tu que foste designado nas ameaças do futuro, para apaziguar a cólera antes do furor, para reconduzir o coração dos pais aos filhos e restabelecer as tribos de Jacó".

Além da tradição bíblica, ele também aparece na literatura apocalíptica como autor de apocalipses. O livro denominado Apocalipse de Elias é um dos apócrifos mais difíceis de ser enquadrado no tempo (do séc. I a.C. ao séc. IV d.C.),

---

604. GUNNEWEG, A. H . J., *Teologia Bíblica do Antigo Testamento*, p. 254.

605. SICRE, J. L., *Profetismo em Israel*, p. 238-239.

606. VON RAD, G., *Teologia del Antiguo Testamento*, Vol. II, p. 495.

607. Essa expectativa aparece nos evangelhos. Isso é exemplificado de forma clara em Mt 17,9-13, onde Jesus é interpelado pelos discípulos acerca dessa crença e como ela se relacionava com o seu messianismo. Mc 6,15; Mc 8,28; Mt 27,49; Lc 9,8 e Jo 1,19-24 como exemplos.

é fruto da expectativa judaica de que Elias voltaria a terra no tempo do Messias e seu gênero literário é claro: um apocalipse, um escrito de revelação do futuro escatológico[608].

A documentação disponível, portanto, parece indicar que havia vários escritos com o nome de Elias em circulação no século I a.C.[609]. Logo, não temos como saber se seriam várias recensões de um mesmo escrito-base ou textos completamente independentes[610].

Cabe ressaltar que no Antigo Testamento encontramos vários arquétipos proféticos. Verifica-se um paradigma baseado no *corpus* profético através da mensagem de Isaías, de Jeremias, ou algum outro profeta da escrita. Os dados apresentados até esse momento sobre Elias ajudam na análise dos textos dos evangelhos no que tange a esse profeta e mais precisamente no Evangelho de Lucas. É possível apresentar uma síntese das representações acerca desse profeta que o ligam a Jesus[611].

Pelos dados acima, podemos distinguir duas representações acerca de Elias. A primeira seria a do ciclo deuteronomista (1Rs 17–2Rs 2), onde ele foi um profeta e um taumaturgo. Este Elias é revivido por Jesus na tradição sinótica[612]. Um dos exemplos dessa imitação pode ser visto na perícope da viúva de Naim, em Lc 7,11-17. Sua estrutura é construída de maneira idêntica a 1Rs 17,10-24: (a) Jesus se dirige a Naim (v. 11); (b) ali, encontra a viúva na porta da cidade; seu filho único é levado para ser enterrado (v. 12); (c) Jesus ressuscita o filho (v. 14) e (d) Jesus entrega o filho à sua mãe (v. 15). Semelhantemente, (a) Elias vai a Sarepta (v. 10); (b) ali encontra a viúva a porta da cidade e seu filho único estava morto (v. 17); (c) Elias faz o menino reviver (vv. 19-22) e (d) Elias o entrega à sua mãe (v. 23)[613].

Uma segunda representação é a do Elias *redivivus* (ou seja, a ideia do retorno do profeta, pois ele não morreu, mas desapareceu) que pertence a uma teologia um pouco mais tardia, dependente de Ml 3,1 e 3,23, onde ele é anunciado como

---

608. Embora seja considerado um apocalipse faltam componentes típicos da apocalíptica como: sonhos, visões, viagens ao céu, ensinamentos esotéricos, mensagem por meio de um anjo, discurso de despedida. Em contrapartida, aparecem outros componentes: revelação do porvir, certo uso de linguagem simbólica, a medição temporal de três anos e meio, o uso da história para predizer o porvir, a autocompreeensão do autor como aquele que segue a linha dos profetas e recebe a palavra de Deus. MACHO, A. D., *Apócrifos del Antiguo Testamento I*, p. 295.

609. Orígenes, no seu comentário sobre Mateus, conforme a tradição latina, atribui a citação de Paulo em 1Cor 2,9 aos "Segredos do Profeta Elias". RUSSELL, D. S., *L'apocalittica giudaica*, p. 96, 97.

610. BOTTINI, G. C., *La Preghiera Di Elia in Giacomo 5,17-18*, p. 115-116.

611. CROATTO, J. S., *Jesus, Prophet Like Elijah, and Prophet-Teacher Like Moses in Luke-Acts*, p. 454.

612. CROATTO, J. S., *Jesus, Prophet Like Elijah, and Prophet-Teacher Like Moses in Luke-Acts*, p. 454.

613. MAINVILLE, O., *L'Esprit dans L'oeuvre de Luc*, p. 224.

o precursor escatológico da "visita" de YHWH. Na tradição sinótica, João Batista representa este Elias em Lc 1,17.76; 7,27[614].

Assim, João Batista deveria agir no espírito e no poder de Elias (Lc l,17); ele era o "meu mensageiro" de Ml 3,1 (Lc 7,27), mas ele não era o próprio Elias. Lucas omite a pergunta sobre Elias em Mc 9,11-13. Ele também afirma que o Elias escatológico de Ml 3 se refere a outro profeta como Elias, em vez do Elias redivivo. Lucas atribui a última crença às multidões judaicas, mas ele é cuidadoso para evitar uma identificação literal de Jesus ou de João Batista com Elias. Em Lucas, assim como Marcos e Mateus, a Transfiguração deixa clara a diferença entre o passado e o presente, a diferença entre o próprio Elias e os profetas como Elias[615].

No trecho lucano da pregação de Jesus na sinagoga de Nazaré (Lc 4,14-30), Lucas quer acentuar o caráter profético do ministério de Jesus com uma citação do Trito-Isaías (Is 61,1-2). Lucas adiciona elementos à perícope marcana (Mc 6,1-6) através dessa citação, mas também quando informa que Jesus continuou seu discurso, referindo-se a Elias e à viúva de Sarepta, bem como ao profeta Eliseu e Naamã, o sírio (Lc 4,25-27).

Os "dias de Elias" vêm não só colocados diante dos ouvintes ou leitores de uma forma mais viva, mas eles também são especificados como dias sérios e significativos. Na conotação cronológica (três anos e seis meses) pode ser visto como uma certa caracterização apocalíptica do flagelo da fome. Mas também permanece a possibilidade de outros significados, incluindo uma referência cristológica. Na conotação geográfica (fome na terra e escassez) há uma preocupação universalista expressa no discurso, pois o exemplo da seca no tempo de Elias oferece uma pequena orientação de sua referência à pessoa de Jesus e seu ministério. Isso quer dizer que a figura e a história do profeta Elias (e de Eliseu) fariam sentido aqui tipológico para Jesus[616].

Assim, o Evangelho de Lucas tem uma ênfase em identificar Jesus com os profetas antigos[617]. Mas as observações acima apresentam certa confiabilidade para a tese de que em Lucas Jesus é o novo e definitivo Elias. Dessa forma, João Batista exerce um ministério profético; mas é Jesus que atua como Elias, é Ele que encarna Elias na função de profeta. Portanto, Moisés e Elias são vistos como

---

614. CROATTO, J. S., *Jesus, Prophet Like Elijah, and Prophet-Teacher Like Moses in Luke-Acts*, p. 454.
615. MILLER, D., *Luke's Conception of Prophets Considered in the Context of Second Temple Literature*, p. 232-233.
616. BOTTINI, G. C., *La Preghiera Di Elia in Giacomo 5,17-18*, p. 115-116.
617. TIEDE, D. L., *Prophecy and History in Luke-Acts*, p. 19-55.

profetas e há identificações de Jesus com esses personagens na narrativa lucana, como na Transfiguração[618].

Ao mesmo tempo, nesta perícope (Lc 9,28-36) há uma preocupação de distanciar Jesus da figura profética de Elias. Procedimento este já realizado em Lc 9,18-22, onde alguns procuram identificar Jesus com o referido profeta, mas a confissão de Pedro serve para negar essa suposição. Depois, em Lc 9,52-57 Jesus é retratado como não disposto a chamar fogo do céu sobre os samaritanos como fez Elias. Este movimento para distanciar Jesus de uma figura profética também possui uma ligação com Lc 7,11-17, em que Lucas introduz seu posicionamento de Jesus como ὁ κύριος (o Senhor), a fim de suplementar e/ou corrigir implicitamente a declaração da multidão em Lc 7,16 ὅτι προφήτης μέγας ἠγέρθη ἐν ἡμῖν (*porque grande profeta foi levantado entre nós*). Busca-se então, nessas duas perícopes, criar uma tensão entre a identidade de Jesus como ὁ κύριος e as associações "proféticas" feitas por aqueles ao seu redor[619].

O relato da Transfiguração designa Moisés e Elias como "dois homens", deixando claro uma conexão entre a Transfiguração, a ressurreição e a ascensão (Lc 9,30; 24,4; At 1,10)[620]. Cada um desses dois homens não tinha túmulo conhecido (Dt 34,6; 2Rs 2,11), e nos versos finais do Antigo Testamento a Lei de Moisés e a vinda de Elias são mencionadas juntas (Ml 4,4-6). Desde o tempo de Josefo, Moisés também foi considerado como tendo sido levado vivo para a corte celestial[621]. Assim, é possível ler a aparição de Moisés e Elias a partir de tradições angelomórficas e os outros dois relatos ajudam nessa interpretação dentro da obra lucana.

A dualidade pode ter a ver com a adequação legal como testemunha (Lc 10,1). Lucas pode ter razões literárias para ligar os "dois homens" de Lc 9,30; 24,4 e At 1,10, pois cada dupla comenta sobre os passos decisivos na caminhada de Jesus[622]. O texto em Lc 24,4-5 diz:

> Enquanto elas [as mulheres] estavam perplexas com isso, eis que dois homens [ἄνδρες δύο] estavam ao lado delas com roupas deslumbrantes [ἐν ἐσθῆτι ἀστραπτούσῃ]; e como elas estavam assustadas e, inclinando-se o rosto para o chão, os homens disseram-lhes: Por que procurais o que vive entre os mortos?

---

618. BOTTINI, G. C., *La Preghiera Di Elia in Giacomo 5,17-18*, p. 115-116.

619. ROWE, K. C., *Early Narrative Christology*: The Lord in the Gospel of Luke, p. 124-125.

620. CAIRD, G. B., *The Transfiguration*, p. 292.

621. CHILTON, B., *The Transfiguration*: Dominical Assurance and Apostolic Vision, p. 115-124.

622. NOLLAND, J., *Luke 18:35–24:53*, p. 1189.

Há dois seres no túmulo. Eles são referidos não como homens jovens, mas simplesmente como homens. Eles têm roupas deslumbrantes e anunciam às mulheres que Jesus não está no túmulo, mas foi antes de seus discípulos para a Galileia. Similarmente em At 1,10-11, Lucas narra:

> E enquanto eles olhavam para o céu enquanto Ele andava, eis que dois homens [ἄνδρες δύο] estavam ao lado deles em vestes brancas [ἐν ἐσθήσεσι λευκαῖς], e disseram: "Homens da Galileia, por que ficais olhando para o céu? Este Jesus, que vos foi levado para o céu, virá da mesma forma como o vistes entrar no céu".

Mais uma vez, dois homens com roupas especiais comunicam algo a respeito do plano de Deus aos discípulos. A implicação parece ser que eles são algo mais do que humanos[623]. Verifica-se aqui a tradição judaica de que anjos se transformam em homens e, portanto, são facilmente confundidos com seres humanos. Os Serafins, por exemplo, tinham asas (Is 6,2), mas os anjos que adquirem a forma humana não (Gn 18,1-2; 19,1).

Uma descrição importante a respeito de anjos encontra-se no livro de 2Mc 3,26: "À sua frente apareceram, ainda, outros dois jovens, extraordinários por sua força, belíssimos na aparência, magníficos em suas vestes". Eles são nomeados como δύο νεανίαι, que é a palavra que Marcos usa para se referir ao relato paralelo a ressureição em Lc 24. Mc 16,5 declara: "E entrando no túmulo, elas [as três mulheres] viram um jovem [νεανίσκον] sentado do lado direito, vestido com uma túnica branca [στολὴν λευκήν]; e elas ficaram surpresas".

A versão mateana da história substitui um jovem pelo Anjo do Senhor que move a pedra que bloqueia a entrada do túmulo. Mateus mudou significativamente a cena, fazendo do mensageiro claramente um anjo, com as imagens tipicamente associadas com uma angelofania. Isso poderia significar que Mateus entendia a "juventude" de Marcos como sendo um anjo, mas constatou que a descrição não era muito clara e então reforçou sua aparência tornando seu *status* óbvio[624].

Na tradição judaica, aos anjos são atribuídas funções especializadas: há "anjos ministradores" (Jub 30,18; 1En 71,7) que eram cortesãos de Deus; há "anjos intercessores" (1En 15,2), que buscam a Deus em favor da humanidade; havia também "anjos intérpretes" (1En 60,11), que se comunicavam com as verdades da humanidade considerados incapazes de descoberta pela mente humana. É plau-

---

623. SULLIVAN, K. P., *Wrestling with Angels*, p. 70.
624. SULLIVAN, K. P., *Wrestling with Angels*, p. 69.

sível, portanto, ler os "dois homens" do relato lucano da Transfiguração como sendo anjos[625].

Diante das informações apresentadas acima, acerca de leituras e releituras que foram feitas ao longo do tempo a respeito de Moisés e Elias, bem como de Enoque, fica claro a intenção do escritor do Evangelho de Lucas de mostrar que Jesus conversa de igual para igual com essas figuras celestiais. Essa concepção de que a proximidade e a comunhão com seres celestiais conferem glória e honra não era algo desconhecido da literatura judaica do tempo de Jesus[626]. Sendo que Jesus é o revelador do evento apocalíptico-escatológico final, por isso, é superior a essas figuras celestiais[627].

Apenas em Lucas aparece o assunto da conversa de Jesus com Moisés e Elias que falavam do êxodo dele (ἔλεγον τὴν ἔξοδον αὐτοῦ). Além de 2Pd 1,15, ἔξοδος tem apenas essa aparição no NT. É preciso refletir sobre o que poderia ter levado Lucas a usar essa palavra neste momento de sua narrativa. Entende-se que a referência à tradição de Moisés (Mt 17,1-8; Mc 9,2-8) pode ter levado Lucas a escolher ἔξοδος como um eufemismo para a morte de Jesus, mas sua versão da Transfiguração revela que sua escolha do termo surgiu a partir do modelo δίκαιος com o qual ele estava trabalhando[628].

Dessa forma, a partir desse modelo, verifica-se a intenção de apresentar o termo ἔξοδος inicialmente significando *partida*, com base no fato do Êxodo de o Egito servir como um paradigma literário para Lucas. Tal constatação pode ser vista em seu interesse teológico de apresentar Jesus fazendo um longo caminho até Jerusalém (Lc 9,51–19.43)[629].

A partir da narrativa da Transfiguração um mapa teológico é desenhado onde o leitor é convidado a seguir. Esse acréscimo apresenta uma linguagem que aponta para dois temas subjacentes: o primeiro é o ministério de Jesus como uma

---

625. Para Murphy-O'Connor, eles seriam anjos intérpretes que comunicam uma mensagem importante. Sua interpretação parece ir além do que o texto nos informa. MURPHY O'CONNOR, J., *What Really Happened at the Transfiguration?* p. 13-14.

626. NOGUEIRA, P. A. S., *Experiência religiosa e crítica social no cristianismo primitivo*, p. 80 e 85.

627. Cabe ressaltar mais uma vez que, no relato da Transfiguração de Marcos (conforme visto no capítulo 3 deste livro), aparece Elias e Moisés, o que Mateus inverte para "Moisés e Elias". Segundo Gnilka, quando Marcos coloca primeiro a Elias, está dando a entender que para ele é mais importante o componente escatológico, ou seja, Jesus introduz o tempo final. GNILKA, J., *El Evangelio Segun San Marcos*, p. 35. Sem contar que Elias era mais importante do que Moisés na Apocalíptica Judaica, pois a esperança de um Elias redivivo era comumente aceita. Marcos reconhece isso, Mateus parece não entender essa leitura marcana e inverte a ordem, assim como Lucas procura aproximar Jesus com relação à figura de Moisés (a mudança no rosto de Jesus com a de Moisés no Sinai).

628. DOBLE, P., *The Paradox of Salvation*, p. 210.

629. ROSIK, M., *The Greek Motif of the Cyclic Journey in the Gospel of Luke?*, p. 1-8.

espécie de Êxodo renovado, liderando o povo de Deus em uma nova libertação; o segundo tema apresenta Jesus como o herdeiro tanto de Moisés como de Elias, os dois grandes profetas do passado de Israel. Aquele havia prometido um profeta semelhante a ele; o outro tinha sido "retomado" e era esperado o seu retorno para anunciar o governo de Deus (Ml 3,1)[630].

Destaca-se também a menção de Jerusalém como sendo o destino da jornada de Jesus. Assim como Paulo em Atos, que está focado em ir a Roma, em Lucas, Jesus não se desvia do seu objetivo de ir a Jerusalém (Lc 9,51), apesar do conselho dos fariseus (Lc 13,31). Ele "deve" ir a Jerusalém porque os profetas, seguindo a grande tradição de Israel, exerceram seu ministério principalmente em Jerusalém, e foi em Jerusalém que eles foram rejeitados e perseguidos. Imediatamente, Jesus se dirige à cidade, mas desta vez sem definir-se como um profeta que vai morrer ali. Ao contrário, Ele define a cidade como sendo "assassina de profetas": "Jerusalém, Jerusalém, que matas os profetas" (Ἰερουσαλὴμ Ἰερουσαλήμ, ἡ ἀποκτείνουσα τοὺς προφήτας)[631].

Por fim, é no relato da Transfiguração que fica constatado o exemplo do desaparecimento de um personagem, ou melhor, de dois personagens. Moisés e Elias, que estão discutindo acerca da partida (τὴν ἔξοδον, Lc 9,31) de Jesus, desaparecem do monte da Transfiguração, e "Jesus foi encontrado sozinho" (εὑρέθη Ἰησοῦς μόνος, Lc 9,36)[632].

4.4. A glória de Jesus

As mudanças no rosto e nas vestes são definidas na perícope como sendo τὴν δόξαν αὐτοῦ (*a glória dele*). Ressalta-se aqui uma particularidade da Transfiguração lucana, o uso do termo δόξα (*glória*). O entendimento do NT sobre o termo δόξα tem suas raízes no conceito veterotestamentário de כָּבוֹד, e também o significado que a LXX faz de δόξα. A palavra grega δόξα é muitas vezes de difícil tradução no Novo Testamento por causa da imprecisão em determinar o que ela significa em certos lugares. Além disso, ao traduzir o grego δόξα para uma outra língua, nenhuma palavra é capaz de expressar seu significado em todos os seus vários usos. Dentre as muitas utilizações do termo no NT, destaca-se,

---

630. CROATTO, J. S., *Jesus, Prophet Like Elijah, and Prophet-Teacher Like Moses in Luke-Acts*, p. 453.

631. Segundo Croatto, Lc 13,34 não deve ser traduzido como "matar os profetas": o particípio com um artigo indica um atributo permanente e é equivalente a uma definição. CROATTO, J. S., *Jesus, Prophet Like Elijah, and Prophet-Teacher Like Moses in Luke-Acts*, p. 459.

632. DINKLER, M. B., *Silent Statements*, p. 178.

em particular, como este se aplica à crucificação, à ressurreição e à ascensão de Jesus Cristo[633].

Ao considerar a gama semântica de δόξα, existem três componentes principais para o seu significado: brilho ou esplendor, grande poder e força, e majestade e honra. No entanto, é possível também afirmar que existem outras propostas para o alcance semântico do substantivo δόξα no NT, sendo que uma delas tem relação direta com a perícope em estudo: a condição de ser brilhante, de brilho, de esplendor, de alguém radiante[634].

Constata-se isso em fenômenos físicos (At 22,11; Lc 9,32; 1Cor 15,40), em seres humanos envolvidos em circunstâncias transcendentes e também de seres transcendentes como querubins (Hb 9,5), anjos (Lc 2,9; Ap 18,1), especialmente diante da face de Deus[635]: Moisés (2Cor 3,7-11,18), os cristãos na próxima vida (1Cor 15,43; 2Cor 3,4), δόξης τοῦ θεοῦ (*glória de Deus*) que se refere ao julgamento final (Rm 3,23; 5,2), do próprio Jesus: σώματι τῆς δόξης αὐτοῦ (*do corpo da glória dele*, Fl 3,21), Cristo é κύριον τῆς δόξης (*Senhor da glória*, 1Cor 2,8). O conceito foi ampliado para denotar a glória, a majestade. O contexto é mais do que procurado na experiência de Moisés (Ex 34,29), cujo rosto brilhava porque ele havia falado com o Senhor no monte Sinai[636].

O significado original de כָּבוֹד, no Antigo Testamento era de peso e por isso poderia ser usado em respeito à honra ou prestígio que pode ser dado aos homens. Quando usado desta forma, tem o significado de dignidade de caráter, os sinais externos da riqueza, o esplendor da aparência da pessoa, sua reputação ou a estima em que ele é detido. Ademais, no Antigo Testamento כָּבוֹד tem um significado especial onde é usado em conjunto com יְהוָה (Glória de YHWH, כְּבוֹד־יְהוָה) como termo técnico para a presença manifesta de Deus. O termo כָּבוֹד também é frequentemente usado no sentido de majestade, esplendor, honra, glorificar e adornar. No entanto, o conceito de δόξα vai além disso, e inclui o pensamento de

---

633. FOSSUM, J. E., δόξα. In: TOORN, K.; BECKING, B.; HORST, P. W., *Dictionary of Deities and Demons in the Bible*, p. 348-350.

634. FOSSUM, J. E., δόξα. In: TOORN, K.; BECKING, B.; HORST, P. W., *Dictionary of Deities and Demons in the Bible*, p. 351-352.

635. At 7,2; 2Ts 1,9; 2Pd 1,17b; Ap 19,1; 21,11, 23; Ef 1,17.

636. O mesmo motivo é usado por Paulo em 2Cor 3,7.13. Conferir também Dn 12,3; 4Esd 7,97; 1En 38,4; 104,2; 2Br 51. Segundo Bauer, a categoria com maior uso de ocorrências é a de δόξα como "radiante". Além disso, Bauer subdivide o uso de δόξα como "radiante" da seguinte forma: primeiro, uma referência literal à "luz" dos fenômenos físicos, incluindo tudo no céu; em segundo lugar, o esplendor do envolvimento humano em circunstâncias transcendentes e seres; em terceiro lugar, o estado do ser na próxima vida é assim descrito como participação no esplendor ou glória e, por fim, em quarto lugar, um reflexo da glória divina. BAUER, W. F. W.; DANKER, W. F.; ARNDT, W. F., *Greek-English Lexicon of the New Testament and Other Early Christian Literature*, p. 256-258.

que a δόξα de Deus será exibida na consumação final de seus propósitos. Esses propósitos incluem o cumprimento de suas promessas a Israel e a bênção suprema a todas as nações[637].

Os escritos de Filo e Josefo foram selecionados como sendo adequadamente representativos da literatura grega na era cristã primitiva. Os escritos de Filo são um exemplo importante do judaísmo helenístico e fornecem percepções sobre o uso extrabíblico de δόξα e também do termo τιμή. Em seus escritos, δόξα é usado no sentido de opinião, noção (de Deus), o credo ou doutrina das crenças pagãs, a honra ou glória que é conferida ao homem e também a honra (glória) devida a Deus. Filo usa τιμή no sentido de dignidade, valor ou preço[638]. Josefo segue o costume grego contemporâneo de δόξα no sentido de opinião, honra ou glória que se aplica ao homem, especialmente para pessoas proeminentes. Ele também usa τιμή nesse contexto[639].

A glória de Deus em Lucas-Atos está ligada a vários motivos importantes, o que ajuda a explicar sua natureza e significado místicos. Lucas associa isso com o símbolo da luz "associando angelofanias, teofanias e cristofanias"[640]. De acordo com uma angelofania, na narrativa do nascimento em Lc 2,9 uma luz celestial brilha em torno dos pastores. Esta está explicitamente relacionada com καὶ δόξα κυρίου περιέλαμψεν αὐτούς (*a glória do Senhor que brilhou em torno deles*).

Os dados acima demonstram que para entender o uso do termo δόξα no relato lucano da Transfiguração é preciso considerar o que até aqui foi abordado nos pontos teológicos anteriores e na etimologia e uso do termo. Primeiro, o termo tem uma ligação com as tradições veterotestamentárias do Êxodo. Segundo, o termo já aparece na perícope associado a Moisés e Elias e que são vistos pelos leitores, por causa da tradição judaica, como homens ilustres que alcançaram a glória por serem exemplo de justiça. Terceiro, o termo é um desdobramento da mudança que Jesus sofre em Lc 9,29 e que o associa à tipologia de Moisés a descrição da mudança na roupa de Jesus (ἱματισμός, Lc 7,25) para se tornar branca, cujo brilho é como um raio.

O branco (λευκός), como foi visto, é a cor das roupas celestiais e angélicas (At 1,10; Mc 16,5; Ap 3,4). A descrição pode simplesmente significar que Jesus apareceu nas roupas apropriadas para um ser celestial, ou possivelmente

---

637. KITTEL, G.; BROMILEY, G. W.; FRIEDRICH, G. (orgs.), *The Theological Dictionary of the New Testament*, vol. 2, p. 237.

638. PHILO, *On the Special Laws*, 1.45; PHILO, *Allegorical Interpretation*, 3.7. Os textos encontram-se em YONGE, C. D., *The Works of Philo*, p. 53 e 78, respectivamente.

639. JOSEPHO, *Jewish Antiquities*, 2.205; 6.18, 80, 343; 8.196; 9.16; 10. 264, 268.

640. FOSSUM, J. E., *The Image of the Invisible God*, p. 351.

que seu corpo glorificado brilhou através de suas roupas que elas pareciam compartilhar a transformação. O uso do termo pode remontar a uma descrição da glória oculta de Jesus, enquanto na terra, ou de uma visão proléptica de sua futura glória. Esta segunda alternativa parece ser a resposta mais provável[641]. A imagem pode ser a do justo que passou pela tribulação como em Dn 12,3 e Ap 3,5[642].

Um ponto importante, ligado a Moisés e Elias e reforçado por Lucas ao usar δόξα, é que existem alguns aspectos da Transfiguração que apoiam uma interpretação angelomórfica. Em Marcos, Jesus é transfigurado (μετεμορφώθη). Em Mateus, Jesus também é transfigurado (μετεμορφώθη), e seu rosto brilha "como o sol". Já em Lucas, seu rosto é "mudado (ἕτερον)" (v. 29bc)[643]. Esta linguagem é bastante explícita afirmando que Jesus sofreu uma mudança. Sua aparência física é alterada, e seu rosto ou suas roupas se tornam brilhantes. Estes são aspectos que podem ser considerados como sendo de uma angelofania[644].

Outros pontos apoiam uma identificação divina para Jesus. Moisés e Elias aparecem para Jesus e falam com Ele. Estas duas vencráveis figuras do passado são conhecidas por terem sido levadas para o céu (Moisés, segundo Josefo, e Elias em 2Rs 2,11). Este Jesus que é visto com eles sugere seu *status* exaltado, onde uma voz da nuvem proclama "este é o meu Filho, a Ele ouvi"[645].

Quando Lucas se refere à entrada de Jesus em "sua glória", mais tarde, em Lc 24,26, deve ser entendido neste contexto da Transfiguração. A partir de uma perspectiva lucana, Jesus experimentou momentos de glória já na terra[646]. Ele compartilha uma glória semelhante à de Moisés e Elias, embora em última análise sua glória transcenda a glória deles. Nesse sentido, sua glória mística difere do padrão de uma pessoa justa que é exaltada a uma posição de glória. Jesus experimentou a glória em sua vida terrena já antes dele partir em sua última viagem a Jerusalém para ser glorificado[647].

---

641. KITTEL, G.; BROMILEY, G. W.; FRIEDRICH, G. (orgs.), *The Theological Dictionary of the New Testament*, vol. 4, p. 241-250.

642. DANKER, F. W., *Jesus and the New Age*, p. 116.

643. Leslie Walch, ao comentar sobre Mt 24,30-31, menciona que em Marcos e Lucas o Filho do Homem é uma figura celestial ao lado dos anjos, e não explicitamente sobre os anjos, já que nenhum pronome possessivo é usado. "Então, se verá o Filho do Homem vindo numa nuvem, com poder e grande glória" (Lc 21,27). WALCH, L., *The Son of Man*, p. 204.

644. SULLIVAN, K. P., *Wrestinling with Angels*, p. 115.

645. SULLIVAN, K. P., *Wrestinling with Angels*, p. 116.

646. HEIL J. P., *The Transfiguration of Jesus*, p. 84.

647. BOVON, F.; KOESTER, H., *Luke 1: a commentary on the Gospel of Luke 1:1–9:50*, p. 368.

Dessa forma, Jesus está junto de figuras celestes e ideais, mas Ele não é simplesmente uma figura ideal. Lucas faz questão de distingui-lo das figuras judaicas anteriores ditas ideais. A leitura do Evangelho demonstra uma preocupação em comparar Jesus às representações de outras figuras humanas ideais do passado. Constata-se isso ao longo da narrativa do Evangelho em que se descreve Adão, Moisés e os profetas, os reis israelitas e os Patriarcas como exemplos de figuras humanas idealizadas. Mas Lucas usa tais figuras para mostrar a distinção de Jesus de outras figuras humanas "ideais" do judaísmo. Em Lc 24,27 similarmente contrasta Jesus e outras figuras "ideais" judaicas ao dizer "tendo começado com Moisés e todos os profetas, Ele [Jesus] explicou-lhes em todas as Escrituras as coisas sobre si mesmo". Lucas aqui se refere a Jesus como o foco ou clímax da Torá e dos escritos proféticos[648].

Assim, há uma associação entre mudança no rosto, vestes brilhantes e glória. É possível encontrar exemplos dessa associação em textos pertencentes ao período próximo ao escrito lucano. O livro de 4Esdras, escrito no final do século I d.C., apresenta uma passagem que possui certa semelhança com a mudança que Jesus passa em Lc 9,28-36. A partir de 4Esd 10 começam as visões do livro. Na primeira visão, Esdras vê uma mulher chorando, que depois se transforma em uma cidade (a Jerusalém celestial): "Enquanto eu estava conversando com ela, eis que sua face de repente brilhou excessivamente e seu semblante piscou como relâmpago, assim que eu estava muito assustado ao me aproximar dela, e meu coração estava apavorado" (4Esd 10,25)[649].

A transfiguração da mulher em uma cidade seria um caso de uma metamorfose feminina, semelhante, por exemplo, ao caso de Asenet no livro José e Asenet[650]. Mais uma vez na descrição do que aconteceu com a mulher vê-se a mudança no rosto, assim como na Transfiguração de Jesus. Assim como a mulher era Sião e que Deus lhe mostrara a glória futura de Jerusalém, assim também a Transfiguração de Jesus mostra, em Lucas, a sua glória futura.

Os exemplos paralelos acima mostram certa similaridade com a mudança pela qual Jesus passa no relato. Juntamente com o restante do NT é dada uma função teofânica de uma forma muito geral comparável à outorga de prerrogativas teofânicas dadas a Moisés. Mas na narrativa da Transfiguração há também um

---

648. BATLUCK, M., *Visions of Jesus Animate Israel's Tradition in Luke*, p. 414.
649. CHARLESWORTH, J. H., *The Old Testament Pseudepigrapha*, vol. 1, p. 547.
650. No livro ela se adorna com vestes de núpcias especiais, e sua face está gloriosamente transfigurada. O texto diz: "Disse a sua serva: Traga-me água pura da fonte. Asenet se inclinou sobre a água da bacia. Seu rosto era como o sol e seus olhos como a estrela da manhã ao sair". (18,7b). CHARLESWORTH, J. H., *The Old Testament Pseudepigrapha*, vol. 2, p. 232.

outro paralelo muito próximo com Qumran (4Q374)⁶⁵¹. Costuma-se pensar que a Transfiguração de alguma forma apresenta um Jesus divino que foi o produto de uma helenização, uma cristologia do *thĕiŏs anēr*. Para outros, argumenta-se que devemos entender a Transfiguração não como uma epifania helenística, mas uma visão apocalíptica, removendo, assim, o elemento divino. Certamente um cenário baseado na apocalíptica judaica faz mais sentido para se estudar a forma e o conteúdo do relato lucano⁶⁵².

É possível a associação do relato e a tradição subjacente com os paralelos da admissão de Enoque/Metatron em que um mortal experimenta uma transformação angelical a ponto de se tornar um "YHWH Menor". Essa tradição depois foi desenvolvida no período medieval através da *Gedulat Moshe* onde o texto de Ex 7,1 está ligado ao Sinai e a Moisés deificado. Um cenário por meio da matriz e da mística judaica, bem como das tradições apocalípticas, pode, de fato, dar à divindade de Jesus na Transfiguração um sentido tênue⁶⁵³.

A tradição de Enoque/Metatron, descrita acima, traz elementos que podem contribuir para a cristologia, mas é ainda a tradição de Moisés/Sinai que parece ser a mais proeminente para se entender a glória de Jesus vista pelos discípulos. Há muitos pontos de correspondência com a subida do Sinai que são significativos para o entendimento da revelação da visão da glória dele. A subida à montanha e uma contagem de dias que possui similaridades. Jesus sobe à montanha depois de oito dias, assim como Moisés sobe ao monte Sinai e recebe a Torá depois de seis dias (Ex 24,16). Jesus leva com Ele três companheiros próximos, assim como Moisés levou Arão, Nadabe e Abiú (Ex 24)⁶⁵⁴.

A maioria do povo de Israel esperava no pé da montanha. Assim também Jesus deixa os outros discípulos e as multidões, a quem Ele volta depois da Transfiguração. No monte Sinai, Deus aparece em uma nuvem (Ex 24,16-17), assim como Deus fala a Jesus de uma nuvem. Ambos, Moisés e Jesus, são os únicos humanos a entrar na nuvem. No relato de Marcos, quando Jesus retorna, as multidões vendo-o ἐξεθαμβήθησαν καὶ προστρέχοντες ἠσπάζοντο αὐτόν (*ficaram espantadas e correram para saudá-lo*, Mc 9,15); tem-se uma provável alusão ao

---

651. Esse texto é um fragmento de uma coleção da caverna 4 (Moses Apocryphon A). O texto traz um discurso sobre a tradição do Êxodo/Conquista. NEWSOM, C. A., 4Q374: *A Discourse on the Exodus/Conquest Tradition*, p. 40-52.

652. FLETCHER-LOUIS, C., 4Q374: *A Discourse on the Sinai Tradition*: The Deification of Moses and Early Christology, p. 251.

653. FLETCHER-LOUIS, C., 4Q374: *A Discourse on the Sinai Tradition*: The Deification of Moses and Early Christology, p. 251.

654. FLETCHER-LOUIS, C., 4Q374: *A Discourse on the Sinai Tradition*: The Deification of Moses and Early Christology, p. 252.

rosto resplandecente de Moisés quando ele encontra os israelitas. Especialmente na versão de Lucas as palavras αὐτοῦ ἀκούετε (Lc 9,35) podem bem aludir à ordem de ouvir o profeta como Moisés de Dt 18,15-16.

Agora uma objeção pode ser apresentada de que uma cristologia de Moisés é excluída pela aparição do próprio Moisés no relato, juntamente com Elias. Mas isso é pedir demasiada rigidez da tipologia. Se Moisés poderia ser substituído, então, para os escritores do Evangelho, Jesus também seria considerado pelo NT como pelo menos um novo Moisés[655].

Conforme mencionado acima, a presença de Moisés e Elias no relato serve para que o leitor faça uma comparação entre Jesus e esses dois homens. No caso da narrativa lucana, seu objetivo é comparar a fim de demonstrar a superioridade de Jesus, mas essa superioridade se dá de uma forma mais ampla do que nos outros dois relatos sinóticos. Nestes e em Lucas, a voz da nuvem é o momento em que o leitor tem de maneira clara a distinção que os leitores devem ter em relação a Jesus e a Moisés. É preciso, a partir de agora, ouvi-lo. Mas o uso da palavra δόξα para se referir tanto a Moisés e Elias quanto a Jesus é o primeiro elemento de comparação que tem algo a dizer sobre o estado futuro de Jesus que será ratificado no relato da ressurreição.

Moisés e Elias apareceram em glória, que está ligado ao seu estado celestial, conquistado por uma vida justa, bem como pelos seus feitos, pelo anúncio da palavra que conduziu o povo à fé em YHWH. Ambos desfrutaram de uma mudança que os colocaram em um novo estado, sendo então agora divinos. No caso de Moisés, os judeus na literatura extrabíblica continuavam a tratá-lo como se fosse Deus[656]. Tal leitura – que aparece já na época dos escritos paulinos e está por trás de 2Cor 3,7-18 – seria oriunda do pensamento de muitos judeus de que a glória de Deus na face de Moisés permanecia com ele na morte e além dela[657]. Assim, há um identificação entre a glória de YHWH e a glória recebida por Moisés através da mudança em sua face. Agora, outra glória, distinta e definitiva, pode ser vista na face e nas vestes de Jesus.

Em relação a Elias, o mesmo era considerado glorioso, segundo Eclo 48,4, onde se diz: "Como tu eras glorioso, Elias, em teus prodígios! Quem pode em seu orgulho igualar-se a ti"? No texto grego tem-se o uso do verbo δοξάζω, que aparece aqui na segunda pessoa do singular: ἐδοξάσθης. Os prodígios de Elias

---

655. FLETCHER-LOUIS, C., 4Q374: *A Discourse on the Sinai Tradition*: The Deification of Moses and Early Christology, p. 252.

656. MEEKS, W., *The Prophet-King*: Moses Traditions and the Johannine Christology, p. 193-194.

657. HAFEMANN, S. J., *The Glory and Veil of Moses in 2Cor 3:7-14*: An Example of Paul's Contextual Exegesis of the OT – A Proposal, p. 31-32.

eram demonstrações da presença e da glória de YHWH com ele. Semelhantemente, os feitos de Jesus no Evangelho revelam alguém que seria considerado, conforme visto acima, um novo Elias que age a partir de novos critérios. Jesus não poderia conquistar os homens através da vingança como Elias (Lc 9,54). Somente na pessoa e obra de Cristo a humanidade recebe a palavra final de Deus para a situação humana[658].

4.5. Pedro, João e Tiago

Pedro, João e Tiago são os três discípulos que sobem à montanha com Jesus. Segundo os Evangelhos Sinóticos, os três fazem parte do círculo íntimo dos seguidores de Jesus e são vistos juntos em outros momentos importantes do ministério dele. No caso específico do Evangelho de Lucas, eles aparecem no chamado inicial como "pescadores de homens" (Lc 5,1-11), e, depois, no relato da ressurreição da filha de Jairo, onde testemunham o milagre (Lc 8,51).

A menção de Pedro em primeiro lugar faz alusão a seu papel de protagonista dos discípulos e na obra lucana possui uma relação com Moisés. Para os seguidores de Jesus, o Senhor no centro da visão era Jesus, transfigurado, e a pessoa de Moisés foi suplantada (ou substituída) pela de Pedro como o principal protagonista, aquele cuja proposta evoca uma voz celestial (Lc 9,32.33.35). Pedro assume similarmente o papel de um novo Moisés em At 2,37-39 (Ex 19,7-8; Dt 11,13-21) ao se tornar o porta-voz do povo. Lc 9 e At 2 refletem *performances* revisadas de Moisés. No caso de Atos, Pedro estabelece uma nova aliança com o povo.

O termo ἐπιστάτης (*mestre*) é usado por Lucas para transmitir ao leitor algum sentido de distância de Jesus e seus propósitos. Verifica-se isso no fato de Pedro se dirigir duas vezes a Jesus como ἐπιστάτα. Primeiramente quando questiona a pergunta feita por Jesus em Lc 8,45: "Quem me tocou?" Depois, em Lc 9,28-36, seu uso é acompanhado pelo comentário do narrador, um julgamento explícito: "não sabendo o que diz" (Lc 9,33h)[659]. As outras vezes que o termo aparece na obra lucana transmite um mal-entendido ou uma fé insufi-

---

658. GRINDHEIM, S., *Christology in the Synoptic Gospels*, p. 181.

659. Rainer Riesner descreve ἐπιστάτης como um termo mais genérico para um supervisor ou oficial. RIESNER, R., *From The Messianic Teacher to the Gospels of Jesus Christ*, p. 807. BAUER, W. F. W.; DANKER, W. F.; ARNDT, p. 381, observam simplesmente como "um título dirigido a Jesus, quase sempre pelos discípulos". Mas essa definição geral não faz justiça ao uso específico em Lucas. Com exceção de Lc 17,13, ἐπιστάτης sempre aparece nos lábios dos discípulos. É usado no contexto de confusão, incerteza, medo, incompreensão ou desconfiança. ROWE, K. C., *Early Narrative Christology*: The Lord in the Gospel of Luke, p. 84.

ciente (Lc 5,5; 8,24; 9,49), exceto em Lc 17,13, onde há uma declaração positiva sobre a fé de um leproso[660].

Com relação ao discípulo João, o mesmo aparece no Evangelho de Lucas como aquele que tem capacidade de falar pelos Doze e isso em duas ocasiões: a primeira em Lc 9,49 e a segunda em Lc 9,54. Portanto, as duas falas acontecem depois do relato da Transfiguração. Em Lc 9,49, a fala de João se refere a um homem que pratica exorcismo separado dos discípulos. João usa a forma vocativa ἐπιστάτα para se referir a Jesus como em Lc 9,33. Já em Lc 9,54, a fala é conjunta com seu irmão Tiago onde demonstram indignação pela recusa dos samaritanos em acolher Jesus[661].

No trecho de Lc 9,32a há uma informação importante, que é encontrada somente em Lucas, de que "Pedro e os de junto dele estavam pesados de sono". Pode-se ver nesse trecho uma antecipação do relato do Getsêmani. Esta interpolação esconde um caráter simbólico, ela é apresentada depois da narração do evento, mas é óbvio que o despertar dos três aconteceu antes. É provável que a narrativa indique que eles também oraram com Jesus por um tempo, mas o fato de que eles "despertaram" (διαγρηγορήσαντες) (Lc 9,32b) – verbo que também pode ser traduzido como "completamente acordado" – logo após adormecer atenua a gravidade do ato. Dessa forma, a forma ativa do verbo διαγρηγορέω mostra a luta dos três para descansar completamente, ou, pelo menos, o narrador deseja expressar a consciência vigilante dos três que o acompanharam. A conclusão é que até este momento conturbado eles são poupados de qualquer papel nesta cena[662].

É plausível, conforme a Análise Redacional, que os detalhes fornecidos acima (Lc 9,32ab) constatam que a origem das informações não vem de uma fonte única lucana, mas são elementos de Lucas transferidos da tradição do relato do Jardim do Getsêmani. Assim, desde cedo, já no Evangelho de Marcos, as duas histórias da Transfiguração e da agonia no jardim foram associadas, formando um díptico[663].

A Transfiguração (Lc 9,28-36) expressa a altura da revelação da glória divina de Jesus, enquanto que no relato da agonia no monte das Oliveiras (Lc 22,39-46), a revelação da profundidade de sua humilhação como um ser humano. Os inúmeros paralelos entre Mc 9,2-8 e Mc 14,26.32-42 mostram a consciente união das

---

660. Dos 6 usos de ἐπιστάτα (Lc 5,5; 8,24; 45; 9,33; 49; 17,13), 4 parecem ser variantes em Lucas de Marcos, enquanto Lc 5,5 e Lc 17,13 estão no material L. DOBLE, P., *The Paradox of Salvation*: Luke's Theology of the Cross, p. 43.

661. LEE, D., *Luke's Stories of Jesus*, p. 318.

662. VARGAS, C., *Luke Original Vision on Transfiguration Story*, p. 76.

663. Sobre a ideia de díptico em Lucas-Atos, ver MARGUERAT, D., *Novo Testamento*, p. 108-110.

duas cenas por Marcos. Da mesma forma, Jo 12,27-35 justapõe elementos das duas tradições. As ligações entre estas duas tradições são mais fracas em Lucas do que em Marcos, porque outras preocupações teológicas são estabelecidas por Lc 22,39-46[664].

Em sua versão da agonia (Lc 22,39-46), Lucas não inclui os detalhes de Pedro, João e Tiago, que acompanham Jesus (em contraste com Mc 14,33 e Mt 26,37), nem menciona o peso de seus olhos, como em Marcos e Mateus[665]. Estes detalhes são preservados, em vez disso, na narrativa da Transfiguração em Lucas. Assim, anexando à forma final de sua história da Transfiguração um detalhe que originalmente pertencia à agonia no jardim, Lucas preservou a conexão evidente nos outros evangelhos.

Em sua posição atual, o trecho ἦσαν βεβαρημένοι ὕπνῳ διαγρηγορήσαντες δὲ (*estavam pesados de sono, mas quando despertaram*) continua a manter os discípulos periféricos no relato. Além disso, explica a falta de percepção e compreensão do que aconteceu na Transfiguração com os discípulos. Pela ordem do relato, eles perderam o teor da conversa entre Jesus e os dois homens, porque eles estavam dormindo. A partir desse trecho, o papel dos discípulos no relato muda, a tal ponto que na cena, de passivos, se tornam ativos. Ele enfatiza especialmente, logo em seguida, que eles εἶδον τὴν δόξαν αὐτοῦ (*viram a glória dele*, v. 32). No final do relato há uma repetição desse papel ativo inicial com a expressão ὧν ἑώρακαν (*das coisas que tinham visto*, v. 36).

Pedro, como porta-voz, manifesta o desejo de construir três tendas. O termo σκηνὰς evoca imagens do tabernáculo. Os tabernáculos são uma reminiscência de uma das maiores festas de Israel, a Festa das Cabanas, que se tornou uma festa de peregrinação nos dias de Jesus com conotações escatológicas. YHWH ordena aos israelitas em Lv 23,42: "Habitarás em cabanas durante sete dias. Todos os israelitas nativos habitarão em cabanas." Σοὶ... Μωϋσεῖ...Ἠλίᾳ" são dativos de vantagem (ou seja, "para ti... para Moisés... para Elias"). Ao sugerir tratamento igual para todos os três, Pedro demonstra a sua falta de compreensão da distinção que Jesus vai receber na continuação do relato diante desta corte celestial[666].

Assim, pode-se interpretar o acontecimento como sendo a chegada do fim dos tempos ao propor que sejam construídas tendas para os três personagens celestiais[667]. Textos da literatura apocalíptica judaica trazem a ideia de que os justos,

---

664. FITZMYER, J., *El Evangelio según Lucas IV*, p. 387-403.
665. FITZMYER, J., *El Evangelio según Lucas IV*, p. 388-389.
666. MARSHALL, I. H., *The Gospel of Luke*, p. 389.
667. XAVIER, P., *Los Orígenes de Jesus*, p. 260.

no final dos tempos, possuirão uma morada especial nos céus[668]. Esse pensamento serve como pano de fundo para a escatologia neotestamentária. No Evangelho de João, por exemplo, a promessa de Jesus de preparar para a comunidade uma morada no céu parece ser eco dessa tradição: "Na casa do meu Pai há muitas moradas. Se não fosse assim, eu vos teria dito, pois vou preparar-vos um lugar" (Jo 14,2)[669]. No texto joanino, a casa funciona como uma metáfora da salvação, o que significa dizer que os moradores da casa celestial serão retirados das inseguranças da existência na terra e estarão para sempre no aconchego do Pai e do Filho. O dito buscaria então tratar das experiências negativas do presente da comunidade e, por isso, a salvação precisava ser relacionada tanto com o presente como com o futuro para que pudesse fazer sentido[670].

Em Lc 16,9 há uma referência às moradas eternas no mundo vindouro que se associa ao sentido joanino acima. Isso pode estar ligado ao pensamento de que Deus tem uma morada no céu (Ap 21,3). Daí surge a possibilidade de que Pedro quis erigir contrapartes terrenas das moradas celestiais para os três visitantes, para que tivessem algum lugar para ficar na terra, e assim a experiência gloriosa pudesse ser prolongada[671].

Lucas diretamente recusa qualquer ideia de concretização da fala petrina, afirmando que Pedro não sabia o que dizia (Lc 9,33h, μὴ εἰδὼς ὃ λέγει)[672]. Isso ainda destaca o motivo que a percepção dos discípulos era defeituosa; eles estavam vendo, mas não entendendo. A observação de Pedro pode ser considerada equivocada por dois motivos. Primeiro, ele procurou capturar a glória de Deus. Segundo, Pedro estava tratando Jesus como se Ele fosse o mesmo que Moisés ou Elias, oferecendo tratamento igual. A proclamação divina serve assim como um corretivo[673]. Assim, enquanto a principal função do testemunho divino é a aprovação divina de Jesus, de modo secundário, o testemunho

---

668. A literatura enóquica ainda trata dessa temática em 1En 39,4-8 (ver mais adiante); 1En 41,2 e 1En 71,5-10.16 e em 2En 61,23. Também no Testamento de Abraão 20,14 (Recensão A) e no Apocalipse de Abraão 17,16.

669. Outro texto que serve como paralelo a essa temática no NT é o de 1Ts 4,16.17: "Quando o Senhor, ao sinal dado, à voz do arcanjo e ao som da trombeta divina, descer do céu, então os mortos em Cristo ressuscitarão primeiro; em seguida nós os vivos que estivermos lá seremos arrebatados com eles nas nuvens, para o encontro com o Senhor nos ares. E assim estaremos para sempre com o Senhor".

670. SCHNELLE, U., *Teologia do Novo Testamento*, p. 977.

671. MARSHALL, I. H., *The Gospel of Luke*, p. 386.

672. Como foi visto, Marcos traz algo similar em Mc 9,6: οὐ γὰρ ᾔδει τί ἀποκριθῇ (*pois não sabia o que responder*).

673. JOHNSON, L. T., *The Gospel of Luke*, p. 155-156.

divino alerta o leitor para o fato de que os discípulos podem não entender exatamente quem é Jesus[674].

Depois, em Lc 9,34, Lucas mostra os discípulos novamente amedrontados, o que é uma reação comum em teofanias, como a reação de Israel no Sinai. Aqueles ao redor de Moisés também são descritos como tendo medo ao ver seu rosto brilhante em Ex 34,30. Afirma-se que este verso evoca o terror de Israel ao ver a glória de Deus descer sobre o monte Sinai[675].

Os dados acima indicam que esse trecho do Evangelho de Lucas não pode ser dissociado das informações sobre os seguidores de Jesus que vêm antes da narrativa de Lc 9,28-36[676], por isso é preciso reconhecer que o tema do discipulado e da revelação de Jesus moldam a maneira como o relato é apresentado. Por isso, Lucas descreve o processo que os seguidores de Jesus passam de uma mudança a respeito da visão que eles têm dele. Os seguidores de Jesus, de fato, veem Jesus como uma figura humana idealizada. Mas da Transfiguração em diante Jesus não é melhor compreendido em comparação com outras figuras tradicionais, mas sim como o fim para o qual todos apontam.

No fim do Evangelho de Lucas os seguidores de Jesus radicalmente mudam sua perspectiva sobre Jesus. Os atos de Jesus de "abrir os olhos" tornam a sua singularidade na tradição ainda mais evidente. Jesus abre os olhos ensinando-os a interpretar as Escrituras à luz de si mesmo, mostrando-lhes como Ele seria o princípio orientador na sua compreensão do Antigo Testamento a partir desse ponto[677].

Esta nova hermenêutica é aprendida e praticada comunitariamente, pois a devoção a Jesus se torna a marca definidora da comunidade de fé desse ponto em diante. Lucas entra na dinâmica da própria tradição, a qual busca articular novamente a autocomunicação do Jesus ressuscitado[678].

Assim, a narrativa da Transfiguração faz parte das experiências reveladoras em Lucas aos seguidores de Jesus. Os outros textos seriam: aparição a Zacarias (Lc 1,8-23), a Anunciação (Lc 1,26-38), a aparição angélica aos pastores (Lc 2,8-20), o batismo de Jesus (Lc 3,21-22), os fenômenos reveladores da crucifação (Lc 23,44-49), a aparição do anjo no túmulo (Lc 24,1-12), a aparição de Jesus aos

---

674. MCCONNELL, J. R., *The Topos of Divine Testimony in Luke-Acts*, p. 151-152.

675. NOLLAND, J., *Luke 9:21–18:34*, p. 501.

676. KIRK, J. R. D., *A Man Attested by God*, p. 9-10.

677. JUST JR., A. A., *Table fellowship and the eschatological kingdom in the Emmaus narrative of Luke 24*, p. 16-24. Nessas páginas ele trata das relações entre Lc 9 e Lc 24.

678. WATSON, F., *Gospel Writing*, p. 291-292.

dois homens a caminho para Emaús (Lc 24,13-35) e a aparição de Jesus aos apóstolos e sua ascensão ao céu (Lc 24,36-53).

Estes eventos revelatórios no Evangelho também ocorrem no início do ministério de Jesus e antes de sua jornada a Jerusalém. Como a narrativa procede, os crentes de Lucas se movem para interpretar a vinda de Jesus por meio da tradição judaica para interpretar suas tradições através de sua compreensão recém-descoberta de Jesus[679].

A mudança de foco no relato da Transfiguração de Jesus para Pedro, João e Tiago é significativa, pois até esse momento no texto, aos olhos de seus discípulos, Jesus era um santo, que mediava a presença e o poder divinos[680]. Lucas especifica que a experiência dos discípulos estava centrada na glória do Senhor Jesus (τὴν δόξαν αὐτοῦ, 9,32) – um tema-padrão da teofania mais conhecido nas visões de Moisés e Isaías (Nm 12,8 LXX; Dt 5,24; Is 6,1-3). Como nestas teofanias bem conhecidas, a versão única de Lucas usa o aoristo εἶδον, o verbo comumente usado na LXX para contemplar a glória de YHWH em forma antrópica (humana)[681].

Como muitos outros judeus do primeiro século, os discípulos foram treinados para realizar visões *Kyriocêntricas* como as de Isaías, Ezequiel, Enoque e os Salmos teofânicos. Por meio desses modelos, eles utilizaram formas tradicionais de oração e esperaram reexperimentar as visões como seus ancestrais tinham e colher os mesmos benefícios[682].

Mais uma vez, por meio das visões *Kyriocêntricas*, reforça-se a ligação de Lc 9,28-36 com o relato da morte de Jesus, pois após sua morte violenta os discípulos oravam e analisavam com urgência esses modelos visionários, em um esforço para invocar a presença de seu Senhor e experimentar seu poder salvador. De acordo com sua prática usual, eles oraram pela salvação e imaginaram YHWH vindo em uma gloriosa forma antrópica. No contexto dessas orações e apresentações, os discípulos foram recompensados com uma visão convincente de seu Senhor[683].

Embora uma teofania como esta normalmente seja algo aterrorizante (Is 6,5; 1En 14,24), os discípulos reconheceram (em algum momento) a face e a voz como sendo de seu próprio mestre, agora em uma aparência diferente. Essa

---

679. BATLUCK, M., *Visions of Jesus Animate Israel's Tradition in Luke*, p. 408.

680. KAISER, C. B., *Seeing the Lord's Glory*, p. 110.

681. KAISER, C. B., *Seeing the Lord's Glory*, p. 132.

682. KAISER, C. B., *Seeing the Lord's Glory*, p. 43-100 e p. 149-178.

683. KAISER, C. B., *Seeing the Lord's Glory*, p. 101-148.

identificação do Senhor Jesus foi a "revelação primária" na qual a cristologia primitiva subsequente foi baseada e na qual Lucas desenvolveu a sua[684].

Lucas frequentemente usa φωνή (*voz*) como tema de γίνομαι (ἐγένετο). A expressão ἐκ τῆς νεφέλης (*da nuvem*) descreve o lugar de onde saiu a voz. Assim como os discípulos foram atraídos para a nuvem, eles são a principal audiência dessa declaração divina. É para o benefício deles que eles estão sobrecarregados com a presença divina na nuvem e, para o benefício deles, eles ouvem diretamente do Céu a respeito da identidade de Jesus. Isso leva o tema da identidade de Jesus em Lc 9,1-50 a um clímax dramático, quando os leitores de Lucas ouvem ao lado dos discípulos de Jesus exatamente quem Ele é. Este pronunciamento divino constitui a cristologia central para todo o significado desta passagem. Observa-se, conforme já apontado acima, uma mudança do que os discípulos viram para o que eles ouviram nos vv. 35-36a. Estes são reunidos quando Lucas diz que eles não falaram com ninguém sobre o que tinham visto (Lc 9,36b)[685].

Por fim, quando os discípulos ficam em silêncio depois de testemunhar a mudança pela qual Jesus passa em Lc 9,36 αὐτοὶ ἐσίγησαν καὶ οὐδενὶ ἀπήγγειλαν (*eles calaram e a ninguém relataram*), pode-se interpretá-los como um sinal de espanto, um reconhecimento da natureza reveladora do que eles têm visto, ou pode ser um silêncio fruto de uma simples incompreensão. O narrador nada diz a esse respeito[686].

4.6. A nuvem

O aparecimento da nuvem de glória, ἐγένετο νεφέλη (*apareceu uma nuvem*), é outro componente-chave para a explicitação teológica desta perícope da Transfiguração lucana, especialmente pela associação com Ex 24. No Antigo Testamento a nuvem tem um papel importante nas descrições das teofanias[687]. O texto, no livro de Ezequiel, fala em sua visão de "uma grande nuvem e um fogo chamejante" (Ez 1,4) e, na descrição poética de teofania em Na 1,2-8, a parte final do v. 3 diz que "a nuvem é a poeira dos seus pés".

A nuvem também está relacionada a declarações escatológicas e aos Salmos de entronização[688]. O Sl 97,2, que é um hino escatológico, diz: "Envolvem-no

---

684. KAISER, C. B., *Seeing the Lord's Glory*, p. 111.

685. GREEN, J. B., *The Gospel of Luke*, p. 380.

686. DINKLER, M. B., *Silent Statements*, p. 46.

687. KITTEL, G.; FRIEDRICH, G. (ed.), *Theological Dictionary of the New Testament*, vol. IV, p. 905.

688. KITTEL, G.; FRIEDRICH, G. (ed.), *Theological Dictionary of the New Testament*, vol. IV, p. 906.

trevas e nuvens, justiça e direito sustentam seu trono". Na proclamação do Dia de YHWH em Sofonias se diz que esse dia será "dia de nuvens e de negrume" (Sf 1,15). Mas é na história da Aliança que a nuvem se destaca como símbolo da presença divina. A glória de YHWH aparece em uma nuvem em Ex 16,10, e é vista descendo sobre o monte Sinai em Ex 24,15-18. Em Ex 24,15-18, Moisés é ofuscado no monte Sinai depois que toda a nação recém-nascida de Israel foi conduzida através do deserto pela coluna de nuvem.

Durante todo o período em que o povo vagou no deserto, desde a saída do Egito, "YHWH ia adiante deles, de dia numa coluna de nuvem, para lhes mostrar o caminho, e de noite numa coluna de fogo para os alumiar, a fim de que pudessem caminhar de dia e de noite" (Ex 13,21). E no dia em que o Tabernáculo foi erigido, "a nuvem cobriu a Tenda da Reunião, e a glória de YHWH encheu a Habitação. Moisés não pode entrar na Tenda da Reunião porque a nuvem permanecia sobre ela, e a glória de YHWH enchia a Habitação" (Ex 40,34-35).

O que chama a atenção nessa última citação é justamente Ex 40,35, na LXX, pois utiliza o verbo ἐπεσκίαζεν (*sombrear*) para o termo hebraico שָׁכַן (habitar, residir, morar)[689]. O mesmo verbo é usado em Lc 9,34. O texto de Êxodo pode ter servido de motivo para o relato da nuvem na Transfiguração, pois parece se relacionar com alguma expectativa escatológica acerca do retorno da nuvem do deserto[690], conforme atesta 2Mc 2,8: "Então o Senhor mostrará de novo estas coisas, e aparecerá a glória do Senhor assim como a Nuvem, como se manifestavam no tempo de Moisés e quando Salomão rezou para que o Lugar santo fosse grandiosamente consagrado".

Verifica-se então que Moisés é o personagem principal a ter uma experiência com a presença de Deus através de uma nuvem, mas o mesmo pode-se dizer de Elias, que viu uma nuvem no monte Carmelo. Mas a tentativa de fazer um paralelo com a Transfiguração parece uma hipótese muito tênue[691].

O verbo ἐπεσκίαζεν (*sombrear*) aparece 5 vezes no NT e foca na entrada das nuvens na passagem. Seu uso é corrente em Heródoto e em outras literaturas gregas antigas. O sentido básico do termo é de sombrear, obscurecer algo ou ocultá-lo. Por isso, geralmente é usado de maneira negativa. A palavra também é usada com conotações filosóficas, descrevendo algo que é mais difícil de perceber e compreender por causa da falta de luz[692].

---

689. SCHÖKEL, L. A., שָׁכַן, In: SCHÖKEL, L. A., *Dicionário Bíblico Hebraico-Português*, p. 670.
690. DAVIES, W. D.; ALLISON, D. C., *The Gospel According to Saint Matthew*, vol. II, p. 701.
691. JOHNSON, L. T., *The Gospel in Luke*, p. 155-156.
692. JONES, J. S., *The Transfiguration in Luke 9.28-36*, p. 17.

Filo de Alexandria utiliza o termo de uma forma particular para descrever os efeitos dos desejos sobre a capacidade da pessoa de experimentar uma realidade mais elevada e verdadeira. Diferente da descrição presente na Transfiguração, Filo descreve o homem lançando uma sombra sobre a glória de Deus. Ela obscurece os homens e os ilumina com revelação divina[693].

Na literatura apocalíptica a nuvem aparece ligada a visões. No texto de 1En 14,8 temos uma visão de Enoque em que "Nuvens me chamavam na visão, a neblina me chamava, as trilhas das estrelas e dos relâmpagos me alvoroçavam e me carregavam"[694]. Também em 1En 108,4, o visionário descreve: "Vi algo parecido com uma nuvem obscura, pois por causa de sua fundura não conseguia discerni-la bem"[695]. O "Filho do Homem" também é conhecido por andar nas nuvens.

A sexta seção do livro de 2Br (48,1–77,26) traz uma visão que explica a ordem da história através de uma alegoria da nuvem que faz chover, alternadamente, águas brancas e pretas (2Br 53). Baruc faz uma oração pedindo uma interpretação do que foi visto (2Br 54) e, em seguida, aparece o anjo Ramiel que interpreta a visão dividindo a história de Israel em períodos alternados de justiça e perversidade (2Br 56–74)[696].

Nos textos neotestamentários as passagens significativas teologicamente a respeito das nuvens são uma mistura de textos do Antigo Testamento, motivos judaicos e helenísticos[697]. O que chama a atenção na Transfiguração é que do meio da nuvem surge uma voz, a voz de Deus, que traz a interpretação do que está acontecendo.

Mas a leitura do relato da Transfiguração lucano não tem paralelo apenas com a apocalíptica judaica. Nas *Antiguidades Romanas* de Dionísio de Halicarnasso, o historiador preserva dois relatos da conclusão da vida terrena de Rômulo. No primeiro relato, lê-se a seguinte descrição: ἐκκλησιάζοντα... αὐτὸν ἐπὶ στρατοπέδου ζόφου κατασκήψαντος ἐξ αἰθρίας καὶ χειμῶνος μεγάλου καταρραγέντος ἀφανῆ γενέσθαι ("enquanto ele se dirigia ao acampamento, a escuridão caiu de um céu claro e uma grande tempestade irrompeu e [Rômulo] desapareceu"). Tem-se então que, ao falar com seus soldados, Rômulo, o fundador de Roma, é interrompido pela escuridão súbita e por outros fenô-

---

693. PHILO. *Allegorical Interpretation III*, 7. YONGE, C. D., *The Works of Philo*, p. 78-79.

694. MACHO, A. D., *Apocrifos del Antiguo Testamento IV*, p. 51.

695. MACHO, A. D., *Apocrifos del Antiguo Testamento IV*, p. 142.

696. NICKELSBURG, G. W. E., *Literatura judaica, entre a Bíblia e a Mixná*, p. 523.

697. KITTEL, G.; FRIEDRICH, G. (ed.), *Theological Dictionary of the New Testament*, vol. IV, p. 907.

menos meteorológicos. O responsável por esse desaparecimento foi Ares, o pai de Rômulo[698].

De forma semelhante, em *Antiguidades Judaicas* de Flávio Josefo, Moisés é interrompido por uma nuvem repentina: ἀσπαζομένου δὲ καὶ τὸν Ἐλεάζαρον αὐτοῦ καὶ τὸν Ἰησοῦν καὶ προσομιλοῦντος ἔτι, νέφους αἰφνίδιον ὑπὲρ αὐτὸν στάντος ἀφανίζεται κατά τινος φάραγγος (*"enquanto [Moisés] se despediu de Eleazar e Josué e ainda estava conversando [com eles], e de repente uma nuvem se apossou dele, ele desapareceu em uma ravina"*). A citação é uma dramatização de Dt 34,5, onde Josefo descreve Moisés como que sendo subitamente interrompido por uma nuvem[699].

Constata-se que nas narrativas de Dionísio, Josefo e Lucas, uma figura fundadora é interrompida por um inesperado evento meteorológico: escuridão de um céu claro (escondendo Rômulo), uma nuvem repentina (escondendo Moisés), ou uma nuvem ofuscante (escondendo Jesus). Assim, todos os relatos incluem um particípio presente de um verbo de fala, um inesperado fenômeno meteorológico de origem divina, e o encobrimento de uma figura seminal (Rômulo, Moisés, ou Jesus)[700].

Pela análise acima e os dados oriundos da análise exegética, constata-se que Lucas modificou o relato de Marcos acerca da Transfiguração mediante acréscimos redacionais e materiais provenientes de outras fontes. Estes conectam a narrativa à prática da oração e incorpora características de padrão teofânico. Com isso, ao unir os motivos da teofania no relato de Marcos sobre a Transfiguração (onde o papel de Moisés já estava estabelecido) e adicionar uma referência ao êxodo que Jesus estava prestes a realizar em Jerusalém (Lc 9,28a.31.37), o escritor do Evangelho habilmente misturou o material visionário de sua tradição na narrativa da vida de Jesus[701].

Conforme visto na análise exegética, a terceira segmentação (Lc 9,34c) consiste na oração καὶ ἐπεσκίαζεν αὐτούς (*e os sombreava*). O pronome αὐτούς é objeto do verbo ἐπισκιάζω e inclui todos os presentes no monte. Dessa forma, a entrada da nuvem envolve os discípulos trazendo-os para o esplendor do poder e da glória divinos. Já que a nuvem representa o reino da glorificação, e Jesus, Moisés e Elias já mostram que pertencem a esse reino por sua natureza brilhante e por sua aparência[702]. A nuvem que os encobre prenuncia descrição de Lucas da

---

698. DIONYSIUS OF HALICARNASSUS. *Roman Antiquities*, Volume I, Book 2.56.2, p. 472-473.

699. JOSEPHUS. *Jewish Antiquities*, IV. 325-329, p. 633.

700. SMITH, D. L., *Rethoric of Interruption in Luke-Acts*, p. 198-199.

701. KAISER, C. B., *Seeing the Lord's Glory*, p. 111.

702. AHEARNE-KROLL, S. P., *The Scripturally Complex Presentation of Jesus in the Gospel of Mark*, p. 53.

"ascensão" do Jesus ressuscitado. Foi dentro da nuvem (no monte Sinai) que a revelação divina foi recebida. Assim, este quadro do "Sinai" junta-se ao profeta Elias para a interpretação da palavra divina[703].

Lucas estabelece uma ligação estreita entre as palavras de Pedro e a chegada da nuvem: a sequência de ação aqui iniciada é algum tipo de resposta às palavras de Pedro. Ele introduz o motivo do medo e o liga à experiência de ser envolvido pela nuvem, que se torna muito mais proeminente na narrativa de Lucas. O medo da experiência dos discípulos é o medo da presença divina. O mesmo verbo ἐπισκιάζειν, "ofuscar, cobrir", é usado da nuvem que cobria o tabernáculo em Ex 40,35 e tornava impossível a entrada de Moisés. A cena evoca o terror dos israelitas no monte Sinai (Ex 20,19-20)[704].

No Evangelho de Lucas, a profecia – comunicação confiável de Deus com a humanidade – é muitas vezes verificada por meio de "sinais" (τὸ σημεῖον, Lc 2,12.34)[705]. A palavra νεφέλη (*nuvem*) aparece três vezes no relato (Lc 9,34[2X].35) e lembra a coluna de nuvem que acompanhou os israelitas mencionada acima[706] e juntamente com o uso de δόξα (Lc 9,31.32) pode fazer alusão à glória mencionada em Ex 24,16-17 e Dt 5,24. Assim, o trecho de Lc 9,34b a Lc 9,35d traz indicadores do relato do Êxodo. Lucas apresenta Jesus em um papel de profeta como Moisés cumprindo Dt 18,15. Esse argumento é visto no entorno do capítulo, por exemplo: o uso de Lucas do Shemá, em Lc 10,27 (Dt 6,5), e o envio dos setenta (Lc 10,1; referindo a Lc 5,1), olha para trás, para os setenta anciãos que assistiram Moisés (Nm 11,16–17,24-25)[707].

Também o foco em Lucas sobre a presença do Espírito em Jesus (Lc 4,1.14; 5,17) pode ser igualado com a presença de Deus que liderou os israelitas (Ex 33,14), e é possível apontar que o ensinamento de Lc 10,1–18,14 se assemelha amplamente a Dt 1–26[708]. Assim, tem-se o tema de um novo Êxodo com a cena da nuvem que envolve os presentes no relato, bem como o motivo em Lucas do

---

703. CROATTO, J. S., *Jesus, Prophet Like Elijah, and Prophet-Teacher Like Moses in Luke-Acts*, p. 461.

704. NOLLAND, J., *Luke 9:21–18:34*, p. 501.

705. Em Lc 1,67; 2,23; 3,24; 4,4; 8,10-12; 21,25-27; 5,1; 8,11.21; 9,35; 11,28.51; 13,31-35; 16,17; 22,37.61. A literatura secundária sobre esse tema e temas relacionados é ampla. FORBES, C., *Prophecy and Inspired speech in Early Christianity and Its Hellenistic environment*. NASRALLAH, L., *An Ecstasy of Folly*: Prophecy and Authority in Early Christianity. DINKLER, M. B., *Silent Statements*, p. 69, nota 92.

706. Ex 13,21.22; 14,19.24; 33,9.10; Nm 12,5; 14.14; Dt 31,15.

707. SCOBIE, H. H., *A Canonical Approach to Interpreting Luke*, p. 337-338.

708. MOESSNER, D. P., *Lord of the Banquet*, p. 45-79.

uso de ἔξοδος não se limita à narrativa da viagem, mas começa com João Batista no deserto[709].

4.7. Meu Filho e Eleito

A narrativa lucana da Transfiguração caminha para o fim mediante a voz celestial. Através desta voz, o narrador visa não só revelar algo a respeito de Deus e de Jesus, mas também confirmar apologeticamente que sua narrativa é confiável e oficial. A voz celestial centra-se na identidade de Jesus (Lc 3,22; 9,35). Os que a ouvem são testemunhas, como em Atos, pois respondem, posteriormente, a essa voz. Ela é um dos exemplos de um testemunho divino através do discurso direto na obra lucana. Considera-se aqui os testemunhos divinos realizados por meio de declarações, onde o próprio Deus fala, o Espírito Santo fala (diretamente, não através de um intermediário), ou um anjo fala[710].

Em Lc 9,35 há três declarações sobre Jesus: (1) que Ele é o Filho, (2) que ele é o escolhido e que (3) agora é preciso ouvi-lo. As declarações fazem alusão a 3 textos do Antigo Testamento (LXX): o Sl 2,7; Is 42,1 e Dt 18,15.

A estreita relação cristológica entre o Batismo e a Transfiguração também sugere uma fusão das imagens de servo e rei messiânico. O autor, em seu contexto narrativo (Lc 1-2; 3,15.31) e com suas alusões ao Sl 2,7 e Is 42,1, faz com que a narrativa do batismo retrate Jesus como o Messias davídico, cujo papel é o de servo. A Transfiguração utiliza e expande essa ênfase ao aludir mais claramente a Is 42,1 e à paixão de Jesus em Jerusalém.

Assim, a expressão "meu Filho" é o título da voz celestial que aparece no batismo e na Transfiguração de Jesus (Lc 3,22; 9,35). Estas são as únicas ocorrências deste título no Evangelho de Lucas[711]. Na declaração ὁ υἱός μου temos uma provável alusão ao Sl 2. Esse Salmo pertence ao grupo dos cânticos do rei. Verifica-se nele a entronização de um rei, onde no v. 7 o decreto de YHWH anuncia: "YHWH disse a mim: Tu és meu Filho. Eu hoje te gerei". Esta declaração foi comunicada solenemente ao rei na entronização e a ela apela o soberano, em vista de uma revolução dos outros povos. Assim, era comum no Antigo Oriente a ideia de que o rei era "Filho de Deus"[712].

---

709. WATTS, R. E., *Isaiah's New Exodus in Mark*. Biblical Studies Library. STRAUSS, D., *Davidic Messiah in Luke-Acts*, p. 261-336.

710. MCCONNELL, J. R., *The Topos of Divine Testimony in Luke-Acts*, p. 151-152.

711. BOCK, D.; KOSTENBERGER, A. J., *A Theology of Luke and Acts*, p. 188.

712. KLAUS, H. J., *Los Salmos I*: Salmos 1-59, p. 177.

Mas pode-se pensar que, em Lc 9,28-36, a alusão não seja diretamente ao Sl 2. A confissão batismal contém imagens régias (Sl 2,7), enquanto a Transfiguração segue um padrão messiânico de confissão (Lc 9,20)[713]. Uma característica que pode ajudar nessa questão é que o uso do título Filho de Deus na obra lucana é separado do título Cristo. Constata-se isso na perícope diante do Sinédrio em que fazem duas perguntas a Jesus, diferentemente do relato no Evangelho de Marcos: "És tu o Cristo" (Lc 22,67) e "És tu o Filho de Deus" (Lc 22,70)? Somente depois da segunda resposta há a acusação feita a Jesus. Logo, ao tratar os títulos de forma separada, eles adquirem significados distintos[714].

Dessa forma, na busca do sentido do termo na obra lucana, é possível verificar que a concepção de Filho pode ser fruto de uma alusão às tradições angelomórficas. Isso porque, no Antigo Testamento, a expressão designa Israel (Os 11,1), o monarca entronizado (Sl 2,7) e os anjos (Jó 1,6; 2,1)[715].

Há três figuras de anjos que se destacam na tradição angelomórfica, pois estão relacionadas às funções messiânicas da salvação e do julgamento escatológico: são elas Miguel, o Filho do Homem e Melquisedeque. No caso deste último, um fragmento de Qumran, denominado 11QMelch13, prevê uma abordagem puramente celestial, onde há um sacrifício supraterrestre liderado por Melquisedeque que implica um movimento de salvação do céu para a terra. Três grandes temas perpassam o texto: a expiação ligada ao último jubileu (11QMelch13, vv. 1-9a); Melquisedeque como agente da libertação escatológica (11QMelch13, 9b-15a); Melquisedeque como figura divina (11QMelch13, 15b-25)[716].

Há um trecho do Sl 7,8b-9a que é citado nas linhas 10 e 11 de 11QMelch13 e parece descrever o movimento de Melquisedeque da terra ao céu: "e acima dela, às alturas, retorno: Deus julgará as nações". É precisamente isso que deve-se esperar de um sumo sacerdote humano: que no Dia da Expiação entre no Santo dos Santos e assim seja movido da terra para o céu. Em nenhum lugar em textos judaicos contemporâneos vê-se um anjo ter um movimento ascendente como o tipo de efeito salvífico atribuído a Melquisedeque neste texto. Ainda, esta é a linguagem da transformação humana, da entronização e da apoteose[717].

---

713. "Filho" também aparece em textos onde o exorcismo está presente ou um ataque por satanás é feito (Lc 4,3.9.41; 8,28). Lc 4,41 é particularmente significativo porque o versículo é único para Lucas. Nele, Lucas explica o título "Filho de Deus" pelo uso de ὅτι ("porque"), afirmando que o significado de "Filho de Deus" é porque Jesus é o Χριστόν ("Cristo, Messias"). Assim, o uso em Lucas consistentemente tem um impulso messiânico. BOCK, D.; KOSTENBERGER, A. J., A Theology of Luke and Acts, p. 152.

714. GNILKA, J., Teología del Nuevo Testamento, p. 221.

715. SCHIAVO, L., Anjos e Messias, p. 75.

716. SCHIAVO, L., Anjos e Messias, p. 43,44,60.

717. FRETCHER-LOUIS, C., All the Glory Adam, p. 219.

Um retorno às alturas pode implicar que Melquisedeque já tenha vindo do céu, que seria consistente com as tradições de seu nascimento maravilhoso, ou talvez a tipologia segundo a qual um herói transformado ascende ao céu, retorna à terra por um período e missão específica, antes de mais uma vez retornar ao mundo superior. Mas não há mais nenhuma indicação no texto existente para sugerir que o retorno de Melquisedeque para a terra implicava preexistência ou uma transformação anterior[718].

Semelhantemente, no relato lucano da Transfiguração, os olhos de três dos discípulos são abertos para vislumbrar Jesus em sua glória celestial. Alguns antigos judeus acreditavam que todos os justos seriam feitos como anjos no tempo do fim (verdadeiramente este homem era um justo, Lc 23,47). Assim, muitos comentaristas recentes disseram que os relatos da Transfiguração são projetados para ajudar os discípulos – e a nós como leitores – a antecipar tal glória do tempo do fim[719].

Mas também é possível argumentar que o pano de fundo mais relevante pode ser encontrado nas histórias judaicas sobre anjos celestes, ou em histórias sobre algumas pessoas ilustres que se tornam anjos antes do fim dos tempos. Dessa forma, a Transfiguração lembra a descrição do principal anjo de Deus que aparece em Dn 10 e a transformação de Enoque em um anjo, bem como a vinda do Filho do Homem angélico nas nuvens do céu, como descrito em Dn 7 e nas alusões presentes em outras partes do Novo Testamento[720].

O relato de Lucas sobre o caminho para Emaús também seria influenciado por relatos de anjos[721]. Enquanto os dois discípulos caminhavam pela estrada, Jesus se aproximou e foi com eles, mas seus olhos foram impedidos de reconhecer Jesus e os discípulos conversavam. Depois, quando Ele estava à mesa com Eles, "ele tomou o pão, abençoou e partiu, e deu a eles. Então seus olhos foram abertos e eles o reconheceram; e Ele desapareceu da vista deles" (Lc 24,30-31).

Por isso, a designação de Jesus como ὁ ἐκλελεγμένος (*o escolhido, o eleito*), onde Marcos e Mateus trazem ὁ ἀγαπητός (*o amado*), é uma importante adição ao relato que confirmaria essa ligação com as tradições angelomórficas. Lucas tem uma preferência pelo verbo ἐκλέγω (*destacar, escolher, eleger*), especialmente na forma média ἐκλέγομαι (*para escolher, para eleger*[722]), mas não o adjetivo verbal

---

718. FRETCHER-LOUIS, C., *All the Glory Adam*, p. 219.

719. GARRETT, S. R., *No Ordinary Angel*, p. 34.

720. FLETCHER-LOUIS, C., *Luke-Acts*, p. 38-50.

721. GARRETT, S. H., *No Ordinary Angel*, p. 34.

722. Metade das ocorrências desta palavra no NT estão no Evangelho de Lucas.

ἐκλεκτός, que ele usa apenas em Lc 18,7 e 23,35. Mas isso não explica o *hápax legómenon* ἐκλελεγμένος, que provavelmente tem o mesmo significado[723].

Como resultado dos Cânticos sobre o Servo de YHWH (Is 42,1 LXX: ὁ ἐκλεκτός), o título "o eleito" foi desenvolvido no judaísmo e seu significado não deve ser interpretado de uma maneira exclusivamente messiânica. O texto de Lucas provavelmente está baseado nessa tradição semítica, e segue uma tradição oral que traduziu uma expressão teológica aramaica ou hebraica em grego (ὁ ἐκλελεγμένος, "o eleito"), em uma aceitação redacional de um substantivo tradicional (como título) ou adjetivo, que está competindo com o texto de Marcos (ὁ ἀγαπητός, "o amado" em Mc 9,7)[724].

A única outra referência de Lucas a Jesus como o "escolhido" (Lc 23,35) também sugere uma fusão da imagem real e do sofrimento do "servo". No relato de Marcos sobre o sofrimento de Jesus na cruz os líderes zombam dele como "o Cristo, o rei de Israel" (Mc 15,32). A expressão βασιλεύς, χριστός, claramente carrega significado real-messiânico. No relato de Lucas, os líderes pedem a Jesus que se salve se Ele for "o Cristo de Deus, o escolhido" (Lc 23,35). Depois, seguem-se as zombarias dos soldados: "Se você é o rei dos judeus, salve-se!" (Lc 23,37; encontra-se somente em Lucas). Justapondo ὁ χριστὸς τοῦ θεοῦ ὁ ἐκλεκτός e ὁ βασιλεὺς τῶν Ἰουδαίων, Lucas faz do "Cristo escolhido de Deus" um paralelo judaico para o "rei dos judeus" (Lc 23,2-3) e assim retém o sentido real-messiânico presente em Marcos[725].

Ainda pode ser adicionado o que é provavelmente uma alusão a Is 42,1 (ὁ ἐκλεκτός), Lucas expande essa designação real com as imagens de servo. A pesada ironia presente no relato de Marcos é assim aumentada em Lucas. Os líderes judeus clamam que, se Jesus é o Cristo escolhido por Deus, ou seja, o Messias, Ele deve salvar-se da morte. Lucas sabe, no entanto, que a escolha e unção de Deus é para este propósito: o Messias deve primeiro sofrer e depois morrer (como servo) antes de entrar em sua glória (Lc 9,31-32; 24,26). É provável, portanto, que tanto aqui como na Transfiguração o escolhido contenha o significado real, enquanto ao mesmo tempo faça alusão ao papel de Jesus como servo de Isaías[726].

Assim, a narrativa da Transfiguração apresenta uma teofania onde ocorre uma ruptura, quando é proclamada – seguindo a tradição do profeta/servo de Is 42,1: "este é o meu filho, o que eu escolhi". Agora, esta declaração está ime-

---

723. BOVON, F.; KOESTER, H., *Luke 1*: a commentary on the Gospel of Luke 1:1–9:50, p. 379.

724. BOVON, F.; KOESTER, H., *Luke 1*: a commentary on the Gospel of Luke 1:1–9:50, p. 379.

725. STRAUSS, M. L., *The Davidic Messiah in Luke-Acts*, p. 266.

726. STRAUSS, M. L., *The Davidic Messiah in Luke-Acts*, p. 267.

diatamente ligada à promessa de um profeta "como Moisés": "a Ele ouvi" (αὐτοῦ ἀκούετε; Dt 18,15; Lc 9,35). Assim, torna-se significativo o desaparecimento de Moisés e Elias. A partir deste momento, o Jesus ressuscitado, que está sendo antecipado nessa perícope, será o único mediador, intérprete e mestre para a comunidade cristã. Ele irá substituir tanto o profeta-mestre Moisés como o profeta Elias[727].

Assim, esse contexto de ὁ ἐκλελεγμένος na LXX, bem como de αὐτοῦ ἀκούετε (de Dt 18,15), vai na direção da missão profética de Jesus. Assim, a Transfiguração está conectada com a tradição do Sinai e liga Jesus com Moisés em seu papel de mediador profético. Mas, em contraste com o que o povo ouviu de Moisés, o povo não deve ouvir as palavras da Lei, mas as da salvação, de Jesus (de Lc 3,6 e At 28,28)[728].

O conceito de "eleito de Israel" é uma designação antiga que se desenvolve principalmente a partir da ideia de Israel sendo escolhido por YHWH como o único povo que Ele visa proteger. Esta ideia é expressa em Dt 7,6: "Pois tu és um povo consagrado a YHWH teu Deus; foi a ti que YHWH teu Deus escolheu para que pertenças a Ele como seu povo próprio, dentre todos os povos que existem sobre a face da terra". Esta escolha ou eleição significa que Deus os adotou como seus filhos; portanto, o título "Filhos de Deus" é usado pelo povo de Israel[729]. Eles também foram considerados "justos" ou "os santos" de Deus na terra (1En 38,2-5; 41,2; 48,1; 61,13.70); tais títulos são também designações para anjos na literatura judaica. Assim, o *status* dos eleitos significava que eles eram considerados distintos dos "pecadores" do mundo, desde que fossem obedientes a Deus (Is 65,9.15). No ἔσχατον eles seriam como anjos no céu (Dn 12,3; 1En 39,6-7; 104,2.4.6; 2Br 51,10-13; Mt 22,30). Em alguns grupos judaicos apenas os chamados fiéis remanescentes de Israel seriam considerados eleitos[730].

Cristo é referido como um eleito no livro "Ascensão de Isaías", em 8,7, um título que possui ligações com o misticismo judaico por causa de seu uso proeminente nas Similitudes de Enoque para a figura angelomórfica que também é designada como "o Filho do Homem" e senta-se no trono da glória[731]. Por isso, essa expressão, "Filho do Homem", é muito importante e possui uma relação com o termo "escolhido", tanto para os autores neotestamentários quanto para os apo-

---

727. CROATTO, J. S., *Jesus, Prophet Like Elijah, and Prophet-Teacher Like Moses in Luke-Acts*, p. 461.
728. BOVON, F.; KOESTER, H. *Luke 1: a commentary on the Gospel of Luke 1:1–9:50*, p. 379.
729. Ex 4,22-23; Dt 14,1; 32,5.19; Is 43,6; 45,11; Jr 31,9; 10; Os 2,1; Dt 32,6.18; Jr 3,4.
730. HIMMELBARB, M., *Ascent to Heaven in Jewish and Christian Apocalypses*, p. 81.
731. GIESCHEN, C. A., *Angelomorphic Christology: Antecedents and Early Evidence*, p. 239.

calípticos. Ela aparece, por exemplo, no Primeiro Livro de Enoque para designar o Eleito, aquele que julgará todos no fim dos tempos (1En 46,2-3; 48,2; 62,5.7.9.14; 63,11; 69,26.27.29; 70,1) ou mesmo como adjetivo relativo ao patriarca (1En 60,10; 71,14.17).

No livro de Enoque, mais precisamente no trecho que é comumente chamado de "As Parábolas de Enoque" (1En 37–71)[732], há uma parte que descreve uma jornada ou série de jornadas e em 1En 39,4-8 o visionário ascende até a sala do trono celestial:

> Ali tive outra visão: a morada dos santos e o leito dos justos. Ali viram meus olhos sua morada com os anjos justos e seu leito com os santos. Imploravam, rogavam e rezavam pelos filhos dos homens, e a justiça brotava como águas diante deles, e a misericórdia como orvalho da terra: assim é entre eles eternamente. Nesses dias viram os meus olhos o Eleito pela justiça e fé, em cuja vida havia justiça, e os justos e eleitos serão inumeráveis diante dele por toda a eternidade. Vi sua morada sob a égide do Senhor dos espíritos e todos os justos e escolhidos resplandeciam diante dele como luz de fogo, e suas bocas estavam cheias de bênçãos, e seus lábios falavam o nome do Senhor dos espíritos. A justiça diante dele não se esgotava, nem a verdade cessava junto dele. Ali eu quis morar, e desejou meu espírito tal mansão, onde eu teria parte, pois assim me foi assegurado pelo Senhor dos espíritos (1En 39,4-8)[733].

O texto mostra que Enoque é levado nessa visão a ver a morada dos anjos e dos justos, e depois ele vê aquele que é chamado de "Eleito" ou "Escolhido", o qual ele havia falado da sua vinda em 1En 38,2. Diante do que vê, Enoque manifesta o anseio[734] de morar também com o Eleito, com os justos e escolhidos, o que lhe é prometido pelo Senhor dos espíritos e então ele é envolvido nos louvores do séquito celestial (1En 39,9-14).

Assim, a declaração do Pai ratifica a glória de Jesus no relato. Essa glória tem um caráter especial. Deus confirma o caminho de Jesus e sua glória, apontando que Ele é o Filho eleito (Lc 9,35). Dentro do cenário glorioso em que Jesus participa na montanha e em que compartilha a glória divina com Moisés e Elias,

---

732. A obra, *As Parábolas de Enoque* apresenta dificuldades no que tange a sua datação. Assumimos que a mesma é um escrito judaico produzido na virada da era. Para discussões a respeito da datação, ver NICKELSBURG, G. W. E., *Literatura judaica, entre a Bíblia e a Mixná*, p. 474-477. Essa datação que utilizamos é proposta por Nickelsburg com base em argumentos relevantes, bem como em outros pesquisadores.

733. MACHO, A. D., *Apocrifos del Antiguo Testamento IV*, p. 67.

734. Segundo Berger, baseado nesse texto, "o anseio é um topos da literatura apocalíptica". BERGER, K., *Psicologia Histórica do Novo Testamento*, p. 253.

Ele é destacado como o Filho e atribuído um *status* glorioso que excede o das outras figuras. O título "Filho de Deus" denota a relação inigualável que Jesus tem com YHWH, bem como sua completa obediência a Ele. Isso implica que ele é mais do que Moisés e Elias. Ao mesmo tempo, seu papel especial na vida de seus discípulos escolhidos. Eles devem "ouvi-lo", como Ele ouve e obedece ao Pai. Jesus se torna uma figura reveladora e, como tal, o modelo que os discípulos deveriam ser. A filiação explica por que o discipulado e a obediência ao Filho determinará o destino final dos que creem (Lc 9,23-27)[735].

Este foco na glória de Jesus é ainda mais forte, dado o fato de que a narrativa aparece em um ponto crucial no Evangelho de Lucas. A Transfiguração vem logo após a perícope, Lc 9,18-27, em que a confissão de Pedro leva à revelação do sofrimento, morte e ressurreição de Jesus como o Messias. Isto segue imediatamente depois de Jesus dar uma resposta à confissão de Pedro, que revela aos discípulos que o Filho do Homem vai se envergonhar daqueles que o negam quando vier na glória do Pai, com sua própria glória e com a glória dos anjos (Lc 9,23-27)[736].

A voz celestial faz uma alusão à promessa de Dt 18,15.18, à expectativa de um profeta escatológico, a qual é desenvolvida em releituras posteriores. Logo, no discurso de Moisés, há duas formas de promessa: a primeira afirma: "O Senhor teu Deus te suscitará do meio de ti, dentre teus irmãos, um profeta semelhante a mim; a Ele ouvirás" (Dt 18,15). Depois tem-se: "Do meio de seus irmãos lhes suscitarei um profeta semelhante a ti; e porei as minhas palavras na sua boca, e ele lhes falará tudo o que eu lhe ordenar" (Dt 18,18)[737]. Verifica-se, então, uma releitura cristológica do título "profeta como Moisés" de Dt 18,15.18. Tal legitimidade – através de uma nova hermenêutica do texto – está inscrita na história da Transfiguração, que se repete no discurso de Pedro em At 3, e finalmente é reiterada no discurso de Estêvão: "Este é aquele Moisés que disse aos filhos de Israel: "O Senhor levantará um profeta dentre vossos irmãos, como eu" (At 7,37)[738].

A aclamação de Jesus como um profeta não é o mesmo que a atribuição de um título rabínico honorífico; mas, em dias em que a restauração da profecia era vista como sinalização do começo dos últimos dias, tal aclamação estava carregada com significado escatológico[739].

---

735. O'TOOLE, R. F., *Luke's Message in Luke 9:1-50*, p. 81-82.

736. O'TOOLE, R. F., *Luke's Message in Luke 9:1-50*, p. 80-81. Ver o capítulo 5 desta obra, que trata do lugar de Lc 9,28-36 para o entendimento da cristologia de Lucas-Atos.

737. CROATTO, J. S., *Jesus, Prophet like Elijah, and Prophet-Teacher like Moses in Luke-Acts*, p. 454.

738. LONGENECKER, R., *The Christology of Early Jewish Christianity*, p. 36.

739. CULLMANN, O., *Cristologia do Novo Testamento*, p. 19-23.

A voz celestial serve como chave de leitura para a ideia de caminho em Lucas-Atos, primeiro no caminho de Jesus a Jerusalém (Lc 9,51–19,44), depois no caminho da Igreja até Roma (At 1,8). Dessa forma, o retrato de Estêvão nos tons deuteronomistas da insistente rejeição dos profetas Moisés e Jesus é antecipada no relato da Transfiguração. Isso pode ser verificado primeiramente no fato de tanto Moisés como Jesus serem vocacionados para uma jornada por meio da voz do Senhor em uma luz brilhante. A diferença é que Jesus, interpretado no relato como sendo o "profeta como", cumpre o envio e se torna um oráculo vivo da declaração mosaica[740]. Semelhantemente, a jornada de Jesus é um Êxodo para o Templo em Jerusalém, que consumaria o Êxodo de Moisés ao lugar central de todo o Israel, para a adoração verdadeira de YHWH. Por isso, desde o início, toda a jornada é caracterizada pelo sofrimento originado pela insistente rejeição de todo o povo[741].

Dos dados acima desenvolvidos tem-se que, no Evangelho de Lucas, Jesus às vezes opera de maneira angélica. Por exemplo, na história de Lucas da vocação de Pedro, onde ocorre a pesca maravilhosa, Jesus é retratado como um anjo (Lc 5,1-11). Pedro trabalhara a noite toda e não pegara nenhum peixe, mas quando Jesus disse a ele para colocar as redes nas águas profundas, ele foi obediente e como resultado "apanharam tamanha quantidade de peixes que suas redes se rompiam" (Lc 5,6)[742]. Quando Pedro viu isso, "atirou-se aos pés de Jesus, dizendo: 'Afasta-te de mim, Senhor, porque sou pecador'" (Lc 5,8). Aponta-se que as instruções de Jesus sobre onde encontrar o que Pedro estava procurando, o temor de Pedro, seu senso de vergonha diante de Jesus, e as palavras de segurança de Jesus ("Não tenhas medo") são explicadas de forma mais satisfatória por meio de analogia às histórias bíblicas de anjos[743].

Assim, no exemplo citado acima, bem como na cristologia apresentada da Transfiguração, não está totalmente claro que Jesus se tornou um anjo, já que o termo em si não aparece, nem é claro que a transformação que Ele sofreu foi permanente, mas seria apenas uma antecipação. No entanto, a evidência indica que pelo menos para a Transfiguração "Jesus era angelomórfico"[744].

No percurso feito até aqui é possível apresentar uma síntese do que é o relato lucano da Transfiguração. O relato de Lucas sobre a Transfiguração ocorre no centro de uma subseção que enfoca a identidade de Jesus. Como os discípulos de

---

740. CROATTO, J. S., *Jesus, Prophet Like Elijah, and Prophet-Teacher Like Moses in Luke-Acts*, p. 460.

741. MOESSNER, D. P., *The Christ Must Suffer*: New Light on the Jesus – Peter, Stephen, Paul Parallels in Luke Acts, p. 132-135.

742. GARRETT, S. R., *No Ordinary Angel*, p. 33-34.

743. GARRETT, S. R., *No Ordinary Angel*, p. 33-34.

744. Essa afirmação pertence a Kevin Sullivan. SULLIVAN, K. P., *Wrestinling with Angels*, p. 116.

Jesus estão aprendendo a seguir o Mestre, eles devem ver como o seguimento deles é baseado diretamente na identidade de seu mestre. O Antigo Testamento ecoa na leitura do relato, bem como de ligações com outras passagens do Evangelho de Lucas, tanto anteriores como futuras, visto que estão conectadas. A estrutura dessa narrativa se assemelha à de Moisés subindo ao monte Sinai em Ex 24. Ele se encontra com Deus em uma montanha coberta pela sua glória, na forma de uma nuvem. Moisés é ainda instruído a trazer com ele três adoradores (Aarão, Nadabe e Abiú) para confirmar que o pacto foi dito a Moisés por YHWH. Lucas apresenta Jesus como o novo Moisés, sobre o qual toda a Lei e os Profetas testificam. Esta passagem também se liga com a cena do batismo como ambos transmitem declarações divinas da filiação de Jesus. O batismo de Jesus marca o início do seu ministério galileu para libertar os prisioneiros da escravidão, enquanto a Transfiguração olha em direção a Jerusalém para o êxodo de Jesus da servidão.

Capítulo 5 | A Transfiguração e a formação da cristologia no Evangelho de Lucas

5.1. A cristologia do Evangelho de Lucas

O estudo da cristologia de Lucas[745] tem sido objeto de debates[746]. Comumente, a forma de analisar tal cristologia se dá através da definição da relação entre Deus e Jesus, dos muitos temas teológicos, dos títulos cristológicos e da estrutura narrativa particular de Lucas[747]. Esse caminho de investigação resultou em afirmações de que teoricamente a cristologia de Lucas-Atos permanece obscura[748] e isso seria fruto de o autor usar uma diversidade de material cristológico antigo sem integrá-lo em um esquema[749]. Como consequência, um dos problemas que surgem da análise da cristologia lucana é o da ambiguidade, o que leva os estudiosos a constatarem que não temos uma cristologia integral do autor. Uma forma de identificar essa ambiguidade está no uso dos títulos atribuídos a Jesus e à sua relação com Deus.

---

745. Neste tópico da obra, a prioridade é dada à cristologia no Evangelho de Lucas, reconhecendo que a obra contempla os dois volumes, ou seja, o Evangelho de Lucas e Atos dos Apóstolos. Portanto, elementos da cristologia de Atos não deixarão de ser mencionados quando forem necessários para o entendimento do primeiro volume.

746. Para uma apresentação de pontos de vistas diferentes: TUCKETT, C. M., *The Christology of Luke-Acts*, p. 131-164.

747. SCHENELLE, U., *Teologia do Novo Testamento*, p. 624.

748. Segundo Eduard Schweitzer. Citado por BUCKWALTER, H. D., *The Character and Purpose of Luke's Christology*, p. 4.

749. WILSON, S. G., *Luke and the Pastoral Epistles*, p. 69.

5.1.1. O problema da ambiguidade

Lucas se destaca entre os Evangelhos Sinóticos ao usar o título de Κύριος (*Senhor*) para Jesus. No contexto do AT, Κύριος se refere a Deus, mas na narrativa do Evangelho de Lucas o referente pode ser entendido como Jesus. Onde Lucas é livre para usar sua própria voz como narrador, seu interesse especial pelo título "Senhor" é constatado. Um exemplo dessa prática ocorre em Lc 7,13, em que o evangelista observa que "o Senhor viu" a viúva de Naim e "teve compaixão dela"[750]. Ele aplicou o mesmo título ao Jesus terreno com o qual a comunidade pós-pascal se referia ao Cristo exaltado. Inspirado pelo Sl 110,1, a Igreja Primitiva saudou o Cristo ressuscitado como Κύριος (At 2,35-36). Ao fazê-lo, eles atribuíram a Ele o que era conhecido como nome de Deus por excelência na LXX. O nome de Deus, a partir do Tetragrama hebraico, יְהוָה, está traduzido por Κύριος[751] na LXX.

Quando o uso do termo "Senhor" é analisado em seu contexto narrativo, verifica-se que ele assume as conotações completas do nome divino. Uma ambiguidade ao usar este título é vista no Evangelho de Lucas, e o desenvolvimento começa na Narrativa da Infância (Lc 1–2). Inicialmente, o título serve como uma referência inequívoca a Deus. Em Lc 1,6 diz-se que Zacarias e Isabel observam todos os mandamentos do Senhor. À medida que a narrativa se desenvolve, o título se repete com frequência (Lc 1,15.16.25.28.32.38) e é estabelecido como uma designação comum para Deus[752].

O desejo de Lucas de mostrar Jesus como Senhor pode ser observado igualmente na maneira como ele modifica suas fontes[753]. Não apenas o uso da mesma designação para Deus e Jesus, mas também a estrutura da narrativa de Lucas, contribui para a imagem de Jesus como igual a Deus. Embora, ele frequentemen-

---

750. Lc 7,19; 10,1.39.41; 11,39; 12,42; 13,15; 17,5.6; 18,6; 19,8; 22,61.

751. Acredita-se que essa prática tenha se originado na igreja helenística e seja resultado da helenização do Evangelho. Joseph Fitzmyer mostrou, no entanto, que Κύριος pode ser encontrado como uma maneira de designar o יהוה bíblico em fontes helenísticas-judaicas e que a designação de Deus como Senhor (*mare*) é atestada em aramaico. FITZMYER, J., *A Wandering Aramean*: Collected Aramaic Essays, p. 119-127.

752. Kavin Rowe defende que existe uma ambiguidade que atravessa Lucas-Atos em relação ao uso de Κύριος para Deus e Jesus. ROWE, C. K., *Early Narrative Christology*: The Lord in the Gospel of Luke, p. 34-69.

753. Um exemplo encontra-se no relato da controvérsia sobre o sábado (Lc 6,1-5). Lucas omite uma parte essencial do argumento de acordo com Marcos e Mateus. Ele não inclui o ponto de aplicação geral: que o sábado foi feito para os seres humanos, e não vice-versa (Mc 2,27). Em contraste com Mateus, ele não explica que as ações de Jesus estão em conformidade com o princípio universalmente aplicável de que a misericórdia é mais importante do que o sacrifício (Mt 12,7). Em vez disso, Lucas se move diretamente para o argumento decisivo: "o Filho do Homem é o Senhor do sábado" (Lc 6,5). Modificando o relato dessa maneira, o peso do argumento depende mais diretamente do título "Senhor" e de sua aplicabilidade a Jesus. No contexto judaico, o Senhor do sábado seria considerado Deus. Jesus assim toma o lugar de Deus como o Senhor. FITZMYER, J., *El Evangelio de Lucas II* (1–8,21), p. 554-565.

te se refira a Jesus como "Senhor", ele nunca se refere de forma explícita a Jesus como "Deus". Mas ele se refere repetidamente a Deus com uma ambiguidade que se compara ao seu uso do título "Senhor". Em várias ocasiões, ele menciona Deus, onde sua narrativa preparou o leitor para uma menção de Jesus[754].

Outro título usado por Lucas é o de "Filho de Deus". O anjo que vem a Maria apresenta Jesus como o "Filho de Deus" (Lc 1,32.35), e a voz celestial faz o mesmo anúncio no Batismo e na Transfiguração de Jesus (Lc 3,22; 9,35). Jesus atribui esse título a si mesmo na parábola dos vinhateiros homicidas (Lc 20,13), aceita-o em seu julgamento (Lc 22,70) e se refere a si mesmo como o "Filho" (Lc 10,22). Os demônios reconhecem que Ele é o Filho de Deus (Lc 4,41; 8,28), e o diabo o desafia a demonstrar quem Ele é (Lc 4,3.9).

O anjo que vem a Maria diz que "o Santo que nascer será chamado Filho de Deus" (Lc 1,35). Assim, combinam-se as imagens do "Messias" e do "Filho de Deus" de uma maneira que vai além da expectativa judaica inicial. A filiação divina não está ligada à função atribuída a um rei em conexão com sua coroação e seu papel como governante. Em vez disso, Lucas descreve a geração do "Filho de Deus" no ventre de Maria[755]. É um ato do Espírito de Deus e sua filiação divina se refere a quem Ele é desde a sua concepção[756]. Em contraste com João Batista (Lc 1,15), Jesus não precisa ser cheio do Espírito Santo, pois sua união com o Espírito existe desde todo o sempre. Por causa de sua santidade inerente, Ele não precisa ser santificado ou consagrado.

Um dos propósitos narrativos do Cântico de Maria (Lc 1,46-55), portanto, é destacar a ambiguidade que Lucas já introduziu através de sua atribuição a Jesus do título "Senhor"[757]. Ele traz uma série de temas importantes de Lucas e fornece uma base bíblica convencional para a compreensão deles: Deus é Senhor e Salvador, Ele é Poderoso e Santo. Essas duas imagens aparentemente conflitantes, da própria intervenção de Deus e do envio de um libertador, são combinadas na proclamação dos anjos aos pastores no campo: "nasceu-vos hoje um Salvador, que é Cristo-Senhor, na cidade de Davi" (Lc 2,11). Pela primeira vez, Jesus agora é

---

754. Um exemplo encontra-se no relato da cura da mulher encurvada (Lc 13,10-13). Jesus a chama, diz que ela está liberta de sua doença e a faz se endireitar (Lc 13,12-13). A mulher então glorifica a Deus (Lc 13,13). Deus não apareceu no relato – Jesus é o benfeitor da mulher. Novamente, o relato é perfeitamente compatível com o entendimento de Jesus como servo de Deus (GARLAND, D. E., Luke, p. 547), mas também pode ser lido à luz da propensão de Lucas à ambiguidade cristológica.

755. Ehrman explica que o nascimento de Jesus em Lucas é uma das tradições pré-literárias utilizadas pelo autor em que Jesus se torna Filho de Deus não na ressurreição ou no batismo, mas já na concepção. EHRMAN, B., Como Jesus se tornou Deus, p. 323.

756. BROWN, R., O nascimento do Messias, p. 312.

757. ROWE, C. K., Early Narrative Christology: The Lord in the Gospel of Luke, p. 34-49.

chamado de "Cristo". Um título acompanhado de outro com o qual a audiência já está familiarizada: "Senhor". Jesus é um Messias que também é Senhor (Lc 20,41-44; At 2,36).

O Evangelho de Lucas fornece outro contexto interpretativo para a leitura do título Κύριος como o nome de Deus. Em seu retrato de Jesus, Lucas já foi além das expectativas messiânicas (Lc 1,32.35.43). Se o título χριστὸς κύριος é lido no contexto do mundo narrativo de Lucas, é melhor entendido como outra maneira pela qual Lucas expande as conotações do Messias[758].

O retrato de Lucas do ministério de Jesus pode ser lido da mesma maneira. A interação de Deus com os seres humanos na terra agora ocorre através de Jesus. Os atos de Deus, na medida em que se relacionam com os seres humanos, são realizados por Jesus. A principal dessas ações é a obra da salvação, que Lucas conecta com Jesus em um grau muito maior do que os outros Evangelhos Sinóticos. No Evangelho de Lucas, Jesus não é meramente um agente de salvação; seu papel na salvação vai além de trazê-la. A salvação está conectada com a pessoa do próprio Jesus. Quando Simeão exclama que viu a salvação de Deus, ele não se refere a nenhum ato de libertação comparável ao Êxodo do Egito ou à redenção trazida pelos juízes. Ele viu a salvação de Deus quando viu o menino Jesus (Lc 2,30). Embora Jesus seja frequentemente retratado concedendo salvação por suas obras de cura e perdão[759], a salvação é mais do que um presente que Jesus dispensa ou uma obra que Ele realiza[760].

Quando Jesus aparece na terra como o Senhor, segue-se que Ele possui poderes e realiza tarefas normalmente consideradas prerrogativas exclusivas de Deus. Da tradição sinótica, Lucas incluiu vários elementos nos quais Jesus aparece no papel de Deus. Ele inaugura o Reino de Deus (Lc 11,20; 17,21), exerce autoridade sobre o mal (Lc 10,19), perdoa pecados (Lc 5,20; 7,48), tem poder sobre a natureza (Lc 8,24), emite um chamado que pode ser comparado ao chamado dos profetas de Deus (Lc 9,60; 14,26) e tem conhecimento específico do futuro (Lc 10,13-15; 19,30-31; 22,10-12.34). Seu nome toma o lugar do nome de Deus, pois os discípulos expulsam demônios em seu nome (Lc 9,49; 10,17) e são perseguidos por causa de seu nome (Lc 21,12.17). O arrependimento e o perdão dos pecados também são proclamados em seu nome (Lc 24,47). Além disso, Lucas aplica epítetos divinos a Jesus, como "chifre da salvação" (Lc 1,69; Sl 18,2) e "noivo" (Lc 5,34; Os 2,19-20; Is 54,5-6; Ez 16,8).

---

758. ROWE, C. K., *Early Narrative Christology*: The Lord in the Gospel of Luke, p. 49-55.
759. Lc 6,9; 7,50; 8,36.48.50; 18,42; 19,10; 23,35.
760. THIELMAN, F., *Teologia do Novo Testamento*, p. 139.

Uma descrição mais ambígua do poder de Jesus é fornecida em conexão com a ressurreição. Lucas geralmente explica a ressurreição de Jesus como um ato de Deus. No livro de Atos, essa ideia é explicitada (At 2,24.32; 3,15; 4,10) e provavelmente está por trás do uso da voz passiva do verbo "ressuscitar/ressuscite" (ἠγέρθη/ἐγερθῆναι Lc 9,22; 24,34). No entanto, Lucas também descreve a ressurreição como a própria atividade de Jesus (Lc 18,33; 24,7, 46; At 10,41; 17,3). A implicação é provavelmente que Jesus ressuscitou por seu próprio poder.

Após a ressurreição de Jesus, Lucas também mostra como os crentes respondem a Ele da maneira que responderiam a Deus, caindo em adoração (Lc 24,52). Ao contrário de Mateus, porém, Lucas não dá nenhuma indicação de que a adoração era um elemento da resposta dos discípulos a Jesus antes de sua ressurreição. Em seu relato, os discípulos não são solicitados a adorar a Jesus até que Ele seja elevado ao céu[761].

Apesar dessa ênfase em Jesus tomar o lugar de Deus, Lucas não deixou de retratá-lo como servo de Deus, que é subordinado a Ele. O Pai confere um Reino a Jesus antes que Ele o confira a seus discípulos (Lc 22,29). Da mesma forma, Jesus é frequentemente visto orando ao Pai[762]. No entanto, Lucas não incluiu o dito sobre a ignorância do Filho (Mc 13,32; Mt 24,36) nem aquele em que Ele se opõe ao Pai para decidir quem se sentará à sua mão direita e esquerda (Mc 10,40; Mt 20,23).

Os aspectos proféticos do ministério de Jesus recebem muito mais atenção no Evangelho de Lucas do que nos outros Sinóticos[763]. Esses aspectos são introduzidos na Narrativa da Infância, que demonstram um interesse considerável na inspiração profética. Quando seu ministério público começa, no entanto, a função de Jesus se encaixa em categorias proféticas[764].

O uso de motivos proféticos por Lucas é ambíguo. Jesus é caracterizado como profeta e como aquele que envia profetas. Ele pode se referir a si mesmo como profeta e entende sua atividade dessa maneira[765]. Ao mesmo tempo, Ele é mais que um profeta. Como Senhor e como quem traz o Reino de Deus, Ele se coloca em

---

761. Lohfink caracteriza a adoração pelos discípulos como o "ápice cristológico do Evangelho" de Lucas. Citado em: SCHENELLE, U., *Teologia do Novo Testamento*, p. 630.

762. Lc 3,21; 5,16; 6,12; 9,18,28-29; 10,21-22; 11,1; 22,32, 40-45; 23,34.46.

763. JOHNSON, L. T., *The Literary Function of Possessions in Luke–Acts*, p. 79-126; CROATTO, J. S., *Jesus, Prophet Like Elijah, and Prophet-Teacher Like Moses in Luke–Acts*, p. 454-461.

764. Jesus apresenta-se como profeta no discurso inaugural em Nazaré (Lc 4,16-30). O povo também o vê como um "grande profeta" (Lc 7,16). No final do Evangelho os dois discípulos no caminho de Emaús mencionam Jesus como sendo "poderoso em palavra e ato diante de Deus e de todo o povo" (Lc 24,19). SCHENELLE, U., *Teologia do Novo Testamento*, p. 633.

765. Os paralelos entre Jesus, por um lado, e Elias e Eliseu, por outro, são destacados por Lucas em várias ocasiões. MARSHALL, I. H., *Teologia do Novo Testamento*, p. 132.

uma categoria diferente da dos profetas. Ele é capacitado e liderado pelo Espírito Santo, mas também é Ele quem concede o Espírito a seus próprios discípulos[766].

Embora as conotações messiânicas sejam apenas um aspecto do entendimento da filiação em Lucas, "Messias" é um título importante para ele, perdendo apenas para o título "Senhor". Jesus é apresentado como o Messias pelos anjos no campo (Lc 2,11) e confessado como tal por Pedro (Lc 9,20). O próprio Jesus parece aceitar o título em seu julgamento (Lc 22,67). Após sua ressurreição, sua missão é explicada em termos messiânicos (Lc 24,26.46).

A narrativa de Lucas também é rica em imagens messiânicas. A partir da narrativa da infância, o anjo Gabriel se baseia em temas messiânicos centrais quando diz a Maria que Jesus receberá o trono de seu ancestral Davi (Lc 1,32; 2Sm 7,12-13.16) e reinará para sempre (Lc 1,33; 2Sm 7,13.16; Sl 89,4.29; 132,12; Is 9,7). Zacarias louva a Deus por ter se levantado um Salvador na casa de Davi (Lc 1,69; 2Sm 7,26; 1Cr 17,24), de acordo com a promessa feita pelos profetas (Lc 1,70). Sua libertação é descrita em termos políticos (Lc 1,71.74), espelhando expectativas messiânicas comuns (Sl 17,23-27). Essas expectativas políticas são reinterpretadas na história de Lucas, no entanto, a salvação de Jesus é de um tipo diferente, pois traz a nova criação de Deus (Lc 4,18-19; 7,22)[767].

Um papel menos ambíguo que o Jesus de Lucas também cumpre é o de Servo do Senhor de Isaías. Com um eco de Is 42,6; 49,6, Simeão anuncia que o recém-nascido será "uma luz para revelação aos gentios" (Lc 2,32). Quando Jesus vai para a morte, Ele está consciente de que está cumprindo o quarto cântico do Servo ao declarar que: "é preciso que se cumpra em mim o que está escrito: 'Ele foi contado entre os iníquos'" (Lc 22,37; Is 53,12).

No livro de Isaías, os cânticos dos Servos encontram eco em Is 61,1, onde o profeta confessa que "o Espírito do Senhor está sobre mim". Essa profecia de Isaías se torna uma passagem essencial no retrato do Jesus de Lucas. Jesus cita isso extensivamente em seu sermão programático em Nazaré (Lc 4,18-19), e faz alusão a ela repetidamente (Lc 6,20-21; 7,22)[768].

---

766. Quando os discípulos lhe dizem sobre o veredicto da multidão – de que Ele é um profeta – Jesus quer que eles aprofundem o significado de sua identidade e, por isso, incita Pedro a confessar que Ele é o Messias de Deus (Lc 9,20). Jesus mais tarde se compara ao profeta Jonas (Lc 11,29), depois acrescenta que algo maior que Jonas está presente (Lc 11,32). Para a "correção" de Lucas da cristologia profética, veja: KINGSBURY, J. D., *Jesus as the 'Prophetic Messiah' in Luke's Gospel*, p. 35-41.

767. MARSHALL, I. H., *Political and Eschatological Language in Luke*, p. 157-162.

768. BONNEAU, G., *Profetismo e Instituição no cristianismo primitivo*, p. 120-123.

Assim como Mateus, Lucas conecta Jesus com o tema da sabedoria quando inclui o dito sobre algo mais que a sabedoria de Salomão (Lc 11,31) e o dito sobre o conhecimento exclusivo de Jesus sobre o Pai (Lc 10,22). Mas o dito que mais se aproxima de identificar Jesus com a sabedoria é o dito sobre a galinha (Lc 13,34-35). Como na versão de Mateus, Jesus exclama: "Quantas vezes quis reunir teus filhos como a galinha recolhe seus pintinhos debaixo das asas, mas não quiseste!" (Lc 13,34). Jesus agora cumpre o papel que na tradição judaica era conhecido por pertencer a Deus e à sua sabedoria. Ele também parece estar falando de uma perspectiva acima da história, quando reclama sobre "quantas vezes" Ele tentou reunir os filhos de Jerusalém.

Lucas não é explícito sobre a origem do conhecimento de Jesus, mas a melhor explicação para sua linguagem pode muito bem ser a de que a preexistência é pressuposta no dito. O discurso de Jesus a Jerusalém também lembra o que a sabedoria de Deus diz em Lc 11,49, sobre o envio de profetas e apóstolos para Jerusalém. Lucas não identifica Jesus com a sabedoria, mas Jesus é claramente mais do que um porta-voz da sabedoria. Jesus ocupa o lugar da sabedoria ao se dirigir a Israel.

Jesus também aparece como um personagem com uma perspectiva celestial nos assuntos terrestres em sua interação com Pedro antes da paixão. Quando Jesus prediz a traição de Pedro, Ele se refere ao seu próprio conhecimento das demandas de satanás e sua intercessão em nome de Pedro (Lc 22,31-32). O pano de fundo da cena é a visão do trono celestial em Jó 1,6-12 e 2,1-6, onde satanás está presente diante de Deus como acusador de Jó[769]. Aparentemente, Jesus não está apenas a par do conhecimento sobre as sessões do trono celestial, mas presente também nelas. Jesus parece estar presente no céu e na terra ao mesmo tempo. Como no uso do título "Senhor" para o Jesus terreno, o retrato de Lucas equivale a uma fusão do Jesus celestial e do terreno. O relato igualmente contribui para a imagem em Lucas de Jesus como um ser celestial distinto do Pai.

Portanto, a imagem de Lucas de Jesus é caracterizada pela ambiguidade. Assim que ele estabeleceu o título "Senhor" como um nome para Deus, ele começou a usá-lo como um epíteto para Jesus. O Senhor celestial que é adorado pela comunidade pós-pascoal é explicitamente identificado com o Jesus terrestre, que é atribuído ao nome de Deus. Esse entendimento exaltado de Jesus é realizado ao longo da narrativa de Lucas, onde Jesus é colocado numa relação íntima com Deus e é retratado como realizando a visita de Deus à terra. Jesus é o Salvador e o objeto da fé salvadora.

---

769. BEALE, G. K.; CARSON, D. A., *Comentário do uso do Antigo Testamento no Novo Testamento*, p. 479.

Até certo ponto, o título "Senhor" controla os outros títulos que Lucas aplica a Jesus. Ele é o Messias e o Filho de Davi, e ao mesmo tempo Ele é o Senhor de Davi; Ele é um profeta e mais que um profeta; Ele é quem envia os profetas e lhes dá o Espírito Santo para capacitação.

5.1.2. Cristologia lucana e a busca por um tema cristológico organizador

Mesmo com o uso diversificado de tradições na formação da cristologia lucana, bem como a ambiguidade apresentada no uso dos títulos atribuídos a Jesus, os estudiosos não deixaram de apresentar propostas de interpretação da cristologia de Lucas-Atos. Essas propostas visam extrair da obra um tema cristológico, ou seja, um elemento que una as diferentes tradições.

Um primeiro caminho afirma que Lucas se concentra no "homem" Jesus por razões principalmente apologéticas e pelo seu exemplo. Na questão apologética, a cristologia lucana seria uma defesa do autor contra uma polêmica antignóstica[770]. A maneira como Lucas enfatiza o corpo de Jesus na paixão/ressurreição/ascensão e o testemunho ocular dos discípulos que o seguiram na Galileia, indicam que ele estava combatendo alguma tendência docética. Na questão de Jesus ser um exemplo, a ênfase de Lucas estaria na imitação de Cristo[771]. O principal interesse cristológico de Lucas é desenvolver a relação de Cristo com seus seguidores. Para tanto, ele escreveu seu Evangelho para ilustrar e ensinar, através da vida de Jesus, o que os seus seguidores podem imitar. Como Atos, porém, após a ascensão de Jesus, a Igreja deve segui-lo e imitá-lo em sua vida.

Um segundo caminho sustenta que Lucas torna Jesus subordinado ao plano de Deus na História da Salvação, em grande parte na esperança de introduzir nova vida em uma Igreja abalada pelo atraso da παρουσία (*vinda*)[772]. A cristologia de Lucas deve ser vista "principalmente do ponto de vista da sequência da história da redenção, como são todos os temas centrais no pensamento de Lucas"[773]. Jesus é retratado como um instrumento de Deus, tanto em sua vida terrena como na memória dele após sua remoção da terra. Sua morte é entendida como martírio, sua ressurreição é um símbolo da esperança do crente e sua vida um símbolo do programa de Deus para uma missão universal. Mas por causa do atraso da παρουσία (*vinda*), seu iminente papel como juiz próximo é movido para o futuro distante e

---

770. TALBERT, C. H., *Anti-Gnostic Tendency*, p. 259-271.

771. LAMPE, G. W. H., *Lucan Portrait of Christ*, p. 160-175.

772. O tema do atraso da παρουσία (*vinda*) não é aceito por todos desse caminho. O tema é desenvolvido por Conzelmann. CONZELMANN, H., *Theology of St. Luke*.

773. CONZELMANN, H., *Theology of St. Luke*, p. 184.

seu ministério terreno está restrito ao passado da história. Sua atividade contínua para a Igreja vem através do Espírito e de sua posição como Senhor no céu[774].

Dentro do mesmo caminho, a ênfase no papel de Jesus como mediador, em termos de uma cristologia do Servo, é um recurso utilizado para tentar discernir a cristologia de Lucas. Isso se dá através de uma avaliação dos discursos contidos em Atos. Para essa investigação, os discursos de Atos teriam sido modelados de acordo com diferentes tradições do cristianismo nascente. No entanto, os discursos refletem teologicamente uma orientação posterior ao cristianismo da segunda e da terceira gerações, a ideia principal seria a da História da Salvação condicionada pelo atraso da παρουσία (vinda). O centro cristológico dos discursos é a ascensão/exaltação de Jesus[775].

Um terceiro caminho apresenta uma série de cristologias. A cristologia do Salvador é aquela que sustenta que o papel de Jesus como Salvador é, em Lucas-Atos, superior e não pode ser diminuído por algum interesse principal especial na História da Salvação[776]. De forma semelhante, a cristologia do Redentor em Lucas-Atos parte do princípio de que não há nos dois volumes duas épocas distintas. No Evangelho de Lucas, todo o curso da carreira do Jesus terreno tem um caráter transcendente, enquanto que, no livro de Atos, o Jesus exaltado, através do Espírito, continua realizando sua obra salvadora na Terra. O elemento central dessa proposta está na maneira como Lucas estrutura sua cristologia de promessa e cumprimento do AT e da história da redenção[777].

A cristologia do Servo Sofredor em Lucas abrange todo o itinerário da vida de Jesus, mas refere-se principalmente à sua morte e exaltação. A principal passagem de apoio é Is 53,11. A humilhação e o sofrimento do servo servem como o centro do significado da atuação de Jesus. Em Lucas-Atos, a ideia do sofrimento mantém uma tensão semelhante à importância da crucificação de Jesus e da exaltação. Lucas descreve Jesus dessa forma a fim de mostrar como Ele – como Servo Sofredor de Isaías – encarna a ideia de "inversão" ou "transposição" em seu esforço para esclarecer a natureza da salvação e do discipulado. Lucas ilustra repetidamente essa inversão de posição através do ensino e obra de Jesus, mas mais proeminentemente nos eventos de sua morte e exaltação. Como humilde Servo de YHWH, Jesus realiza o plano de Deus, abandonando obedientemente à vida

---

774. CONZELMANN, H., *Theology of St. Luke*, p. 173-179.

775. Segundo Emmeram Kränkel. Citado por BUTTCAZ, S. D., *L'identité de L'église dans les Actes des Apôtres*, p. 138.

776. MARSHALL, I. H., *Historian and Theologian*.; FITZMYER, J., *El Evangelio de Lucas II* (1–8,21).

777. HULTGREN, A. J., *Christ and His Benefits*, p. 81-89.

na cruz, após a qual Ele é exaltado, disponibiliza a salvação para todas as pessoas, e assim fornece o modelo do verdadeiro discipulado para seus seguidores. Atos então confirma essas realidades na vida da Igreja e na missão[778].

Um quarto caminho são as cristologias centradas na autoridade do *status* de Jesus, um *status* pertencente apenas a Deus. Uma cristologia da beneficência vê a cristologia de Lucas-Atos como tendo tomado como base os modelos greco--romanos de divindades ou pessoas de extraordinário prestígio e competência, na tentativa de suprir a experiência religiosa-cultural de judeus e gentios. Dessa forma, "em busca de um modelo que o ajudasse em sua projeção do significado de Jesus fora de um quadro de referência puramente judaico, Lucas optou pelo ideal greco-romano de excelência superior"[779].

Há propostas de estudo da cristologia lucana que – na análise do *status* de autoridade de Jesus – ressaltam um paralelo tipológico entre Ele e a visão deuteronômica de Moisés, conforme apresentado na narrativa de viagem de Lucas[780]. Nesse paralelo está o coração da cristologia da seção central do Evangelho (Lc 9,51–19,44) e que consequentemente seria também o centro da cristologia de Lucas-Atos.

A natureza e a missão do Messias também são vistas como uma forma de entender a cristologia de Lucas-Atos. A maneira de verificar isso se daria através da estrutura do Evangelho que apresenta uma série de episódios que tornam esse tema cristológico aparente: o Messias e a Missão de Jesus (Lc 1,5–9,50), o ensino do Messias (Lc 9,51–19,44) e a consumação da missão do Messias (Lc 19,45-48)[781].

Uma quinta linha de investigação, dentro das cristologias centradas na autoridade do *status* de Jesus, destaca o tema da realeza de Jesus. Esse tema absorve todas as outras designações de Lucas-Atos. A pedra angular teológica de Lucas--Atos seria a glorificação de Jesus. Este evento retrata claramente a glória que Ele já possui como rei reinante. Seu retorno será apenas a manifestação final dessa glória. Lucas está preocupado principalmente com o presente, um tempo quando a Igreja proclama o Evangelho do perdão dos pecados para o mundo[782].

A sexta linha, cristologia do Senhorio (exaltação) de Jesus, é aquela que considera que os interesses de escrita de Lucas estão estreitamente associados

---

778. FLANKLIN, E., *Christ the Lord*, p. 63. Possui uma semelhança com a cristologia da cruz. Nela as passagens sobre o sofrimento indicam que sua própria Igreja estava sofrendo forte oposição e perseguição, principalmente, nas mãos dos judeus.

779. DANKER, F. W., *Jesus and the New Age*, p. 2-10.

780. MOESSNER, D. P., *Lord of the Banquet*.

781. ELLIS, E. E., *The Gospel of Luke*, p. 9-12.

782. LEANEY, A. R. C., *The Gospel According to St. Luke*, p. 34-37.

ao fortalecimento da crença de que Jesus é o Senhor. Logo, Lucas escreveu "para fortalecer e confirmar a fé em Jesus como o Senhor que se faz presente, e foi para esse fim que desenvolveu sua interpretação teológica"[783]. Alguma situação de crise derrubou o equilíbrio da fé dos leitores, levando-os a duvidar da confiabilidade e da centralidade do Senhorio de Jesus. O uso lucano do título Κύριος revela essa preocupação. Ele escreve sobre "eventos passados na vida de Jesus na esperança de reacender um reconhecimento da realidade do Senhorio de Jesus"[784]. O título Κύριος, portanto, é preeminente entre os títulos cristológicos de Lucas-Atos e em ambos os livros o termo está carregado de significado teológico[785].

Dentro da ideia da cristologia do Senhorio, o uso de Lucas das citações e alusões ao AT indicam a linha de pensamento cristológica que ele procura apresentar em seu trabalho de dois volumes[786]. As principais categorias cristológicas são divididas em duas propostas, sendo a primeira subordinada à segunda. Primeiro, desde o início do Evangelho até os últimos dias de Jesus em Jerusalém, Lucas enfatiza as ideias do AT: "a declaração fundamental de Jesus como um servo real do Messias". Segundo, a partir deste ponto, Lucas muda seu foco para elementos do AT que sugerem que Jesus é um tipo de Messias que enfatiza "a declaração máxima de que Jesus é o Senhor" – "o conceito cristológico supremo" de Lucas[787].

Para outros, numa sétima linha de investigação, o centro da cristologia de Lucas é a firme crença na filiação divina de Jesus. Nenhuma adoção está presente. Lucas ressalta a posição de Jesus e sua filiação humana para evitar qualquer mal-entendido docético de Jesus. Mas, juntamente com esse ensinamento "não havia, para Lucas, nenhuma época em que Jesus não era o Filho de Deus"[788].

Por fim, a possibilidade de uma cristologia da preexistência em Lucas-Atos é sustentada pela noção da filiação divina de Jesus. O judaísmo helenístico já havia percebido a sabedoria (de acordo com Pr 8,22-31 e Eclo 24,33) como preexistente, facilitando assim a transferência da ideia para Jesus, o que deve ter acontecido no estágio inicial. Tem-se então a possibilidade de que elementos de uma cristologia em três etapas, remanescente de Fl 2,6-11 e Hb

---

783. FRANKLIN, E., *Christ the Lord*, p. 48.
784. FRANKLIN, E., *Christ the Lord*, p. 96, nota 4.
785. ROWE, C. K., *Early Narrative Christology*: The Lord in the Gospel of Luke, p. 34-69.
786. BOCK, D. L., *Proclamation from Prophecy and Pattern*.
787. BOCK, D. L., *Proclamation from Prophecy and Pattern*, p. 265.
788. Segundo Gerhard Voss. Citado por BUCKWALTER, H. D., *The Character and Purpose of Luke's Christology*, p. 23.

1,3-4, podem ter influenciado Lucas-Atos. A ideia talvez já esteja associada ao título Κύριος[789].

5.1.3. A cristologia de Lc 9 e a Transfiguração

Em relação ao contexto maior ou temático, a narrativa da Transfiguração em Lucas é o relato central de Lc 9, em torno do qual giram todos os outros. O texto é uma unidade e tem uma estrutura que traz à tona as preocupações cristológicas de Lucas e sua visão do discipulado. Por isso, é importante investigar os pontos de contato de Lc 9,28-36 com o restante do capítulo.

O conjunto de perícopes presentes em Lc 9,1-50 começa e termina com algumas das mesmas palavras e frases: δαιμόνια (*demônios*, Lc 9,1.49); ἀποστέλλω (*enviar*, Lc 9,2.48); ἐξέρχομαι (*para entrar*, Lc 9,4.46); e δέχομαι (*receber*, Lc 9,5.48 [4 vezes]). Lc 9,1-50 pertence ao bloco do ministério de Jesus na Galileia (Lc 4,14–9,50) e é uma unidade de transição na qual Lucas resume o que os apóstolos, discípulos e as multidões entendem sobre Jesus até esse ponto de sua narrativa e direciona a atenção de seus leitores para a filiação de Jesus e a sua jornada para Jerusalém[790].

É possível dividir essa unidade de transição em 10 perícopes. A primeira é o relato da Missão dos Doze (Lc 9,1-6); a segunda é a reação de Herodes diante da fama de Jesus (Lc 9,7-9); a terceira, o relato da instrução aos apóstolos e da multiplicação dos pães (Lc 9,1-17); a quarta é a da declaração de Pedro e o primeiro anúncio da Paixão (Lc 9,18-22); a quinta apresenta as condições para seguir Jesus (Lc 9,23-27); a sexta é o relato da Transfiguração (Lc 9,28-36); a sétima é o relato do endemoninhado epiléptico (Lc 9,37-43a), a oitava é o segundo anúncio da Paixão (Lc 9,43b-45); a nona é a discussão entre os discípulos sobre quem é o maior (Lc 9,46-48) e a décima é o diálogo de Jesus com João sobre um exorcista (Lc 9,49-50). Nessas perícopes duas questões caminham juntas: a cristologia e o discipulado. No tocante à cristologia, um grupo de perguntas serve para identificar Jesus. As perguntas e respostas podem ser vistas abaixo:

---

789. Segundo Jürgen Rolloff. Citado por BUTTCAZ, S. D., *L'identité de L'église dans les Actes des Apôtres*, p. 138.

790. O'TOOLE, R. F., *Luke's Message in Luke 9:1-50*, p. 75.

Perguntas	Respostas
	Alguns v. 7 – Ἰωάννης ἠγέρθη ἐκ νεκρῶν (*João foi ressuscitado dos mortos*)
	Alguns v. 8 – Ἠλίας ἐφάνη (*Elias apareceu*)
	Outros v. 8 – προφήτης τις τῶν ἀρχαίων ἀνέστη (*certo profeta dos antigos ressuscitou*)
Herodes v. 9 – τίς δέ ἐστιν οὗτος περὶ οὗ ἀκούω τοιαῦτα; (*Mas quem é este a respeito de quem ouço tais coisas?*)	
Jesus v. 18 – τίνα με λέγουσιν οἱ ὄχλοι εἶναι; (*Quem dizem as multidões ser eu?*)	Discípulos v. 18 – Ἰωάννην τὸν βαπτιστήν, ἄλλοι δὲ Ἠλίαν, ἄλλοι δὲ ὅτι προφήτης τις τῶν ἀρχαίων ἀνέστη. (*João Batista e outros Elias, e outros que certo profeta dos antigos ressuscitou*)
Jesus v. 20 – ὑμεῖς δὲ τίνα με λέγετε εἶναι; (*Mas vós quem dizeis ser eu?*)	Pedro – v. 20 – τὸν χριστὸν τοῦ θεοῦ (*O Cristo de Deus*)
Lc 9,28-36: Resposta Final acerca da identidade de Jesus	
Deus – v. 35 – οὗτός ἐστιν ὁ υἱός μου ὁ ἐκλελεγμένος, αὐτοῦ ἀκούετε (*Tu és o meu Filho, o eleito, a Ele ouvi*).	

Tabela 19: Perguntas e respostas em Lc 9

O texto começa apresentando três respostas sobre Jesus por parte de grupos não identificados (Lc 9,7-8), mas depois essas três respostas equivalem à resposta das multidões (Lc 9,18). A primeira pergunta (Lc 9,7-9) aparece na boca de Herodes Antipas, ele faz um questionamento sobre Jesus. Nenhuma resposta é dada à sua pergunta. Então Jesus questiona seus discípulos duas vezes, na primeira sobre o pensamento das multidões e, na segunda, a respeito do pensamento dos próprios discípulos. Pedro, em última análise, fornece uma resposta aceitável (Lc 9,18-23). De fato, Lc 9,18-19 está em paralelo com Lucas 9,20. Ambos contêm uma pergunta de Jesus e uma resposta. A resposta relatada em Lc 9,19 permanece insatisfatória enquanto a de Pedro (Lc 9,20) se aproxima do alvo.

Há em Lucas uma relação de proximidade dos personagens com relação a Jesus: dos mais distantes para os mais próximos e íntimos. Ele muda de Herodes para a multidão e, depois, para os discípulos e Pedro. Herodes não viu Jesus, mas ouviu falar sobre Ele. As multidões também ouviram falar de Jesus, embora não saibamos se todos eles o viram. Pedro e os discípulos ouviram e viram Jesus, e a identificação de Pedro sobre Ele é a melhor resposta, mas não a resposta completa e definitiva[791].

A primeira predição da Paixão (Lc 9,22) acompanha as perguntas sobre quem é Jesus, porque serve como um corretivo de todas as respostas dadas, mas também introduz a próxima parte de Lc 9,1-50, ou seja, Lc 9,21-50 aperfeiçoa as respostas dadas à pergunta de quem é Jesus.

A ênfase de Lc 9,1-50 recai sobre a Transfiguração. É apenas na história da Transfiguração que uma resposta completamente satisfatória é dada à pergunta de quem Jesus é: "Este é meu Filho, o eleito, ouvi-o" (Lc 9,35). Jesus é identificado pelo Pai como o "Filho" a quem os apóstolos devem ouvir, assim como todos devem ouvir Jesus, o profeta como Moisés (At 3,22-23). A ação significativa do relato da Transfiguração ocorre entre Jesus, Elias e Moisés, e entre Jesus e seu Pai. Os discípulos são quase totalmente passivos na cena. A segunda predição se refere unicamente à Paixão. A discussão entre os discípulos sobre quem é o maior e quem deve estar autorizado a realizar milagres demonstra a falha deles em entender a Transfiguração e o verdadeiro significado do seguimento.

Lucas continua sua ênfase em Jesus e nos discípulos. As predições da Paixão de Jesus (Lc 9,22.44) estão nos dois lados da história da Transfiguração. Certamente, o texto "o Filho do Homem deve sofrer muitas coisas e ser rejeitado pelos anciãos, sumos sacerdotes e escribas, ser morto e ressuscitar no terceiro dia" (Lc 9,22) é paralelo a "o Filho do Homem deve ser entregue nas mãos dos homens" (Lc 9,44b). No entanto, na segunda predição da Paixão, não é mencionada a ressurreição de Jesus, pois a ênfase está na Paixão. Ela precisa ser lida à luz do relato lucano da Transfiguração.

A frase "no dia seguinte, quando desceram da montanha" (Lc 9,37), vincula a história da cura do menino que estava com um espírito imundo (Lc 9,37-43a) ao relato da Transfiguração. Os dois relatos revelam a grandeza de Jesus e uma imagem negativa dos discípulos. No caso de Lc 9,37-43a, tem-se a demonstração da incapacidade dos discípulos de curarem o menino. Tema este que se coaduna com a incompreensão dos discípulos diante do que testemunham na montanha (Lc 9,33).

Lucas direciona seus leitores, em 9,1-50, a uma releitura da história do profeta como Moisés do livro de Deuteronômio que está prestes a se desdobrar em uma viagem a um Novo Êxodo para a "Terra prometida"[792]. Pode-se ilustrar essa

---

791. O'TOOLE, R. F., *Luke's Message in Luke 9:1-50*, p. 76.

792. LOCKMANN, P. T. O., *O interlucano* – A narrativa da viagem a Jerusalém em Lc 9.51-19.48, p. 93-100.

tipologia de Moisés-Deuteronômico organizando os resultados em uma seção transversal literária de Lc 9,1-50. O gráfico abaixo ilustra essa questão[793]:

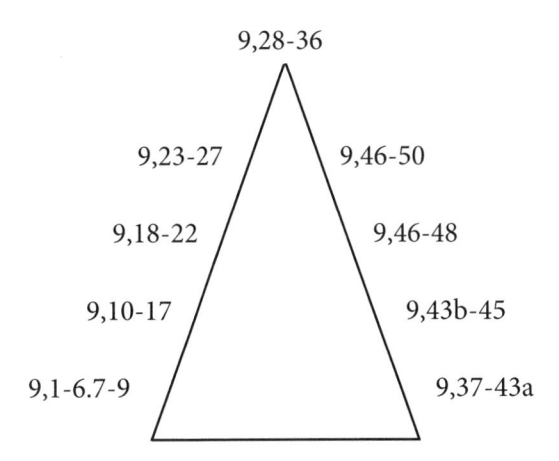

```
                    9,28-36
                      /\
              9,23-27/  \9,46-50
                    /    \
             9,18-22/      \9,46-48
                   /        \
            9,10-17/          \9,43b-45
                 /            \
          9,1-6.7-9/            \9,37-43a
                 /_____\
```

Gráfico 1 – Lc 9,28-36 e seu contexto imediato

O gráfico mostra uma progressão bem articulada a respeito da audiência e do cenário, onde o redator apresenta dois momentos divididos pela montanha da revelação. Constata-se que cada incidente de Moisés tem sua imagem espelhada no relato de Jesus na montanha. Os discípulos são exemplos de uma geração de dura cerviz. Como no monte Horebe, Lc 9,28-36 forma o ápice da escolha de Deus de um povo especial através de sua "voz" escolhida e a resistência desse povo a essa escolha. Como em Deuteronômio, a montanha manifesta a autoridade magistral da voz do profeta do Senhor, mas também o terreno trágico do sofrimento e da morte pela frente. À medida que a "narrativa da viagem" de Lucas progride, o ministério de Jerusalém culmina na morte e exaltação e chega o Pentecostes de Atos, a revelação da montanha é confirmada com o envio do profeta como Moisés (Dt 18,15-19) para trazer a redenção da desobediência "perversa" dos "filhos da montanha" que se submetem à "voz" de Deus[794].

A preocupação cristológica lucana é a de apresentar um Jesus que ora. Por isso, por duas vezes ele destaca Jesus orando (Lc 9,18.28-29). Seja o que for que possa ser dito, esse retrato certamente revela a humanidade de Jesus e sua necessidade de recorrer ao Pai em momentos importantes. Significativamente, Lucas escreve: "quando Ele [o Filho do Homem] vier em sua glória e a glória do Pai e

---

793. Gráfico segundo Moessner em MOESSNER, D. P., *Luke the Historian of Israel's Legacy, Theologian of Israel's 'Christ*, p. 230-231.

794. MOESSNER, D. P., *Luke the Historian of Israel's Legacy, Theologian of Israel's 'Christ*, p. 230-231.

dos santos anjos" (Lc 9,26) em vez de "quando Ele [o Filho do Homem] entrar na glória de seu Pai com os santos anjos" (Mc 8,38; Mt 16,27). Lucas enfatiza que a glória também é de Jesus; de fato, a glória é comum ao Pai, aos anjos e a Jesus. Assim, Lucas transmite melhor a dignidade futura do Filho do Homem ressuscitado (At 7,55-56) e prepara seus leitores para a história da Transfiguração, que fala da glória de Jesus. Lucas relaciona a glória de Jesus à sua ressurreição, como está explicitado em Lc 24,26: "Não era necessário que Cristo sofresse essas coisas e entrasse em sua glória?" ao mencionar a glória de Jesus antes e na Transfiguração, Lucas mantém a ressurreição de Jesus diante dos olhos de seu leitor. Também não se deve esquecer que Lucas vincula a filiação de Jesus à sua ressurreição (At 13,32-37; Lc 1,32-33; 9,35).

5.2. Os termos δόξα e δοξάζω no Evangelho de Lucas

O termo δόξα (*glória*) aparece 13 vezes no Evangelho de Lucas: como substantivo nominativo feminino singular aparece em 4 ocasiões (δόξα, Lc 9,9.14; 14,10; 19,38). Como substantivo acusativo feminino singular em 5 ocasiões (δόξαν, Lc 2,32; 4,6; 9,32; 17,18; 24,26). Como substantivo dativo feminino singular em 3 ocasiões (δόξῃ, Lc 9,26.31; 12,27). Apenas 1 vez o substantivo aparece como substantivo feminino singular (δόξης, Lc 21,27).

Já o verbo δοξάζω aparece 7 vezes em Lucas: no indicativo perfeito ativo, 3ª pessoa do plural – ἐδόξαζον – encontra-se em Lc 5,26 e 7,16. No indicativo perfeito ativo, 3ª pessoa do singular – ἐδόξαζεν – encontra-se em Lc 13,13; 23,47. Já no particípio presente ativo nominativo masculino singular – δοξάζων – encontra-se em Lc 5,25; 17,15 e 18,43.

5.2.1. Os termos δόξα e δοξάζω antes do relato da Transfiguração

A primeira vez que a palavra δόξα (*glória*) aparece, como substantivo nominativo feminino singular, é na perícope do nascimento de Jesus (Lc 2,1-20). Num primeiro momento, na narrativa lucana, a glória está associada a Deus. Na narrativa do nascimento a glória de Deus brilha sobre os pastores quando um anjo aparece para trazer-lhes a notícia sobre o governante davídico que é Cristo-Senhor em Lc 2,9. A glória de Deus em Lucas-Atos está ligada a vários motivos importantes, o que ajuda a explicar sua natureza e significado místicos. Lucas liga isso com o símbolo da luz "associado a angelofanias, teofanias e cristofanias"[795]. De acordo com

---

[795] FOSSUM, J. E., δόξα. In: TOORN, K.; BECKING, B.; HORST, P. W., *Dictionary of Deities and Demons in the Bible*, p. 351.

uma angelofania da narrativa do nascimento em Lc 2,9, uma luz celestial brilha em torno dos pastores. Esta está explicitamente relacionada com καὶ δόξα κυρίου περιέλαμψεν αὐτούς (*a glória do Senhor que brilhou em torno deles*).

Anjos aparecem com uma doxologia: "Glória a Deus nas alturas" antes de deixarem os pastores para irem para o céu (Lc 2,14). Os pastores aparecem δοξάζοντες (*glorificando*) e louvando a Deus por todas as coisas as quais ouviram e viram (Lc 2,20). Neste caso, tem-se o verbo δοξάζω no particípio presente ativo, nominativo masculino plural.

Depois, na narrativa da circuncisão e manifestação de Jesus (Lc 2,21-40), em Lc 2,32, aparece o substantivo δόξα no acusativo feminino singular δόξαν. A palavra aparece na fala de Simeão onde a chegada de Jesus é considerada o momento da revelação da "glória do teu povo Israel". No texto há uma relação entre o acusativo δόξαν com o também acusativo ἀποκάλυψιν. Tem-se então um hemistíquio como paralelo à revelação dos gentios[796].

No relato da tentação de Jesus no deserto (Lc 4,1-13) aparece novamente o acusativo δόξαν, mas agora acompanhado do pronome genitivo αὐτῶν. O texto se refere à fala do diabo em que promete a Jesus a "glória deles". A expressão não tem um antecedente direto, podendo ser entendida comumente como se referindo aos reinos, que associado ao termo ἐξουσίαν (*autoridade*) tem um sentido político.

Na cura do paralítico (Lc 5,17-26) há duas menções do verbo δοξάζω: uma no v. 25 e outra no v. 26. A primeira traz δοξάζων (*glorificando*), particípio presente ativo masculino singular, e se refere ao agradecimento do paralítico que só aparece na narrativa de Lucas. Ele então estende a reação do paralítico para todos os que estavam na cena e acompanharam a ação de Jesus e, por isso, no v. 26, há o segundo uso do verbo δοξάζω mas agora se referindo ἅπαντας (*a todos*). O verbo aparece no imperfeito do indicativo ativo, na 3ª pessoa do plural: ἐδόξαζον (*glorificavam*).

O mesmo verbo δοξάζω aparece novamente no imperfeito do indicativo ativo, na 3ª pessoa do plural: ἐδόξαζον (*glorificavam*). Dessa vez, no relato da ressurreição do filho da viúva de Naim (Lc 7,11-17). No v. 16, semelhante ao que aconteceu no relato da cura do paralítico (Lc 5,26), πάντας καὶ ἐδόξαζον τὸν θεὸν (*e todos glorificavam a Deus*). Assim, Deus é glorificado "porque visitou o seu povo".

Antes da Transfiguração em Lucas há uma última menção do termo δόξα, dessa vez no dativo feminino singular δόξῃ. A expressão ἐν τῇ δόξῃ αὐτου (*na glória dele*). O termo aparece na perícope anterior à da Transfiguração, em

---

796. FITZMYER, J., *El Evangelio según Lucas II*, p. 259-260.

Lc 9,23-27. A expressão aparece em Lc 9,26. A redação de Lucas modifica o texto de Marcos, pois amplia os termos que "o Filho do Homem se envergonhará, quando vier em sua glória e na do Pai e dos santos anjos". Logo, a glória não é exclusiva do Pai, como em Marcos, mas também é um atributo do Filho do Homem e inclusive dos anjos.

Assim, a cristologia é diferenciada ao se atribuir ao Filho do Homem sua própria glória. Deus é chamado de Pai; a adição de αὐτοῦ por Lucas expressa o sentido: o Filho do Homem é entendido como o Filho de Deus. Onde em Marcos o Filho do Homem é acompanhado pelos santos anjos, em Lucas Ele é acompanhado pela glória dos anjos (Lc 2,9); como consequência, há uma tríade do Filho do Homem, Pai e dos anjos[797]. Tem-se que o termo δόξα caracteriza a condição do ressuscitado (Lc 24,26), em contrapartida, como visto acima, está associado à presença de Deus (Lc 2,9). No contexto da frase seguinte (Lc 9,27), com sua perspectiva do Reino, a expressão "vier na glória" parece estar relacionada com uma das fases da consolidação desse Reino[798].

5.2.2. Os termos δόξα e δοξάζω depois do relato da Transfiguração

Após o relato da Transfiguração, o termo δόξα aparece pela primeira vez na perícope que trata das preocupações com as realidades terrenas (Lc 12,22-32). Assim, δόξῃ mais o pronome αὐτοῦ fazem menção à "glória dele" (Lc 12,27), nesse caso específico, o esplendor de Salomão[799]. Exemplo usado por Jesus no texto para falar da Providência de Deus.

No relato da cura da mulher encurvada (Lc 13,10-17) o verbo δοξάζω aparece no imperfeito do indicativo ativo, na 3ª pessoa do singular: ἐδόξαζεν (glorificava). O verbo expressa a ação da mulher após a cura de Jesus realizada em um sábado. Na narrativa, o objetivo dessa glorificação é Deus[800].

Na perícope da escolha dos lugares em um banquete (Lc 14,7-14) o termo δόξα aparece no sentido de reputação, de prestígio em Lc 14,10: φίλε, προσανάβηθι ἀνώτερον· τότε ἔσται σοι δόξα ἐνώπιον πάντων τῶν συνανακειμένων σοι (Amigo, senta-te mais para cima; então haverá para ti glória perante todos os que es-

---

797. MARSHALL, I. H., *The Gospel of Luke*: a commentary on the Greek text, p. 376-377.

798. FITZMYER, J., *El Evangelio según Lucas III*, p. 119.

799. O termo περιβάλλω (*vestir*) é usado em Lc 23,11 e At 12,8. Não há comentários no AT acerca das vestes de Salomão, mas as riquezas e pompas de sua corte se tornaram lendárias (1Rs 10,4-5.21.23; 2Cr 9,4.20.22). Para a glória de Salomão, sugerimos, principalmente, 2Cr 9,13-22.

800. O louvor a Deus pela pessoa curada é um motivo não encontrado nas histórias semelhantes em Lc 6,10 e Lc 14,4, mas é encontrado em At 3,8. Esse motivo é inteiramente apropriado no cenário da sinagoga. MARSHALL, I. H., *The Gospel of Luke*: a commentary on the Greek text, p. 558.

tão reclinando contigo). Lucas apresenta dois contrastes em relação a Lc 14,8-9: προσανάβηθι ἀνώτερον (*senta-te mais para cima*) contrasta com δὸς τούτῳ τόπον (*dá a esse o lugar*) e δόξα (*glória, honra*) está em oposição à αἰσχύνης (*vergonha*). O ponto principal é que é melhor que os outros reconheçam quem você é do que sugerir a eles seu lugar "apropriado". A humildade é o melhor caminho.

No relato da cura dos dez leprosos (Lc 17,11-19) temos o verbo δοξάζω e o substantivo δόξα. O verbo aparece em Lc 17,15 que diz: Εἷς δὲ ἐξ αὐτῶν, ἰδὼν ὅτι ἰάθη, ὑπέστρεψεν μετὰ φωνῆς μεγάλης δοξάζων τὸν θεόν (*E um deles, vendo que foi curado, retornou glorificando a Deus com grande voz*). Lucas dá ênfase a resposta de louvor porque, em seu julgamento, é uma maneira particularmente apropriada de responder à misericórdia de Deus[801].

Depois, em Lc 17,18 δόξαν aparece no questionamento feito por Jesus de que os outros também deviam "dar glória": οὐχ εὑρέθησαν ὑποστρέψαντες δοῦναι δόξαν τῷ θεῷ εἰ μὴ ὁ ἀλλογενὴς οὗτος; (*Não foram encontrados retornando para dar glória a Deus senão este estrangeiro?*). O fato de o narrador escolher um leproso como modelo de gratidão, no v. 15, se torna um contraste público com os outros que foram curados. Jesus iguala o retorno para agradecer a ele como sendo um retorno para dar glória a Deus. O retorno envolve um reconhecimento público do que Deus está fazendo agora através de Jesus[802].

O relato do cego na entrada de Jericó (Lc 18,35-43) traz o verbo δοξάζω em Lc 18,43, no particípio presente ativo, δοξάζων (*glorificando*), e mais uma vez tendo como objeto Deus. O cego, que agora vê, segue o caminho "glorificando a Deus".

Na entrada messiânica em Jerusalém (Lc 19,28-40), em Lc 19,38, há uma citação do Sl 118,26, mesclada com Lc 2,14[803]. Logo, o trecho final repete o coro dos anjos: λέγοντες· εὐλογημένος ὁ ἐρχόμενος, ὁ βασιλεὺς ἐν ὀνόματι κυρίου· ἐν οὐρανῷ εἰρήνη καὶ δόξα ἐν ὑψίστοις (*Bendito o que vem, o rei em nome do Senhor; no céu paz e glória nas alturas*).

Na perícope da vinda do Filho do Homem (Lc 21,25-28), Jesus menciona que sua vinda será acompanhada de uma "grande glória", pois Lc 21,27 diz: καὶ τότε ὄψονται τὸν υἱὸν τοῦ ἀνθρώπου ἐρχόμενον ἐν νεφέλῃ μετὰ δυνάμεως καὶ

---

801. BOCK, D. L., *Luke*: 9:51–24:53, p. 1402-1403.

802. De acordo com Nolland, o v. 18 é normalmente pontuado como uma pergunta, mas a sintaxe recebe melhor justiça quando traduzida como uma declaração. NOLLAND, J., *Luke 9:21–18:34*, p. 847. Também pode ter relação com o tema da ambiguidade na cristologia de Lucas.

803. Segundo Pao e Schnabel, a expressão "paz no céu e glória nas alturas" ecoa o Sl 148,1: "Louvai ao Senhor! Louvai o Senhor dos céus, louvai-o nas alturas!" Eles destacam que no *Targum de Salmos* (Sl 148,1) os seres celestiais e as hostes angélicas são convocados para louvar a Deus. BEALE, G. K.; CARSON, D. A., *Comentário do uso do Antigo Testamento no Novo Testamento*, p. 444.

δόξης πολλῆς (*E então verão o Filho do Homem vindo na nuvem com poder e grande glória*). Neste discurso escatológico de Lucas, o dito se refere à aparência gloriosa do Cristo ressuscitado como o Filho do Homem que vem para julgar e libertar os seus. A função do Filho do Homem em Mc 13,26-27 é dupla: julgamento (v. 26) e reunião dos escolhidos (v. 27). Em Lucas, a tarefa anterior é mantida, mas a libertação dos discípulos está prevista (v. 28)[804].

O verbo δοξάζω aparece uma última vez em Lc 23,47, no indicativo imperfeito ativo, 3ª pessoa do singular: ἐδόξαζεν (*glorificava*). O termo aparece no relato da morte de Jesus (Lc 23,44-49) em que o centurião glorificava a Deus com a frase: ὄντως ὁ ἄνθρωπος οὗτος δίκαιος ἦν (*Verdadeiramente este homem era justo*). Assim, ele glorificou a Deus através dessa confissão pública, dizendo que Jesus não era criminoso (mas justo, δίκαιος), pois havia morrido de acordo com a vontade de Deus[805].

A perícope dos dois discípulos no caminho de Emaús (Lc 24,13-35) é a última onde encontra-se o termo δόξα. Em Lc 24,26 Jesus diz: οὐχὶ ταῦτα ἔδει παθεῖν τὸν χριστὸν καὶ εἰσελθεῖν εἰς τὴν δόξαν αὐτοῦ; (*Não era necessário o Cristo sofrer estas coisas e entrar na glória dele?*). A "glória" pode ser uma referência à ressurreição ou à exaltação ao céu. Os paralelos mais próximos de Lc 24,26 como um todo se referem à Ressurreição, e essa referência é bastante conveniente para sistematizar os ensinamentos de Lucas. No quadro lucano, "glória" só pode ser a glória da exaltação de Jesus para o mundo à destra de Deus[806].

Assim, a δόξα é a glória do exaltado Messias/Filho do Homem. A entrada em sua glória tem relação com a vinda do Filho do Homem em sua glória prevista em Lc 9,26. A passagem do Messias para a glória por meio do sofrimento é um tema lucano. Essa entrada "em sua glória" envolve o corpo de Jesus. Lc 24 retrata a existência corpórea do Jesus ressuscitado repetidamente, por exemplo, quando Ele convida os discípulos a tocá-lo (Lc 24,39) e come com eles (Lc 24,41-43). O corpo é, no entanto, não apenas uma ressuscitação ou um retorno à sua existência terrena, como é evidente o fato de que os discípulos de Emaús e os discípulos de Jesus inicialmente não o reconhecem e Ele simplesmente poderia desaparecer da vista deles (Lc 24,31)[807].

---

804. FITZMYER, J., *El Evangelio según Lucas IV*, p. 252. Lc 21,27, em comparação com Dn 7,13, deixa claro que a nuvem está associada ao movimento do Filho do Homem. As palavras δύναμις e δόξα não aparecem em Dn 7,13 (a última aparece em Dn 7,14 LXX em um sentido diferente), mas é uma interpretação da aparência do juiz escatológico e governante de todas as nações. Como a visão em Lucas é vista pelos homens, é altamente improvável que se refira a uma ascensão a Deus. A visão em Daniel refere-se a uma vinda à terra (Dn 7,9.22). MARSHALL, I. H., *The Gospel of Luke*: A Commentary on the Greek text, p. 776.

805. PLUMMER, A., *A critical and exegetical commentary on the Gospel according to St. Luke*, p. 539.

806. NOLLAND, J., *Luke 18:35–24:53*, p. 1.204.

807. WRIGHT, N. T., *A Ressurreição do Filho de Deus*, p. 906-907.

5.2.3. Tradição angelomórfica, glória de Jesus e a formação da cristologia lucana

O estudo da Transfiguração no Evangelho de Lucas liga essa narrativa à tradição angelomórfica. O desenvolvimento do estudo dessa tradição foi consequência das pesquisas acerca do judaísmo tardio. Através dessas pesquisas reforçou-se a ideia de que os anjos estão intimamente ligados à revelação do Deus de Israel e, em muitas situações, comunicam-se com os seres humanos em formas angélicas. Assim, no AT a figura do "Anjo do Senhor", nada mais seria do que a manifestação do próprio Deus[808]. Em Is 63,9, Deus lamenta a aflição de seu povo e envia "o anjo de sua presença" que os salva: "Em toda a sua aflição, ele foi afligido, e o anjo de sua presença os salvou". Logo, o povo de Deus deve ser salvo pela atividade do anjo de sua presença que é enviado aos aflitos de Deus. O AT fala repetidamente da presença teofânica como o "Anjo de Deus", o "Anjo do Senhor", ou simplesmente "o Anjo"[809], e às vezes realmente identifica manifestações oferecendo assim um sólido suporte bíblico para a atribuição cristã de categorias angelomórficas a Cristo. Assim, essa tradição é assimilada pela literatura cristã. As fontes para uma cristologia angelomórfica podem ser encontradas no judaísmo pré-cristão[810].

A LXX indica um interesse em anjos em suas traduções de Dt 32,8, lendo "os anjos das nações" no lugar de "os filhos de Israel", e Dt 33,2, onde "na sua mão direita foram seus anjos com ele" aparece no lugar de "em sua mão direita era uma lei de fogo para eles"[811]; e possivelmente também no Sl 8,5, onde o ser humano foi criado um pouco menor que מֵאֱלֹהִים, termo cuja tradução pode indicar os anjos, os deuses ou o próprio Deus. A LXX traduz o termo como ἄγγελος (*anjos*)[812].

No caso do texto de Lucas, não somente o relato da Transfiguração, mas o restante do Evangelho e dos Atos dos Apóstolos revelam essa assimilação. Inferências da importância da tradição angelomórfica podem ser extraídas da frequência dos anjos na narrativa lucana. Há um interesse peculiar de Lucas em anjos (ἄγγελος aparece 24 vezes no Evangelho). A atuação deles encontra-se no início e no fim do Evangelho e atuam como porta-vozes de Deus. Onde eles aparecem, algo novo é revelado e a história da salvação é promovida. Por isso, um anjo do

---

808. SCHIAVO, L., *Anjos e Messias*, p. 40.

809. Anjo de Deus: Gn 21,17; 31,11; Ex 14,19; Jz 6,20; 13,6.9; Anjo de YHWH: Gn 16,7-11; 22.11.15; Ex 3,2; Nm 22,22-35; Jz 2,1.4; 5,23; 6,11-22; 13,3-21; O Anjo: Gn 48,16.

810. LONGENECKER, R., *The Christology of Early Jewish Christianity*, p. 28.

811. Dt 33,2 é um versículo de difícil tradução. BROWN, R. E.; FITZMYER, J.; MURPHY, R. E., *Comentário Bíblico São Jerônimo: Antigo Testamento*, p. 250.

812. BEALE, G. K.; CARSON, D. A., *Comentário do uso do Antigo Testamento no Novo Testamento*, p. 1.161.

Senhor, em Lc 1,11, anuncia o nascimento de João Batista e de Jesus (Lc 1,8-20.26-38; 2,8-12). Também, no final do Evangelho, anjos anunciam a mensagem de salvação, exaltação e volta de Jesus (Lc 24,4-7.23). Outras funções no texto estão ligadas ao cuidado dos justos mortos (Lc 16,22) e a companhia que fazem ao Filho do Homem (Lc 9,26)[813]. Verifica-se a importância de uma tradição a respeito dos anjos para o entendimento da mensagem do Evangelho por parte dos leitores lucanos.

Para Lucas, as esferas celestial e terrena estão conectadas através de seres angélicos que revelam a vontade divina à humanidade, mas que também podem ser descritos como seres humanos. Estas figuras reveladoras são mencionadas em momentos cruciais do texto lucano, apontando para sua natureza apocalíptica. Anjos são uma característica especial dos textos apocalípticos. São figuras que revelam o significado oculto dos eventos aos receptores humanos. Logo, "quando a apocalíptica é entendida no sentido mais amplo de revelação, de interação com o reino celestial, Lucas-Atos demonstra uma alta consideração por esse mundo de pensamento"[814].

Não somente os seres divinos têm atribuições angelomórficas, mas os homens podem ser considerados da mesma natureza que os anjos, mesmo que vivos e ainda na terra. Logo, é a assunção ao céu ou a subida mística que traz um *status* angelical para um ser humano[815]. É possível constatar essas atribuições angelomórficas em Lucas-Atos. Em At 6,15 a face do mártir Estêvão é explicitamente comparada à de um anjo; e em At 12,13-15 supõe-se que um anjo da guarda da pessoa se assemelha a ela. Assim, esses textos foram construídos com a consciência da interação com as tradições judaicas do angelomorfismo humano[816] em que o Cristo angelomórfico de Lucas traz uma identidade e *status* angélico aos seus seguidores[817].

Os exemplos lucanos parecem refletir parte da polêmica da missão gentia contra certos antagonistas e pontos de vista mantidos pela missão judaica de que a cristologia angelomórfica, ou algo próximo a ela, era um elemento do cristianis-

---

813. SCHENELLE, U., *Teologia do Novo Testamento*, p. 621.

814. FLETCHER-LOUIS, C. H. T., *Luke-Acts*, p. 27. Para o estudo do pensamento apocalíptico em Lucas, veja CAREY, G., *Ultimate things*: An introduction to Jewish and Christian apocalyptic literature, p. 115-116. Rowland e Morray-Jones fazem referência a Is 6 como o paralelo mais próximo da aparência das hostes angélicas aos pastores em Lc 2. A resposta temerosa dos agentes humanos (por exemplo, Zacarias em Lc 1,12; Maria em Lc 1,29 e as mulheres em Lc 24,5) é típica da literatura apocalíptica (Ap 1,17). ROWLAND, C.; MORRAY-JONES, C. R. A., *The Mystery of God* – Early Jewish mysticism and the New Testament.

815. SCHIAVO, L., *Anjos e Messias*, p. 42.

816. FLETCHER-LOUIS, C. H. T., *Luke-Acts*, p. 105.

817. FLETCHER-LOUIS, C. H. T., *Luke-Acts*, p. 254.

mo judaico dos tempos apostólicos. Para vários crentes judeus, evidentemente, a angelologia do Antigo Testamento – particularmente as teofanias angélicas – tornaram-se um ponto de partida em sua compreensão e expressão cristológicas. Novamente, isso não significa que o cristianismo gentio e o cristianismo judaico estiveram em oposição em tudo. Pois, pode-se afirmar que a missão gentia operava dentro de um corpo de imagens conceituais e expressões que lhe seriam próprias, mas a missão judaica em suas várias manifestações compartilhava padrões comuns de pensamento e expressão. Logo, pode-se dizer que houve muita sobreposição. Mas se fosse possível pensar em uma distinção, a cristologia angelomórfica seria uma delas[818].

No caso da Transfiguração e da tradição angelomórfica, torna-se vital para o entendimento do relato a constatação de que essa tradição é um pano de fundo essencial para a leitura do texto. Um elemento a ser destacado em Lc 9,28-36 é o uso da palavra δόξα duas vezes.

O motivo da glória no AT torna-se um tema-chave nesses escritos e nos textos cristãos posteriores. Nestes textos a glória de Deus não é apenas para ser revelada plenamente no final dos tempos, mas já está sendo experimentada por meio de jornadas celestiais. Anjos e seres humanos, tanto mortos como vivos, são retratados compartilhando desta glória divina. O motivo da glória revela a estreita e íntima relação entre o divino e o humano, entre a esfera celestial e a terrestre. A glória se torna um motivo profícuo para expressar uma união íntima entre Deus e os seres humanos, a transformação que isso traz e o processo contínuo em que o místico se envolve. Estas observações mostram porque é útil e também necessário ler as referências de Lucas à glória na Transfiguração mediante os apocalipses judaicos e, também, cristãos.

A partir da figura do Filho do Homem, de Dn 7,13, e o desenvolvimento de uma interpretação em torno de sua identidade, estudiosos postularam que, no *corpus* paulino e em outras literaturas do Novo Testamento (como Lucas e João), δόξα se torna um termo cristológico essencial, funcionando como sinônimo de outros termos cristológicos importantes, como εἰκών (*imagem*) e μορφή (*forma*). No entanto, a transferência de certas funções e atributos da glória divina para um indivíduo não seriam novas; ao contrário, esses elementos aparecem em vários relatos judaicos anteriores que buscam construir as identidades exaltadas do Filho do Homem, de Enoque, de Jacó e de Moisés, dentre outros[819].

Além disso, no início da literatura cristã, detecta-se outra estratégia remanescente dos antigos relatos judeus. Esse movimento envolve a retirada simultâ-

---

818. LONGENECKER, R., *The Christology of Early Jewish Christianity*, p. 31-32.

819. ORLOV, A., *The Glory of the Invisible God*, p. 81.

nea da divindade para um lugar invisível, no qual Deus se manifesta por meio de uma voz. A glória é colocada em paralelo visível com a acentuada retirada de Deus para uma dimensão invisível. É possível verificar as raízes iniciais desses desenvolvimentos já existentes no *corpus* paulino, onde as tradições da glória são aplicadas a Jesus pela primeira vez. Nestes primeiros testemunhos cristãos também se pode ver a afirmação repetida sobre a invisibilidade de Deus[820].

A caracterização de Jesus pode ser entendida como exemplar da angelização escatológica dos justos. Ele é apresentado em sua glória escatológica, tanto quanto se esperava de qualquer israelita justo[821]. A "glória" refere-se ao *status* divino e celestial que Jesus compartilha. Conforme visto acima, há uma relação entre Lc 9,31 e Lc 24,26. Mas antes disso, há elementos no texto de Lucas que já apontam para uma visão da glória de Deus por intermédio de Jesus.

De acordo com essa visão de Jesus, Lucas o retrata como o Senhor divino que agora está presente na terra. Sua majestade é revelada na história da vocação de Pedro para se tornar um pescador de pessoas (Lc 5,1-11). Como uma narrativa de vocação, esse relato é, em alguns aspectos importantes, semelhante à visão do trono de Isaías (Is 6,1-13). O encontro com a grandeza do Senhor/Jesus (Is 6,1-4; Lc 5,4-7) provoca uma expressão de impureza/pecaminosidade (Is 6,5; Lc 5,8), que é seguida por uma palavra de consolo (Is 6,7; Lc 5,10a) e uma comissão (Is 6,8-10; Lc 5,10b).

A declaração de Pedro mostra que seu pecado o torna impróprio para a companhia de Jesus. Como mostram os paralelos com a visão do trono de Isaías, o personagem cuja santidade o torna inacessível para os pecadores é Deus. O que Isaías viu em sua visão da glória celestial, Pedro viu na vida real no lago da Galileia. Em Jesus, o Senhor celestial é trazido à terra.

A Transfiguração se torna vital para entender Lc 24, pois a glória de Jesus foi revelada mais cedo na narrativa de Lucas em sua Transfiguração (Lc 9,28-36). A ascensão não é a primeira indicação da glória de Jesus. É antes a entrada final de Jesus na glória que Ele teve no começo. No contexto de Lucas, a glória só pode ser a exaltação à mão direita de Deus[822].

A entrada na glória pode ser entendida em termos da noção da entronização de Jesus em algumas passagens em Lucas-Atos. A entrada na glória é uma transformação final para um *status* divino ou modo de existência. Cristo, como nenhum outro, goza de um relacionamento especial, íntimo e vivo com Deus,

---

820. ORLOV, A., *The Glory of the Invisible God*, p. 81.
821. FLETCHER-LOUIS, C. H. T., *Luke-Acts*, p. 40.
822. NOLLAND, J., *Luke 18:35–24:53*, p. 1.204.

revelado para alguns no tempo ocasional durante o seu ministério, mas totalmente e abertamente expresso a todos na ressurreição como sua entronização. Lucas descreve isso deixando Pedro citar as Escrituras em At 2,29-36, quando ele testemunha sobre a ascensão de Cristo. Pedro usa o Sl 110,171 e o Sl 2,7 para mostrar que a ressurreição foi uma elevação e entronização[823]. Deus prometeu um trono a um descendente de Davi (At 2,30). Pedro observa que em At 2,31 Deus falou da ressurreição de Cristo.

A implicação é que Cristo ascende ao trono com sua ressurreição. Pedro torna claro o que significa esta entronização: além de Davi que não subiu aos céus, Cristo foi "exaltado" à destra de Deus (At 2,33). A exaltação ou ascensão revela plenamente todo o relacionamento exaltado com Deus que Cristo compartilha no trono divino[824]. Assim se confirma o lugar de Jesus que foi revelado a Pedro, João e Tiago na Transfiguração como aquele a quem Deus elegeu (como aparece em At 2,26). As implicações são notáveis: Jesus, o Messias sofredor, chega e compartilha da presença de Deus.

A citação do Sl 110 é apresentada como: "Eu sempre vi o Senhor diante de mim, porque Ele está à minha direita" (At 2,2.25.28). Essa citação termina com a seguinte observação: "tu me encheste de alegria em tua presença". Essa é a razão por que Pedro termina seu discurso com a observação de que Jesus foi feito Senhor e Messias. Por causa de sua existência gloriosa, Jesus é tão intimamente unido ao Pai como é digno de adoração. Como divino Senhor, em Lc 24,53, Ele é adorado pelos discípulos[825].

Esse sentido chega muito perto de igualar Jesus ao perfil ideal do anjo vice-regente. Ele é retratado de várias formas como o anjo principal. Há paralelos marcantes entre Jesus e outras figuras vistas como vice-regentes, incluindo Moisés e Metatron. O consenso acadêmico a respeito desses paralelos é que as representações de Jesus absorveram e transformaram as tradições judaicas anteriores. Embora o cristianismo tenha suprimido ou até atacado a crença na religião tradicional acerca das figuras mediadoras judaicas, teria sido impossível para os primeiros cristãos aceitar Jesus como um "segundo Deus", não fosse pelo precedente estabelecido pelas tradições angélicas anteriores do vice-regente judaico. Jesus substituiu com sucesso seus antecessores supra-angelicais, mas apenas absorvendo seus recursos. Ao mesmo tempo em que os cristãos estavam transferindo características de figuras angelicais judaicas para Jesus, no entanto,

---

823. BOVON, F., *Luke the theologian*, p. 96.
824. ESKOLA, T., *Messiah and the Throne*, p. 183.
825. FLETCHER-LOUIS, C. H. T., *Luke-Acts*, p. 22.

eles também estavam suprimindo a crença nesses mesmos seres em suas próprias comunidades[826].

As correlações entre a investidura de Jesus com os atributos únicos da divindade e a retirada de Deus para a dimensão anicônica estão presentes na Transfiguração de Jesus, onde a divindade se manifesta apenas em seu modo anicônico, auditivo. A montanha é um lugar crucial onde a teofania dos atributos da divindade são transferidas para Jesus. Esse local é onde se desenrola a ideologia כָּבוֹד do Antigo Testamento, a saber, a visão de Ezequiel da carruagem divina no rio Quebar e o encontro de Moisés com a Glória divina no monte Sinai.

O relato lucano da Transfiguração contém impressionantes marcadores simbólicos remanescentes do encontro de Ezequiel e do encontro de Moisés como padrão (Ex 24,12-18; Ez 1–3)[827].

O material de Lucas-Atos acrescenta a impressão de que havia uma ampla preocupação em distanciar a vida e a espiritualidade dos seguidores de Jesus dos ambientes religiosos mais amplos que buscavam visões e experiências similares como fonte de revelação. Um exemplo encontra-se no relato lucano do batismo de Jesus (Lc 3,21-22), mais claramente do que o de Marcos e Mateus, exclui qualquer sugestão que Jesus meramente tem uma visão (subjetiva, pessoal, interior). O Espírito não veio "para dentro" (εἰς) dele (Mc 1,10), mas "sobre" (ἐπί) Ele, e o fez "corpóreo" (σωματικός) (Lc 3,22), à vista dos presentes.

Outro exemplo, na Transfiguração, somente Lucas nos diz que "os discípulos estavam pesados de sono, mas quando ficaram totalmente acordados, viram sua glória" (Lc 9,32). Juntamente com as características do relato que refletem a propensão de Lucas pelo realismo – Jesus está orando (Lc 9,29) e conversando com Moisés e Elias (Lc 9,31) –, o elemento de excitação do sono é melhor explicado se Lucas deseja evitar qualquer sugestão de que os discípulos apenas tiveram uma visão subjetiva de Jesus na glória. As narrativas pós-ressurreição de Lucas fazem o mesmo ponto. No cenáculo, Jesus está no meio dos discípulos, mas Ele não é um mero "espírito" e eles não estão alucinados: Ele tem mãos e pés e pode comer com eles (Lc 24,36-43)[828].

As informações apresentadas neste livro ajudam a refletir a respeito de como o relato da Transfiguração contribui para a formação da cristologia lucana. Podemos elencar considerações significativas. No sentido do desenvolvimento narrativo, o relato apresenta a verdadeira e definitiva resposta sobre quem é Jesus

---

826. DEUTSCH, N., *Guardians of the Gate*, p. 157.
827. ORLOV, A., *The Glory of the Invisible God*, p. 82.
828. FLETCHER-LOUIS, C. H. T., *Monotheism*, vol. 1, p. 105.

e qual a relação que Ele possui com Deus Pai. Portanto, sua localização é vital para uma primeira conclusão do Evangelho de Lucas. Conforme mencionado, uma das características literárias da obra é a prolepse, isto é, Lucas comumente antecipa o relato de fatos ou temas futuros e oferece a chave de compreensão de outras partes de sua obra. Esse recurso é usado em toda a obra lucana, juntamente com a analepse onde o narrador apela à memória do leitor para convidá-lo a decifrar o momento presente à luz do passado.

A Transfiguração é uma prolepse, pois já apresenta ao leitor uma visão corpórea futura de Jesus, visão essa estabelecida na ressurreição e consequente ascensão, outro momento-chave na leitura da obra. Dessa forma, depois desse relato, a viagem a Jerusalém e os seus ensinamentos devem ser lidos a partir da imagem pós-pascal do Jesus exaltado da Transfiguração. Se retirássemos o relato da Transfiguração, que apresenta a glória de Jesus, todo o desenrolar da viagem a Jerusalém teria um tom pessimista, sem esperança, pois seus ensinos teriam um tom de discursos de despedida, por mais que os anúncios da Paixão mencionem a ressurreição.

Como consequência dessa ausência, as imagens angelicais presentes no relato e descritas nesta obra inseririam Jesus dentro do mundo das hostes angelicais como mais um anjo cumprindo funções angelicais e recebendo trato similar ao dos anjos na tradição veterotestamentária. Mas o relato, escrito dentro das categorias angelomórficas, apresenta a glória de Jesus de forma antecipada a fim de mostrar a superioridade dele em relação a outras duas figuras proeminentes da tradição judaica e que alcançaram o *status* celestial.

Segundo Lucas, Deus tem uma glória, Jesus tem uma glória, os anjos têm uma glória e Moisés e Elias também possuem uma glória. A narrativa lucana pretende afirmar que a glória de Jesus é maior do que a desses homens e dos anjos e se identifica com a glória de Deus. Essa identificação se dá na ressurreição e ascensão e culmina na nova posição assumida por Jesus, à destra de Deus. Por isso, logo no início do discurso de Estêvão em At 7,2, ele falou do "Deus da glória" que apareceu a Abraão. Depois do seu discurso, Lucas relata que Estêvão olhou para o céu e viu a glória de Deus (At 7,55). Lucas, mais uma vez, revela sua perspectiva mística quando descreve uma visão de Estêvão, que observa que ele vê o "céu aberto" e Jesus à direita da mão de Deus[829]. Quando Jesus revela que o Cristo entra em sua glória, Ele indica que Ele compartilha um *status* divino.

---

829. ROWLAND, C., *The Open Heaven*, p. 369. Rowland argumenta que a visão de Estêvão é típica da apocalíptica e serve como uma garantia final ao mártir à beira da morte de que ele foi aceito por Deus e, ao mesmo tempo, como uma rejeição do ponto de vista dos oponentes.

O percurso feito até aqui indica que a negação da tradição angelomórfica como elemento constitutivo das tradições subjacentes à cristologia apresentada em Lucas, precisamente na Transfiguração, resulta em uma deficiência na leitura da obra. Por mais que Lc 9,28-36 tenha muitos pontos de contato com diferentes tradições veterotestamentárias, os textos apocalípticos e extrabíblicos são vitais, pois os destinatários lucanos são filhos de seu tempo e bebem desse mundo cultural de forma inevitável, cujas fronteiras são fluidas, tornando difícil o estabelecimento de identidades que não tenham pontos de contato com a cultura circunvizinha. Essa constatação vai de encontro à ideia, presente em muitos estudos, de que em Lucas-Atos há uma redução ou esfriamento da apocalíptica judaica no relato. O que vemos na verdade é uma reinterpretação à luz dos destinatários lucanos em que mais uma vez aproxima o cristianismo nascente de pensamentos semelhantes aos da comunidade de Qumran, pois os justos podem ser considerados angélicos já durante esta vida e um ser humano pode assumir categorias angelomórficas. Para Lucas, os limites entre as esferas terrenas e celestes são fluidos[830]. Com isso ele aponta para a natureza mística dos eventos que ele está descrevendo.

5.3. Outras considerações sobre a Transfiguração lucana e seu entorno

Todos os três relatos sinóticos da Transfiguração podem ser interpretados à luz da tradição angelomórfica, mas o relato de Lucas se torna singular em virtude das mudanças redacionais identificadas nesta obra. Estas vão caracterizar a importância dessa tradição, juntamente com suas outras mudanças redacionais ao longo da sua narrativa.

Os três discípulos privilegiados no evento são apresentados como os que "viram a glória dele" (Lc 9,32). Lucas fez dessa cena uma visão especial de um aspecto de Jesus que não se encontra nos outros sinóticos. Outras mudanças alteram a cristologia lucana. Além do mais, retirou-se o verbo vital nas comparações com os relatos de metamorfoses do mundo grego, o verbo μεταμορφόω. Tal omissão, difícil de ser explicada para muitos pesquisadores, aponta para um distanciamento em relação aos relatos helenísticos, comum de serem associados aos relatos da Transfiguração em Mateus e Marcos.

O padrão de metamorfose geralmente implicava uma mudança de forma ao invés de uma mudança na essência. Às vezes, o padrão mostra uma tendência a

---

830. HEIL, J. P., *The Transfiguration of Jesus* – Narrative Meaning and Function of Mark 9:2-8, Matt 17:1-8 and Luke 9:28-36, p. 84. Heil vê isso como uma indicação de que Jesus "foi temporariamente transformado em uma figura celestial".

enfatizar um aspecto não material ao ser metamorfoseado. Outras vezes, uma capacidade polimórfica é enfatizada. Os campos semânticos, tanto em latim quanto em grego, incluem palavras que enfatizam a transformação externa, enquanto o latim geralmente adiciona termos ao campo característico para revelar a falta de substância material.

No caso, a literatura judaica descreve a transformação externa dos seres celestes em forma humana, empregando temáticas similares e padrões semânticos usados pela literatura greco-romana para descrever as metamorfoses de seus deuses. Às vezes, novamente como na literatura greco-romana, a ênfase está na natureza não material da aparência. O polimorfismo, no entanto, é enfatizado no caso de seres malignos, ou ao menos aqueles com más intenções. Continuidade da mente e identidade de um estado para outro permanece central no processo de metamorfose.

Nem todos no mundo mediterrâneo antigo, no entanto, esperavam que os deuses se apresentassem "pessoalmente" na terra de uma maneira metamorfoseada. Para descrever a interação entre divino e humano, outro modelo estava disponível e englobava ainda mais a diversidade do que o modelo de metamorfose. Neste segundo modelo, o poder dos deuses era transmitido diretamente aos seres humanos através do mecanismo de possessão.

A possessão é um fenômeno multifacetado. No mundo greco-romano, a principal expectativa era a do êxtase. Na cultura judaica, a inspiração era o fenômeno muito esperado, mas havia uma esperança distinta de um líder ideal que não teria apenas a habitação do espírito mas também iniciaria uma era em que seria para todas as pessoas. Quando um deus aparecia na terra, algumas pessoas na antiguidade no mundo mediterrâneo esperavam que isso acontecesse por metamorfose. Às vezes, claramente se esperava que o corpo não possuísse substância material. Mas como Cícero, alguns pensavam que um deus às vezes transmitia seu poder a um humano. Por "transmitir", no entanto, poderia ser temporário ou permanente; poderia causar um deslocamento da mente humana (ou não), ou um comportamento extático (ou não).

Não se pode deixar de lado que a localização e a caracterização dos destinatários são importantes para o entendimento da obra. A pergunta que precisa ser feita é se a ênfase de Lucas na tradição angelomórfica não anula a destinação comumente aceita de que os destinatários são gentios[831]. Todas as narrativas bíblicas são um "produto cultural, uma representação dos valores e contextos em

---

831. Desde o período antigo a tradição identifica o Evangelho de Lucas com os gentios. Segundo Orígenes, "o terceiro é o segundo Lucas, elogiado por Paulo e composto para os fiéis proveninentes da gentilidade". GONZAGA, W., *Compêndio do Cânon bíblico*, p. 71.

que foi gerado"[832], que refletem e desafiam o mundo de sua composição. Isso é constatado na ênfase lucana de Jesus como Salvador, título este reivindicado pelos imperadores romanos, e tem por detrás um discurso com elementos de ironia, pois "uma criança totalmente sem direitos e sem defesa é o verdadeiro 'salvador', cuja mensagem chega até o imperador em Roma"[833].

Em várias passagens, as situações rurais palestinas são adaptadas para os ouvidos helenísticos urbanos: por exemplo, o terraço palestinense de Mc 2,4 torna-se o telhado de uma casa greco-romana em Lc 5,19, e as fundações de casas substituem a pedra e a areia na parábola dos construtores sábios e tolos (Lc 6,48-49; Mt 7,24-27). Além disso, uma mudança de títulos semíticos para seus homólogos greco-romanos (por exemplo, ῥαββουνί, em Mc 10,51, para κύριος, em Lc 18,41; e γραμματεύς, em Mc 12,28, para νομικός, em Lc 10,25) é outra indicação em Lucas de um cenário helenístico[834].

Essas características implicam fortemente um contexto em cidades não palestinas e de língua grega, mas isso não nega a possibilidade de uma presença judaica significativa. As evidências arqueológicas das sinagogas na Ásia Menor mostram um alto grau de assimilação entre os judeus helenísticos, desde a predominância da língua grega em seus nomes e relações cotidianas até a educação em estilo grego, prêmios e títulos oficiais[835].

Lucas tem sua formação helenística, mas tem também um conhecimento notável do judaísmo; a obra lucana é um expoente exímio de como o cristianismo primitivo faz a fusão entre a cultura helenística e o mundo judaico. Ela é escrita em uma cidade importante do Império Romano e reflete um espaço de diálogo e interculturação com o helenismo e, até certo ponto, com o Império Romano.

Lucas é o precursor da tarefa de dialogar com a cultura greco-romana, de reivindicar a legitimidade de sua fé em circunstâncias muito difíceis, reinterpretando a tradição de Jesus para que fosse relevante e significativa em um contexto muito distinto da Galileia na qual a tradição surgiu. A comunidade que nasce em torno desse evangelho é fundamentalmente gentia, mas que havia membros procedentes do judaísmo. Por isso, a convivência de pessoas de procedência diferente é uma preocupação central da obra lucana e foi uma questão central do cristianismo das origens[836].

---

832. GREEN, J. B., *The Gospel of Luke*, p. 11-12.

833. SCHENELLE, U., *Teologia do Novo Testamento*, p. 633.

834. FITZMYER, J., *Luke I–IX*, p. 58-59.

835. WILLIAMS, M., *Jews and Jewish Communities in the Roman Empire*, p. 316-322.

836. AGUIRRE, R., *Así Empezó el Cristianismo*, p. 231.

Conforme mencionado antes, a comunidade não está situada na Palestina, senão em uma cidade importante do império, cuja determinação é discutível. Mas nenhuma cidade pode realmente ser identificada como um cenário provável para a origem de Lucas-Atos apenas com base no texto bíblico. A afinidade e a familiaridade de Lucas com o cenário da cidade é confirmada pela centralidade de Jerusalém, tanto no Evangelho quanto em Atos, e no foco urbano da narrativa da missão de Atos. Lucas-Atos contém, de longe, a maioria dos usos da palavra πόλις (cidade) no Novo Testamento, tanto quanto o restante dos livros combinados[837].

Vale ressaltar que Lucas utiliza um grego notavelmente melhor que Marcos e Mateus e recorre com frequência a construções baseadas na LXX, ou seja, imita o idioma peculiar da tradição grega da LXX, que é, supostamente, o que ele utiliza. É preciso destacar o interesse de Lucas por situar historicamente os acontecimentos que narra, o que se percebe tanto no Evangelho (Lc 3,1-2), como em Atos (At 18,2.12; 11,28; 24,27). Estes sincronismos refletem duas peculiaridades importantes. Em primeiro lugar, o interesse de Lucas por ajustar-se, de alguma maneira, às convenções dos historiadores do seu tempo. Em segundo lugar, a consciência que Lucas tem de que a salvação não é um fenômeno escatológico iminente, senão que tem se realizado em um acontecimento histórico preciso e datável, de modo que a παρουσία (*vinda*) não é iminente e abre espaço para uma Igreja que tem que acostumar-se a viver no tempo e buscar seu lugar na sociedade[838].

Cabe enfatizar ainda um último elemento singular da Transfiguração lucana em relação aos demais sinóticos: sua relação com as visões *kyriocêntricas*. O Evangelho de Lucas, como visto acima, é particularmente insistente em relação à natureza física do corpo de ressurreição de Jesus (Lc 23,55; 24,3.12.39-43; At 1,9-11). Portanto, não é de surpreender que os encontros pós-morte com o Senhor Jesus não sejam descritos em termos visionários no próprio Evangelho (Lc 24,23, sobre uma "visão dos anjos"). Parece, no entanto, que esse Evangelho estava familiarizado com as características-padrão das visões *kyriocêntricas*. A conexão é oriunda do fato de que Lucas modificou o relato de Marcos sobre a Transfiguração de Jesus, conectando a narrativa à prática da oração e incorporando características teofânicas próprias[839].

É particularmente significativo que a narrativa de Lucas coloque a Transfiguração à noite (Lc 9,32; Lc 22,45). Como observado no caso de Mc 6, sabia-se que as teofanias ocorriam à noite no AT (Gn 15,12-21). Uma tradição exegética

---

837. ROHRBAUGH, R. L., *The Pre-Industrial City in Luke-Acts*: Urban Social Relations, p. 125.
838. AGUIRRE, R., *Así Empezo el Cristianismo*, p. 234.
839. KAISER, C. B., *Seeing the Lord's Glory*, p. 133.

citada no *Targum* palestino localiza as manifestações fundamentais do Senhor à noite. De fato, há quatro ocasiões desse tipo, começando com o momento da criação (Gn 1,2-3), "quando o Senhor foi revelado"[840], e concluindo com o ἔσχατος (*fim*), quando um novo êxodo será liderado por Moisés e pelo Messias com a Palavra (ou Glória) do Senhor, liderando entre eles. Dentro dessa linha de interpretação, a versão da Transfiguração de Lucas se encaixaria confortavelmente dentro dessas tradições aproximadamente contemporâneas. Ao juntar os motivos da teofania no relato de Marcos sobre a Transfiguração (onde o papel de Moisés já estava definido) e acrescentando uma referência ao êxodo que Jesus estava prestes a realizar em Jerusalém (Lc 9,28a.31.37), o escritor do Evangelho misturou com habilidade o material visionário da tradição com a narrativa da vida de Jesus[841].

Enfim, essa interpretação aponta para uma atuação visionária da comunidade lucana, ensaiada em nome de Pedro, no qual o Senhor apareceu na forma de Jesus, acompanhado por dois profetas angélicos (Is 6,1-3). Enquanto a visão ainda era *kyriocêntrica*, um papel foi posto de lado para Deus, o Pai, de acordo com o modelo sinótico (Lc 9,35; Mc 9,7), que se baseou, por sua vez, na tradição de Jesus orando a Deus, seu pai no céu[842].

---

840. MCNAMARA, M.; MAHER, M., *Targums Neofiti 1 and Pseudo-Jonathan*: Exodus, 12,42.
841. KAISER, C. B., *Seeing the Lord's Glory*, p. 133.
842. KAISER, C. B., *Seeing the Lord's Glory*, p. 133.

Conclusão

Um livro é sempre um trabalho complexo e exaustivo, que abre possibilidades e caminhos de investigação. A pesquisa proposta por esta obra: *A glória de Jesus e sua contribuição para a formação da cristologia lucana* procurou cooperar com o estudo a respeito do Evangelho de Lucas, a partir do relato lucano da Transfiguração, buscando no uso do termo δόξα (*glória*) formas de entender a cristologia de Lucas-Atos.

Essa pesquisa ressaltou que a Transfiguração foi, e ainda é, um texto muito explorado pelos pesquisadores. Seu caráter multifacetado abre muitas possibilidades de investigação. Isso ficou demonstrado no *Status Quaestionis*, que trilhou um caminho que foi além das pesquisas mais recentes, passando pelos textos do período patrístico e medieval até chegar aos dias de hoje. Por mais que essa pesquisa tenha tido como objeto formal a Análise Redacional, verifica-se o quanto os elementos presentes nas tendências interpretativas ajudaram na análise da perícope. Em relação à Transfiguração e à Crítica da Redação, as discussões apresentadas chamam a atenção para as características lucanas do relato, que o tornaram tão diferente do de Marcos e de Mateus, que os estudiosos defenderam a ideia de uma fonte usada para a composição do relato, além de Marcos. Mas foi possível constatar que as mudanças realizadas na narrativa por Lucas não seriam fruto de uma fonte, mas da criatividade lucana, que pode ser vista em outras partes do seu Evangelho por meio das construções frasais, do vocabulário próprio e dos temas teológicos. O tópico Cristologia e Transfiguração foi extremamente importante para verificar que a busca pela relação com os textos da tradição judaica e do seu entorno trouxeram novos olhares para a Cristologia e, por conseguinte, para a Transfiguração.

Após a Introdução e o capítulo 1, intitulado de *Status Quaestionis*, o capítulo 2 se propôs a analisar exegeticamente a perícope de Lc 9,28-36. Na sequência da tradução do texto, todas as notas do aparato crítico da 28ª edição do Nestle-Aland foram verificadas. Mesmo que muitas variantes não levem a nenhuma mudança significativa na perícope, o exercício de verificação foi proveitoso no sentido de se perceber o quanto o texto sofreu alterações e entender pontos que causaram estranheza ao escriba. Uma questão que não houve grandes discussões é a da delimitação da perícope. Seu início e fim são constatados com facilidade pela Análise Literária, embora em sua estrutura interna tenha sido possível perceber o que é comumente chamado de costuras redacionais.

Em seguida à Estrutura da perícope, que analisou morfologicamente e sintaticamente as segmentações da perícope, bem como o sentido de alguns termos, a Crítica da Forma e do Gênero Literário ressaltou as inúmeras propostas de classificar o relato da Transfiguração. Dentre elas, três foram enfatizadas. A primeira identifica o gênero como epifania, a segunda vê o relato com certa semelhança com os relatos de aparições de anjos, e a terceira trilha o caminho do polimorfismo, ou seja, não é possível identificar um gênero específico, mas vários. As informações encontradas nesse ponto foram vitais para a análise posterior ao texto.

A Crítica da Redação apresentada realizou a comparação sinótica com o texto de Marcos, que foi a fonte do relato, destacando as principais omissões, modificações, acréscimos e cópias feitas no texto. O mesmo procedimento foi realizado em relação ao texto de Mateus, mesmo esse relato não tendo sido uma fonte para Lucas. Esse exercício redacional foi apenas o primeiro passo, pois outros desdobramentos foram deslocados para os outros capítulos da obra.

A proposta do capítulo 3 foi explicitar o entorno da Transfiguração lucana. Para tanto, elementos extraídos da comparação sinótica de Lucas com Marcos foram utilizados para apresentar os principais elementos singulares da Transfiguração no Evangelho de Marcos. O mesmo processo foi realizado na Transfiguração no Evangelho de Mateus. Ambas as análises prepararam o leitor para visualizar a singularidade da cristologia da Transfiguração lucana, presente no capítulo seguinte. Mas antes disso, duas outras questões foram tratadas: a tradição angelomórfica e a questão dos deuses e homens divinos no mundo greco-romano.

Com relação à tradição angelomórfica, termos como anjo, angelical e divindade foram explicados com vista a identificar distinções entre Deus e os anjos no tocante às suas funções. Por meio dessas distinções, procurou-se estabelecer elementos que ajudassem a esclarecer o que se entende por cristologia angelomórfica e, através dessa definição, a relação de Cristo com o mundo celeste.

A pesquisa selecionou dois exemplos do desenvolvimento da tradição angelomórfica na literatura judaica. Em primeiro lugar, a comunidade de Qumran, sobretudo a análise de um dos seus textos, denominado de "Os Cânticos do Sacrifício Sabático". A análise desse documento permitiu averiguar que a liturgia de

Qumran, uma comunidade apocalíptica, aproximava os homens dos anjos por meio da adoção de uma cosmologia de um templo celestial, abrindo espaço para a possibilidade de um transporte para o reino eterno. Em segundo lugar, três textos apocalípticos foram apresentados: 1Enoque, 2Enoque e o Apocalipse de Sofonias. Nesses textos, personagens recebem um *status* celeste, semelhante ao dos anjos, que interagem com eles. Estes textos visionários desenvolvem experiências místicas comuns, presentes na liturgia dos grupos por detrás dos textos. Dessa forma, homens e anjos se unem, céu e terra se aproximam.

Como o texto de Lucas tem uma preocupação vital com o mundo greco-romano, mundo este em que ele está inserido histórica e literariamente, a obra deslocou sua atenção para a literatura greco-romana, destacando as aparições da divindade (epifanias diretas, metamorfose) e a questão da possessão (êxtase, inspiração e habitação). As definições e exemplos apresentados visaram identificar até que ponto o relato lucano da Transfiguração possuía compatibilidade com essas formas de ver a ação da divindade e dos homens.

O capítulo 4 da obra, intitulado "Uma cristologia da Transfiguração lucana", buscou aprofundar os principais temas teológicos da perícope. Foram eles: oração no monte; a mudança no rosto e nas vestes; a glória de Moisés e Elias; a glória de Jesus; Pedro, João e Tiago; a nuvem; Meu Filho e Eleito. Esses temas, quando investigados à luz dos dois capítulos anteriores, mostraram a importância dos elementos da tradição angelomórfica na redação lucana da Transfiguração.

O tema "oração no monte" apontou para a importância da oração na obra lucana, mas também para a associação que a oração tem com a mudança que revela a glória de Jesus no texto. Como Jesus é um modelo no que se refere à oração em Lucas, verificou-se a importância da prática da oração para a comunidade à qual o texto está vinculado. Não se pode deixar de acentuar que o monte, local do evento na perícope, tem uma longa tradição com as teofanias veterotestamentárias e com textos da apocalíptica judaica. A isso, liga-se o segundo tema, a mudança no rosto e nas vestes. Logo de início, as mudanças redacionais lucanas, que na descrição do que acontece com Jesus retira o verbo μεταμορφόω, foram uma demonstração de que não é no caminho das metamorfoses helenísticas que Lucas procura criar uma identidade acerca de quem é Jesus, mas, mais uma vez, em textos do Antigo Testamento e da apocalíptica judaica. Um dos exemplos citados neste livro foi o texto de 1En 14,20,21 onde a descrição da Glória Suprema tem similaridades com o Jesus transfigurado.

A glória de Moisés e Elias foi um tema importantíssimo para o entendimento da perícope. Primeiro, porque Lucas explicita o *status* celestial desses dois personagens ao mencionar que apareceram ἐν δόξῃ (*em glória*). Segundo porque busca por meio da descrição comparar esses dois personagens com Jesus, que também aparece "em glória". A obra aprofundou o conhecimento da época acerca desses personagens para além dos relatos bíblicos. Estes foram relidos e, em torno deles, se desenvolveu uma longa tradição no mundo celeste. Essa tradição foi desenvolvida à luz da vida que tiveram, apontando para o caráter exemplar que Jesus possui na narrativa que o leva a um destino semelhante, porém, de maior glória, que é confirmada pela voz de Deus (Lc 9,35).

O tema acima se desdobra no próximo, isto é, a glória de Jesus, ou como aparece na perícope: τὴν δόξαν αὐτοῦ (*a glória dele*, Lc 9,32). Para o entendimento desse tema, foi preciso apresentar os sentidos que o termo possui e sua longa relação com o termo כָּבוֹד do Antigo Testamento e sua associação com YHWH. Após a aplicação do termo nos relatos teofânicos (sua ligação com o Êxodo), e sua utilização por Fílon e Josefo, partiu-se para o texto lucano da Transfiguração, destacando que a glória de Deus em Lucas-Atos estava ligada a vários motivos importantes que ajudavam a explicar sua natureza e significado místicos.

Para a compreensão do significado da "glória de Jesus", a obra associou essa glória com o tema das mudanças do rosto e das vestes, que apontam para o *status* exaltado de Jesus repleto de testemunhos similares de outros personagens na literatura judaica posterior, sobretudo apocalíptica. Dentre os exemplos paralelos que refletem a glória pela qual um personagem passa e que se assemelha a Jesus, estão os paralelos da admissão de Enoque/Metatron. Este personagem experimenta uma transformação angelical e se torna um "YHWH Menor". Mas a pesquisa identificou que a tradição de Moisés/Sinai é a mais pertinente para se entender a *glória de Jesus* vista pelos discípulos. Jesus, segundo as informações obtidas nesse ponto desta obra, possui outra glória, distinta, definitiva e superior à de Elias e Moisés, principalmente porque age com outros critérios.

Pedro, João e Tiago foram analisados como tema da perícope em virtude de serem as testemunhas do evento. Importantes questões redacionais foram vistas nesse ponto. O papel de cada um dentro do Evangelho de Lucas, com destaque para Pedro e o uso do termo ἐπιστάτης (*senhor*). Termo este usado por Lucas para transmitir ao seu leitor algum sentido de distância de Jesus e de seus propósitos. A questão do sono (de Pedro, João e Tiago) ligou a Transfiguração ao relato do Jardim do Getsêmani e constatou seu caráter redacional.

A fala de Pedro, porta-voz dos discípulos, foi interpretada como sendo uma proposta das moradas eternas no mundo vindouro, ao mesmo tempo que Lucas introduz o tema da incompreensão dos discípulos. Assim, esses personagens apontam para o tema do discipulado e da revelação de Jesus que molda a apresentação da narrativa. O tema das visões *kyriocêntricas* foi mencionado dentro desse tema, ou seja, a possibilidade do relato ter como função servir de modelo para experiências similares. Esse ponto foi retomado no final deste livro.

O pronunciamento divino na cena se dá através de uma nuvem, o que fez com que destacássemos a nuvem como um tema importante na perícope a ser investigado. A pesquisa realizou um longo percurso acerca da nuvem nos relatos teofânicos veterotestamentários, começando pelo Êxodo e destacando a relação da nuvem com as declarações escatológicas e os Salmos de entronização. Igualmente, viu-se que a nuvem está associada a visões na literatura apocalíptica. De modo igual, textos em 1Enoque e no livro de 2Baruc serviram de argumentação. Outros textos, em Dionísio e Josefo, serviram da mesma forma para verificar que um evento meteorológico inesperado é um importante recurso literário.

Um último tema teológico do capítulo 4, denominado "Meu Filho e Eleito", foi estudado a fim de consolidar a linha interpretativa que foi descortinada pelos temas anteriores. Para isto, a declaração dada pelo Pai no relato de Lc 9,28-36, que possui semelhança com a do relato do batismo, foi investigada. Depois, o exame do termo Filho de Deus na tradição do AT e da apocalíptica judaica também fez parte da pesquisa. O caminho proposto identificou que Filho é uma designação que pode apontar para os anjos, destacando três figuras de anjos que se destacam na tradição angelomórfica: Miguel, o Filho do Homem e Melquisedeque. Assim, seria no contexto angelomórfico que melhor se entenderia a designação de Jesus como Filho. Tal linha de interpretação foi confirmada pelo fato de Jesus ser chamado de "o Eleito" (o Escolhido) em Lucas. Essa designação é exclusiva de Lucas em relação aos sinóticos e o aproxima da LXX e do tema da eleição de Israel. Mais uma vez, neste livro, o texto de 1Enoque foi utilizado. Em 1En 39,4-8, viu-se que Enoque é levado em uma visão para ver a morada dos anjos e dos justos, e depois ele vê aquele que é chamado de "Eleito" ou "Escolhido". Ainda foi identificado nesse ponto que a voz celestial faz uma alusão à promessa de Dt 18,15.18, a expectativa de um profeta escatológico, desenvolvida em releituras posteriores.

O capítulo 5, denominado de "A Transfiguração e a formação da cristologia no Evangelho de Lucas", teve o objetivo de apresentar considerações que apontassem caminhos para a compreensão da formação da cristologia de Lucas a partir da Transfiguração. Para que essa proposta se concretizasse, duas questões sobre a cristologia lucana foram apresentadas: o tema da ambiguidade e o da busca por um tema cristológico organizador. O tema da ambiguidade detectou que não sabemos o suficiente sobre as crenças cristológicas de Lucas. A cristologia dele foi e é objeto de debates, pois há muitas lacunas deixadas pelo autor. Por isso, poucos pesquisadores apresentaram argumentos defendendo a ideia de que Lucas nos deu uma cristologia integral. Como consequência, os estudiosos enveredaram por um tema cristológico organizador, que foi apresentado neste livro de forma sintética.

Dentro do quinto capítulo a questão redacional foi retomada de duas formas: através do tópico "A cristologia de Lc 9 e a Transfiguração" e do tópico "Os termos δόξα e δοξάζω no Evangelho de Lucas". O primeiro tópico ressaltou o quanto o relato tem uma relação com o tema da cristologia e do discipulado de Lc 9. No que se refere à cristologia, o relato da Transfiguração traz a resposta final acerca da identidade de Jesus e indica a maneira como o restante do Evangelho deve ser lido, ou seja, a partir da glória de Jesus revelada e do pronunciamento de Deus da nuvem. Já o outro tópico verifica o uso do substantivo δόξα e do verbo δοξάζω no Evangelho. Viu-se que Lc 9,26 e Lc 24,26 são os dois usos de δόξα que possuem relações significativas com Lc 9,28-36, sobretudo o último, ao trazer a expressão εἰσελθεῖν εἰς τὴν δόξαν αὐτοῦ (*entrar na glória dele*).

O tópico denominado de "tradição angelomórfica, glória de Jesus e a formação da cristologia lucana" trouxe considerações significativas: (1) a Transfiguração lucana precisa ser estudada à luz da tradição angelomórfica; (2) o Evangelho de Lucas e os Atos dos Apóstolos dão muito destaque à figura dos anjos e os personagens do texto são descritos como tendo uma certa proximidade e semelhança com os anjos, apontando para um uso consciente da interação com as tradições judaicas do angelomorfismo humano. (3) O uso do termo δόξα deve ser lido por intermédio do aspecto místico dessa glória, que aponta para o "Filho do Homem" de Daniel. Igualmente, a caracterização de Jesus pode ser entendida como paradigma da angelização escatológica dos justos. (4) A associação de Jesus com Lc 24,26 precisa ser realizada através da tradição angelomórfica. (5) Jesus é apresentado em termos angelomórficos ao interagir com Moisés e Elias, mas, ao mesmo tempo, uma distinção é feita por meio da ênfase lucana da corporeidade de Jesus, que está vinculada à propensão de Lucas pelo realismo no relato.

Um último tópico, "Outras considerações sobre a Transfiguração lucana e seu entorno", trouxe questões sobre o contexto em que a obra está inserida, com destaque para o contexto urbano e helenístico. A obra, nesse ponto, reitera que mesmo com esse contexto o autor revela um profundo conhecimento do judaísmo e que a presença de gentios e judeus entre os seus destinatários tornou necessária uma fusão entre a cultura helenística e o mundo judaico. Assim, Lucas reinterpretou a tradição de Jesus para que fosse relevante e significativa em um contexto diverso do originário na Galileia.

Mediante esse percurso, ratificam-se as hipóteses estabelecidas na introdução. Não é possível ler Lc 9 sem o relato da Transfiguração, pois ficaria faltando o ápice do entendimento da cristologia, discutida nesse capítulo pelos personagens e, sobretudo, pela atuação de Jesus. Mas não só a localização do relato é importante, mas o seu estudo precisa ir além do cânon, buscando reflexões oriundas do desenvolvimento da tradição angelomórfica fora dos textos veterotestamentários e, por meio das muitas associações e alusões que o relato da Transfiguração remonta, o de Lucas o liga diretamente a essa tradição, principalmente pelo uso redacional do termo δόξα, que muda significativamente o texto em relação aos relatos apresentados por Marcos e Mateus. Por mais que os títulos cristológicos sejam importantes na obra, o conhecimento da tradição angelomórfica é um recurso harmonizador do entendimento da cristologia, pois mostra que as muitas tradições e a ambiguidade presente na cristologia do texto servem para enfatizar a superioridade de Jesus, o Eleito e Filho de Deus.

Em meio às discussões sobre Baixa Cristologia e Alta Cristologia, constatou-se que predomina em Lucas uma cristologia da glorificação de Jesus, apresentada de forma proléptica em Lc 9 e que abre um caminho para entender a relação de Jesus com as figuras celestiais (Moisés e Elias), mas também com os anjos apresentados no Evangelho de Lucas. O caráter paradigmático da narrativa aponta para um Jesus que também serve de modelo para uma angelização escatológica dos justos no corpo terreno. O que afasta o relato das transformações do mundo greco-romano e do relato de Marcos e de Mateus.

O que foi exposto e explicitado neste livro suscita muitas outras questões a serem pesquisadas. Espera-se que sua leitura abra novos caminhos de pesquisa. Destacamos alguns desses caminhos: (1) dada às aproximações entre Lucas e João, é preciso ainda pesquisar a glorificação de Jesus nesses dois evangelhos e verificar se possuem pontos de contato; (2) também pode-se desenvolver um estudo sobre o termo δόξα na Transfiguração e em Paulo (mais precisamente em 2Cor 3); (3) as implicações místicas do relato na vida da comunidade lucana, na relação entre judeus e gentios; (4) a associação entre a glória de Jesus e a ideia da preexistência e da adoção.

Os exemplos acima são apenas uma parcela das muitas perguntas que podem ser feitas ao texto e que foram feitas pelo pesquisador ao longo da elaboração deste livro. Por isso, mesmo uma obra tendo como foco a constatação de hipóteses e um novo caminho de pesquisa, vale ressaltar que as perguntas são mais importantes do que as respostas, pois elas movem o mundo e, neste caso, o mundo da Teologia Bíblica. Por isso, espera-se que essa pesquisa abra novos caminhos de investigação.

Referências bibliográficas

Fontes

ELLINGER, K.; RUDOLPH, W. (ed.). *Bíblia Hebraica Stuttgartensia*. Stuttgart: Deutsche Bibelgesellschaft, 1997.

NESTLE-ALAND. *Novum Testamentum Graece*. 28. ed. Stuttgart: Deutsche Bibelgesellshaft, 2012.

RALPHS, A.; HANHART, R. (ed.). *Septuaginta*. Stuttgart: Deutsche Bibelgesellschaft, 2006.

Obras

AGUA PEREZ, A. La Transfiguración como Preludio del Exodo de Jésus em Lc 9,28-36. Estudio Derásico y Teológico. *Salmanticensis*, v. 40, p. 5-19, 1993.

AGUA PEREZ, A. *El método midrasico y la exegesis del Nuevo Testamento*. Valência: San Jerônimo, 1985.

AGUIRRE, R. *Así Empezo el Cristianismo*. Navarra: Verbo Divino, 2015.

AHEARNE-KROLL, S. P., The Scripturally Complex Presentation of Jesus in the Gospel of Mark. In: MYERS, S. E. *Portraits of Jesus*. Tübingen: Mohr Siebeck, 2012, p. 45-68.

ALLISON, D. C. *The New Moses*: A Matthean Typology. Mineápolis: Augsburg Fortress, 1993.

ANGEL, J. L. *Otherworldly and Eschatological Priesthood*. Studies on the Texts of the Desert of Judah. Leiden/Boston: Brill, 2010.

ARENS, E. *A Bíblia sem mitos*. São Paulo: Paulus, 2007.

ARISTIDES, A. *Defense of Oratory*. Londres: Heinemann, 1973.

ATHANASSIDI, P.; FREDE, M. *Pagan Monotheism in Late Antiquity*. Oxford: Oxford University Press, 2002.

AUGUSTINE. *Sermon on Matthew*: Sermon XXIX. Disponível em: <https://kg.vkk.nl/english/organizations/lcc.gb/lcis/scriptures/fathers/doctors/augustinofhippo/sermons/sermon29.html>. Acesso em: 15 jan. 2020.

AUGUSTINUS HIPPONENSIS. *Contra Admantum*. Disponível em: <http://www.augustinus.it/latino/contro_adimanto/index.htm>. Acesso em: 15 jan. 2020.

BACON, B. W. The Transfiguration Story. *AJT*, v. 6, p. 236-265, 1902.

BAILLY, A. *Dictionaire Grec-Français*. Paris: Hachette, 1983.

BALDACCI, O. R. *The Significance of the Transfiguration Narrative in the Gospel of Luke*: A Redactional Investigation. Milwaukee: Marquette University, 1974.

BALTENSWEILER, H. *Die Verklärung Jesu*: Historisches Ereignis und synoptische Berichte. Zurique: Zwingli, 1959.

BARBAGLIO, G., FABRIS, R., MAGGIONI, B. *Os evangelhos I*. Mateus e Marcos. São Paulo: Loyola, 1990.

BARTLET, J. V. The Sources of St. Luke's Gospel. In: SANDAY, W. *Studies in the Synoptic Problem*. Oxford: Clarendon Press, 1911.

BATLUCK, M. Visions of Jesus Animate Israel's Tradition in Luke. *The Expository Times*, v. 129, n. 9, p. 408-415, 2018.

BAUCKHAM, R. *The Theology of the Book of Revelation*. Cambridge: Cambridge University Press, 1993.

BAUER, W. F. W.; DANKER, W. F.; ARNDT, W. F. *Greek-English Lexicon of the New Testament and Other Early Christian Literature*. 3. ed. Chicago, 2000.

BEALE, G. K.; CARSON, D. A. *Comentário do uso do Antigo Testamento no Novo Testamento*. São Paulo: Vida Nova, 2014.

BERGER, K. *Psicologia histórica do Novo Testamento*. São Paulo: Paulus, 2011.

BERGER, K. *Formas literárias do Novo Testamento*. São Paulo: Loyola, 1998.

BEST, T. F., The Transfiguration: a select bibliography. *Journal of the Evangelical Theological Society*, Wheaton, IL, Evangelical Theological Society, v. 24, n. 2, p. 157-161, June 1981.

BÍBLIA. *Bíblia de Jerusalém*. São Paulo: Paulus, 2002.

BÍBLIA. *Bíblia do Peregrino*. 2. ed. São Paulo: Paulus, 2006.

BINET-SANGLE, C. *La folie de Jésus*. Paris: A. Maloine, 1915.

BLASS, F.; DEBRUNNER, A. *A Greek Grammar of the New Testament*. Chicago: University of Chicago Press, 1962.

BLINZLER, J. *Die Neutestamentlichen Berichte über die Verklärung Jesu*. Münster: Aschendorff, 1937.

BLOWERS, P. M. *Maximus the Confessor*: Jesus Christ and the Transfiguration of the World. Oxford: Oxford University Press, 2016.

BOCCACCINI, G. *Além da hipótese essênia*. São Paulo: Paulus, 2010.

BOCK, D. L. *Luke: 1:1-9:50*. Grand Rapids, MI: Baker Academic, 1994.

BOCK, D. L. *Proclamation from Prophecy and Pattern*. Sheffield: Sheffield Academic Press, 1997.

BOCK, D.; KOSTENBERGER, A. J. *A Theology of Luke and Acts*. Grand Rapids: Zondervan Academic, 2012.

BOISMARD, M.-E. In: BENOIT, P. E.; LAMOUILLE, A. (eds). *Synopse des quatre Évangiles en français*. 3 vols. Paris: Cerf, 1965-1977.

BOISMARD, M.-E. Le realisme des recits evangeliques. *Lumière et vie*, n. 109, p. 31-41, 1972.

BONNEAU, G. *Profetismo e instituição no cristianismo primitivo*. São Paulo: Paulinas, 2003.

BOTTINI, G. C. *La Preghiera Di Elia in Giacomo 5,17-18*. Jerusalém: Franciscan Printing Press, 1981.

BOUSSET, W. *Kyrios Christos*: A History of the Belief in Christ from the Beginnings of Christianity to Irenaeus. Nashville: Abingdon, 1970.

BOVON, F. *Luke*: the theologian. 2. ed. Waco: Baylor University Press, 2006.

BOVON, F.; KOESTER, H. *Luke 1*: a Commentary on the Gospel of Luke 1:1-9:50. Minneapolis, MN: Fortress Press, 2002.

BRENK, F. Greek Epiphanies and Paul on the Road to Damascus. In: BIANCHI, U. *The Notion of Religion in Comparative Research*. Roma: L'Erma di Bretschneider, 1994, p. 411-424.

BROMILEY, G. V. (ed.). *Zwingli and Bullinger*. Library of Christian Classics. Book 24. Westminster: John Knox Press, 1953.

BROMILEY, G. W. *The Internacional Standard Bible Encyclopedia*. V. 4. Grand Rapids: Eerdmans, 1995.

BROWN, R. E. *O nascimento do Messias*. São Paulo: Paulinas, 2005.

BROWN, R. E. *An Introduction to New Testament Christology*. Nova York/Mahwah: Paulist Press, 1994.

BROWN, R. E.; FITZMYER, J.; MURPHY, R. E. *Comentário Bíblico São Jerônimo*: Antigo Testamento. São Paulo: Academia Cristã/Paulus, 2007.

BUCKWALTER, H. D. *The Character and Purpose of Luke's Christology*. Society for New Testament Studies. Monograph Series. Cambridge: Cambridge University Press 1996.

BULTMANN, R. *Demitologização*. Coletâneas de Ensaios. São Leopoldo: Sinodal, 1999.

BULTMANN, R. *Historia de la Tradición Sinóptica*. Salamanca: Sígueme, 2000.

BUTTCAZ, S. D. *L'identité de L'église dans les Actes des Apôtres*. Berlim/New York: De Gruyter, 2010.

CAIRD, G. B. The Transfiguration. *The Expository Times*, v. 67, p. 291, 1955-1956.

CALVIN, J. *Commentary on a Harmony of the Evangelists, Matthew, Mark, and Luke.* Volume 3. Tradução: A. W. Morrison. Grand Rapids, MI: WM. B. Eerdmans Publishing Company, 1995.

CAMACHO, F.; MATEOS, F. *O Evangelho de Mateus*. São Paulo: Paulinas, 1993.

CANTY, A. M. *Light & Glory*: the transfiguration of Christ in Early Franciscan and Dominican Theology. Washington, D.C.: Catholic University of America Press, 2011.

CAREY, G. *Ultimate things*: An introduction to Jewish and Christian apocalyptic literature. St. Loius, MO: Chalice Press, 2005.

CARR, A. *The Gospel according to St. Luke*: Notes on the Greek Testament. Londres: Oxford; Cambridge: Rivingtons, 1875.

CARREZ, M. *La Segunda Carta a los Coríntios*. Navarra: Verbo Divino, 1986.

CARTER, W. *Mateo y los Margenes*. Estella: Verbo Divino, 2007.

CASEY, M. *From Jewish Prophet to Gentile God*: The Origins and Development of New Testament Christology. Louisville, KY: Westminster/John Knox, 1991.

CHAMBERAS, P. A. The Transfiguration of Christ: A Study in the Patristic Exegesis of Scripture. *St Vladimir's Theological Quarterly*, New York, SVOTS, v. 14, n. 1-2, p. 48-65, 1970.

CHARLESWORTH, J. H. (ed.). *The Apocrypha and Pseudepigrapha of the Old Testament*. Oxford: Clarendon Press, 1913, v. 1.

CHILDS, B. S. *Biblical Theology in Crisis*. Filadélfia: Westminster Press, 1970.

CHILTON, B. The Transfiguration: Dominical Assurance and Apostolic Vision. *New Testament Studies*, v. 27, n. 1, October 1980, p. 115-124.

CICERUS, M. T. *De senectute, De amicitia, De divitatione*. Vol. 7. Loeb Classical Library. Nova York: Putnam, 1923.

COLLINS, J. J. *A imaginação apocalíptica*. São Paulo: Paulus, 2010.

COLLINS, J. J. *Beyond the Qumran Community*: The Sectarian Movement of the Dead Sea Scrolls. Grand Rapids: Eerdmans, 2010.

COLLINS, J. J. Powers in Heaven: God, Gods, and Angels in the Dead Sea Scrolls. In: KUGLER, R. A. *Religion in the Dead Sea Scrolls and Related Literature*. Grand Rapids: Eerdmans, 2000, p. 9-28.

CONZELMANN, H. *An Outline of the Theology of the New Testament*. Nova York: Harper & Row, 1969.

CONZELMANN, H. *Die Mitte der Zeit, Studie zur Theologie des Lukas*. Tübingen: TCB Mohr, 1953.

CONZELMANN, H. *El Centro del Tiempo*. La Teología de Lucas. Madri: Ediciones Fax, 1974.

CONZELMANN, H. *Theology of St. Luke*. Londres: Faber & Faber, 1961.

CRADDOCK, F. B. *Luke*. Louisville, KY: John Knox Press, 1990.

CRANFIELD, C. E. B. *The Gospel According to St. Mark*. Cambridge Greek Testament Commentary. Cambridge: University Press, 1966.

CROATTO, J. S. Jesus, Prophet Like Elijah, and Prophet-Teacher Like Moses in Luke-Acts. *Journal of Biblical Literature*, v. 124, n. 3, p. 451-465, 2005.

CRUMP, D. *Jesus the Intercessor*. Player and Christology in Luke-Acts. Tübingen: Mohr-Siebeck, 1992.

CULLMANN, O. *Cristologia do Novo Testamento*. São Paulo: Hagnos, 2008.

DIMANT, D.; RAPPAPORT, U. *The Dead Sea Scrolls*: Forty Years of Research. Leiden: E. J. Brill, 1992.

DA SILVA, C. M. D. *Metodologia de exegese bíblica*. São Paulo: Paulinas, 2000.

DABROWSKI, E. *La Transfiguration de Jésus*. Edition Française Augmentée. Roma: Institut Biblique Pontifical, 1939.

DALEY, B. E. *Light on the Mountain*: Greek Patristic and Byzantine Homilies on The Transfiguration of The Lord. Nova York: St. Vladimir's Seminary Press, 2013.

DANKER, F. W. *Jesus and the New Age*. A Commentary of St. Luke's Gospel. 2. ed. Filadélfia: Fortress, 1988.

DAVIES, J. G. The Prefiguration of the Ascension in the Third Gospel. *The Journal of Theological Studies*, v. VI, n. 2, p. 229-233, October 1955.

DAVIES, W. D.; ALLISON, D. C. *The Gospel According to Saint Matthew*. V. 3. Edimburgo: T & T Clark, 1988-1997.

DAVILA, J. R. *Liturgical Works*: Eerdman's Commentaries on the Dead Sea Scrolls. Michigan: Eerdmans Publishing, 2000.

DAVILA, J. R. Heavenly Ascents in the Dead Sea Scrolls. In: FLINT, P. W.; VANDERKAM, J. C. (eds.). *The Dead Sea Scrolls after Fifty Years*: A Comprehensive Assessment. Vol. 1. Leiden: Brill, 1999.

DAVIS, P. G. Divine Agents, Mediators and New Testament Christology. *Journal of Theological Studies*, n. 45, 1994, p. 479-503.

DAWSEY, J. M. *The Lukan Voice*: Confusion and Irony in the Gospel of Luke. Macon, GA: Mercer University Press, 1986.

DE URBINA, J. M. P. S. *Diccionario Manual Griego*. Espanha: Vox, 2014.

DECONICK, A. (ed.). *Paradise Now*. Essays on Early Jewish and Christian Mysticism. Atlanta: Society Biblical Literature, 2006.

DEUTSCH, N. *Guardians of the Gate*. Leiden: Brill, 1999.

DIBELIUS, M. *La Historia de las Formas Evangélicas*. Valência: Edicep, 1984.

DIETRICH, B. From Knossos to Homer. In: LLOYD, A. B. *What is a God*: Studies in the Nature of Greek Divinity. Londres: Duckworth, 1997, p. 1-14.

DIETRICH, B. Divine Epiphanies in Homer. *Numen*, vol. 30, Fasc. 1, p. 53-79, July, 1983.

DIETRICH, W. *Das Petrusbild der lukanischen Schriften*. Stuttgart: BWANT, 1972.

DINKLER, M. B. *Silent Statements*. Narrative Representations of Speech and Silence in the Gospel of Luke. Berlim/Boston: De Gruyter, 2013.

DIO CHRYSOSTOM. *The Complete Works of Dio Chrysostom*. Delphi Classics, 2017.

DIODORUS, S. *Bibliotheca Historica*. 12 vols. Loeb Classical Library. Cambridge: Harvard University Press, 1963-1980.

DOBLE, P. *The Paradox of Salvation*. Luke's theology of the cross. Cambridge: Cambridge University Press, 1996.

DONALDSON, T. L. *Jesus on the Mountain*: A Study of Matthean Theology. Sheffield: JSOT Press, 1985.

DUPONT, J. *Jesus aux Origines de la Christologie*. Gembloux: Leuven University, 1975.

EASTON, B. S. *The Gospel According to St. Luke*. A Critical and Exegetical Commentary. Edinburgo: Clark, 1926.

EHRMAN, B. *Como Jesus se tornou Deus*. São Paulo: LeYa, 2014.

ELIADE, M. *Tratado de história das eeligiões*. 5. ed. São Paulo: WMF Martins Fontes, 2016.

ELLIOTT, J. K. "The Use of ἕτερος in the NT". In: ELLIOTT, J. (ed.). *Essays and Studies in New Testament Textual Criticism*. Londres: Bloomsbury Academic. Retrieved June 9, 2019.

ELLIS, E. E. La Composition de Luc 9 et les sources de sa christologie. In: DUPONT, J. *Jésus aux origenes de la Christologie*. Leuven: Bibliotheca ephemeridum theologicarum lovaniensium 40, 1989, p. 193-200.

ELLIS, E. E. *The Gospel of Luke*. 2. ed. Grand Rapids: Eerdmans, 1981.

ESKOLA, T. *Messiah and the Throne*. Jewish Merkabah Mysticism and Early Christian Exaltation Discourse. Tübingen: Mohr Siebeck. 2001.

EUSEBIUS CAESARIENSIS. In: MIGNE, J. P. *Patrologia*, Series Grega. Tomus XIX. Paris: Petit-Montrouge, 1860, p. 530-604.

EVANS, C. F. *The Saint Luke*. Filadélfia: Trinity, 1990.

FABRIS, R. *Matteo*. Itália: Borla, 1982.

FABRIS, R.; MAGGIONI, B. *Os evangelhos II*. Lucas e João. 4. ed. São Paulo: Loyola, 2010.

FARRAR, F. W. *The Gospel according to St Luke*. Cambridge: Cambridge University Press, 1881.

FEUILLET, A. L'exode de Jésus et le déroulement du mystere rédempteur d'pres S. Luc et S. Jean. *Revue Thomiste*, v. 77, p. 181-206, 1977.

FEUILLET, P. S. S. Les Perspectives Propres à Chaque Évangéliste dans les Recits de la Transfiguration. *Biblica*, vol. 39, n. 3, 1958, p. 281-301.

FISHWICK, D. *The Imperial Cult in the Latin West*. Vol. 1. Leiden: Brill, 1987-1992.

FITZMYER, J. A. *El Evangelio Segun Lucas II*. Traducción y Comentario Capítulos 1–8,21. Madri: Cristiandad, 1982.

FITZMYER, J. A. *El Evangelio Segun Lucas III*. Traducción y Comentario Capítulos 8,22–18,14. Madri: Cristiandad, 1987.

FITZMYER, J. A. *El Evangelio Segun Lucas IV*. Traducción y Comentario Capítulos 18,15–24,53. Madri: Cristiandad, 2005.

FITZMYER, J. A. *The Gospel According to Luke I-IV*: Introduction, Translation, and Notes. Garden City, NY: Doubleday, 1981.

FITZMYER, J. *A Wandering Aramean*: Collected Aramaic Essays. Society of Biblical Literature. Missoula, MT: Scholars Press, 1979.

FLANKLIN, E. *Christ the Lord*. A Study in the Purpose and Theology of Luke-Acts. Londres: SPCK, 1975.

FLETCHER-LOUIS, C. H. T. 4Q374: A Discourse on the Sinai Tradition. The Deification of Moses and Early Christology. In: *Dead Sea Discoveries*. Leiden: Brill, 1996, p. 236-252.

FLETCHER-LOUIS, C. H. T. *All the Glory of Adam*. Liturgical Anthropology in the Dead Sea Scrolls. Leiden/Boston/Köln: Brill, 2002.

FLETCHER-LOUIS, C. H. T. *Luke-Acts*: Angels, Christology, and Soteriology. Tübingen: Mohr-Siebeck. 1997.

FLETCHER-LOUIS, C. H. T. *Jesus Monotheism*. V. 1. Christological Origins: The Emerging Consensus and Beyond. Eugene, OR: Cascade Books, 2015.

FLICHY, O. *La Obra de Lucas*. Estella: Editorial Verbo Divino, 2003.

FLORENTINO, G. M.; BARRERA, J. T. *Os homens de Qumran*. Literatura, estrutura e concepções religiosas. Petrópolis: Vozes, 1996.

FOCANT, C. *L'évangile selon Marc*. CBNT 2. Paris: Cerf, 2004.

FORBES, C. *Prophecy and Inspired Speech in Early Christianity and its Hellenistic Environment*. Peabody, MA.: Hendrickson, 1997.

FORBES, G. W. *The God of Old: The Role of the Lukan Parables in the Purpose of Luke's Gospel*. Nova York, United Kingdom: Sheffield Academic Press, 2000.

FOSSUM, J. E. *The Image of the Invisible God*. Essays on the influence of Jewish mysticism on early Christology. Universitätsverlag Freiburg Schweiz and Göttingen: Vandenhoeck & Ruprecht, 1995.

FOSSUM, J. E., δόξα. In: TOORN, K.; BECKING, B.; HORST, P. W. *Dictionary of Deities and Demons in the Bible*. Leiden/Boston/Koln: Brill Academic Pub, 1995.

FOSTER, P. Polymorphic christology: Its origins and development in early christianity. *Journal of Theological Studies*, vol. 58, n. 1, January, 2007, p. 66-99.

FREDRIKSEN, P. Mandatory Retirement: Ideas in the Study of Christian Origins Whose Time Has Come to Go. *Studies in Religion/Sciences Religieuses*, June 1, 2006, p. 231-246.

FREYNE, S. *A Galileia, Jesus e os evangelhos* – Enfoques literários e investigações históricas. São Paulo: Loyola, 1996.

FULLER, R. H. *The Foundations of New Testament Christology*. Nova York: Scribner, 1965.

GARLAND, D. E. *Luke*. Zondervan Exegetical Commentary on the New Testament. Grand Rapids, MI: Zondervan Academic, 2011.

GARRETT, S. R. Exodus from Bondage: Luke 9:31 and Acts 12:1-24. *The Catholic Biblical Quarterly*, Washington, Catholic Biblical Association, v. 52, n. 4, p. 656-680, 1990.

GARRETT, S. R. *No Ordinary Angel* – Celestial spirits and Christian claims about Jesus. New Haven/Londres: Yale University Press, 2008.

GAUSE, R. H. *The Lukan Transfiguration Account*: Luke's Pre-Crucifixion Presentation of the Exalted Lord in the Glory of the Kingdom of God. Atlanta: Emory University, 1975.

GIESCHEN, C. A. *Angelomorphic Christology*: antecedents and early evidence. Leiden/Nova York/Kiln: Brill, 1998.

GILS, F. *Jesus prophete d'apres les evangiles synoptiques*. Louvain: Universite de Louvain, 1957.

GNILKA, J. *El Evangelio Segun San Marcos*. V. 2. Salamanca: Sigueme, 2001.

GNILKA, J. *Teología del Nuevo Testamento*. Madri: Editorial Trotta, 1998.

GODET, F. L. *A Commentary on the Gospel of St. Luke*. Vol 1. Nova York: Nabu Press, 2010.

GOGUEL, M. Notes d'histoire évangélique II. Esquisse d'une interprétation du récit de la Transfiguration. *Revue de l'histoire des Religions*, n. 81, p. 145-157, 1920.

GONZAGA, W. A Sagrada Escritura, a alma da sagrada teologia. In: MAZZAROLO, I.; FERNANDES, L. A.; LIMA, M. L. C. *Exegese, teologia e pastoral*: relações, tensões e desafios. Santo André: Academia Cristã; Rio de Janeiro: PUC-Rio, 2015, p. 201-235.

GONZAGA, W. *Compêndio do Cânon bíblico*. Listas bilíngues dos catálogos bíblicos: Antigo Testamento, Novo Testamento e Apócrifos. Petrópolis: Vozes; Rio de Janeiro: Editora PUC, 2019.

GRADEL, I. *Emperor Worship and Roman Religion*. Oxford: Oxford University Press, 2004.

GREEN, J. B. *The Gospel of Luke*. Grand Rapids, MI: Wm. B. Eerdmans Publishing Co., 1997.

GREGORY, H. *Ovid: The Metamorphoses*. Nova York: The Viking Press, 1958.

GRINDHEIM, S. *Christology in the Synoptic Gospels*. Londres: T&T Clark, 2012.

GRUNDMANN, W. *Das Evangelium nach Lukas*. THKNT 3. Berlin: Evangelische Verlagsanstalt, 1974.

GUNDRY, R. H. *The Use of the Old Testament in St. Matthew*. Leiden: Brill, 1975.

GUNNEWEG, A. H. J. *Teologia bíblica do Antigo Testamento*. São Paulo: Teológica/Loyola, 2005.

HABEL, N. The Form and Significance of the Call Narratives. *ZAW*, v. 77, p. 297-323, 1965.

HAFEMANN, S. J. The Glory and Veil of Moses in 2Cor 3:7-14: An Example of Paul's Contextual Exegesis of the OT – A Proposal. *HBT*, v. 14, p. 31-49, 1992.

HAHN, F. *Christologische Hoheitstitel*. Göttingen, 1963.

HANNAH, D. D. *Michael and Christ* – Michael Traditions and Angel Christology in Early Christianity. Tübingen: Mohr Siebeck, 1999.

HARVEY, A. E. *Jesus and the Constraints of History*. Inglaterra: Westminster John Knox, 1982.

HASEL, G. *Teologia do Antigo e Novo Testamento* – Questões básicas no debate atual. São Paulo: Academia Cristã, 2015.

HEATH, J. M. F. *Paul's Visual Piety*: The Metamorphosis of the Beholder. Oxford: Oxford University Press, 2013.

HEIL, J. P. *The Transfiguration of Jesus*: Narrative Meaning and Function of Mark 9:2-8, Matt 17:1-8 and Luke 9:28-36. Roma: Biblical Institute Press, 2000.

HENDRIKSEN, W. *Lucas*. Vol. 1. 2. ed. São Paulo: Cultura Cristã, 2014.

HENGEL, M. *Judaism and Hellenism* – Studies in Their Encounter in Palestine during the Early Hellenistic Period. Vol. 2. Filadélfia, PA: Fortress, 1974.

HESIOD. *The Homeric Hymns and Homerica*. The Loeb Classical Library. Cambridge, Londres: Harvard University Press/Heinemann, 1982.

HIMMELBARB, M. From Prophecy to Apocalypse: The Book of the Watchers and Tours of Heaven. In: GREEN, A. (ed.). *Jewish Spirituality*: From the Bible through the Middle Ages. Nova York: Crossroad Publishing, 1986.

HIMMELFARB, M. *Ascent to Heaven in Jewish and Christian Apocalypses*. Oxford: Oxford University Press, 1993.

HÖLLER, J. *Die Verklärung Jesu*: Eine Auslegung der neutestamentlichen Berichte. Freiburg: Herder, 1937.

HOMER. *The Iliad*. 2 vols. Loeb Classical Library. Cambridge: Harvard University Press, 1946.

HOMER. *The Odyssey*. 2 vols. Loeb Classical Library. Nova York: Heinemann, 1919.

HOOKE, S. H. *The Resurrection of Christ as History and Experience*. Londres: Darton, Longman and Todd, 1967.

HUG, J. *La finale de l'Évangile de Marc [Mc 16,9-20]*. Paris: Gabalda, 1978.

HULTGREN, A. J. *Christ and His Benefits*: Christologyand Redemption in the New Testament. Filadélfia: Fortress, 1987.

HUR, J. *Dynamic Reading of the Holy Spirit in Luke-Acts*. Sheffield: SAP, 2001.

HURTADO, L. W. *Senhor Jesus Cristo* – Devoção a Jesus no cristianismo primitivo. Santo André: Academia Cristã/Paulus, 2012.

ILLANES, J. S.; SARANYANA, J. I. *Historia de la Teología*. Madri: Biblioteca de Autores Cristianos, 1995.

IRINEU DE LIÃO. *Contra as heresias*. 6. ed. Coleção Patrística – Volume 4. São Paulo: Paulus, 2016.

JAMIESON, R.; FAUSSET, A. R.; BROWN, D. *Commentary Critical and Explanatory on the Whole Bible*. Oak Harbor, WA: Logos Research Systems, 1997.

JEREMIAS, J. *Teologia do Novo Testamento*. Nova edição revisada e atualizada. São Paulo: Hagnos, 2003.

JERVELL, J. *Luke and the People of God*: a New Look at Luke-Acts. Mineápolis: Augsburg, 1972.

JOHNSON, A. P. The Tenth Book of Eusebius. General Elementary Introduction: A Critique of the Wallace-Hadrill Thesis. *Journal of Theological Studies*, v. 62, p. 144-60, 2011.

JOHNSON, A. P.; SCHOTT, J. (eds.). *Eusebius of Caesarea*: Tradition and Innovations. Hellenic Studies Series 60. Washington, DC: Center for Hellenic Studies, 2013.

JOHNSON, L. T. *The Gospel of Luke*. Collegeville, MI: The Liturgical Press, 1991.

JOHNSON, L. T. *The Literary Function of Possessions in Luke–Acts*. Society of Biblical Literature Dissertation 39. Missoula: Scholars Press, 1977.

JONES, J. S. *The Transfiguration in Luke 9.28-36*. Tennessee: Gordon-Conwell Theological Seminary, 2015.

JOSEFO, F. *História dos hebreus*. 8. ed. Rio de Janeiro: CPAD, 2004.

JOSEFO, F. *Antigüedades Judías* – Libros I-XI. Madri: Espanha: Ediciones Akal, 1997.

JOSEPHUS. *Jewish Antiquities IV*. The Loeb Classical Library. Cambridge, MA: Harvard University Press, 1978.

JUST JR, A. A. *Table fellowship and the eschatological kingdom in the Emmaus narrative of Luke 24*. Durham theses, Durham University, 1989.

KAISER, C. B. *Seeing The Lord's Glory* – Kyriocentric Visions and the Dilemma of Early Christology. Mineápolis: Fortress Press, 2014.

KINGSBURY, J. D. Jesus as the "Prophetic Messiah" in Luke's Gospel. In: MALHERBE, J.; MEEKS, W. A. *The Future of Christology*: Essays in Honor of Leander E. Keck. Filadélfia: Fortress, 1993, p. 29-42.

KIRK, J. R. D. *A Man Attested by God*: The human Jesus of the synoptic gospels. Grand Rapids, MI: Eerdmans, 2016.

KITTEL, G.; BROMILEY, G. W.; FRIEDRICH, G. (orgs.). *The Theological Dictionary of the New Testament* (TDNT). 10 vols. Grand Rapids, MI: Eerdmans, 1964.

KLAUS, H.-J. *Los Salmos (1-59)*. 2. ed. Salamanca: Sígueme, 2009.

KOESTER, H. *Introduccion al Nuevo Testamento*. Salamanca: Sígueme, 1988.

KÜMMEL, W. G. *Síntese teológica do Novo Testamento*. São Paulo: Teológica, 2003.

LAMPE, G. W. H. Lucan Portrait of Christ. *New Testament Studies*, v. 2, p. 160-175, 1955-1956.

LEANEY, A. R. C. *The Gospel According to St. Luke*. 2. ed. BNTC. Londres: Black, 1966.

LEE, D. *Luke's Stories of Jesus* – Theological Reading of Gospel Narrative and the Legacy of Hans Frei. Sheffield: Sheffield Academic Press, 1999.

LEE, S. S. *Jesus' Transfiguration and the Believers' Transformation*: A Study of the Transfiguration and Its Development in Early Christian Writings. Cambridge, MA: Harvard University, 2008.

LENSKI, R. C. H. *The Interpretation of St. Luke's Gospel*. Mineápolis, MN: Augsburg Publishing House, 1961.

LÉON-DUFOUR, X. *The Gospels and the Jesus of History*. Nova York: Desclee Company, 1970.

LIEFIELD, W. L. Transfiguration. In: GREEN, J. B.; MCKNIGHT, S.; MARSHALL, I. H. *Dictionary of the Jesus and the Gospels*. Downers Grove: InterVarsity Press, 1992.

LIERMAN, J. *The New Testament Moses*. Tübingen: Mohr Siebeck, 2004.

LIMA, C. J. S. *Hino homérico a Afrodite*. Estudo introdutório, tradução do grego e notas. Portugal, Universidade de Aveiro: Departamento de Línguas e Culturas, 2005.

LIMA, M. L. C. Fundamentalismo: Escritura e teologia entre fé e razão. In: *Atualidade Teológica*, v. 33, p. 332-359, 2009.

LIMA, M. L. C. *Exegese bíblica*: Teoria e prática. São Paulo: Paulinas, 2014.

LIVY, T. *History of Rome*. 14 vols. Loeb Classical Library. Cambridge: Harvard University Press, 1919-1959.

LOCKMANN, P. T. O. *O interlucano* – A narrativa da viagem a Jerusalém em Lc 9,51 a 19,48. Tese (Doutorado em Teologia). Rio de Janeiro: Pontifícia Universidade Católica do Rio de Janeiro, 2009.

LOHMEYER, E. *Das Evangelium des Markus*. MeyerK 2. Göttingen: Vandenhoeck & Ruprecht, 1938.

LOISY, A. La Transfiguration. *Revue d'histoire et Littérature Religieuses*, v. 12, p. 464-482, September-December, 1907.

LONGENECKER, R. *The Christology of Early Jewish Christianity*. Vancouver, British Columbia, Canadá: Regent College Publishing Place, 1970.

LOUW, J.; NIDA, E. *Léxico grego-português do Novo Testamento*. Barueri: Sociedade Bíblica do Brasil, 2013.

LUCAN. *Lucan*: The Civil War. Loeb Classical Library. Cambridge: Harvard University Press, 1943.

LUTERO, M. *Martinho Lutero*: Obras Selecionadas. Tradução de Paulo F. Flor e Luís H. Dreher. Volume 4. Rio Grande do Sul: Sinodal, 1993.

LUTERO, M. *Martinho Lutero: Obras selecionadas*. Tradução de Paulo F. Flor e Luís H. Dreher. Volume 7. Rio Grande do Sul: Sinodal, 1999.

LUTHER, M. *Sermons Of Martin Luther Vol. 1*. Sermons On Gospel Texts For Advent, Christmas & Epiphany. Albany: Books For The Ages, 1997.

LUTHER, M. *Sermons Of Martin Luther Vol. 2*. Sermons On Gospel Texts For Epiphany, Lent & Easter. Albany: Books For The Ages, 1997.

LUZ, U. *El Evangelio según San Mateo II*. Biblioteca de Estúdios Bíblicos 74. Salamanca: Sígueme: 1993.

MACHO, A. D. (ed.). *Apócrifos del Antiguo Testamento*. 2. ed. Madri: Cristandad, 2002, v. 1-4.

MCNAMARA, M.; MAHER, M. *Targums Neofiti 1 and Pseudo-Jonathan*: Exodus. Wilmington, DE: Michael Glazier Books, 1994.

MAINVILLE, O. *L'Esprit dans L'oeuvre de Luc*. Montreal: Fides, 1991.

MANÉK, J. The New Exodus of the Books of Luke. *Novum Testamentum*, v. 2, n. 1, p. 8-23, 1957.

MANSON, W. *The Gospel of Luke*. Nova York: Harper, 1930.

MARFORI Y CUELLO, E. La teología de la transfiguración en los Padres Latinos. *Excerpta*, v. 56, p. 77-156, 2010.

MARGUERAT, D. *Novo Testamento*: história, escritura e teologia. São Paulo: Loyola, 2009.

MARSHALL, I. H. *Commentary on Luke*. New International Greek Testament Commentary 3. Grand Rapids: Eerdmans, 1978.

MARSHALL, I. H. *Luke*: Historian and Theologian. Downers Grove: InterVarsity, 1988.

MARSHALL, I. H. *Teologia do Novo Testamento*. São Paulo: Vida Nova, 2007.

MARSHALL, I. H. *The Gospel of Luke*: a commentary on the Greek text. Exeter: Paternoster Press, 1978.

MARTIN, T. W. What Makes Glory Glorious? Reading Lukes Account of the Transfiguration Over Against Triumphalism. *Journal for the Study of the New Testament*, Sheffield, University of Sheffield, v. 29, n. 1, p. 3-26, 2006.

MAUSER, U. *Christ the Wilderness*. Londres: SCM, 1963.

MAZZAROLO, I. *Evangelho de São Mateus*. Rio de Janeiro: Mazzarolo, 2005.

MCCONNELL, J. R. *The Topos of Divine Testimony in Luke-Acts*. Eugene, OR: Pickwick Publications, 2014.

MCCURLEY, F. R. And After Six Days (Mk 9:2): A Semitic Literary Device. *Journal of Biblical Literature*, Atlanta, v. 93, p. 67-81, March 1974.

MCGRATH, A. E. *Teologia histórica*. São Paulo: Cultura Cristã, 2007.

MCGUCKIN, J. A. *The Transfiguration of Christ in Scripture and Tradition*. Lewiston. NY: Mellen, 1986.

MEEKS, W. *The Prophet-King*: Moses Traditions and the Johannine Christology. Leiden: Brill, 1967.

MENZIES, A. (ed.). *The Anti-nicene Fathers*: translations of the writings of the Fathers down to A. D. 325. Buffalo: The Christian literature Publishing Company, 1885-1896, p. 412-512.

METZGER, B. M. *A Textual Commentary on the Greek New Testament*. Nova York: United Bible Societies, 1971.

MEYENDORFF, J. Palamas, Saint Gregory. In: *The Triads*. New Jersey: Paulist Press, 1983.

MEYER, E. *Ursprung und Anfinge des Christentums*. Stuttgart/Berlim: Cottaʼche, 1921.

MILLER, D. *Luke's Conception of Prophets Considered in the Context of Second Temple Literature*. Doctor of Philosophy. Ontario: McMaster University, 2004.

MILLER, D. M. Seeing the Glory, Hearing the Son: The Function of the Wilderness Theophany Narratives in Luke 9:28-36. *The Catholic Biblical Quarterly*, Washington, Catholic Biblical Association, v. 72, n. 2, p. 498-517, 2010.

MILLER, R. J. Historicizing the Trans-historical: The Transfiguration Narrative. Mark 9.2-8 / Matt 17.1-8 / Luke 9.28-36. *Forum* – A Journal of the Foundations and Facets of Western Culture, Foundations & Facets, v. 10, n. 3/4, p. 219-248, September/December 1994.

MILLER, R. J. Source Criticism and the Limits of Certainty. The Lukan Transfiguration Story as a Test Case. *Ephemerides Theollogicae Lovanienses*, v. 74, n. 1, p. 127-144, April 1998.

MOESSNER, D. P. Jesus and the Wilderness Generation: The Death of the Prophet Like Moses According to Luke". *SBL Seminar Papers*. Ed. K. H. Richards. Chico, CA: Scholars, p. 319-340, 1982.

MOESSNER, D. P. *Lord of the Banquet* – The Literary and Theological Significance of the Lukan Travel Narrative. Mineápolis: Fortress Press, 1989.

MOESSNER, D. P. Luke 9.1-50: Luke's Preview of the Journey of the Prophet Like Moses of Deuteronomy. *Journal of Biblical Literature*, v. 102, n. 4, p. 575- 605, 1983.

MOESSNER, D. P. *Luke the Historian of Israel's Legacy, Theologian of Israel's 'Christ'*. Boston: De Gruyter, 2016.

MOESSNER, D. P. The Christ Must Suffer: New Light on the Jesus – Peter, Stephen, Paul Parallels in Luke Acts. In: ORTON, D. E. *The Composition of Luke's Gospel*. Leiden: E. J. Brill, 1999.

MOISER, J. Moses and Elijah. *The Expository Times*, v. 96, n. 7, p. 216-217, april 1985.

MOSES, A. D. A., *Matthew's Transfiguration Story and Jewish-Christian Controversy*. Inglaterra: Sheffield Academic Press, 1996.

MOULTON, J. H.; TURNER, N. *A Grammar of The New Testament*. Volume 4: Style. Edinburg: T&T Clark, 1976.

MOWINCKEL, S. *The Psalms in Israel's Worship*. 2 vols. Abingdon, 1962.

MÜLLER, H.-P. Die Verklärung Jesu: Eine motivgeschichtliche Studie. *ZNW*, v. 51, p. 56-64, 1960.

MURPHY O'CONNOR, J. What Really Happened at the Transfiguration? *Bible Review*, v. 3, p. 8-21, 1987.

MYERS, C. *O Evangelho de São Marcos*. São Paulo: Paulus, 1992.

NARDONI, E. *La transfiguración de Jesús y el diálogo sobre Elías según el Evangelio de Marcos*. Buenos Aires: Universidad Católica Argentina, Editora Patria Grande, 1977.

NASRALLAH, L. *An Ecstasy of Folly*: Prophecy and Authority in Early Christianity. Harvard Theological Studies no. 52. Cambridge, MA: Harvard University Press, 2003

NEIRYNCK, F. Minor Agreements Matthew-Luke in the Transfiguration Story. In: HOFFMANN, P. *Orientierung an Jesus* – Zur Theology der Synoptiker. Freiburg: Herder, 1973.

NEWSOM, C. A. 4Q374: A Discourse on the Exodus/Conquest Tradition. In: NEWSON, C. *Songs of the Sabbath Sacrifice*: A Critical Edition. Atlanta, GA.: Scholars Press, 1985.

NICKELSBURG, G. W. E. *Literatura judaica, entre a Bíblia e a Mixná*. São Paulo: Paulus, 2011.

NOCK, A. D. Notes on Ruler Cult I-IV. *Journal of Hellenic Studies*, v. 48, n.1, 1928, p. 21-43.

NOGUEIRA, P. A. S. *Experiência religiosa e crítica social no cristianismo primitivo*. São Paulo: Paulinas, 2003.

NOGUEIRA, P. A. S.; FUNARI, P. P. A. *Identidades fluidas no judaísmo antigo e no cristianismo primitivo*. São Paulo: Annablume/Fapesp, 2010.

NOLLAND, J. *Luke 1:1 – 9:20*. Dallas: Word, Incorporated, 2002.

NOLLAND, J. *Luke 9:21 – 18:34*. Dallas: Word, Incorporated, 1998.

NOLLAND, J. *Luke 18:35 – 24:53*. Dallas: Word, Incorporated, 1998.

O'TOOLE, R. Luke's Message in Luke 9:1-50. *The Catholic Biblical Quarterly*, v. 49, p. 74-89, 1987.

OKTABA, P. *Transfiguration de Jésus – Purification des disciples. Marc 8,27–9,13 à la lumière d'Ex 32-34 et de Ml 3 "Il purifiera les fils de Lévi... (Ml 3,3)*. Thèse de doctorat, Université de Fribourg, Faculté de Théologie, 2008.

OMANSON, R. L. *Variantes textuais do Novo Testamento*. São Paulo: Sociedade Bíblica do Brasil, 2010.

ORIGEN, Origen's Commentary on the Gospel of Matthew. In: *The Anti-Nicene Fathers*, vol. X. Albany, OR: Sage Software, 1996.

ORLOV, A. A. Celestial Choirmaster: The Liturgical Role of Enoch-Metatron in 2 Enoch and the Merkabah Tradition. *Journal for the Study of the Pseudepigrapha*, v. 14, n. 1, January, 2004.

ORLOV, A. A. *The Enoch-Metatron Tradition* – Texts and Studies in Ancient Judaism. Tübingen: Mohr Siebeck 2005.

ORLOV, A. *The Glory of the Invisible God*. Londres: T&T Clark, 2019.

OTTO, R. *O sagrado* – Aspectos irracionais na noção do divino e sua relação com o racional. São Leopoldo: Sinodal, EST; Petrópolis: Vozes, 2007.

OVERMAN, J. A. *Igreja e comunidade em crise* – O Evangelho segundo Mateus. São Paulo: Paulinas, 1999.

OVID. *Metamorphoses*. 2 vols. Loeb Classical Library. Cambridge: Harvard University Press, 1950.

PALAMAS, G. Homily 35. In: DALEY, B. E. *Light on the Mountain*: Greek Patristic and Byzantine Homilies on the Transfiguration of the Lord. Yonkers, NY: St. Vladimir's Seminary Press, 2013.

PAULUS, H. E. G. *Exegetisches Handbuch Ober die drei ersten Evangelien*. 3 vols. Heidelberg: Winter, 1842.

PEPPARD, M. *The Son of God in the Roman World*. Oxford: Oxford University Press, 2012.

PERKINS, P. *Resurrection*: New Testament Witness and Contemporary Reflection. Garden City, NY: Doubleday, 1984.

PIRES, F. P. Mito, modernidade e querigma no pensamento de Rudolf Bultmann. *Theophilos*, Canoas, V. 3, n. 1/2, jan/dez, p. 51-74, 2013.

PLATÃO. *Diálogos*. Volume V. Fedro – Cartas, O Primeiro Alcibíades. Pará: Universidade Federal do Pará, 1975.

PLUMMER, A. *A critical and exegetical commentary on the Gospel according to S. Luke*. Londres: T&T Clark International, 1896.

PLUTARCH. *Moralia*. 15 vols. Loeb Classical Library. Cambridge: Harvard University Press, 1927-1928.

POIRIER, J. C. Jewish and Christian Tradition in the Transfiguration. *Review Bible*, v. 111, p. 516-530, 2004.

PONTÍFICIA COMISSÃO BÍBLICA. *A Interpretação da Bíblia na Igreja*. São Paulo: Paulinas, 2004.

PORTO, V. C. O culto imperial e as moedas do Império Romano. *Phoînix*, Rio de Janeiro, n. 24-1, p. 138-154, 2018.

RAMSEY, M. *The Glory of God and the Transfiguration of Christ*. Londres: Longman & Todd, 1967.

REID, B. *The Transfiguration*: An Study of Luke 9:28-36. Washington: The Catholic University of America, 1988.

REID, B. Voices and Angels: What Were They Talking About at the Transfiguration? A Redaction-critical Study of Luke 9:28-36. *Biblical Research*, v. 34, p. 19-31, 1989.

REID, T. *Essays on the Intellectual Powers of Man*. Edinburgh: Edinburgh University Press, 2002.

RENGSTORF, K. H. *Das Evangelium nach Lukas*. NTD 3. Göttingen: Vandenhoeck & Ruprecht, 1958.

RIESENFELD, H. *Jésus transfiguré*. L'arriere-plan du récit évangélique de la transfiguration de Notre-Seigneur. Copenhague: E. Munksgaard, 1947.

RIESNER, R. From The Messianic Teacher to the Gospels of Jesus Christ. In: HOLMÉN, T.; PORTER, S. E. *Handbook for the Study of the Historical Jesus I*: How to Study the Historical Jesus. Leiden: Brill, 2011, p. 405-446.

RINGE, S. Luke 9:28-36: The Beginning of an Exodus. *Semeia*, v. 28, Atlanta: Scholars Press, p. 83-99, 1983.

RIVERA, L. F. Interpretatio Transfigurations Jesu in redactione evangeli Marci. *Verbum Domini*, v. 46, p. 99-104, 1968.

RIVES, J. B. *Religion in the Roman Empire*. Blackwell Ancient Religions. Malden, MA: Blackwell, 2007.

ROBERTSON, A. T. *Comentário de Lucas à luz do Novo Testamento grego*. Rio de Janeiro: CPAD, 2013.

ROHRBAUGH, R. L. *The Pre-Industrial City in Luke-Acts*: Urban Social Relations. Peabody, MA: Hendrickson Publishers, 1991.

ROLDÁN, A. F. *Para que serve a Teologia?* 2. ed. Curitiba: Descoberta, 2004.

ROSIK, M. The Greek Motif of the Cyclic Journey in the Gospel of Luke? *Journal of Greco-Roman Christianity and Judaism* v. 5, p. 165-173, 2008.

ROST, L. *Introdução aos Livros Apócrifos e Pseudepígrafos do Antigo Testamento e aos Manuscritos de Qumran*. São Paulo: Paulinas, 1980.

ROWE, C. K. *Early Narrative Christology* – The Lord in the Gospel of Luke. Berlim/Nova York: Walter de Gruyter, 2006.

ROWLAND, C. *Open Heaven*: A Study of Apocalyptic in Judaism and Early Christiany. Londres: SPCK, 1982.

ROWLAND, C.; MORRAY-JONES, C. R. A. *The Mystery of God*. Early Jewish Mysticism and the New Testament. Compendia Rerum Iudaicarum ad Novum Testamentum 12. Leiden: Brill, 2009.

ROSA, C. B. Diuus Iulius: Cícero e a divinização de Júlio César (Philippica 2). *Calíope Presença Clássica*, ano XXX n. 26, p. 31-46, 2003.

RUSCONI, C. *Dicionário do Grego do Novo Testamento*. São Paulo: Paulus, 2003.

RUSSELL, D. S. *The method and message of Jewish apocalyptic*. Filadélfia: The Westminster Press, 1964.

SABBE, M. La Redaction du recit de la transfiguration. La venue du Messie. *RechBib*, v. 6. Bruges: Desclee, 1962, p. 65-100.

SABUGAL, S. *Abbá* – La Oración del Señor. 2. ed. Madri: Santos Caparros, 2009.

SANDERS, E. P. *Paul and Palestinian Judaism*. Filadélfia: Fortress Press, 1977.

SAVAGE, T. B. *Power Through Weakness*: Paul's Understanding of the Christian Ministry in 2 Corinthians, Society for New Testament Studies Monograph Series. Cambridge: Cambridge University Press, 1996.

SCHIAVO, L. *Anjos e Messias* – Messianismos judaicos e origem da cristologia. São Paulo: Paulinas, 2006.

SCHMIEDEL, P. W. Simon Peter. In: CHEYBE, T. K. *Encyclopedia Biblica*. 3 vols. Nova York: Macmillan, 1903, p. 4.570-4.071.

SCHNELLE, U. *Teologia do Novo Testamento*. São Paulo: Academia Cristã/Paulus, 2010.

SCHÖKEL, L. A. *Dicionário Bíblico Hebraico-Português*. 2. ed. São Paulo: Paulus, 1997.

SCHOLEM, G. *Major Trends in Jewish Mysticism*. Nova York: Schocken, 1941.

SCHRAMM, T. *Der Markus-Stoff bei Lukas*: Eine literarkritische und redaktionsgeschichtliche Untersuchung. Cambridge: Cambridge University Press, 1971.

SCHULZ, S. *Die Stunde der Botschaft*. Einftihrung in die Theologie der vier Evangelisten. Hamburgo: Furche, 1967.

SCHÜRMANN, H. *Das Lukasevangelium*. Volume I: 1,1-9,50. Friburgo: Herder, 1969.

SCOBIE. H. H. A Canonical Approach to Interpreting Luke: The Journey Motif as a Hermeneutical Key. In: BARTHOLOMEW, C. et. al. *Canon and Biblical Interpretation*. Grand Rapids: Zondervan, 2007.

SEGAL, A. *Two Powers in Heaven* – Early Rabbinic Reports about Christianity and Gnosticism. Waco, TX: Baylor University Press, 2012.

SENECA. *Ad Lucilium epistulae morales*. 3 vols. Loeb Classical Library. Cambridge: Harvard University Press, 1917-1925.

SICRE, J. L. *Profetismo em Israel*: O Profeta, os profetas, a mensagem. 3. ed. Petrópolis: Vozes, 2008.

SILVA, S. G. V. Um exemplo de polêmica religiosa no século II d.C.: a oposição Ísis x Atargatis nas *Metamorfoses* de Apuleio. *Dimensões: Revista de História da UFES*, Vitória, v. 9, p. 27-39, junho 2001.

SIMIAN-YOFRE, H. *Metodologia do Antigo Testamento*. São Paulo: Loyola, 2000.

SKULSKY, H. *Metamorphosis*: The Mind in Exile. Cambridge, MA/Londres: Harvard University Press, 1981.

SMITH, D. L. *The Rhetoric of Interruption* – Speech-Making, Turn-Taking, and Rule--Breaking in Luke-Acts and Ancient Greek Narrative. Berlim/Boston: De Gruyter, 2012.

SMITH, M. *The Origin and History of the Transfiguration Story*. USQR 36, 1980.

SOARES, M. L. L. *Ovídio e o Poema Calendário*: Os Fastos, Livro II, o mês das expiações. São Paulo: Universidade de São Paulo, 2007.

SOUZA, L. F. *Platão – Crátilo*. Estudo e tradução. Dissertação de Mestrado. São Paulo: Universidade de São Paulo, 2010.

SPITTA, F. *Die evangelische Geschichte von der Verklärung Jesu*. ZWT 53, 1911.

STANTON, G. N. *A Gospel for a New People*. Studies in Matthew. Westminster: John Knox Press, 1993.

STEIN, R. H. Is the Transfiguration (Mark 9:2-8) a Misplaced Resurrection Account? *Journal Biblical Literature*, v. 95, p. 79-96, 1976.

STEWART, R. G. *Commentario Esegetico Pratico del Nuovo Testamento*. Torre Pelice, Itália: Libreria Editrice Claudiana, 1928.

STEWART, R. The jug and *lituus* on Roman Republican coin types: ritual symbols and political power. *Phoenix*, vol. 51, n. 2, p. 170-189, 1997.

STRAUSS, D. *Davidic Messiah in Luke-Acts* – The Promise and Its Fulfilment in Lukan Christology. Aberdeen: Unpublished PhD Thesis, 1992.

STRAUSS, D. F. *The Life of Jesus* – Critically Examined. Vol. II. Nova York: Published by Calvin Blanchard, 1860.

STREZOVA, A. *Hesychasm and Art*: The Appearance of New Iconographic Trends in Byzantine and Slavic Lands in the 14th and 15th Centuries. Canberra: ANU Press, 2014.

STUCKENBRUCK, L. T. *Angel Veneration & Christology* – A Study in Early Judaism and in the Christology of the Apocalypse of John. Tübingen: Mohr Siebeck, 1995.

SULLIVAN, K. P. *Wrestling with angels* – A study of the relationship between angels and humans in ancient Jewish literature and the New Testament. Leiden: Brill, 2004.

SWETE, H. B. *The Psalms of Solomon with the Greek Fragments of the Book of Enoch*. Cambridge: Cambridge University Press, 1899.

SWETNAM, J. *Gramática do grego do Novo Testamento*. São Paulo: Paulus, 2002.

TACITUS. *The Histories and the Annals*. 4 vols. Loeb Classical Library. Cambridge: Harvard University Press, 1937.

TALBERT, C. H. Anti-Gnostic Tendency in Lucan Christology. *New Testament Studies*, v. 14, p. 259-271, 1967-1968.

TANNEHILL, R. C. *The Narrative Unity of Luke-Acts*. Filadélfia, PA, 1986.

TÀRRECH, A. P. The Glory on the Mountain: The Episode of the Transfiguration of Jesus. *New Testament Studies*, Cambridge, v. 58, p. 151-172, April 2012.

TAYLOR, V. *Evangelio según San Marcos*. Madri: Cristiandad, 1980.

TERTULLIEN. *Contre Marcion*. Tome V (Libre IV). Sources chrétiennes 456. Paris: Cerf, 2001.

THEISSEN, G.; MERZ, A. *El Jesus Historico*. Salamanca: Sígueme, 2012.

THIELMAN, F. *Teologia do Novo Testamento*. São Paulo: Shedd Publicações, 2007.

TIEDE, D. L. *Prophecy and History in Luke-Acts*. Michigan: Fortress Press, 1980.

TOMÁS DE AQUINO. *Catena aurea*. Evangelio según san Lucas, 9:28-31. Disponível em: <http://hjg.com.ar/catena/c499.html>. Acesso em: 15 jan. 2020.

TOMÁS DE AQUINO. *Suma teológica*. Trad. de G. C. Galache et al. São Paulo: Loyola, 2001-2006. 9 vols.

TRITES, A. A. The Transfiguration in the Theology of Luke: Some Redactional Links. In: HURST, L. D.; WRIGHT, N. T. (ed.). *The Glory of Christ in the New Testament*. Oxford: Clarendon Press, 1987.

TUCKETT, C. M. The Christology of Luke-Acts. In: VERHEYDEN, J. *The Unity of Luke--Acts*. Leuven: Leuven University, 1999, p. 133-164.

V. A. *Os milagres do Evangelho*. São Paulo: Paulus, 1982.

VARGAS, C. Luke Original Vision on Transfiguration Story. *Theologa Orthodoxa*, Studia Universitatis Babes-Bolyai, v. 61 n. 1, p. 69-82, 2016.

VERHEYDEN, J. (ed.). *The unity of Luke-Acts*. Leuven: University Press, 1999.

VERMES, G. *Christian Beginnings* – From Nazareth to Nicaea. Londres: Penguin Books, 2012.

VERSNEL, H. S. Ter Unus. Isis, Dionysus, Hermes: Three Studies in Henotheism. *Studies in Greek and Roman Religion 6*. Leiden: Brill, 1990.

VEYNE, P. *O Império Greco-romano*. Rio de Janeiro: Campus Elsevier, 2009.

VIRGÍLIO. *Eneida*. Brasília/São Paulo: Universidade de Brasília/Montanha, 1983.

VON HARNACK, A. Die Verklärungsgeschichte Jesu, der Bericht des Paulus (1 Kor 15,3ff) und die beiden Christusvisionen des Petrus. *SAW*, p. 62-80, 1922.

VON RAD, G. *Teología del Antiguo Testamento*. 7. ed. Biblioteca de Estudios Bíblicos 12. Salamanca: Sígueme, 2000, v. 2.

WALCH, L. W. *The Son of Man in the Parables of Enoch and in Matthew*. Londres/Nova York: T & T Clark, 2011.

WALLACE-HADRILL, D. S. *Eusebius of Caesarea*. Londres: Mowbray, 1960.

WARLAW, T. R. The Priority of Synchronic Text-analysis: Cognitive Text Comprehension and Interpreting Deuteronomy. *Hiphil*, v. 7, 2010, p. 1-42.

WATSON, F. *Gospel Writing*: A Canonical Perspective. Michigan: Wm. B. Eerdmans Publishing, 2013.

WATTS, R. E., *Isaiah's New Exodus in Mark*. Biblical Studies Library. Grand Rapids: Baker Books, 2000.

WEEDEN, T. J. *Mark*: Traditions in Conflict. Filadélfia: Fortress, 1971.

WEGNER, U. *Exegese do Novo Testamento*. 7. ed. revista e ampliada. São Leopoldo: Sinodal, 2009.

WEISS, B. *Die Evangelien des Markus und Lukas*. Göttingen: Dandenboed und Ruprecht, 1901.

WERNER, E. A. Martin Luther and Visual Culture. In: NELSON, D; HINLICKY, P. *The Oxford Encyclopedia of Martin Luther*. 3 vols. Oxford: Oxford University Press, 2017.

WILLIAMS, A. L. The Cult of Angels at Colossae. *The Journal of Theological Studies*, v. X, Issue 39, April 1909, p. 413-438.

WILSON, S. G. *Luke and the Pastoral Epistles*. Londres: SPCK, 1979.

WOLFSON, E. R. *Language, Eros, Being-Kabbalistic Hermeneutics and Poetic Imagination*. Nova York, NY: Fordham University Press, 2005.

WOLFSON, E. R. Mysticism and the Poetic-Liturgical Compositions from Qumran: A Response to Bilhah Nitzan. *Jewish Quarterly Review*, New Series 85, n. 1/2, Papers on the Dead Sea Scrolls, 1994, p. 185-202.

WOLFSON, E. R. Yeridah la-Merkavah: Typology of Ecstasy and Enthronement in Ancient Jewish Mysticism. In: HERRERA, R. A. *Mystics of the Book*: Themes, Topics and Typologies. Nova York, NY: Lang, Peter Publishing 1993, p. 13-44.

WOOLF, G. Divinity and Power in Ancient Rome. In: BRISCH, N. (ed.). *Religion and Power* – Divine Kingship in the Ancient World and Beyond. Oriental Institute Seminars. Chicago: Oriental Institute, University of Chicago, 2008, p. 235-251.

WRIGHT, N. T. *A ressurreição do Filho de Deus*. Santo André: Academia Cristã; São Paulo: Paulus, 2017.

WRIGHT IV, W. M. The Literal Sense of Scripture According to Henri de Lubac: Insights from Patristic Exegesis of the Transfiguration. *Modern Theology*, 28, p. 252-277, April 2012.

XAVIER, P. *Los Origenes de Jesus* – Ensayos de Cristologia Bíblica. Salamanca: Sígueme, 1976.

YONGE, C. D. *The Works of Philo*. Peabody, MA: Hendrickson Publishers, 1991.

YOUN, J. H. *The Transfiguration of Christ*: A Study in Matthew 17:1-9 in relation to the Believers' Transformation and Senses in the Matthean Transfiguration Narrative. Dissertation (Master of Theology) – Boston College School of Theology and Ministry, 2017.

ZANKER, P. *The Power of Images in the Age of Augustus*. Michigan: University of Michigan Press, 1990.

ZELLER, D. Bedeutung und religionsgeschichtlicher Hintergrund der Verwandlung Jesu (Markus 9:2-8). In: CHILTON, B.; EVANS, C. A. *Authenticating the Activities of Jesus*. Boston/Leiden: Brill, 2002, p. 303-321.

ZIESLER, J. A. The Transfiguration and the Markan Soteriology. *The Expository Times*, v. 81, p. 263-268, 1969/1970.

Posfácio

A Constituição Dogmática *Dei Verbum* afirma que "ninguém ignora que entre todas as Escrituras, mesmo do Novo Testamento, os evangelhos têm o primeiro lugar, enquanto são o principal testemunho da vida e doutrina do Verbo Encarnado, nosso Salvador" (n. 18). Se isso se aplica como um todo aos evangelhos, existem neles certas passagens que possuem uma virtuosidade própria por nos possibilitarem aquela compreensão mais aprofundada do mistério de Deus. Dentre elas, sem dúvida se encontra o relato da transfiguração.

A transfiguração de Jesus faz parte desse bloco de textos evangélicos testemunhados pela tríplice tradição (Mt 17,1-8; Mc 9,2-8; Lc 9,28-36). Mas é lógico que os evangelistas, cada um a seu modo, apresentam suas ênfases e peculiaridades. É a segunda grande cristofania na qual novamente Jesus é apresentado como "Filho" pela voz vinda do céu. É quando o evangelista nos permite olhar através do véu: a morte, pouco antes anunciada (Lc 9,22), não terá a palavra final. A glória de Jesus, plenamente manifestada em sua ressurreição e ascensão, por ora oculta em sua humanidade, revela-se aos discípulos desorientados.

João, muito embora não fale de transfiguração, expressa o mesmo conteúdo ao dizer: "se o grão de trigo que cai na terra não morrer, permanecerá só; mas se morrer, produzirá muito fruto" (Jo 12,24). A destruição da semente não é a sua aniquilação. Ao contrário, ao se partir o grão ocorre uma explosão de vida que antes estava contida na semente.

O tema da transfiguração, da metamorfose ou da mudança de aspecto, também se verifica naquelas passagens que têm um colorido apocalíptico. A alvura das vestes fala de ressurreição e da vida do mundo vindouro (1Cor 15,40-44; Ap 3,4-5; 4,4; 6,11; 7,9).

São inúmeras também as referências veterotestamentárias que enriquecem ainda mais a narrativa dos sinóticos: as três tendas evocam a Festa das Cabanas (ou *Sukkôt*), uma das três festas de peregrinação no tempo de Jesus. A festividade faz memória do período de quarenta anos nos quais o povo hebreu caminhou pelo deserto sendo guiado por YHWH (Lv 23,42-43). Da mesma forma, a nuvem da qual sai a voz divina é a *Shekinah*, a presença de YHWH, conforme inúmeros testemunhos antigos (Ex 16,6; 1Rs 8,10-12; 2Mc 2,7-8).

Por fim, mas não menos importante, comparece a voz divina que apresenta Jesus como "meu Filho, o Eleito". Essa mesma voz já tinha sido ouvida pela primeira vez por ocasião do batismo (Lc 3,22) e também ali tratava-se da mesma afirmação. Deus é o próprio hermeneuta da cena que foi composta para ser ocasião de se revelar a filiação divina de Jesus. Aquele que haverá de sofrer, de ser rejeitado por seus contemporâneos, que será sinal de contradição para muitos, esse é o Filho amado de Deus cuja real identidade só poderá ser plenamente conhecida após a sua paixão, morte e ressurreição.

O episódio da transfiguração de Jesus foi objeto de inúmeras reflexões ao longo da história da interpretação do texto bíblico. Mas além de comentários bíblicos, diversas expressões artísticas se inspiraram nessa passagem. Como não se impressionar com a beleza da *Transfiguração* pintada por Rafael, atualmente conservada na pinacoteca vaticana? Ou então com os incontáveis ícones bizantinos que retratam a cena evangélica?

Uma dessas expressões artísticas é a que se encontra na atual Basílica da Transfiguração, no alto do monte Tabor, edificada em 1924 pelo arquiteto italiano Antonio Barluzzi. Na abside, sobre o altar da nave principal, encontra-se um magnífico mosaico retratando a cena da transfiguração de Jesus. Moisés e Elias são ali representados sobre nuvens. O quadro se desenrola diante dos discípulos estupefatos. Foram também escritas as palavras evangélicas "et transfiguratus est ante eos". Contudo, abaixo do altar principal encontra-se uma cripta com quatro mosaicos simétricos, representando cada qual outras "cristofanias", a saber: a Encarnação, a Eucaristia, o Cordeiro Pascal e a Ressurreição. Em todos esses momentos é o mistério de Deus que se descortina diante dos homens através de Cristo. Noutras palavras, não apenas na transfiguração pode-se entrever o rosto divino do Homem, mas toda a vida de Cristo é manifestação do rosto humano de Deus[843].

Acolher a mensagem da transfiguração significa reconhecer em Jesus esse enviado de Deus pelo qual temos acesso ao Pai. Assim sendo, é até mesmo desnecessário falar da vital importância desse texto para uma correta compreensão da teologia dos Evangelhos Sinóticos. Por essas e outras quero felicitar Leonardo dos Santos Silveira por sua tese doutoral defendida em nossa PUC-Rio e que agora será disponibilizada para um público mais amplo. Ele e Prof. Waldecir Gonzaga,

---

843. JOÃO PAULO II, *Angelus* em 11 de janeiro de 2004.

seu orientador, conseguiram não apenas compendiar toda a história da pesquisa do texto bíblico, bem como abrir novas frentes para ulteriores pesquisas.

Faço votos que essa obra contribua para uma leitura cada vez mais aprofundada da narrativa evangélica, bem como possibilite uma adesão mais consciente por parte dos cristãos ao projeto do Reino de Deus.

Prof.-Dr. Heitor Carlos Santos Utrini
Departamento de Teologia da PUC-Rio

Série Teologia PUC-Rio

- *Rute: uma heroína e mulher forte*
Alessandra Serra Viegas
- *Por uma teologia ficcional: a reescritura bíblica de José Saramago*
Marcio Cappelli Aló Lopes
- *O Novo Êxodo de Isaías em Romanos – Estudo exegético e teológico*
Samuel Brandão de Oliveira
- *A escatologia do amor – A esperança na compreensão trinitária de Deus em Jürgen Moltmann*
Rogério Guimarães de A. Cunha
- *O valor antropológico da Direção Espiritual*
Cristiano Holtz Peixoto
- *Mística Cristã e Literatura Fantástica em C. S. Lewis*
Marcio Simão de Vasconcellos
- *A cristologia existencial de Karl Rahner e de Teresa de Calcutá – Dois místicos do século sem Deus*
Douglas Alves Fontes
- *O sacramento-assembleia – Teologia mistagógica da comunidade celebrante*
Gustavo Correa Cola
- *Crise do sacerdócio e escatologia no séc. V a.C. – A partir da leitura de Ml 2,1-9 e 17–3,5*
Fabio da Silveira Siqueira
- *A formação de discípulos missionários – O kerigma à luz da cruz de Antonio Pagani*
Sueli da Cruz Pereira
- *O uso paulino da expressão μὴ γένοιτο em Gálatas – Estudo comparativo, retórico e intertextual*
Marcelo Ferreira Miguel
- *A mistagogia cristã à luz da Constituição Sacrosanctum Concilium*
Vitor Gino Finelon
- *O diálogo inter-religioso para uma ecologia integral à luz da Laudato Si'*
Chrystiano Gomes Ferraz
- *A glória de Jesus e sua contribuição para a formação da cristologia lucana*
Leonardo dos Santos Silveira

EDITORA VOZES
Editorial

CULTURAL
- Administração
- Antropologia
- Biografias
- Comunicação
- Dinâmicas e Jogos
- Ecologia e Meio Ambiente
- Educação e Pedagogia
- Filosofia
- História
- Letras e Literatura
- Obras de referência
- Política
- Psicologia
- Saúde e Nutrição
- Serviço Social e Trabalho
- Sociologia

CATEQUÉTICO PASTORAL
Catequese
- Geral
- Crisma
- Primeira Eucaristia

Pastoral
- Geral
- Sacramental
- Familiar
- Social
- Ensino Religioso Escolar

TEOLÓGICO ESPIRITUAL
- Biografias
- Devocionários
- Espiritualidade e Mística
- Espiritualidade Mariana
- Franciscanismo
- Autoconhecimento
- Liturgia
- Obras de referência
- Sagrada Escritura e Livros Apócrifos

Teologia
- Bíblica
- Histórica
- Prática
- Sistemática

REVISTAS
- Concilium
- Estudos Bíblicos
- Grande Sinal
- REB (Revista Eclesiástica Brasileira)

VOZES NOBILIS
Uma linha editorial especial, com importantes autores, alto valor agregado e qualidade superior.

PRODUTOS SAZONAIS
- Folhinha do Sagrado Coração de Jesus
- Calendário de mesa do Sagrado Coração de Jesus
- Almanaque Santo Antônio
- Agendinha
- Diário Vozes
- Meditações para o dia a dia
- Encontro diário com Deus
- Guia Litúrgico

VOZES DE BOLSO
Obras clássicas de Ciências Humanas em formato de bolso.

CADASTRE-SE
www.vozes.com.br

EDITORA VOZES LTDA.
Rua Frei Luís, 100 – Centro – Cep 25689-900 – Petrópolis, RJ
Tel.: (24) 2233-9000 – Fax: (24) 2231-4676 – E-mail: vendas@vozes.com.br

UNIDADES NO BRASIL: Belo Horizonte, MG – Brasília, DF – Campinas, SP – Cuiabá, MT
Curitiba, PR – Fortaleza, CE – Juiz de Fora, MG – Petrópolis, RJ – Recife, PE – São Paulo, SP